컴플라이언스
# 3.0

COMPLIANCE

"컴플라이언스를 알려면 반드시 읽어야 할 기본 교과서"

# 컴플라이언스 3.0

이원준 지음

**여전히 블루오션인 컴플라이언스의 세계 속으로**

현직 컴플라이언스로부터 듣는 생생한 현장의 목소리

이제는 컴플라이언스 3.0의 시대

바른북스

이 책에서 서술된 견해는 저자의 개인 의견이며 저자가 현재 재직하고 있는 금융회사나 과거에 재직했던 금융기관들의 공식/비공식 견해가 아님을 밝혀둡니다.

The views expressed in the book by Author are his own and do not necessarily reflect the views of the current and past financial institutions which he works(worked).

### 개정증보판 서문

필자가 2019년 《컴플라이언스의 세계》를 통해 컴플라이언스를 소개하는 책을 출간한 지도 벌써 6년 반이라는 세월이 흘렀다. 이후 그 적지 않은 시간 동안 나에게는 개인적으로 컴플라이언스의 역할과 의미를 다시 한번 돌아보게 만드는 갖가지 어려운 사건 사고들이 있었고, 또 이를 수습해 가는 과정들마다 예기치 않은 많은 어려움들이 있었으나, 그럼에도 지금 생각해 보면 그러한 과정들이 오히려 컴플라이언스로서 올바른 역할을 하기 위해 무엇이 어떻게 필요한지 더욱 깊이 성찰하고 공부하는 계기가 되어주었으니 어쩌면 감사한 일인지도 모르겠다.

필자의 개인적인 견해로는 금융회사 또는 기업 내에서의 컴플라이언스란 위치는 대내외적 규제환경 변화에 일일이 대응하여 여러 가지 사안을 조율하고 종합해 내야 하는 참으로 어려운 직업이 아닌가 하는 생각이 새삼 든다.

이번 개정증보판의 제목인 '컴플라이언스 3.0'에서도 알 수 있듯이 급격히 변화하는 대내외 금융환경 및 금융감독 흐름에 발맞추어 이제는 컴플라이언스 역할 또한 큰 변화가 요구되는 시점이라는 것이 이 책의 가장 핵심적인 메시지라 하고 싶다. 필자는 본문에서 컴플라이언스라는 직업이 공식적으로 시작되어 현재에 이르기까지 그 발전과정을 단계별로 구분하였는데, 현재 우리가 처해 있는 현 상황은 컴플라이언스가 더 이상 방어적이고 소극적이기만 한 역할에서 벗어나 오히려 비즈니스의 파트너로서 진일보된 역할이 필요한 시점임을 강조하고 있다.

본 개정증보판에서는 구성과 내용이 당초 《컴플라이언스의 세계》와는 확연히 다른 큰 변화가 있음을 독자들은 발견할 것이다. 기본적인 틀은 초판의 연장선상에서 집필하였으나 새로운 내용이 초판에 비해 2배 이상 추가되었으며 구성 또한 많은 변화를 주어 사실상 새로운 책에 가깝다고 할 수 있겠다.

기존 《컴플라이언스의 세계》가 컴플라이언스라는 직업 세계에 대한 문을 열어주는 것이 주목적이었다면 이번 개정증보판은 컴플라이언스의 궁극적 목표를 달성하기 위해 고려해야 하는 거의 대부분의 주제를 다각적으로 다루어 보았다. 이는 필자가 처음 컴플라이언스가 되었을 때 꼭 필요했었던 내용들이었던 만큼 필자는 마치 교과서를 만들어 보는 기분으로 이 책을 집필하게 되었다.

특히 제6장은 필자가 가장 심혈을 기울여 새로 추가한 부분으로 독자 여러분들이 주목해 주시길 바란다. 지난 수년간 우리나라 및 글로벌 금융회사에서 벌어진 각종 금융사고를 접하며 필자가 얻게 된 결론은 컴플라이언스 실패를 극복함에 있어 가장 중요한 것은 엄청난 벌금도 아니고, 수많은 법과 규정도 아니며, 그렇다고 컴플라이언스 숫자를 무조건 늘리는 것도 아닌 금융회사 조직 내 윤리적인 컴플라이언스 문화의 형성과 정착이라는 것을 이 책을 통해 강조해 보고자 한 것이다. 이것은 이제까지 법과 규정을 가지고 각종 위험한 이슈들마다 애써 다투어 온 감시자로서 다소 힘이 빠지는 결론일 수도 있다.

그러나 법망을 요리조리 벗어나며 더욱 두둑해진 뱃심으로 달려드는 기상천외한 사건들의 뒷면에는 결국 양심의 부재, 윤리의 부재가 있고 이 기본의 부재가 우리의 금융환경을 더욱 복잡하고 어렵게 만드는 핵심이기 때문이다.

그렇다고 필자가 윤리성 회복만을 호소하려는 것은 아니다. 이와 더불어 컴플라이언스의 각종 역할과 기능적인 많은 부분들을 고려하고 또 다루어 보았다.

제3장에서는 금융거래에 있어 그 중요성이 나날이 강조되고 있는 자금세탁방지와 관련, 그 시작부터 현재까지의 국제적인 변천 방향과 글로벌 금융회사의 대응, 그리고 국내 금융회사의 현주소 등을 설명하였다.

제4장에서는 이제는 우리의 일상생활에서 결코 분리해 생각할 수 없는 핀테크 금융혁신 흐름에 있어 이의 성공은 혁신적인 기술만으로는 불안정하며 결국은 적절한 컴플라이언스가 결합될 때만이 가능함을 설명하였다.

아울러 제7장에서는 엄청난 속도로 변화하고 있는 글로벌 금융감독 환경에 대응하여 시급히 요구되고 있는 '컴플라이언스 3.0'을 위해 무엇이 필요한지를 다루어 보았다.

이외에 제1장, 제2장 및 제5장에서는 기존 내용을 보강하거나 새로운 내용을 추가하여 좀 더 시의성 있는 주제를 다루고자 노력하였다. 특히 제4장 및 제6장에서는 해외의 컴플라이언스 실패 사례를 자세히 설명하고 있는데 특히 제6장에서 다루고 있는 유럽을 중심으로 현재까지도 수사가 진행되고 있는 세기의 세금사기 거래인 'Cum-Ex'는 필자가 오랜 기간 조사하여 우리나라에서는 처음으로 이 책을 통하여 소개하고 있기도 하다.

마지막으로 부록에서는 글로벌 금융회사에서는 내부통제의 기본적인 구조로 도입되어 있지만 아직 우리나라 금융회사에는 그 개념조차 생소한 '내부통제의 3중 방어체계'에 대해 자세히 다루고 있다.

부디 이 책이 이제는 직업으로서의 컴플라이언스뿐만 아니라 제대로 된 윤리적인 컴플라이언스 문화의 필요성을 인식하고 있는 독자들에게도 도움을 줄 수 있는 작은 길잡이가 되기를 바란다.

2025년 6월
이 원 준

> 프롤로그

## 중앙은행과 컴플라이언스*

 필자가 우리나라의 중앙은행인 한국은행을 떠나 외국계 금융회사의 컴플라이언스(준법감시인: Compliance Officer)로 일을 한 지도 벌써 16년이 넘었습니다. 그동안 새로운 환경에 적응은커녕 살아남기 위해 정신없는 세월을 보내오던 중 문득 필자가 현재 노력하고 있는 컴플라이언스의 기능과 중앙은행인 한국은행의 역할이 너무나 비슷한 점이 많구나 하는 것을 새삼 깨닫게 되었습니다.

 구체적으로 비교해 보자면,

 첫째, 중앙은행에게는 정부나 시장으로부터의 독립성과 중립성이 가장 우선시되는 기본요건이라는 것은 주지의 사실일 것입니다. 마찬가지로 금융회사의

---

\* 〈한은소식〉 2021년 7월호에 동일한 제목으로 게재한 내용을 일부 수정하였다.

컴플라이언스도 영업부서는 물론 여타 지원부서로부터의 독립적인 활동이 강조되고 보장되며 최고경영진에게 직보하고 금융감독당국에서도 성과평가에 있어 금융회사의 실적에 연계되지 않도록 규제하는 것이 일반적인 상황입니다.

둘째, 윌리엄 마틴 전 미 연방준비제도(Fed) 의장의 말처럼 "중앙은행의 역할은 파티가 한창 무르익을 때 펀치볼(punch bowl)을 치우는 것이다." 즉, 경기가 과열되기 전 금리를 올려 물가 상승 등의 부작용을 미리 막아야 하는 중앙은행의 역할은 금융시장에서 흔히 '파티의 흥을 깨는 사람(Party Pooper)'이라고 비유됩니다. 금융회사의 컴플라이언스는 이와 유사하게 금융회사의 잘못된 오랜 관습과 비즈니스 관행(business practice)을 바꾸기 위해 때로 영업부서와의 적대적인 상황에 직면하기도 하며 모든 사람이 'Yes'라고 하는 상황에서도 'No'라고 하거나 모든 사람들이 듣기조차 싫어하는 상황에서도 민감하고 어려운 질문을 던지는 것을 두려워하지 않고 그래서 위험신호를 알려주는 스컹크(The Skunk in the room)[*]에 비교되기도 합니다.

그러나 금융위기 이후 저성장 · 저물가 · 저금리가 '세계 경제의 뉴노멀'이 됨에 따라 중앙은행은 국민의 재산인 발권력을 신중하게 행사하는 것이 기본 원칙이지만 '위기(crisis) 파이터'로 더욱 적극적으로 나서야 한다는 시각도 있는 것처럼, 저금리 기조에 따라 악화된 수익성 개선을 위해 사업다각화에 올인하고 있는 금융회사에 속해 있는 컴플라이언스에게도 예전처럼 비즈니스를 발목 잡는 역할이 아닌 내부통제 리스크를 최소화하는 범위 내에서 적극적으로 이를 지원하여야 하는 business partner로서의 변화된 역할을 요구받고 있습니다.

---

[*] 《윤리 준법 경영의 성공전략: 컴플라이언스(Building A World-Class Compliance Program)》, 마틴 비겔만/노동래 역(2013) 참조.

셋째, 중앙은행의 직원에게는 탁월한 금융 관련 식견 외에 엄격한 도덕성이 요구되고 있습니다. 마찬가지로 직원들의 소액 비용승인이나 주식투자까지도 세세하게 검토, 승인하고 있는 컴플라이언스에게는 이해상충에서 자유로울 수 있는 수준의 높은 도덕성과 진실성을 요구받고 있습니다.

넷째, 중앙은행의 시책 하나하나는 그것이 더 이상 누구의 검증을 거치지 않는 마지막 보루로서 엄격하고 정확하여야 하며 그러한 이유로 시장으로부터 큰 신뢰를 얻는 것처럼 컴플라이언스는 내부통제와 관련된 조언이나 결정을 통해 금융회사의 마지막 방어선인 문지기(gatekeeper)로서의 역할을 수행하고 있습니다. 그런데 컴플라이언스가 견지하여 할 일관된 스탠스가 허물어져 직원들로부터 신뢰를 잃는 순간 금융사고의 위험은 크게 증가할 것입니다.

또한 정책 결정 과정에서 중앙은행은 정부 정책이나 금융시장 상황에 대해 깐깐하게 검증하고 할 말을 하는 시어머니 역할을 함에 따라 가끔씩은 중앙은행의 존재에 어려움을 느끼는 경제주체들이 있는 것과 같이 금융회사 컴플라이언스도 영업부서든 후선부서든 그들이 추진하고자 하는 일에 현미경을 들이대고 때로는 브레이크를 거는 부담스러운 존재이기도 합니다.

마지막 다섯째로는 중앙은행의 직원들에게는 금융시장의 미세한 움직임에도 그 맥락을 잡아낼 수 있는 탁월한 조사연구 능력과 이를 유지하기 위한 끊임없는 자기계발이 요구되고 있습니다. 마찬가지로 컴플라이언스도 언제나 역동적으로 변화하는 시장환경에 민감한 영업방식 및 신상품 출현 등에 적기 대응 하기 위해 쉴 새 없이 공부하지 않으면 버티기가 어려운 것이 현실입니다.

당연한 것 같은 중앙은행과 금융회사 컴플라이언스의 닮은 점을 10여 년이 지난 이제야 깨달았나 하면서도 어쩌면 제가 한국은행에서 18년간 배우고 닦은 경험이 민간 금융회사의 컴플라이언스로서 나름대로 잘 버티게 만들어 준 제대로 된 incubating 기간이 아니었나 하는 생각에 새삼 친정 한국은행을 떠올리며 고마워하지 않을 수가 없군요.

요즘 간간이 언론에서 한국은행의 조직이 사기가 떨어져 있고 정체되어 변화가 필요하다는 말들을 듣고 있는데, 여전히 한국은행은 떠난 직원도 그리워하는 좋은 직장임에 틀림이 없다는 것을 꼭 말씀드리고 싶습니다.

# 차례

개정증보판 서문

프롤로그: 중앙은행과 컴플라이언스

## 제1장

# 컴플라이언스의 세계 속으로

| | |
|---|---:|
| 금융스캔들, 그리고 컴플라이언스 | 20 |
| 컴플라이언스는 어떻게 생겨났을까? | 38 |
| [참고 1] 미국 연방양형지침 제8조 주요내용 | |
| 글로벌 스탠다드가 된 컴플라이언스 제도 | 52 |
| [참고 2] 바젤은행감독위원회의 준법감시 가이드라인: 준법감시조직의 운영 및 기능에 대한 10가지 원칙 | |
| 블루오션이 된 컴플라이언스? | 72 |
| [참고 3] 컴플라이언스 분야 경력을 고려해야 하는 10가지 이유(10 reasons to consider a career in Compliance) | |
| [참고 4] 당신이 컴플라이언스가 되어야 하는 10가지 이유(Ten reasons why you should be compliance officer) | |
| 기업에서의 준법지원인제도 | 90 |

제2장

# 금융회사의 컴플라이언스

| | |
|---|---|
| 컴플라이언스의 하루 | 96 |
| 아슬아슬한 세일즈맨과 컴플라이언스 | 104 |
| 법인카드는 그대의 용돈이 아니다 | 106 |
| 감독당국 검사는 피할 수 없는 필요악 | 112 |
| 영업 부서와의 밀월: 약일까, 독일까? 공존의 지혜 | 117 |
| 정치는 중립, 정치감각은 필수 | 119 |
| 컴플라이언스와 사내변호사와의 협업 | 122 |
| Everything is Compliance Issue? | 127 |

제3장

# 자금세탁방지와 컴플라이언스

| | |
|---|---|
| 시작은 마약과의 전쟁에서, 이제는 입시비리까지 | 134 |
| 몸값이 엄청 올라간 자금세탁방지 컴플라이언스 | 141 |
| 한국계 은행에도 등장한 고액 연봉 AML 컴플라이언스 | 158 |
| 우리나라 금융회사 AML 컴플라이언스의 현주소 | 178 |

[참고] 우리나라의 자금세탁방지 규제체계 발전 추이

제4장

# Tech와 컴플라이언스

| | |
|---|---|
| 핀테크(Fintech)와 금융사고 예방 | 194 |
| 핀테크 시장의 경쟁력은 컴플라이언스 | 200 |
| [참고 1] 독일 핀테크계 희망, 와이어카드(Wirecard AG) 몰락의 교훈 | |
| [참고 2] 세계적인 핀테크 대표기업, 영국 그린실캐피탈 파산의 교훈 | |
| 레그테크/섭테크와 컴플라이언스 | 226 |
| 커뮤니케이션 모니터링: 메신저, 이메일, 전화녹음 | 241 |

제5장

# 컴플라이언스의 도전

| | |
|---|---|
| 컴플라이언스도 잘릴 수 있다? | 260 |
| 강한 노동법은 컴플라이언스의 적? | 263 |
| 지킬 수 없는 규제는 더 위험하다 | 265 |
| Clear 할 수 없는 규제의 한계: 감독정책의 올바른 이해 | 269 |
| 내부고발과 컴플라이언스 | 274 |
| 채용비리와 컴플라이언스 | 289 |
| 부패와의 전쟁 | 295 |
| 갈 길이 먼 우리의 준법감시인제도 | 308 |

제6장

# 금융사고와 Compliance Culture

| | |
|---|---|
| 금융사고는 컴플라이언스의 무덤 | 322 |
| 금융사고와 Compliance Culture | 329 |
| 이제는 올바른 행동만이 살길: Conduct Risk와 컴플라이언스 | 349 |
| [참고] Senior Managers and Certification Regime 개요 | |
| 조직문화 자본(Cultural Capital)의 형성 | 360 |
| 윤리·컴플라이언스 프로그램: Ethics and Compliance Program | 366 |
| 컴플라이언스의 핵심 요소: 윤리적인 문화의 구축 | 378 |
| [참고] 세기의 세금사기거래: Cum–Ex | |
| 보여지는 것과 실제 | 391 |

제7장

# 컴플라이언스 3.0

| | |
|---|---|
| 글로벌 금융감독 환경의 변화와 컴플라이언스 | 400 |
| 컴플라이언스가 실패하는 이유 | 407 |
| 성공적인 컴플라이언스가 되려면? | 412 |
| 이제는 컴플라이언스 3.0의 시대 | 419 |

부록

[부록 1] 내부통제의 3중 방어체계(Three Lines of Defence)

[부록 2] 내부통제 및 준법감시제도

금융스캔들, 그리고 컴플라이언스
컴플라이언스는 어떻게 생겨났을까?
[참고 1] 미국 연방양형지침 제8조 주요내용
글로벌 스탠다드가 된 컴플라이언스 제도
[참고 2] 바젤은행감독위원회의 준법감시 가이드라인: 준법감시조직의 운영 및 기능에 대한 10가지 원칙
블루오션이 된 컴플라이언스?
[참고 3] 컴플라이언스 분야 경력을 고려해야 하는 10가지 이유(10 reasons to consider a career in Compliance)
[참고 4] 당신이 컴플라이언스가 되어야 하는 10가지 이유(Ten reasons why you should be compliance officer)
기업에서의 준법지원인제도

제1장

# 컴플라이언스의 세계 속으로

# 금융스캔들,
# 그리고 컴플라이언스

이야기를 들어가기에 앞서 국내외에 있었던 몇 가지의 대형 금융스캔들을 소개하고자 한다.

## | 에피소드 1: 크레디 스위스의 몰락

1856년에 설립되어 스위스 취리히에 본사를 둔 글로벌 투자은행으로서 소위 전 세계 고객을 상대로 유가증권 인수, 자금 조달 주선, 인수합병(M&A) 자문 등 투자은행(IB) 분야의 거의 모든 서비스를 제공하는 일류 글로벌 투자은행(Bulge Bracket) 9개 중 하나였던 167년 역사의 크레디 스위스(CS: Credit Suisse)는 2023년 자국 경쟁은행인 UBS에 인수됨으로써 그 역사를 마감했다. 그것도 당시 시장가치 약 80억 달러(10조 원)에 비해 고작 32억 3,000만 달러(약 4조 원)에 경쟁업체에 팔렸으니 굴욕이 아닐 수 없었다.

크레디 스위스 몰락의 직접적인 트리거는 미국 실리콘밸리은행 파산사태였지만 근본적인 원인은 신뢰와 안전의 상징이었던 스위스 은행의 명성에 금이 가도록 끊임없이 터져 나온 내부통제 부실에 따른 금융스캔들과 이 결과 윤리적 관행과 회사 조직문화에 대한 의구심이 결국 고객으로부터의 신뢰 상실을 자초했기 때문이라고 할 수 있겠다. 크레디 스위스의 몰락이 보여주는 교훈은 명확하다. 은행은 결국 신뢰로 먹고살고, 한번 신뢰를 잃으면 다시 되돌릴 수 없다는 것이다.

크레디 스위스는 2008년 글로벌 금융위기의 영향을 가장 적게 받은 몇 안 되는 은행 중 하나였지만 오히려 크레디 스위스가 금융위기를 성공적으로 헤쳐나간 것이 독이 됐다는 시각도 있다. 대형 투자은행들이 줄줄이 무너지고 골드만삭스(100억 달러), 모건스탠리(1,103억 달러) 등 주요 글로벌 투자은행들이 글로벌 금융위기(2007~2008년) 때 구제금융을 받아 연명했는데 크레디 스위스는 구제금융 없이 카타르 국부펀드 등 민간에서 90억 달러를 조달하는 등 독자적으로 위기를 헤쳐갔다.

그 결과 위기 이후에도 다른 길을 가게 되었다. UBS를 포함한 경쟁사들이 투자에 보수적으로 바뀐 반면, 크레디 스위스는 여전히 고수익을 좇아 위험을 적극적으로 감수하는 전략을 고수했다. 즉, 금융위기의 쓴맛을 보지 못한 탓에 철이 들지 않은 것이었다. 물론 그 과정에서 내부통제와 리스크관리는 허술했다. 월스트리트저널은 이렇게 표현한 바 있다. "크레디 스위스의 몰락은 자신감에 차서 지난 금융위기를 탈출했던 방식에 뿌리를 두고 있다. 크레디 스위스는 위기가 은행을 어떻게 변화시켰는지에 적응하는 속도가 느렸다."

구체적으로 아래의 금융스캔들은 크레디 스위스의 취약한 리스크관리 및 내부통제와 조직문화의 근본적인 문제를 단적으로 보여주는 구체적인 예가 될 것이다.

# 글로벌 금융위기 이후 크레디 스위스의 주요 금융사고

| 연도 | 사건 | 주요내용 |
|---|---|---|
| 2009 | 미국 제재 위반 | • 1995년부터 2007년 사이에 이란 및 수단, 리비아, 미얀마, 쿠바에 대한 미국의 제재를 의도적으로 우회<br>• 미국 사법 당국으로부터 5억 3600만 달러의 벌금 부과 |
| 2012 | 미국 서브프라임 채권 사기 | • 미국 당국은 2007년 신용 위기 동안 30억 달러의 서브프라임 채권 가격을 가장한 사기 혐의로 전 Credit Suisse 은행가 4명 기소<br>• 서브프라임 채권과 관련된 인물 중 전세계에서 유일하게 Credit Suisse 전무이사 Kareem Serageldin 투옥 |
| 2014 | 미국 탈세 | • 미국에서 고객들이 탈세를 하도록 적극적으로 도운 혐의로 고발<br>• 26억 달러의 벌금 부과 및 유죄 인정 |
| 2016.12 | 미국 자금세탁방지 위반 | • 미국 규제 기관은 2011년부터 2013년까지 Credit Suisse의 자금세탁 방지 프로그램에서 중대한 결함 식별<br>• 미 금융산업규제기구(FINRA)는 은행에 1,650만 달러 벌금 부과 |
| 2017.05 | 1MDB 펀드 자금세탁방지 위반 | • 45억 달러 규모 부패 스캔들에 연루된 말레이시아 투자 펀드 1MDB와 거래에서 Credit Suisse는 자금세탁방지 규칙 위반<br>• 싱가포르 금융규제 당국은 자금세탁 위반으로 70만 달러 벌금 부과 |
| 2017.03 | 유럽전역 탈세 | • 네덜란드 금융범죄수사국, 영국 세무당국, 독일 검찰이 공동으로 수사한 유럽전역의 55,000개 계좌와 관련된 탈세 혐의와 관련하여 Credit Suisse의 네덜란드와 프랑스 사무실 압수수색<br>• 영국, 독일, 호주 직원에 대한 조사 착수 |
| 2018.02 | Lescaudron 사기 | • 전 직원 파트리스 르스코드론(Lescaudron)은 고객의 서명을 위조하여 고객의 돈을 통해 주식에 베팅하여 1억 5,000만 달러의 손실 발생<br>• 르스코드론은 모든 혐의를 인정하고 징역 5년형 선고 |
| 2018.07 | 홍콩 일자리 스캔들 | • 2007년부터 2013년까지 중국 공직자의 가족과 친구에게 일자리를 제공하여 사업 기회를 얻으려는 부패행위 적발<br>• 미국 당국에 벌금 4,700만 달러를 지불하기로 합의 |
| 2019 | 퇴사 직원 감시 | • Credit Suisse는 스타 자산관리자 Iqbal Khan이 경쟁사 UBS로 이직한 이후 사립탐정을 고용해 그와 그의 가족을 감시<br>• 스위스 규제 당국은 추가 조사를 통해 2016년부터 2019년 사이에 경영진이 5건의 감시를 명령한 사실 확인, CEO Tidjane Thiam이 책임을 지고 사임 |
| 2020 | 불가리아 마약 밀매 자금 세탁 | • 스위스 검찰은 2004년부터 2008년 사이에 계좌를 통해 최소 1억 4,600만 달러를 세탁한 것으로 의심되는 불가리아 마약 조직과 연루된 고객의 자금출처 조사 실패한 혐의로 기소 |
| 2021.03 | 아르케고스 펀드 파산 | • Credit Suisse는 2021년 초 파산한 미국의 헤지펀드 Archegos Capital에 대한 리스크 노출로 55억 달러 손실 |

| 연도 | 사건 | 주요내용 |
|---|---|---|
| 2021.03 | 그린실 스캔들 | • Credit Suisse는 공급망 대출 기관인 Greensil Capital이 파산한 후 100억 달러의 투자자 자금 인출 중단<br>• 은행은 투자자들에게 수십억 달러의 Greensil 채권을 판매하며 마케팅 자료에서 하이일드 채권의 위험이 낮다고 보증 |
| 2021.08 | 참치 채권 뇌물 스캔들 | • 2012년부터 2016년 모잠비크를 위해 마련한 13억 달러 대출에서 Credit Suisse에 더 유리한 조건으로 최소 1억 3,700만 달러의 거액 리베이트 준비한 사실이 적발되어 IMF는 모잠비크 지원을 중단하여 금융위기 발생<br>• 미 법무부는 2021년 10월 4억 7,500만 달러의 벌금 부과 |
| 2022.09 | 신용 위험 | • 미 법무부가 Credit Suisse에 대해 고객들의 자산 은닉을 도왔는지 조사에 착수했다는 소식이 전해지며 CDS 프리미엄 급등 및 주가 폭락<br>• 무디스는 Credit Suisse가 올해 30억 달러의 순손실을 기록할 것으로 전망했으며, Goldman Sachs는 Credit Suisse가 오는 2024년까지 최대 80억 스위스프랑의 자본부족에 직면할 것으로 추정 |
| 2022.10 | 프랑스 돈세탁 세금사기 | • 24일 Credit Suisse가 세금사기 및 자금세탁 사건을 해결하기 위해 프랑스에 2억3,800만 유로(2억3,400만 달러) 지불에 합의<br>• 프랑스 검찰에 따르면 2005년에서 2012년까지 유럽 여러 국가에서 발생한 세금사기로 프랑스 정부에 1억 유로 이상의 재정적 피해 발생 주장 |

자료: 언론보도 취합, 우리금융경영연구소

자료: 〈크레딧스위스發 위기가능성 점검과 시사점〉, 2022. 11. 8., 우리금융경영연구소

특히 경영진의 비윤리적이고 모범을 보이지 못한 행태는 크레디 스위스 조직문화에 대해 고객으로부터 큰 의구심과 함께 신뢰 상실의 또 다른 원인이 되었다.

2019년 당시 CEO였던 티잔 티암(Tidjane Tiame)과 당시 차기 CEO로 간주되던 유망한 임원 이크발 칸(Iqbal Khan) 사이에 불화가 시작되었으며 급기야 칸은 승진에서 탈락한 뒤 회사를 떠났다. 이후 칸이 크레디 스위스의 경쟁사 UBS에 입사하자 크레디 스위스 경영진 사이에서는 그가 핵심 인력을 빼돌릴 수 있다는 우려가 제기되었으며 크레디 스위스는 사설 보안업체를 고용해 칸을 미행, 감시하기에 이르렀다. 하지만 미행을 눈치챈 칸이 취리히 시내 한복판에서 몰래 따라오던 보안업체 직원과 정면으로 맞닥뜨리며 스캔들이 수면 위로 떠오르게 되었다. 이 사건 이후 2020년 2월 크레디 스위스 회장은 "모든 이해관계자 사이의 신뢰, 평판, 신용이 악화됐다."고 비난하며 최초의 아프리카계 CEO인 티암을 강제로 해임했다. 이어진 2021년의 스위스 금융감독당국의 칸 사건에 대한 조사결과 2016년부터 2019년까지 5건의 감시 사례가 추가적으로 드러났다.

또한 2021년 4월 크레디 스위스 구조조정을 위해 전격적으로 투입된 안토니오 호타 오소리오(Antonio Horta Osorio) 회장이 취임 7개월 만에 그만두는 일이 있었는데 그 이유가 유럽 여행 중 코로나 검역규정을 위반했다는 황당한 것이었다. 그는 격리기간을 위반하여 회사 전용기를 타고 윔블던 테니스 결승전을 보러 간 사실이 나중에 적발되어 조기에 퇴진할 수밖에 없었던 것이다.

최고경영진의 행태가 이러하니 크레디 스위스의 이니셜 CS가 'CriSis'라는 말이 나올 정도로 명성이 추락할 수밖에 없었던 것이다.

이외에도 2022년 2월 크레디 스위스 내부고발자가 크레디 스위스의 고객 3만 명의 계좌정보를 미국 뉴욕타임스, 영국 가디언, 프랑스 르몽드, 독일 쥐트도이체차이통 등 세계 46개 매체가 참여한 조직범죄·부패보도 프로젝트

(OCCRP)에 넘겨버렸는데, 제공한 자료를 분석한 결과 크레디 스위스가 독재자와 전쟁범죄자를 포함한 범죄자들의 검은돈 약 120조 원을 운용해 주고 있었다는 것이 폭로되었다. 알려진 유명인만 해도 필리핀 독재자 페르디난드 마르코스와 이멜다 마르코스 부부, 요르단 국왕, 이집트 독재자 호스니 무바라크의 두 아들 알라 무바라크와 가말 무바라크 형제, 전 우크라이나 총리 파블로 라자렌코, 나이지리아의 독재자 사니 아바차, 파키스탄 정보국 수장 아들, 레바논 가수 여자친구 살해를 청부한 억만장자 등 검은돈이라 의심할 계좌리스트가 드러나게 되었던 것이다. 크레디 스위스는 과거의 일이라고 해명했지만 '역시나 불법자금세탁의 창구'라는 의심은 커져갔고 동시에 강력한 고객비밀유지의무로 유명한 스위스 은행의 비밀주의에 대한 신뢰도 흔들리게 되었다.

2025년 1월 월스트리트저널은 크레디 스위스의 과거 독일 나치 정권 관련 계좌 은폐 의혹 조사에서 그간 공개되지 않았던 관련자들의 고객정보가 발견됐다고 보도하며 크레디 스위스의 나치 계좌 은폐 의혹이 재점화되기도 하였다.

## 에피소드 2: 우리나라의 불완전판매 금융스캔들

2020년 금융감독원의 분쟁조정 내용에 따르면,

국내 A 은행은 노후자금을 정기예금에 예치하려는 79세의 난청에다 치매인 고령자(습관이 된 익숙한 일상생활은 가능하나, 중요 법률행위 등 의사능력은 어려움)에게 자세한 설명 없이 DLF(Derivative-Linked Fund: 파생금융상품 연계 펀드)를 권유하였음이 밝혀졌다. 은행직원은 투자자 정보를 확인하는 과정에서, DLF의 내용조차 알지 못하는 고령 고객에 대해 3년간 거래경험이 있는 것으로 사실과 다르게 체크하였고, 〈부적합(투자성향보다 위험도가 높은)〉 금융투자상품 선택 확인서까지 무리하게 작성하도록 하였는데 이는 위험상품 투자경험이 있는 것으로 임의 기재하였음에도

'공격투자형(1 2등급 상품 가능)'이 아닌 '적극투자형(3등급 상품 가능)'으로 분류되었기 때문이었다. 며칠 후 은행의 모니터링콜에서 고령 고객이 상품내용을 잘 모르겠다고 답변하였으나, 상품내용이나 투자위험을 다시 설명하거나 계약을 취소하는 등의 조치 없이 계약을 체결하여 상당한 투자원금손실이 발생하였다.

국내은행 B는 2019년 3월, 60대 주부의 적금 만기가 도래하자, 내부 직원용 마케팅 자료(1장)에 기재된 "과거 10년간의 Back Test 결과 원금손실 확률 0%였다."는 내용을 강조하며 "독일이 망하지 않는 한 손실이 발생할 일은 없다."라고 DLF를 권유하였다. 손실배수가 커 원금손실 가능성이 매우 크다는 위험성은 설명하지 않았고, 요약제안서 등 적법한 설명자료도 교부하지 않았음이 밝혀졌다. 소액의 적립식 펀드(월 10만 원) 외 투자경험이 없었고 평소 PB의 자산관리를 받아본 적도 없었던 60대 주부는 은행직원의 말을 믿고, 만기가 도래한 적금(1건)과 만기가 도래하지 않은 적금(11건)을 추가로 중도 해지(만기도래 적금 5,000만 원이 DLF 최소 가입금액인 1억 원보다 적어 추가로 적금을 해지) 하여 DLF에 가입한 결과, 원금의 80%의 손실이 발생하였다.

우리는 2008년 KIKO, 우리파워인컴펀드, '엔화대출', 2013년 동양그룹 기업어음(CP), 2019년 DLF, 2020-21년 라임/옵티머스펀드 등 사모펀드 및 2023년 홍콩 ELS 등 금융투자상품에 대한 대규모의 불완전판매에 따른 전형적인 컴플라이언스 실패 사례를 가까이에서 수도 없이 듣고 있다. 사실 본질적으로 2008년이나 2023년이나 사고의 본질은 특별히 차이가 없다고 할 수 있겠다. 금융회사와 개인의 이기적 욕망이 결합되어 벌어진 내부통제기능의 결정적인 실패였던 것이다.

불완전판매란 은행이나 증권사, 보험사 등 금융회사가 제공하는 상품에 대한 기본내용이나 투자위험성 등을 고객에게 제대로 안내하지 않아 인지가 부족한 상태에서 금융상품을 판매하는 것을 말한다. 구체적으로 원금손실 가능성이 매우 크거나 확실시되는 상품설계 구조를 알리지 않거나, 상품설명서 등 적법한 설명자료를 제공하지 않으면서 구두상 안전한 상품이란 설명만으로 판매하는 방식이 대부분이다.

이외에도 투자자가 확인서에 자필로 서명해야 하는 "설명을 듣고 이해하였음."이라는 부분을 직원이 대신 쓰거나 누락시키는 경우, 고객신분증 사본을 악용해 상품을 가입하거나 계좌를 개설하는 등 명의도용까지 이어진 사례도 있었다.

이와 같이 한국금융산업을 뒤흔든 흑역사들 한편에는 항상 '불완전판매'의 문제가 자리 잡고 있다. 수익에 눈이 먼 판매사들이 상품을 제대로 알리지 않고 투자자들에게 내밀면서 화를 키우는 사태들이 수십 년간 이어져 온 것이다. 이러한 불완전판매는 금융에 대한 국민들의 불신감을 증가시키게 되고, 나아가 신뢰를 바탕으로 형성된 금융시장에 매우 부정적인 영향을 미치게 된다.

대규모의 불완전판매가 유독 금융투자상품에만 반복적으로 발생하는 이유는 무엇일까? 이는 무엇보다도 대단위 점포망을 갖춘 은행이 이자 수입 중심의 영업구조를 벗어나기 위하여 금융투자상품 판매에 영업력을 집중하고 있기 때문으로 볼 수 있다. 2009년 자본시장법 시행으로 금융투자업에 대한 겸업이 확대되어 증권회사 등 금융투자회사 이외에 은행도 금융투자상품을 판매할 수 있게 되었다. 이에 대부분의 은행들은 금융투자상품 판매를 중점영업으로 삼을 뿐만 아니라 판매실적을 직원을 평가하는 핵심성과지표(KPI)에 포함하고 있다. 그러나 정작 판매직원에 대한 은행의 교육이나 관리가 미흡한 상태여서 직원들이 금융투자상품에 대한 구체적인 구조와 위험성을 정확하게 알지 못한 상태에서 고객에게 판매하는 경우가 많은 것이다. 금융투자상품은 점차 다양해지면서 복잡해질뿐더러 타 상품과 연계된 경우가 많아서 금융회사 직원이라고 해도 전문교육을 받지 않으면 그 구조와 위험성을 파악하기가 쉽지 않다.

아래는 대표적인 불완전판매 금융사고이다.

### 2008년 키코 사건

키코 사건은 파생금융상품에 금융회사의 탐욕이 숨어 있었던 사례다. 키코는 원·달러 환율이 일정한 범위 안에서 움직일 경우 미리 약정한 환율을 적용받을 수 있게 설계된 파생금융상품이다. 수출 중소기업들이 환헤지를 위해 키코에 가입한 이유가 여기에 있었다. 문제는 상품에 숨은 옵션이었다.

은행은 원·달러 환율이 약정 범위 아래로 내려가면 계약을 무효로 하는 단서를 달았다. 반대로 환율이 약정 범위를 한 번이라도 웃돌면 환율 상승분의 2~3배를 지불하게 하는 콜옵션(Call Option)을 걸었다. 환율이 약정 범위를 넘을 경우 2년 동안 계약을 해지할 수도 없고 상한선이 없다는 단서까지 달았다. 2008년 글로벌 금융위기의 여파로 원·달러 환율이 치솟았고(달러 강세) 키코에 가입한 중소기업의 피해는 눈덩이처럼 커졌다. 판매사들이 외화 유출입 규모를 제대로 파악하지 않고 마구잡이로 상품을 권유했다는 게 금융당국의 판단이다. 피해기업들이 키코가 환헤지가 목적이 아닌 불완전판매를 노리고 만들어졌다고 주장하는 이유가 여기에 있다.

키코가 몰고 온 파장은 엄청났다. 금융감독원에 따르면(2010년 6월 기준) 675개의 중소기업이 3조 2,247억 원의 순손실을 기록했다. 키코 사태로 폐업·부도·법정관리·워크아웃 등으로 사라진 기업은 78곳(2009년 말 기준)에 이른다는 조사결과도 있다. 고객의 이익은 뒷전이었던 금융회사의 탐욕이 불러온 결과가 참혹했다는 얘기다.

### 2008년 파워인컴펀드 사태

2005년 11월 W 은행은 파워인컴펀드 1·2호를 출시해 공격적인 마케팅에 나섰고 주부·퇴직자·고령자 등 2,277명의 고객에게 1,506억 원을 판매했다. 하지만 2008년 글로벌 금융위기가 발생하면서 문제가 발생했다. 6년 만기였던 이 상품의 만기 수익률이 각각 -96.07%, -90.38%를 기록했기 때문이다.

당시 W 은행은 서브프라임 모기지 사태라는 예측할 수 없는 사태 탓에 손실이 발생했다고 항변했다. 하지만 사실은 그렇지 않았다. 원금을 잃을 수 있는 고위험 파생금융상품이었지만 이를 제대로 알리지 않았다. 국고채 수익률에 가산금리를 더해 확정금리를 지급하는 예금인 것처럼 판매했다. 파워인컴펀드 사건이 '서민 노후자금을 날린 희대의 사기극'이라고 불린 이유다. 펀드에 투자한 피해자가 건진 돈은 원금의 20~40%에 불과하다. 이마저도 5년이라는 지루한 법정공방을 거친 결과였다.

### 2008년 엔화대출 사태

치과의사 정 모씨는 2007년까지만 해도 매월 순수익이 1,000만 원이 넘는 '알짜' 병원 소유주였지만 2008년 현재는 거꾸로 매월 1,000만 원 적자에 허덕이고 있다. 정 씨는 2005년 병원 개업 자금 18억 원을 엔화대출로 빌려 경기도 평택에서 개원했다. 당시만 해도 엔화대출은 신용등급이 우수한 고객이 아니면 받을 수 없을 만큼 인기가 높았다. 월 250만 원가량의 이자만 내면 됐기 때문에 부담도 크지 않았다. 일본산 X선 기기와 각종 시술 기구 등을 들여온 뒤 착실한 운영으로 몇 달 만에 한 달 순수익이 1,000만 원을 넘었다. 그러나 엔고 바람이 불자 매월 내야 하는 이자는 250만 원에서 1,250만 원으로 치솟았다. 아무리 손님이 늘어도 적자의 덫에서 벗어날 수 없는 구조가 된 것이다. 정 씨는 "병원 직원 5명이 있는데 월급이 자주 밀리고 180만 원 주던 것도 절반밖에 못 주고 있다."며 "그동안 병원 원장으로서 자부심을 갖고 살아왔는데 이 지경에 이르게 되니 살고 싶지 않다."고 토로했다. 이와 같이 엔고 피해는 의사와 같은 전문직도 예외가 아니었다. '엔화 리스'로 장비를 들여놓은 병원들은 가만히 앉아서 금융비용이 2배로 불어난 상황에 처했다. 이때 불완전판매가 이슈가 되는 것은 대출모집인이 금융상품에 대해 잘 모르면서 팔다 보니 발생하는 것인데, 금리 및 환율 변동이 심한 외화대출을 하면서 대출모집인이 위험성을 충분히 설명하지 않아 결국 고객들의 큰 손해로 이어지게 된 것이다.

### 2013년 동양그룹 기업어음 사태

'동양사태'라 불리는 동양그룹 기업어음(CP) 사태도 불완전판매에서 빠지지 않는 사례이다. 이는 2013년 현재현 당시 동양그룹 회장의 경영권 유지를 목적으로 부실계열사 회사채와 CP를 판매한 사건이다. 동양증권은 해당 기업의 부실정도를 제대로 알리지 않고 투자자들에게 판매했고 대규모 피해를 불러일으켰다.

### 2019년 해외금리 연계형 사모펀드 사태

앞에서 설명하였던 해외금리 연계형 사모펀드(DLF) 사태 역시 불완전판매의 연장선에 있다. DLF의 경우 수익률은 사전에 약정한 수준으로 제한돼 있지만 손실이 나면 원금 전액을 잃을 수 있는 고위험상품이다. 하방이 뚫린 상품을 팔면서도 판매사들은 원금손실 가능성이 없다는 식으로 판매한 것이 DLF 사태의 핵심으로 언급된다. 다수의 피해자들은 "상품의 위험성을 사전에 안내받지 못했다."고 호소했다. 특히, 정기예금 이자로 생활자금을 사용하고 있는 고객들은 "안정적이면서 고수익이 보장된다."는 직원의 말에 현혹되어 판매직원이 시키는 대로 각종 서류를 작성하는 사례도 발생하였다.

## 에피소드 3: 베어링은행의 파산

대영제국 왕실의 거래은행으로서 200년 역사와 전통에 빛나는 베어링은행(Barings)에 1989년 입사한 닉 리슨(Nichlas Leeson)은 1992년 Baring Future Singapore가 설립되면서 선물거래부 선임딜러로 파견 NIKKEI 225 차익선물거래로 은행에 많은 이익을 가져다주는 것처럼 보였으나 사실은 장부조작 등으로 손실을 은폐하여 온 것이었다. 1995년 1월 17일 일본 고베에 대지진이 발생하여 주가는 대폭락하였고 닉은 엄청난 손실을 볼 수밖에 없었으며 결국 그의 이제까지의 도박 같은 거래의 실상이 드러나게 되었다.

닉 리슨이 끼친 손실은 9억 2,700만 파운드, 당시 베어링의 자기자본이 4억 4,000만 파운드, 손실이 자기자본을 초과하면서 베어링은 파산하여 1파운드에 ING에 팔리며 역사 속으로 사라졌다. 닉 리슨도 오랜 도피생활을 하다가 독일 프랑크푸르트에서 체포되어 6년 6개월의 징역형을 선고받기에 이르렀다. 이는 워낙 유명한 이야기라 이완 맥거리거 주연의 영화('갬블', 원제목은 'Rogue Trader', 1999)로도 소개된 바 있다.

당시 Barings의 경영층은 닉이 벌어다 준 이익공유에만 관심이 있었지 닉이 실제 어떻게 뭘 하는지 관심이 없었고 파생금융상품에 대한 지식조차 없었다. 또한 은행에는 기본적인 내부통제시스템조차 갖추어져 있지 않았다. 지금은 트레이딩에서 거래하는 Front와 결산 평가하는 Back이 분리가 되어 상호견제가 되지만 당시에는 닉이 모든 과정을 혼자서 다 관리할 수 있었기 때문에 손실에 대한 은폐가 가능했다. 또한 내부감사라는 게 있었지만 옵션, 선물 등 파생금융상품에 대한 지식이 없어 당시 은행 내 최고 전문가인 닉의 말만 들었을 뿐 제대로 된 모니터링이 되질 않았다.

## 에피소드 4: 엔론의 분식회계

　2001년 미국 증권거래위원회(SEC)는 내부자폭로에 따른 조사를 통해 미국 거대에너지 기업 엔론(Enron)이 손익계산서 조작 방식으로 15억 달러(약 1조 7,000억 원)의 분식회계를 행한 사실을 적발하였고 이 회사의 회계감사를 담당했던 미국 내 최대 회계법인 아서 앤더슨(Arthur Anderson)이 이를 도와준 것으로 알려져 큰 파장을 일으킨 바 있다. 조사결과로 2001년 12월 엔론은 310억 달러의 빚을 남기고 파산신청(破産申請)을 했으며 엔론 관련 회사들이 증권집단소송으로 부담하게 된 금액은 약 6조 7,000억 원에 달했다. 이 사고와 관련하여 엔론의 전 회장은 재판 도중 사망했고, 전 최고경영자(CEO)는 24년 4개월의 중형이 선고됐다.

　엔론은 시가평가 회계와 부외거래, 선수금을 통한 자금 조성, 특수목적법인의 설립과 내부 거래, 계약의 증권화 등 얽히고설켜 복잡하게 구조화된 금융구조를 이용하여 수단과 방법을 가리지 않고 매 분기별 회계장부에 이익을 기록하였으며 이 모든 것이 당시에는 Arthur Anderson의 도움을 받은 합법적인 것이었다. 당시 엔론이 보유한 대부분의 금융구조가 주가와 직간접적으로 연계되어 있어 장부상 매년 성장을 기입해야 하는 분명한 이유가 있었던 것이다. 하지만, 닷컴버블이 붕괴되고 911테러와 경기 침체로 주가가 폭락하자 엔론은 더 이상 거짓말을 할 수 없게 된 것이다.

　엔론사태는 외형 위주의 성과지상주의와 기업의 주가상승을 모든 가치의 척도로 여기는 잘못된 기업문화의 전형을 보여준 것이라 할 수 있다. 또한 이와 같은 회계부정은 심각한 재정 타격뿐만 아니라 회사의 파산을 초래할 수 있으며 나아가 경영진 개인의 파멸을 불러올 수도 있는 심각한 사안이라는 교훈을 주고 있다.

　여기에 더해 엔론의 파산은 뜻하지 않은 불행을 낳았다. 세계 거대 회계법인인 Arthur Anderson의 몰락과 엔론에 막대한 자금을 빌려준 금융회사들이 문을 닫았으며 엔론 직원 2만 명과 Arthur Anderson의 유능하고 총명한 수많은 인재들이 퇴직금 한 푼 받지 못한 채 거리로 내몰리게 되었다는 점이다.

상기 4가지 사례에서 볼 수 있듯이 금융회사나 기업 직원들의 잘못으로 인하여 감독당국으로부터 제재 및 거액의 벌금을 부과받고 고객으로부터 손해배상소송에 말려드는 경우가 현대사회에서 빈번하게 일어나고 있다. 어떤 경우 이러한 소송은 거액의 손해배상금을 회사나 개인이 부담하지 않으면 안 되는 소송판결이 나기도 하고 이에 더해 CEO를 비롯한 임원진이 내부통제시스템을 제대로 감독하지 못한 신의성실의 원칙위반에 대한 비난은 물론이고 민형사상 처벌까지도 감수하여야 하는 위험이 있다. 또한 급기야는 직원의 잘못된 행동(Misconduct)으로 인해 회복할 수 없는 큰 손실을 입고, 시장 및 고객으로부터 신뢰를 상실하여 외면당함으로써 회사가 망하는 사태에까지 이르게 되었다.

만약 당신이 이 금융회사의 또는 기업의 최고경영자라면 아마도 '준법감시인'을 활용한 내부통제를 소홀히 해서 이런 상황을 초래했다는 뒤늦은 후회를 할지도 모르겠다.

일반인에게는 여전히 생소한 '준법감시인'이란 도대체 뭐 하는 사람일까? 준법감시인(遵法監視人)은 쉽게 말해 금융회사 또는 기업 소속 직원들이 업무과정에서 법규를 잘 지켜 비즈니스를 하도록 미리 법규 위반 리스크를 알려주는 역할을 하는 직업이다.[*]

---

[*] 김준성(연세대 직업평론가, nnguk@yonsei.ac.kr)의 글에서 일부 내용 발췌

준법감시인은 미국에서 시작, 발달하여 유럽 및 아시아로 확대된 직업 중의 하나다. 영어로 Compliance* Officer라고 불린다. 그 명칭이나 하는 일이 한국에서는 아직까지 다소 생소한 느낌을 줄 것이다.

금융감독원(금융감독용어사전, 2011. 02.)에 따르면 준법감시인에 대해 아래와 같이 설명하고 있다.

"금융회사의 임직원이 그 직무를 수행함에 있어서 따라야 할 기본적인 절차와 기준을 내부통제기준이라 하며, 준법감시인은 '내부통제기준의 준수 여부를 점검하고 내부통제기준에 위반하는 경우 이를 조사하여 감사위원회에 보고하는 자'를 의미한다."

이후 2017년 10월에 시행된 '금융회사의 지배구조에 관한 법률(약칭: 금융사지배구조법)' 제25조에 따르면 "내부통제기준**의 준수 여부를 점검하고 내부통제기준을 위반하는 경우 이를 조사하는 등 내부통제 관련 업무를 총괄하는 사람"을 준법감시인으로 정의하고 필요하다고 판단하는 경우 조사결과를 감사위원회 또는 감사에게 보고할 수 있는 것으로 변경함으로써 준법감시인의 감사위

---

\* 'compliance'란 단어의 어원은 라틴어 'complere(모든 부분 또는 요소를 가지고 있음; 부족함이 없음)'로 거슬러 올라갈 수 있다. 'complere'는 영어 단어 'complete'의 어원이기도 하다. 'compliance'는 상대방의 말을 잘 듣는 순종적인 상태이며 요구를 완전히 충족시키는 것을 의미한다. 법률적인 관점에서는 법의 명령을 지키고 법이나 규칙을 완전히 인지하고 있는 상태를 의미한다. "Origins and History of Compliance", Hirokiyo Furuta(2016) 참조.

\*\* 금융회사지배구조법 제24조에서는 내부통제기준을 '법령을 준수하고 경영을 건전하게 하며 주주 및 이해관계자 등을 보호하기 위하여 금융회사의 임직원이 직무를 수행할 때 준수하여야 할 기준 및 절차'로 정의하고 있으며 동 내부통제기준은 이사회가 제·개정 권한을 보유한다(동법 제15조).

원회 보고의무를 강제하고 있지 않다.*

2002년 9월 당시 미국증권거래위원회(SEC)의 위원장이었던 Cynthia A. Glassman은 준법감시인의 정의 및 역할에 대해 다음과 같은 의견을 표명한 바 있는데 이를 통해 준법감시인이 무엇을 하는 직업인지를 가늠해 볼 수 있겠다.

> "회사의 최고경영자가 그의 궁극적인 책임을 위임할 수는 없지만… 회사의 '준법 및 윤리 이슈'를 책임지는 책임자를 보유하고 있어야 한다. [While the CEO cannot delegate his or her ultimate responsibility, …a company should have an officer with ownership of corporate compliance and ethics issues.]"

그녀는 그러한 책임자가 갖추어야 할 핵심요건 4가지를 설명하였는데(The four key characteristics of the person holding the job),

① 그는 상황에 따라 필요한 액션을 취할 수 있는 충분한 seniority와 권한을 가지고 있어야 한다. ["He or she should have sufficient seniority and authority to take the actions necessary under the circumstances."]
② 그 포지션은 최고경영자 및 경영진으로부터 이론 및 실제 업무에 있어 충분한 지원을 받아야 한다. 동 책임자는 경영진에 정기적으로 보고하고 상시적으로 접

---

* 또한 동법 시행령 제19조에서는 내부통제기준에 포함될 상세한 내용을 정하는 한편, 내부통제를 전담하는 조직을 마련하도록 요구하고 있으며 동 제19조를 근거로 금융회사지배구조감독규정 제11조 제3항에서는, 금융회사는 내부통제업무가 효율적으로 수행될 수 있도록 충분한 경험과 능력을 갖춘 적절한 수의 인력으로 지원조직을 구성, 유지하여 준법감시인의 직무수행을 지원하여야 한다고 규정하고 있다. 이와 같이 각 금융 관련 법령에 산재해 있던 준법감시인에 대한 법규가 금융회사지배구조법으로 일원화됨에 따라 금융회사지배구조법이 적용되는 내부통제기준에 관한 언급만 개별 금융법령에 있을 뿐. 그 이상 내부통제에 관한 조항은 보여지지 않도록 체계가 변경되었다.

촉할 수 있어야 한다. ["The position should have the full support of the CEO and senior management, both in theory and in practice. The corporate responsibility officer should have acc ess and provide regular reports to senior management."]

③ 그는 경영진(예를 들어 감사위원회 위원장)에게 직접 보고할 수 있어야 한다. ["…The corporate responsibility officer should have the ability to report directly to the board(for example, to the audit committee chairman)."]

④ 그는 기업의 책임을 구현할 프로그램을 효과적으로 실행하기 위한 충분한 시간과 적정한 인력 등을 보유하여야 한다. ["The responsible officer should have sufficient time and adequate resources to implement the company's corporate responsibility program in an effective manner."]

우리나라의 경우 그동안 컴플라이언스(준법감시)에 대해 사회적으로 정형화된 개념과 업무범위, 방법 등에 대한 정의가 없었으나 외환위기 이후 금융회사 내부통제기능의 중요성이 부각됨에 따라 2000년 1월 21일 금융 관련 법률개정을 통해 컴플라이언스의 개념이 정립됐다. 2000년 10월부터 은행, 증권, 보험, 투신, 및 종금 등 모든 금융회사에 대해 준법감시인 설치를 의무화했으며, 또한 신용금고의 준법감시인제도도 2001년 하반기부터 의무화되었다.

감사위원회가 주로 주주의 입장에서 경영진의 직무집행을 감시하는 것을 목적으로 하는 데 반하여, 컴플라이언스 제도는 경영진의 입장에서 고객 재산의 선량한 관리자로서 회사의 임직원 모두가 업무수행 과정상 내부통제기준의 준수 여부를 스스로 점검하게 한다는 점에서 차이가 있다. 컴플라이언스 제도의 도입으로 경영진 스스로 사전 예방적이고 상시적인 내부통제기능의 수행이 용이해졌다.

외국의 경우 금융권뿐 아니라 1,000대 기업의 75%가 자체적으로 컴플라이언스 제도를 두고 있는데, 우리나라에서도 지난 2001년 8월 2일 하이닉스반도체에서 기업체로서는 최초로 기존 감사실 외에 CCO(Chief Compliance Officer) 조직을 두었다고 발표한 바 있다. 또한 우리나라를 대표하는 기업인 삼성그룹도 2020년 '준법감시위원회'를 설치하여 계열사들의 컴플라이언스 및 통제기능을 강화해 오고 있다.

직원들이 법규를 지키면서 업무를 하도록 사전적으로 지도하는 특성상 감시자의 역할을 한다. 준법이 이뤄지는가를 미리 체크하므로 좋은 의미의 감시이지만 그래도 직원들은 시어머니 같은 이들 컴플라이언스의 존재를 버겁게 받아들이는 경향이 있다.

기본적으로 법적인 부분과 규정 등을 숙지하고 일해야 하므로 컴플라이언스의 길을 가고자 하는 이들은 통상 법과대학, 로스쿨에서 공부하는 것을 추천하곤 한다. 변호사 자격증이 필수는 아니지만 미국은 로스쿨 출신 변호사가 컴플라이언스로 많이 채용되는 것이 사실이다.[*] 하지만 금융회사의 경우 기본적으로 금융상품에 대한 이해가 밑바탕이 된 상태에서 법률적 지식이 조화를 이루어야 하므로 대학에서 상경계통을 전공하고 로스쿨을 거쳐 변호사 자격시험에 합격한 후 컴플라이언스의 직업을 택한다면 아마도 가장 완벽한 경력경로(career path)가 될 것이다.

또한 객관적인 시각에서 문제를 다루고, 거래 데이터를 중요시하는 그런 성

---

[*] 영국 소재 legal and compliance 전문 Search Firm인 Laurence Simons의 "Global Legal & Compliance Salary Survey"(2016)에 따르면 조사대상 69개국 전산업 평균으로 볼 때 compliance 업무 종사자의 55%가 법률 관련 전공(legal background), 11%가 재무/위험관리(Finance/Risk) 출신인 것으로 조사된 바 있다.

향을 지닌 인재들이라면 컴플라이언스의 커리어를 갖고 일하는 데 적합하다. 섬세하고 논리성이 강한 여성이라면 금융회사나 기업의 컴플라이언스로 도전할 만한 직업이라고 할 수 있으며 실제 외국계 금융회사의 경우 여성의 컴플라이언스 비율이 상당히 높다.

금융회사에서는 사내의 준법 여부를 다루는 직업이다 보니 직위도 상위 직위를 주는 경향이 강하다. 주로 임원급을 두고 운영하며 이사회 결의로 임면한다. 또 직무수행과 관련한 사유로 인사상 불이익을 받지 않으며 업무 중립성을 철저히 보호해 준다. 컴플라이언스는 특성상 연봉이 비교적 높은 편인데 특히 비영업부서 중에서는 상위를 차지하고 있다.

한미 FTA 체결 직후 우리나라에서 각광받는 미래직업으로 '외국 투자은행의 준법감시인'이 선정된 바 있다. 이미 미국 월가의 투자은행에서는 컴플라이언스가 활발하게 활동해 오고 있으며 한미 FTA 타결로 미국의 선진 금융시스템이 한국에 더 많이 들어오면 올수록 이 직업은 유망해진다고들 예상하였다.[*]

최근 국내외에서 특히 기업의 컴플라이언스 프로그램에 관한 논의가 활발해지고 있고 컴플라이언스의 개념은 기존 내부통제 준수를 넘어 자금세탁을 예방하고 적발하기 위한 목적에서부터 오늘날에는 공정거래, 환경, 탈세예방 등 다양한 영역으로 확대되고 있다.

---

[*] 미국, 유럽 등 금융선진국은 '포괄주의' 또는 '겸업주의'를 채택하고 있다. 이는 기본적으로 모든 금융상품의 거래가 가능하다는 뜻이다. 이에 따라 미국, 유럽 등에는 금융상품을 전문으로 개발하는 전문가들이 즐비하다. 하지만 우리나라는 아직까지는 금융감독기관에서 허가한 금융상품만 거래할 수 있으며 그것도 은행, 증권, 보험, 자산운용 등의 영업이 엄격히 분리되어 있는데, 이를 '열거주의' 또는 '전업주의'라고 한다. 이 결과 아직은 금융선진국들에 비해 금융상품의 문제로 인한 분쟁은 상대적으로 적은 편이다. 하지만 우리나라도 금융선진화 차원에서 미국, 유럽 등의 포괄주의 방식 또는 겸업주의를 받아들이면 상황은 달라진다. 즉 미국이나 유럽 금융회사의 컴플라이언스와 같은 역할이 우리나라의 금융시장에서도 점점 커지고 중요해질 것으로 예상되기 때문이다.

# 컴플라이언스는
# 어떻게 생겨났을까?

3.0
COMPLIANCE

　　컴플라이언스 제도가 최초로 도입되어 가장 두드러진 발전을 이룩한 곳은 미국이다. 언제부터 컴플라이언스 제도가 금융회사나 기업에 도입되었는지는 미국에서조차 여러 가지 설이 분분하여 정확하게 이야기하기 어렵지만 대체로 1940년대를 전후하여 시작되었다는 설이 다수[*]이다. 미국에서의 제대로 된 (formal) 컴플라이언스 프로그램의 시작은 2차 세계대전 이후 기업들이 미국 산업에서 주요한 Player로 떠오르면서 갖추어졌다고 볼 수 있겠다. 기업들의 규모 및 업무범위가 복잡해짐에 따라 기업 입장에서는 州 또는 연방감독당국의 감독에 대응하여 내부규정 및 업무방법을 조직화할 필요가 생겼던 것이다.[**]

　　특히 금융회사에 정식으로 준법감시인이 선임되어 독립적인 기능을 시작한

---

[*] 미국 내 현대적 의미의 컴플라이언스 프로그램은 20세기에 접어들며 공공보호기관(pubic safety agency)이 생성되기 시작한 시점(예를 들어 1906년 미국 내 'The Food and Drug Administration'이 창설됨)이라는 설도 있다. 주로 정부 주도의 공적 컴플라이언스 정책이 1970년까지 주를 이루었으나 Watergate 사건이나 외국공무원 부패사건 등을 계기로 컴플라이언스에 대한 책무가 민간기업으로 이양되는 계기가 되었다고 한다. 다시 말해 기업들이 자신들의 영업 및 제조관행과 산업의 전반적인 영업행태에 대한 이해를 크게 높이기 시작하게 된 것이다. **"Knowledge of Good and Evil: A Brief History of Compliance"**, 2010. 05. 26., John MacKessy, Prism Risk Advisors.

[**] "The Development of Compliance Programs: One Company's Experience", Patrick J. Head, 1997.

것은 1950년대 후반 미국 증권거래위원회(SEC: Securities and Exchange Commission)가 사기행각에 가담한 중개인들에 대한 감독실패의 책임을 물어 'Reynolds & Company(후에 'Dean Witter'에 합병됨)'에 30일간 영업정지를 부과함에 따라 이를 해결(settlement)하기 위해 Reynolds는 당시 New York Stock Exchange의 임원을 영입하여 준법감시부(compliance department)를 만들었는데 이것이 엄밀한 의미에서 준법감시인제도의 시초였다고 알려져 있다. 이것이 또한 다른 금융회사의 준법감시부서 설립의 전례[*]가 된 것으로 보인다. 이후 1960년대 들어서부터 독립적인 준법감시부서(Stand-alone Compliance Department)가 종전의 법무부서에서 떨어져 나와 일상의 영업을 감독하기 시작한 것으로 알려졌다.[**]

1977년 12월 해외부패방지법(FCPA: The Foreign Corrupt Practices Act)이 미국에서 최초로 서명되었는데 이는 SEC가 수백 개의 미국기업이 해외정부 발주 공사 수주나 유리한 입찰을 따내기 위해 외국공무원들에 대한 뇌물공여 행위에 연루된 것으로 조사한 이후였다. 이 해외부패방지법은 관련 규제단체[***]의 설립과 함께 기업 내 법규준수를 적극적으로 모니터하는 내부부서를 발전시키는 데 촉매 역할을 하였다고 할 수 있다.

1980년대 국방산업 물품조달 Scandal은 기업의 업무관행에 있어 윤리적 의무 준수를 감독하는 회사경영진 내의 자리를 만들어 내는 자극제가 되었는데 이것이 현재 '준법 및 윤리 감시인(compliance and ethics officers)'의 기초가 되었다고 할 수 있겠다. 400달러짜리 망치와 600달러짜리 변기구매로 잘 알려진 국방

---

[*] "That established a precedent for other firms," said Mr. William J. Fitzpatrick, the general counsel of the Securities Industry Association. The New York Times, "Compliance Officers' Day in the Sun", By Allison Leigh Cowan. Published: October 20, 1991.

[**] "Stand-alone Compliance Departments developed in the early 1960s. Prior to that time, legal departments generally had responsibility for compliance functions". **WHITE PAPER ON THE ROLE OF COMPLIANCE**, page 1, Oct 2005, Securities Industry Association.

[***] 예를 들어 "The Environmental Protection Agency" 및 "The Drug Enforcement Agency"

부의 허위물품 구입사건은 1986년 32개의 관련 조달업체로 하여금 자발적으로 '국방산업 Initiative(DII: Defense Industry Initiative)'를 만드는 계기가 되었다.[*] 이 '국방산업 Initiative'는 가히 혁명적인 산업 내 움직임으로서 일련의 윤리적 업무 관행 및 행동을 규정하고 실행하는 정부 내 조치를 이끌어 내었으며 기업 내의 공식적, 조직적인 윤리 및 컴플라이언스 프로그램의 시초가 된 것으로 평가를 받고 있다. 이에 영향을 받아 '대통령 직속 국방관리위원회'[**]가 1980년대에 만들어지게 되었다.

미국에서의 컴플라이언스 제도 도입은 자발적으로 이루어졌는데, 그 이면에는 미 연방증권법이나 법원이 증권기관의 위법행위에 대하여 단호한 태도를 보임에 따라 이를 방어하기 위한 대책을 강구할 필요가 컸었기 때문이다. 특히 1980년대부터 1990년대에 걸쳐 발생한 증권회사의 내부자거래 사건이나, Savings & Loan(저축금융기관) 간부의 부정사건 등이 국민으로부터 심한 비판을 받았기 때문에 실추된 신용회복을 위해서도 컴플라이언스 문제에 심각하게 대응하지 않을 수 없었던 측면도 있었다.[***]

증권 유관기관의 행위규제와 관련하여 미 연방증권규제법에서는 감독자책임에 관한 명확한 규정을 두어 위법행위자에 대한 책임 추궁과 더불어 그를 감독, 지배하는 자 또는 최고 상급관리자에 대하여도 감독소홀 내지 해태에

---

[*] The Defense Industry Initiative(DII)가 미국에서는 정식으로 만들어진 조직 내 윤리 및 준법프로그램의 시초(beginning of formal organizational ethics and compliance programs)라고 알려져 있다. The Case for Compliance Programs: The Legal and Policy Mandates, NACUA CLE Program, November 2011 참조.

[**] a Presidential Blue Ribbon Commission on Defense Management(called referred to as the "Packard Commission")

[***] 〈기업내 법률가 제도 개선 방안〉, 2005. 12., 전남대학교 법률행정연구소 참조.

관한 민사 또는 행정상의 책임*을 묻고 있다.

특히, 증권법 위반행위에 대하여 연방법원이 형량을 선고함에 있어 지침이 되는 연방양형지침(FSGO: Federal Sentencing Guideline of Organizations)**도 미국 금융회사의 컴플라이언스 제도 발전에 큰 영향을 미쳤다.***

연방양형지침은 법인에 대한 구체적인 형량의 선고에 있어 위반행위에 대한 상급경영자의 관여 내지 묵인의 정도, 법인의 과거 제재내역, 효과적인 컴플라이언스 프로그램의 존재 여부, 규제기관에 대한 협조 등을 고려하여 귀책성의 정도에 따라 벌금액을 가중하고 있다. 이러한 지침의 의도는 벌금액의 가중을 통하여 법인이 스스로 내부 임직원의 위법행위를 사전에 억제할 수 있는 효과적인 컴플라이언스 시스템을 운용하도록 유인하는 것이라 할 수 있다.****

미국기업들이 컴플라이언스에 관심을 기울이고, 공식적인 컴플라이언스 프

---

\* 연방증권법에 규정된 감독자 책임에는 감독소홀책임(failure to supervise)과 지배자책임(controlling person liability)이 있음. 전자는 감독자에 대하여 SEC가 행정처분에 의하여 제재를 가하는 경우이며, 후자는 투자자가 위법행위를 한 자에 대한 책임 추궁 외에 감독자에 대하여도 민사상 손해배상을 청구할 수 있는 것임

\*\* The United States' Federal Sentencing Guidelines for Organizations state that "to have an effective compliance and ethics program, an organization shall exercise due diligence to prevent and detect criminal conduct; and otherwise promote an organizational culture that encourages ethical conduct and a commitment to compliance with the law."

\*\*\* 연방양형지침은 미국에서 준법감시인이 독립적인 직업으로서 형성되는 데 도움을 준 것만은 확실한 것 같다(One element lending a hand, in shaping "ethics and compliance" into a profession, is the Federal Sentencing Guidelines for Organizations (FSOG)). 출처: http://thetruthaboutbusiness.blogspot.com/2010/10/history-and-emergence-of-ethics-and.html
"The organizational guidelines have been credited with helping to create an entirely new job description: the Ethics and Compliance Officer." 예를 들어 1991년 연방양형가이드라인이 시행되자, 얼마 되지 않아 미국에서 윤리담당책임자협회(Ethics Officer Association)가 12인의 발기인으로 설립되었는데 10년 후인 2001년에는 720명의 회원으로 성장하였고 보건산업준법감시인협회(The Health Care Compliance Association)의 회원은 1996년 2명에서 2001년에는 2,000명 이상의 회원으로 크게 늘어났다. "The Federal Sentencing Guidelines for Organizations: A Decade of Promoting Compliance and Ethics,"Diana E. Murphy, 2002년 1월, page 710 및 711 참조.

\*\*\*\* 이는 단순한 강력한 처벌(pure strict liability approach)은 기업으로 하여금 사전적으로 기업범죄를 방지하고자 하는 incentive를 주지 못한다는 판단에 따라 회사의 책임을 확실히 따지되 컴플라이언스 관련 조치 등을 제시할 경우 일정 부분 이를 감면해 주는 보상시스템을 함께 도입한 것으로 볼 수 있다.

로그램을 갖추도록 한 중요한 계기 중 하나로 케어마크 인터내셔널 주주 대표 소송(Caremark International Inc. Derivative Litigation)을 꼽지 않을 수 없다.

의료서비스 회사인 캐어마크社의 부장급 이하 일부 직원들이 환자유치를 위해 병원과 의사들에게 불법적인 커미션을 지불한 사건으로, 이로 인해 동사는 장기간의 조사를 거쳐 2.5억 달러라는 거액의 벌금 및 보상금을 부담하게 되었다. 이에, 동사의 주주들은 이사들이 컴플라이언스를 제대로 이행하지 못하여 회사가 거액의 벌금을 물게 되었다는 이유를 들어 이사들로 하여금 벌금에 대해 손해배상 할 것을 요구하는 주주 대표 소송을 제기하기에 이르렀다.

사건은 당사자 간의 화해로 종결되었는데, 화해과정에서 캐어마크社는 컴플라이언스 시스템을 개선할 의무를 지게 되었으나, 이사들의 법적책임은 없는 것으로 종결되어 주주들이 사실상 패소하는 결과를 나타내었다. 델라웨어주 법원은 "이사회는 이사회를 포함한 고위 경영진이 회사의 법률 준수 및 비즈니스 성과에 관하여 자신의 업무범위 내에 속한 정보를 시의적절하고 정확하게, 그리고 충분히 제공받은 상태에서 의사 결정을 내릴 수 있도록 하기 위해 합리적으로 고안된 정보 및 보고 시스템이 조직 내에 갖춰지도록 함으로써 회사에 대해 제대로 알아야 한다는 그들의 의무를 충족시킬 수 있다."고 결정했다(September 25, 1996, 698 A.2d 959(1996), Civil Action No. 13670).

이때 델라웨어주 법원은 캐어마크社가 지속적으로 윤리위원회를 통해 임직원들의 부정행위를 방지하기 위한 다양한 노력을 기울였으며 위법행위 발생 전 ① 규제사항에 대한 준수정책을 포함한 종업원 행동강령 ② 종업원 행동강령의 검토 및 개정절차 ③ 규제대상인 활동을 검토하고 승인할 임원의 지정 ④ 컴플라이언스 임원 선임 ⑤ 사업과 윤리정책의 준수를 위한 내부감사 계획의 수립 ⑥ 컴플라이언스 문제에 관한 종업원들에 대한 지속적인 훈련 등의 요소를 포함한 내부통제시스템을 갖추고 있었음을 지적하였다.

이 판례는 컴플라이언스의 유효성까지 요구하지는 않았지만, 이사회의 모니터링 책임을 인정한 최초의 판례라는 점에서 중요한 의미가 있다. 즉, 경영진에 대한 감독 역할을 수행하는 이사회는 감독 책임 소홀에 대한 책임을 추궁당하지 않도록 자신을 방어하기 위해 기업의 컴플라이언스 프로그램에 관심을 기울일 필요가 있게 된 것이다.******

2012년 모건스탠리(Morgan Stanley)사가 중국에서 근무한 직원의 미국 해외부패방지법(FCPA) 위반 조사와 관련하여 잘 갖추어 놓은 컴플라이언스 프로그램 덕에 미국 법무부(DOJ)나 증권감독위원회(SEC)으로부터 회사 차원의 어떠한 처벌도 받지 않고 단지 내부통제를 위반한 직원 개인의 잘못으로 인정받은 것은 유효성 있는 컴플라이언스 프로그램이 얼마나 강력한 힘을 발휘할 수 있는지 알려주는 좋은 사례가 될 것이다.

싱가포르에서 자라난 미국인인 Garth Peterson은 모건스탠리의 아시아부

---

\*   〈컴플라이언스와 내부감사〉, 노동래, 2014.
\*\*  1996년 이 판결은 1963년 경영진이 컴플라이언스를 가능하게 하는 시스템을 실행해야 하는 의무를 부정했던 같은 Delaware Supreme Court의 판례(Graham v. Allis-Chalmers Manufacturing Company, 188 A.2d 125(1963), January 24, 1963)를 뒤집은 것이라고 볼 수도 있겠다. 당시 Delaware주 대법원은 통상적인 회사 내부 일에 끼어들지 않는다는 태도(general hands-off attitude toward internal corportae affairs)를 견지하여 '충분한 의심이 있지 않는 한 경영진이 임직원의 잘못된 행동을 가정하여 이를 찾아내고자 하는 시스템을 설치, 운용하여야 할 의무'는 없음을 확인한 바 있다(Baer, 2009).
\*\*\* 우리나라에서도 동 Caremark 사례를 수용하여 대표이사뿐만 아니라 다른 이사들도 기업의 불법행위를 감시하고 예방할 '컴플라이언스'의 의무가 있으며 이를 위반 시 배상 책임을 져야 한다는 법원 판단이 나왔는데 이는 경영진의 준법감시 의무를 폭넓게 인정한 판결로서 의미가 있다. 서울고법 민사18부(부장판사 정준영)는 2021년 9월 3일 대우건설 소액주주들이 서종욱 전 대표이사와 사내외 이사 등 10명을 상대로 "4대강 사업 입찰담합을 막지 못해 회사가 공정거래위원회로부터 과징금 280억 원을 부과받은 것에 대한 손해를 배상하라."고 낸 소송 항소심에서 1심을 깨고 "서 전 대표가 3억 9,500만 원, 다른 이사들은 4,650만 원~1억 200만 원의 배상금을 지급하라."고 선고했다. 1심은 "이사들에게는 회사 업무 전반에 대한 감시 의무가 없다."며 서 전 대표의 배상 책임만을 인정했다. 하지만 2심 재판부는 "이사들은 임직원의 입찰담합을 방지하기 위한 어떤 보고나 조치도 요구하지 않았고 이와 관련한 내부통제시스템의 구축 또는 운영에 대해 전혀 주의를 기울이지 않았다."며 이사들의 배상 책임을 인정했다. 이사의 감시 의무를 인정한 2008년 대법원 판결과 원고 측이 제출한 미국 법원의 '케어마크(Caremark)' 판결을 받아들인 것이다.
(출처: https://www.donga.com/news/Economy/article/all/20210903/109082127/1?ref=main)

동산투자업무에 있어 엄청난 수익을 안겨준 떠오르는 스타(rising star)였다. 중국어(Mandarin)를 잘 구사하는 그는 2004년 모건스탠리의 중국부동산투자의 붐을 이끌었으며 이후 그는 상하이 지점 글로벌부동산영업의 책임자로 승진하였다. 하지만 이러한 부동산 업무과정에서 Peterson은 당시 상하이시 정부 산하 국영부동산개발회사의 중국인 사장과 공모하여 비밀리에 함께 유령회사(Shell Company)를 운영하며 동 회사를 통해 모건스탠리로부터 수수료를 챙기는 등 사적인 수익을 취했음이 발각되었다. 또한 Peterson은 동업한 중국인의 영향력을 이용하여 수익성이 좋은 딜을 여러 건 수주하였으며 필요한 인가 및 부동산투자사업허가 등을 취득한 것으로 드러났다.

Peterson의 행위가 밝혀지기 시작한 2008년, 모건스탠리는 발 빠르게 움직였는데 외부법률자문을 받아 9개월에 걸친 강도 높은 내부조사를 수행하고 그 결과로 2008년 12월 Peterson을 해고했으며 자발적으로 관련 사실을 미국 법무부(DOJ)와 증권감독위원회(SEC)에 신고하였다. 또한 주주에게 동 사실을 알리고 이후 정부당국의 수사에 적극 협조하였으며 컴플라이언스 프로그램을 강화하는 추가적인 조치도 취하였다.

약 3년 반에 걸친 수사 끝에 2012년 4월 Peterson은 유죄를 인정하여 2013년 7월 미국 뉴욕법원으로부터 9개월의 징역형을 선고받았고 미국 증권감독위원회로부터는 25.5만 달러의 범죄수익환수와 본인 소유 아파트(당시 시가 3.4백만 달러)의 권리 포기 및 영원히 증권 관련 업종 종사를 금지하는 조치를 받기에 이르렀다.* 이때 중요한 것은 Peterson의 뇌물(bribery)에 대해 유죄를 인정한 것이 아니라 모건스탠리의 내부통제절차를 우회(circumvent)하여 FCPA 규정을 위

---

\* 그러나 Garth Peterson은 2012년 8월 16일 미국 CNBC 방송과의 interview에서는 소위 '관시'에 기본을 둔 중국에서의 영업특성을 설명하며 그는 절대로 누구에게도 뇌물을 주지 않았다고 주장하였다. 그는 미국 정부와 Morgan Stanley가 그의 사건을 FCPA 위반과 관련하여 대중의 주목을 끌고자 과장하고 있다고 강변하기도 하였는데 자세한 인터뷰 내용은 "Ex-MS Banker in China Bribery Case: My Side of Story", 16 Aug 2012를 참조할 것.

반한 부분에 대해 범죄를 인정함으로써 결국 미국 당국들이 회사인 모건스탠리에 대해 어떠한 처벌도 하지 않을 수 있는 정당성을 부여해 주게 된 것이다.

이와 같이 회사 임직원의 FCPA 위반과 관련 미국 당국이 회사인 Morgan Stanley에 대해 어떠한 민형사상 책임도 묻지 않은 것은 아주 드문 예로 기록될 수 있겠다. 더욱 주목할 것은 '회사가 강력한 내부통제시스템을 구축하여 임직원으로 하여금 해외공무원에게 수뢰를 방지하는 합리적인 조치를 취하였다.'는 사실을 미국 당국이 공개적으로 인정*하였다는 것이다.

모건스탠리 Case는 금융회사가 컴플라이언스 프로그램을 통해 사고 발생 시 직원의 일탈로 한정함으로써 금융회사의 프로그램이 잘 작동하고 있다는 것을 보여주는 기회로 활용할 수 있을 뿐만 아니라 정부 및 감독당국도 최고경영자로부터의 전적인 지원과 함께 일관되고 신중하며 분명한 컴플라이언스 체계를 보여주는 회사들에게 궁극적인 신뢰를 보여줄 수 있다는 점에서 큰 의미가 있다고 하겠다.

앞서 살펴본 것 같이 미국기업의 역사는 스캔들의 역사와 궤를 같이한다고도 할 수 있는데, 특히 기업의 스캔들이 극성을 부릴 때에는 이에 대한 대중의 분노로 규제당국이 개입하여 기업 활동에 대한 각종 규제 장치가 마련되는 계기가 된다. 특히 미국에서 1990년대 말과 2000년 초에 발생한 Enron,** Worldcom 등 각종 기업 회계부정과 이에 이은 파산이 줄을 잇자 미국 의회는 2002년 일명 '사베인-옥슬리' 법으로 알려진 상장회사 회계개혁 및 투자자

---

\* It "declined to bring any enforcement action against Morgan Stanley," based in large part on the firm's robust system of internal controls, "which provided reasonable assurances that its employees were not bribing government officials."

\*\* 1932년 Samuel Insull의 전기회사가 반독점행위로 망했을 때 이의 조사 및 법적인 절차에 있어 투명성 및 진실성(Integrity) 어린 작업으로 세계적인 명성을 얻기 시작한 회사가 Arthur Anderson이었는데 Enron에 대한 회계부정을 도와준 회사로 망하게 된 것을 보면 아이러니가 아닐 수 없다.

보호법을 통과시켰다. 이 법의 중요성과 영향은 실로 막대한바, 많은 미국기업들에 있어서 '컴플라이언스'는 흔히 사베인-옥슬리법*의 요건을 충족시키는 것으로 이해되고 있을 정도이다.

  이 법은 기업들에게 회계에 관한 적정한 내부통제 및 보고 절차를 수립하여 이를 유지하며, 이들 통제 및 보고 절차의 유효성을 평가할 책임이 있음을 확인하도록 요구한다. 따라서 경영진이 법률의 요구를 준수하고 있음을 입증하기 위해 유효한 컴플라이언스 프로그램을 운용할 필요가 있게 되었다.

  2008년 9월 글로벌 금융위기는 이전까지 컴플라이언스를 바라보는 시각과는 비교가 되지 않을 정도로 컴플라이언스 조직을 기업의 필수 불가결한 기능으로 자리매김하게 만드는 역사적인 계기가 되었으며 컴플라이언스 조직의 비약적인 성장과 모니터링 및 통제활동(Monitoring and Surveillance)에 대한 대규모 투자가 이루어지도록 강제한 큰 사건이었다. 2008년 글로벌 금융위기의 시발점이 된 리먼 브러더스(Lehman Brothers)의 파산은 미국 역사상 최대의 파산 사건으로 기록되었으며 이후 글로벌 금융위기에 대한 전면적인 입법적 대응인 2010년 도드-프랭크법의 제정은 컴플라이언스를 겨냥한 추가적인 형사적 제재와 준형사적 규제를 가져오게 되었다. 형사적인 면에서 도드-프랭크법은 과거에 규제받지 않던 거래를 포함하기 위하여 상품거래법(Commodity Exchange Act)과 같은 법률에 그 적용을 확대하였으며 준형사적인 면에서 도드-프랭크법은 투자자문업자에게 투자자문업법의 위반행위를 예방하기 위한 절차를 실행할 책임이 있는 '최고 컴플라이언스 임원(CCO: Chief Compliance Officer)'을 임명할 것을 규정하고 있는데, 이 규정을 위반한 기업은 형사제재와 민사책임의 대상

---

\*  이 법의 영향으로 우리나라에서도 주식회사의 외부감사에 관한 법률에서 내부회계관리제도에 관하여 규정하고 있다. 이 법으로 최소한 회계 분야에서의 내부통제 및 법규준수에 관한 중요성이 크게 강조되게 되었다.

이 되었다.<sup>*</sup>

정리해 보면 이와 같이 미국에서의 컴플라이언스 제도는 오랜 기간에 걸친 진화 및 발전의 산물<sup>**</sup>임을 알 수 있다. 또한 비즈니스의 범위와 규모가 커짐에 따라 이를 규제하는 법과 규정도 더욱 공식적이고 복잡해져 왔다. 19세기까지 크게 영향을 미치지 못하던 각종 규제는 20세기에 들어서는 그 성장의 모멘텀(momentum)을 이루게 되었다. 각종 규제는 개별 사건들에 대한 대응으로 시작되었으나 점점 발전하여 그러한 사건들의 근본적인 문제들을 해결하는 방향으로 진전되었다.

1960년대에 이르러 증가하는 비즈니스 및 감독규제 양 측면의 복잡성이 현대적 관점에서의 컴플라이언스가 출현하는 계기를 만들게 되었으며 이러한 트렌드는 1991년 연방양형가이드라인이 만들어지기 전까지 70년대 및 80년대까지 쭉 이어져 왔다. 물론 연방양형가이드라인이 있기 전에도 컴플라이언스 프로그램은 존재하였지만 2000년대 들어 2차례 수정된 연방양형가이드라인은 그러한 컴플라이언스 프로그램을 비즈니스의 본류로 밀어 넣는 주요한

---

\* 〈기업의 컴플라이언스와 책임에 관한 미국의 논의와 법적 시사점〉, 이상복, 2017. 12.
\*\* Martin Biegelmann은 미국 컴플라이언스 제도의 변천(A Brief History of Compliance)을 아래와 같이 소개하고 있다.
- Jay Cooke & the Robber Barons of the 19th Century
- 1872: enactment of Mail Fraud Statute
- Teddy Roosevelt and "rust-Busting"
- FDR and a "New Deal" for investors
- 1977: FCPA enactment
- Early 1980s: Defense contracting scandals
- 1985: Committee of Sponsoring Organizations(COSO) formed
- 1986: Defense Industry Initiative(DII) formed
- "Greed is Good" on Wall Street
- 1991: Federal Sentencing Guidelines for Organisations(FSGO)
- 2002: Sarbanes-Oxley
- 2004, 2010: FSGO amendment

조치로서 작용하였다. 이후 전반적인 컴플라이언스 체계는 사베인-옥슬리법 및 도드-프랭크법의 도입과 함께 강화된 21세기 컴플라이언스의 역할에 대한 중요성으로 발전되었다고 할 수 있겠다.

2005년에 시행된 비영리단체인 Pen Compliance and Ethics Group의 Survey에 따르면 당시 존재하는 미국회사의 모든 '컴플라이언스 및 윤리프로그램(compliance and ethics programs)'의 54%가 2000~2005년 사이에 만들어졌다고 하는데 이를 보면 제도가 가장 선진화되었다고 하는 미국에서조차 컴플라이언스 프로그램이 여전히 성숙한 Practice가 아님을 알 수 있다. 다시 말해 컴플라이언스 제도는 계속 발전해 가고 있는 현재진행형인 것이다.

**참고 1**

# 미국 연방양형지침 제8조 주요내용

　미국의 연방양형지침은 기본적으로는 유죄판결을 받은 피고가 개인인 것을 전제로 구성되어 있지만 1991년 개정에 의해 추가된 제8장은 조직체에 관한 양형지침(FSGO: Federal Sentencing Guidelines of Organizations)이라 하여 유죄판결을 받은 피고가 조직체인 경우를 상정하고 있다.

　즉, 내부통제시스템이 잘 갖추어진 것으로 입증된 기업에 대하여는 임직원의 범죄행위에서 발생하는 회사의 형사책임을 최고 95%까지 감면할 수 있도록 규정하고 있다. 통상 미국에서는 회사에 대한 벌금이 거액인 경우가 많고 특히, 임직원의 위법행위에 대하여 회사가 파산할 정도의 대규모 벌금형을 부과하는 경우가 상당수라고 알려져 있다.[*]

　1991년에 개정된 연방양형지침 제8조에서는 다음과 같은 7가지를 효과적인 컴플라이언스 프로그램의 구성요소로 제시하고 있다.

① 컴플라이언스 프로그램(standards and procedures)의 제정 : 회사는 종업원의 범죄행위에 대한 위험을 합리적으로 충분히 감소시킬 수 있는 기준과 절차를 마련할 것

---

[*] 예를 들어 2000년에는 225개 기업이 형사소추 되어 이 중 78%가 벌금형을 선고받았고, 평균 벌금액도 6억 달러 수준에 이른 것으로 알려진다.

② 기업 내 윤리 및 컴플라이언스 담당 책임자의 임명(oversight by high-level personnel): 해당 조직체의 고위직 인사 가운데 준법이행 여부를 감독할 책임자를 선임할 것

③ 실질적 권한을 가진 책임자의 적정한 선임: 불법행위에 연루될 만한 성향이 높은 조직원에 대하여 과도한 재량권을 부여하지 않는 등 금지 대상자 제외를 위한 합리적인 노력(due care when delegating authority)을 기울일 것

④ 컴플라이언스 프로그램에 대한 교육·연수 및 의사소통(effective communication of standards and procedures): 회사는 교육 프로그램 또는 관련 내용을 책자로 제작하여 컴플라이언스 기준과 절차 등을 종업원 및 대리인에게 주지시킬 것

⑤ 감시 및 감독시스템의 운용: 컴플라이언스 프로그램의 유효성에 대한 모니터링, 감사 및 평가(auditing/monitoring systems and reporting mechanisms)를 위한 감시·감독시스템을 설치, 운용하여 컴플라이언스 기준이 준수되도록 노력할 것. 특히 종업원과 대리인들이 다른 사람들의 범죄행위에 대하여 보복을 두려워하지 않고 고발할 수 있는 시스템을 마련할 것

⑥ 성과에 대한 인센티브 및 징계 조치(enforcement of disciplinary mechanisms): 조직원의 법위반에 대해 정황에 따라 그를 제재할 수 있는 적정한 절차를 마련할 것

⑦ 범죄행위에 대한 대응 및 재발방지 조치(appropriate response after detection): 어떤 위법행위를 적발하였을 경우, 그에 대해 적절히 대처함과 동시에 이후의 유사한 위법행위를 방지할 수 있는 모든 적절한 조치를 취할 것

이후 2004년 개정된 가이드라인에서는 Enron, WorldCom 및 Adelphia 등의 사건에서 볼 수 있듯이 기업문화에 윤리적 가치(Ethical Norms)가 부족하다는 인식하에 기업은 윤리적 행위와 법규준수에 대한 의무를 교육하고 장려하는 조직문화를 만들고 유지하여야 함을 강조하고 있다.

이에 더해 효율적인 컴플라이언스 프로그램*을 위한 여덟 번째 요건을 아래와 같이 추가로 제시하고 있다.

⑧ 컴플라이언스 프로그램을 이행함에 있어 주기적으로 범죄행위에 대한 리스크를 평가하고 그 과정을 통해 인지한 범죄리스크를 줄일 수 있는 필요사항을 수립·실행하고 수정하는 적절한 조치를 취할 것

또한 2010년 다시 개정된 가이드라인에서는 아래의 내용을 추가하였다.

· 보고의무: 고위직 컴플라이언스 담당자는 최소한 1년에 한 번씩 규칙적이고 직접적으로 이사회 또는 여타 위원회에 컴플라이언스 프로그램을 보고할 수 있어야 하며 범죄행위 발견 시 즉시 이사회 보고가 가능하도록 하여야 함.
· 범죄행위에 대한 대응: 범죄행위가 적발되었을 경우 회사는 범죄로 인한 피해자에 대한 보상, 자체 공시와 정부기관과의 협조 및 범죄행위 재발방지를 위한 컴플라이언스 프로그램의 개정 등의 대응책을 마련하여야 함.

---

\* 모든 컴플라이언스 관련 법령에서 효과적인 컴플라이언스 프로그램을 명확히 규정하고 있지는 않으나(예를 들어 프랑스의 부패 관련 법인 Sapin II에서는 회사로 하여금 반부패 관련 '수단'과 '절차'를 마련하라고 규정하고 있지만 그러한 절차들이 효과적이어야 함을 명시적으로 언급하고 있지는 않음) 대부분의 컴플라이언스 전문가들이 인식하고 있듯이 '컴플라이언스 제도의 효능(efficacy)'이 미국이나 영국 감독당국뿐 아니라 우리나라를 포함한 대부분의 감독당국이 접근하는 핵심이라고 할 수 있다. 컴플라이언스 프로그램이 효과를 발휘할 정도로 충분히 실행되지 않는다면 이는 아무에게도 필요가 없는 단지 회사의 치부를 가리는 수단(a fig leaf)에 지나지 않는다는 것은 자명한 것이다.

# 글로벌 스탠다드가 된
# 컴플라이언스 제도

 미국에서 시작하여 발전을 거듭한 컴플라이언스 제도는 세계화, 국제화의 추세에 맞추어 이제는 전 세계 대부분의 국가로 확산, 정착되어 가고 있다.

 앞서 본 것 같이 미국에서는 연방양형지침(Federal Sentencing Guideline Manual) 8C2.5(f), 8C2.6 등의 입법을 통해 내부통제 프로그램 및 준법감시인제도 이행을 강제 또는 권유하고 있으며 연방규정 CFR(Code of Federal Regulations) 3.3[*]에서 준법감시인의 임명 및 역할, 의무 등을 규정하여 금융회사가 이를 따르도록 하고 있다. SEC는 투자금융회사에 대해 컴플라이언스 프로그램의 목적은 증권거래법 위반을 방지하고 찾아내며 개선하는 것으로 명시한 Rule 38a-1

---

[*] CFR(Code of Federal Regulations): § 3.3 Chief compliance officer.
(a)Designation. Each futures commission merchant, swap dealer, and major swap participant shall designate an individual to serve as its chief compliance officer, and provide the chief compliance officer with the responsibility and authority to develop, in consultation with the board of directors or the senior officer, appropriate policies and procedures to fulfill the duties set forth in the Act and Commission regulations relating to the swap dealer's or major swap participant's swaps activities, or to the futures commission merchant's business as a futures commission merchant and to ensure compliance with the Act and Commission regulations relating to the swap dealer's or major swap participant's swaps activities, or to the futures commission merchant's business as a futures commission merchant.

under the Investment Company Act of 1940과 투자자문업*에도 준법감시인을 임명하여 그로 하여금 내부규정 및 절차를 관장하도록 하고 있다. 또한 미국상품선물거래위원회(CFTC)는 2018년 8월 20일 준법감시책임자(CCO)의 의무 등을 규정한 Regulation 3.1 및 3.3 등을 개정하였으며 이외에 도드-프랭크 법(Dodd Frank Act) 및 볼커 기준(Volker Rule)에서도 준법감시인의 역할이나 컴플라이언스 프로그램에 대해 구체적으로 언급하고 있다. 이외에도 '사베인-옥슬리'법 제404조 및 미국 '모범회사'법(MBCA) 제8.01조 (c)항 등에서 내부통제에 대한 경영자의 평가의무를 부여하고 컴플라이언스 조직의 구축을 포함한 내부통제시스템의 구축을 유도하고 있다.

미국 법무부 형사부의 사기전담부(Criminal Division Fraud Section)에서는 2017년 2월 미국기업의 기소 여부를 판단하거나 형량을 판단할 때, 그리고 컴플라이언스와 관련하여 컴플라이언스 모니터와 같은 감시제도 실시 여부 등을 판단할 때의 지침인 '기업 컴플라이언스 프로그램 평가지침(Guidance on Corporate Compliance Programs)'을 처음 발표하였다. 당시에는 검사들이 기업의 컴플라이언스 프로그램을 평가할 때 사용하는 항목을 열거하고는 있었으나, 구체적으로 어떠한 기준에 근거하여 컴플라이언스 프로그램을 평가하는지에 대한 설명은 따로 하지 않았다. 하지만 동 지침은 미 법무부가 기업에 대한 형사 사건의 기소여부 등을 판단함에 있어 기업 컴플라이언스 프로그램의 실효성을 적절히 평가할 수 있도록 마련된 최초의 지침으로서 중요한 의미가 있으며, 2017년 2월 최초 발표된 이래 기업경영 여건의 변화 및 정책 우선순위 등을 반영하여

---

\* The Investment Advisers Act of 1940 contains a specific rule targeted at compliance—Rule 206(4)-7.[11] Adopted in December 2003, this rule requires registered investment advisers "to adopt and implement written policies and procedures reasonably designed to prevent violation of the federal securities laws, review those policies and procedures annually for their adequacy and the effectiveness of their implementation, and **designate a chief compliance officer to be responsible for administering the policies and procedures.**

2019년 4월, 2020년 6월, 2023년 3월 및 2024년 9월 등 총 5차례 개정이 이루어져 왔다.

이러한 평가지침은 기본적으로 미 법무부 소속 검사들의 기소 등 업무를 돕기 위해 마련된 것이기는 하지만, 이를 통하여 미 법무부가 기업 컴플라이언스 프로그램을 평가하는 기준을 엿볼 수 있기에 우리나라 기업들 중에서 미국에서 사업을 영위하는 등으로 미국과 직·간접적인 관련성이 있는 기업들의 입장에서는 컴플라이언스 프로그램을 자체적으로 평가하고 수정 및 보완하는 중요한 기준으로 삼고 있다.

2019년 4월, 미국 법무부는 법무부 지침(Justice Manual)에 따른 3가지 질문 – 즉, 컴플라이언스 프로그램의 계획(well designed), 실행(applied earnestly and in good faith), 실효성(work in practice) – 을 바탕으로 대폭적인 평가지침 개정을 발표하며 동 지침의 사용을 법무부 내 형사부 전체로 확대 적용하기 시작하였다.

2019년 개정은 미국 법무부가 기업의 컴플라이언스 프로그램 분석과 관련하여 어떠한 내용을 평가하는지에 대한 구체적인 내용을 포함하고 있는데 예컨대 컴플라이언스 프로그램 계획과 관련하여, 이의 중요한 항목으로서 리스크 평가(risk assessment), 지침과 절차의 규정, 관련 내용의 트레이닝, 비밀을 준수하는 보고 및 조사 체계, 제3자와 관련한 컴플라이언스 등을 열거하였다.

2020년 6월 1일에도 미국 법무부는 기업 컴플라이언스 프로그램 가이드를 개정하였는데 지난 개정과 비교하면 대폭적인 개정이라고 할 수는 없으나, 코로나19의 영향으로 경기 침체가 시작됨에 따라 컴플라이언스 프로그램에 사용할 수 있는 예산과 인력이 감소하는 기업이 많아지는 시점에서 발표된 이 개정은 미국 법무부가 컴플라이언스 프로그램 평가를 소홀히 하지 않겠다는 의지의 표현으로도 해석할 수 있다.[*]

---

[*] 〈박준연 미국 변호사의 미국법 실무(20)―미 법무부의 기업 컴플라이언스 프로그램 가이드 개정과 코로나 시대의 컴플라이언스〉, 2020. 06. 26., 법률저널(http://www.lec.co.kr) 참조.

특히 2020년 개정은 기업 임직원이 참여하고 기업의 현실에 부응하는 컴플라이언스 내부 지침, 연수, 핫라인(Hotline) 등 컴플라이언스 프로그램의 필요성을 강조하고 있다. 내부 지침과 관련하여, 기업은 임직원들이 다양한 내부 지침에 대해 어떤 지침에 많은 관심을 보이는지를 확인해야 한다. 또 내부 지침을 만들 때는 검색이 가능하도록 하여 임직원들이 쉽게 참조할 수 있게 해야 한다. 연수와 관련하여서는 단시간 핵심적 이슈를 설명하는 연수 프로그램을 실시하고 또한 연수가 임직원들의 행동이나 업무 진행에 어떤 영향을 끼쳤는지 평가할 필요가 있다는 내용도 추가되었다. 컴플라이언스 핫라인과 관련해서는, 임직원들이 핫라인의 존재를 인식하고 또 불안 없이 사용할 수 있는지를 확인하고, 컴플라이언스 이슈 보고부터 해결까지의 과정이 효과적으로 진행되는지 정기적으로 확인할 필요가 있음을 강조하고 있다.

2020년 개정은 또한 컴플라이언스 부문에 적절한 예산과 인력이 배정되어야 함을 강조한다. 특히 컴플라이언스 프로그램의 실행과 관련하여, 성실히(in good raith) 실행할 뿐만 아니라, 적절한 예산과 인력을 배정하여 실행하여야 함을 강조하고 있다. 이와 함께 데이터의 중요성을 강조하면서, 컴플라이언스 및 내부통제 담당 인력이 적시에 효율적으로 컴플라이언스 지침의 실행을 모니터할 수 있는 데이터에 접근할 수 있어야 하며, 컴플라이언스 프로그램의 개선 역시 기업 전 부문의 데이터에 접근함으로써 가능하다고 설명하고 있다.

2023년 3월 4차 개정은 지난 2020년 이후 3년 만에 이루어진 대대적 개정으로, 미국 법무부가 지속적으로 컴플라이언스 프로그램(CP)의 중요성을 강조해 온 것이 반영된 결과라고 할 수 있는데 주요 개정사항은 다음 2가지로 요약할 수 있다.

**1) 임직원 보상(인센티브) 및 제재시스템 개선**

평가지침의 두 번째 질문에 대한 평가요소 중 '인센티브 및 제재조치(Incentives and Disciplinary Measures)' 부분의 명칭을 '보상 구조 및 결과 관리(Compensation Structures and Consequence Management)'로 변경하면서, 재정적 유인 제공을 통한 보상 시스템 구축의 필요성을 강조하는 방향으로 지침을 개정하였다. 구체적으로 평가지침은, 임직원이 회사의 가치 및 정책에 부합하는 행동을 보여주는 시점까지 보상 지급을 연기하거나, 임직원이 위법행위를 행한 경우 이미 지급한 보상을 환수 또는 감액하여 컴플라이언스에 대한 유인을 제공하는 방안을 새롭게 포함하고 있다.

**2) 임직원들의 개인 전자기기 및 플랫폼 등 회사 업무 데이터 조사 관리 강화**

평가지침은 개인 전자기기, 통신 플랫폼 및 메시지 애플리케이션(자동 삭제 메시지 포함)의 사용을 관리하는 회사의 정책 및 절차 평가에 관한 세부 평가요소를 추가하였다. 이와 관련하여 회사의 통신 관련 정책 및 절차는 발생할 수 있는 리스크를 기반(risk-based)으로 설계되어야 하고, 사업 관련 전자 데이터 및 통신에 대해서도 회사가 용이하게 접근 및 보존이 가능하도록 설계되어야 한다는 내용을 포함하고 있다.

2024년 9월 23일 자로 이루어진 다섯 번째 개정의 주요내용은,

① 기업 컴플라이언스 프로그램의 평가요소 중 하나인 리스크 평가(Risk Assessment) 항목 부분에 기업이 컴플라이언스 프로그램을 통하여 Artificial Intelligence 등 신기술(이하, AI 등)에 대한 리스크를 어떻게 평가하고 관리하는지 여부가 새롭게 반영되었다는 점이다.
② 컴플라이언스 프로그램이 적절히 기능할 수 있도록 컴플라이언스 부서에 대하여

충분한 자원 및 AI 등의 사용으로 얻을 수 있는 데이터 등에 대한 접근 권한이 부여되어야 한다는 점을 강조하고 있다. 즉, 기업 컴플라이언스 부서가 제 기능을 수행하기 위해서는 관련 인력에게 AI 등의 사용에 기초한 데이터 접근 권한이 충분히 부여되어야 한다는 것이다.

③ 마지막으로 5차 개정안에서 주목할 만한 부분은 내부고발자(Whistleblower) 보호 및 보복 방지 정책에 관한 부분이 신설된 점이다. 회사가 형식적인 내부고발자 보복 방지 정책 또는 이에 관한 사내 교육 프로그램의 제공 여부뿐만 아니라, 비위를 저지른 직원과 이를 보고한 직원을 서로 다르게 대우하는지 여부 등을 조사함으로써 내부고발자에 대한 실질적인 보호 및 보복 방지가 이루어지고 있는지에 중점을 두고 있다. 즉, 회사 차원에서 내부고발을 장려하고 이에 대한 인센티브를 부여하는지 여부에 집중하고 있는 것이다.

유럽연합의 유럽증권시장감독청(ESMA: European Securities and Market Authority)은 '금융상품투자지침2(MiFID II)' 16장 및 Delegated Act 22 등에서 컴플라이언스 조직을 정의하고 있으며 MIFID II Product Governance Requirement에서 컴플라이언스 보고 관련 의무사항을, Market Abuse Regulation에서는 거래 관련 컴플라이언스 절차 등을 규정하고 있다.

영국의 경우 Financial Conduct Authority(FCA)의 SYSC Handbook 제6.1장에서 금융회사는 독립적으로 운영되는 영구적이고 효과적인 컴플라이언스 조직을 갖추어야 함(A management company must maintain a permanent and effective compliance function which operates independently)을 규정하고 있다. 또한 2010년 5월 UK 기업지배구조 모범규준(구 통합모범규준) 등에서도 기업으로 하여금 컴플라이언스 시스템의 구축 및 효율적 운영을 포함한 내부통제시스템의 구축 등을 강하게 권고하고 있다.

독일 연방금융감독청(BaFin: Bundesanstalt für Finanzdienstleistungsaufsicht)은 2010년 6월 준법감시인의 행위, 조직 및 투명성과 관련된 최소요건에 대한 규칙[*]을 발표하여 준법감시인의 책무 및 독립성과 임기 보장(최소 24개월) 등을 강조하였다. 이후 2011년 6월 4일 개정 등[**]을 통해 금융투자업자로 하여금 증권거래법(WpHG) 제31조 이하에 따른 컴플라이언스 기능과 그 외 행동, 조직 및 투명성 의무를 부여하였다. 이러한 MaComp의 개정은 유럽 감독기관의 설치에 관한 의회와 위원회의 규정 제16조에 의하여 MiFID에 규정된 컴플라이언스 기능에 관한 조항을 MaComp으로 전환하기 위한 것이기도 하다. 이에 따라 BaFin은 컴플라이언스에 대한 법적 요구사항을 MaComp에 규정하였고, 그 결과 컴플라이언스 기능의 조직상의 요구사항과 의무규정은 더욱 강화[***]되었다.

일본의 경우도 금융회사들의 대규모 해외손실 은폐, 거액의 불량채권 발생, 민관유착 및 독직 등 불미스러운 사태가 잇달아 발생하고 이로 인하여 일본 금융시장에 대한 대내외의 신뢰가 크게 저하되자 금융시장의 신뢰회복과 금융회사 및 고객 보호 차원에서 법규준수체제를 강화한 바 있다. 법규준수시스템은 준법감시위원회(준법감시관련 의결기관)를 중심으로 준법감시 총괄부서 및 법무부서 등이 준법감시업무를 수행하고, 준법감시 총괄부서에 준법감시인을, 기타 부서에는 준법감시담당자를 배치하여 운용하고 있다. 일본금융청의 검사 매뉴얼을 보면 법령준수 체제의 정비 및 확립, 준법지침서 책정, 준법계획 실시, 컴플라이언스 총괄부분 관리자를 지정하였는지를 주요 검사항목으로

---

[*] "Minimum Requirements for the Compliance Function and Additional Requirements Governing Rules of Conduct, Organization and Transparency"(June 7, 2010), Circular 4/2010 (WA), BaFin.

[**] Circular Erscheinung from 7 June 2010 Stand, updated on 2011. 06. 14., (Mindestanforderungen an die Compliance-Funktion und die weiteren Verhaltens-, Organisations- und Transparenzpflichten nach §§ 31 ff. WpHG für Wertpapierdienstleistungsunternehmen - MaComp).

[***] 〈독일의 MaComp과 컴플라이언스 기능 - 한국 준법감시인제도에 대한 시사점〉, 신상우, 한국증권법학회, 증권법연구 2015년, 증권법 연구 제16권 제1호, page 1-27.

삼고 있다.

또한 금융상품거래법 및 일본 회사법(제362조 제4항 제6호 등)에서 내부통제보고서의 작성의무와 내부통제보고서의 감사증명을 법으로 정하고 있고 준법감시인제도 이행을 강제하고 있다.

참고 2

## 바젤은행감독위원회의 준법감시 가이드라인
## : 준법감시조직의 운영 및 기능에 대한 10가지 원칙

일반적으로 은행산업에 있어 준법리스크관리 및 감독과 관련된 일반적인 원칙으로 전 세계적으로 인정되는 준법감시 가이드라인은 바젤은행감독위원회(Basel Committee on Banking Supervision)가 2005년 발표한 〈Compliance and the Compliance Function in Banks〉 보고서가 기본이 된다고 볼 수 있다. 동 보고서에서는 준법감시조직의 운영 및 기능에 대한 10가지 원칙을 제시하여 금융회사가 따르도록 권고하고 있으며 동 원칙들은 미국 FRB[*]를 비롯한 많은 국가의 감독당국들도 이를 지지(Endorse)하고 있다.

바젤위원회는 다음과 같은 4가지 분야에 대한 원칙을 제시하고 있다. ① 준법감시를 위한 이사회의 책무(responsibilities of the board of directors for Compliance), ② 준법감시를 위한 경영진의 책무(responsibilities of senior management for Compliance), ③ 준법감시조직의 원칙(Compliance function principles)(예를 들어 독립성, 적정 자원 및 책임 등; *e.g., independence, resources and responsibilities*), ④ 기타(Other matters)(국가 간 영업 및 위탁 문제;

---

[*] Federal Reserve Board, Compliance Risk Management Programs, supra note 37("The principles in the Basel compliance paper have become widely recognized as global sound practices for compliance risk management and oversight, and the Federal Reserve endorses these principles.").

*cross-border and outsourcing issues)*.

아래에서는 좀 더 자세히 10가지 원칙들을 소개해 본다.

## 준법감시를 위한 이사회의 책무
(Responsibilities of the board of directors for compliance)

### | 원칙 1(Principle 1)

은행의 이사회는 은행의 준법 관련 위험관리가 잘 이루어지고 있는지 감독할 책임이 있다. 은행의 이사회는 영구적이고 효과적인 준법감시기능을 수립하는 공식적인 문서를 포함하여 은행의 준법감시정책을 승인하여야 한다. 이사 또는 이사회는 최소한 연 1회 은행이 준법감시리스크를 어느 정도 효과적으로 관리하고 있는지를 평가하여야 한다.

The bank' board of directors is responsible for overseeing the management of the bank' compliance risk. The board should approve the bank' compliance policy, including a formal document establishing a permanent and effective compliance function. At least once a year, the board or a committee of the board should assess the extent to which the bank is managing its compliance risk effectively.

## 준법감시를 위한 경영진의 책무
(Responsibilities of senior management for compliance)

### ▌원칙 2(Principle 2)

은행의 경영진은 은행의 준법감시리스크를 효과적으로 관리할 책임이 있다.

The bank' senior management is responsible for the effective management of the bank' compliance risk.

### ▌원칙 3(Principle 3)

은행의 경영진은 준법감시정책을 수립 및 전달하고 그 정책이 잘 준수되도록 하며 준법감시리스크관리 현황을 이사회에 보고할 책임이 있다.

The bank' senior management is responsible for establishing and communicating a compliance policy, for ensuring that it is observed, and for reporting to the board of directors on the management of the bank' compliance risk.

### ▌원칙 4(Principle 4)

은행 경영진은 은행의 준법감시정책의 일환으로서 은행 내에 영구적이며 효과적인 준법감시기능을 수립할 책임이 있다.

The bank' senior management is responsible for establishing a permanent and effective compliance function within the bank as part of the bank' compliance policy.

## 준법감시기능의 제 원칙
(Compliance function principles)

### 원칙 5: 독립성(Principle 5: Independence)

은행의 준법감시조직은 독립적이어야 한다.
The bank' compliance function should be independent.

### 원칙 6: 준법감시 자원(Principle 6: Resources)

은행의 준법감시조직은 그 책무를 효과적으로 수행할 수 있는 적정한 자원을 갖추어야 한다.
The bank' compliance function should have the resources to carry out its responsibilities effectively.

### 원칙 7: 준법감시조직의 책무
(Principle 7: Compliance function responsibilities)

은행 준법감시조직의 책무는 은행이 직면한 준법 관련 리스크를 효과적으로 관리할 수 있도록 경영진을 보좌하는 것이다. 이의 구체적인 직무는 아래와 같다. 만약 다른 부서원에 의해 준법감시 직무가 수행될 경우 부서 간 책임에 대한 분명한 분담이 이루어져야 한다.

The responsibilities of the bank' compliance function should be to assist senior management in managing effectively the compliance risks faced by the bank. Its specific responsibilities are set out below. If some of these responsibilities are carried out by staff in different departments, the allocation of responsibilities to each department should be clear.

모든 준법감시조직의 책무가 반드시 '준법감시부' 또는 '준법감시단위'에서만 수행되어야 할 필요는 없다. 준법감시업무는 다른 부서에서도 실행되어질 수 있다. 예를 들어, 어떤 은행들에서는 법무부서와 준법감시부서가 분리되어 있다. 이 경우 법무부서는 컴플라이언스 관련 법, 규정 및 기준 등에 대해 경영진에게 조언하고 임직원에게 가이드라인을 준비해 주는 반면, 준법감시부에서는 그러한 내부규정과 절차 등을 잘 준수하는지를 모니터링해서 그 결과를 경영진에게 보고할 책임이 있다.

34. Not all compliance responsibilities are necessarily carried out by a "compliance department" or "compliance unit". Compliance responsibilities may be exercised by staff in different departments. In some banks, for example, legal and compliance may be separate departments; the legal department may be responsible for advising management on the compliance laws, rules and standards and for preparing guidance to staff, while the compliance department may be responsible for monitoring compliance with the policies and procedures and reporting to management.

어떤 은행에서는 준법감시조직이 운영리스크 그룹에 속해 있거나 또는 위험관리부서에 속해 있기도 한다. 이와 같이 부서 간 임무가 분리되어 있다면 각 부서 간 책임소재가 분명히 배분되어 있어야 한다. 또한 각 부서 및 준법감시인 간 적정한 협업이 이루어지는 메커니즘이 있어야 한다. 이러한 협업 메커니즘은 준법감시인이 그의 임무를 효과적으로 수행할 수 있을 정도로 충분해야 한다.

In other banks, parts of the compliance function may be located within the operational risk group or within a more general risk management group. If there is a division of responsibilities between departments, the allocation of responsibilities to each department should be clear. There should also be appropriate mechanisms for co-operation among each department and with the head of compliance (e.g. with respect to the provision and exchange of relevant advice and information). These mechanisms should be sufficient to ensure that the head of compliance can perform his or her responsibilities effectively.

### 1) 조언(Advice)

준법감시부는 경영진에게 준법 관련 법령 및 기준에 대해 조언하여야 하며 그 법령 등의 변천에 대해서도 제때에 경영진에게 알려야 한다.

35. The compliance function should advise senior management on compliance laws, rules and standards, including keeping them informed on developments in the area.

### 2) 준법 관련 가이드 제시 및 교육(Guidance and education)

· 준법감시부는 경영진을 보좌하여 컴플라이언스 이슈에 대한 직원교육과 컴플라이언스 관련사항에 대한 담당자가 되며

· 준법관련 법령 및 기준이 내부규정과 절차를 통해 적절하게 준수가 될 수 있도록 임직원에 대한 서면 가이드라인과 여타 준법감시매뉴얼, 내부 행동강령 및 절차 등을 제정한다.

36. The compliance function should assist senior management in: educating staff on compliance issues, and acting as a contact point within the bank for compliance queries from staff members; and establishing written guidance to staff on the appropriate implementation of compliance laws, rules and standards through policies and procedures and other documents such as compliance manuals, internal codes of conduct and practice guidelines.

### 3) 준법감시리스크의 인식, 측정 및 평가(Identification, measurement and assessment of compliance risk)

준법감시부는 선제적으로 은행의 영업과 관련된 준법감시리스크를 인식하고 기록하며 평가하여야 한다. 이에는 신규상품 및 영업방식의 진전, 새로운 형태의 영업방식이나 고객과의 관계 또는 기존방식의 큰 변화 및 신상품위원회 참석 등을 포괄한다.

37. The compliance function should, on a pro-active basis, identify, document and assess the compliance risks associated with the bank's business activities, including the development of new products and business practices, the proposed establishment of new types of business

or customer relationships, or material changes in the nature of such relationships. If the bank has a new products committee, compliance function staff should be represented on the committee.

준법감시부는 컴플라이언스 리스크를 측정하는 방안(예를 들어 성과지표 사용 등)을 모색하여야 하며 그 방안을 통해 준법감시리스크 평가를 제고하여야 한다. 관련 기술은 리스크 측정 indicator를 개발하는 데 있어 도구로 사용될 수 있는데 이때 성과지표 등은 관련 데이터의 합산 및 필터링 등을 통해 준법감시 관련 잠재적 리스크를 나타내어 준다(예를 들어 고객불만, 비정형적 거래나 결제건수의 증가 등).

38. The compliance function should also consider ways to measure compliance risk(e.g. by using performance indicators) and use such measurements to enhance compliance risk assessment. Technology can be used as a tool in developing performance indicators by aggregating or filtering data that may be indicative of potential compliance problems(e.g. an increasing number of customer complaints, irregular trading or payments activity, etc).

준법감시부는 은행의 준법 관련 절차나 가이드라인의 적정성을 평가하고 나타난 결함에 대해 즉각 조치를 취해야 하며 필요시 개정을 요청하여야 한다.

39. The compliance function should assess the appropriateness of the bank's compliance procedures and guidelines, promptly follow up any identified deficiencies, and, where necessary, formulate proposals for amendments.

### 4) 모니터링, 검증 및 보고(Monitoring, testing and reporting)

준법감시부는 은행의 준법 관련 모니터링과 충분하고 대표성 있는 검증을 수행하여야 한다. 준법감시 검증의 결과는 은행의 내부 위험관리 절차에 따라 준법감시 보고라인을 통해 보고되어야 한다.

40. The compliance function should monitor and test compliance by performing sufficient and representative compliance testing. The results of the compliance testing should be reported up through the compliance function reporting line in accordance with the bank's internal risk management procedures.

준법감시인은 정기적으로 경영진에게 준법 관련 사항을 보고하여야 한다. 동 준법감시위험평가 보고는 해당 기간에 이루어진 준법감시리스크 내용의 변화와 발견된 법령 미준수 및 결함과 이를 개선하기 위해 제시되었거나 수행된 개선방안 등을 포괄하여야 한다. 보고형식은 은행의 준법감시 형태 및 관리 방식 등과 연계되어야 한다.

41. The head of compliance should report on a regular basis to senior management on compliance matters. The reports should refer to the compliance risk assessment that has taken place during the reporting period, including any changes in the compliance risk profile based on relevant measurements such as performance indicators, summarise any identified breaches and/or deficiencies and the corrective measures recommended to address them, and report on corrective measures already taken. The reporting format should be commensurate with the bank's compliance risk profile and activities.

### 5) 법령상 주어진 책임 및 외부감독기관과의 연락(Statutory responsibilities and liaison)

준법감시부는 법에서 정해진 특정책무(예를 들어 자금세탁보고책임자 등)를 수행한다. 또한 준법감시부는 감독당국을 포함한 외부기관과의 연락책임자로서 기능한다.

42. The compliance function may have specific statutory responsibilities(e.g. fulfilling the role of anti-money laundering officer). It may also liaise with relevant external bodies, including regulators, standard setters and external experts.

### 6) 준법감시프로그램의 제정 및 실행(Compliance programme)

준법감시부서의 책무는 내부규정의 검토 및 실행, 위험평가, 준법관련 검증, 임직원 교육 등의 계획된 준법감시활동을 규정하는 준법감시프로그램에 의거하여 수행되어야 한다. 준법감시프로그램은 관련 위험에 근거하여 준법감시인의 감독하에 영업부서 내 적정한 범위 및 위험관리부서 간 협업이 이루어지도록 만들어져야 한다.

43. The responsibilities of the compliance function should be carried out under a compliance programme that sets out its planned activities, such as the implementation and review of specific policies and procedures, compliance risk assessment, compliance testing, and educating staff on compliance matters. The compliance programme should be risk based and subject to oversight by the head of compliance to ensure appropriate coverage across businesses and co-ordination among risk management functions.

## 원칙 8: 내부감사와의 관계(Principle 8: Relationship with Internal Audit)

준법감시조직의 업무 및 활동에 대해서는 내부감사에 의해 정기적으로 검토되어야 한다.

The scope and breadth of the activities of the compliance function should be subject to periodic review by the internal audit function.

## 기타(Other matters)

## 원칙 9: 국가 간 영업문제(Principle 9: Cross-border issues)

은행은 그들이 영업을 영위하는 모든 국가들의 법 및 규정을 준수하여야 하며 준법감시조직 및 체계와 그 책무는 해당 국가의 법률 및 규제요건에 부합되어야 한다.

Banks should comply with applicable laws and regulations in all jurisdictions in which they conduct business, and the organisation and structure of the compliance function and its responsibilities should be consistent with local legal and regulatory requirements.

## 원칙 10: 업무위탁(Principle 10: Outsourcing)

준법감시업무는 은행 내 핵심 리스크관리 업무로 간주되어야 한다. 준법감시기능의 특정 업무가 외부로 위탁되는 것은 가능할 수 있으나 이 경우에도 준법감시 책임자의 적정한 감독 및 통제하에 남아 있어야 한다.

Compliance should be regarded as a core risk management activity within the bank. Specific tasks of the compliance function may be outsourced, but they must remain subject to appropriate oversight by the head of compliance.

# 블루오션이 된 컴플라이언스?

2014년 4월 24일 자 Financial Times에서는 〈준법감시인의 세계가 도래했다: the age of the compliance officer arrives〉라는 제하로 "새로운 규제의 집중포화가 특화된 전문지식과 경험에 대해 프리미엄을 주고 있다."라고 보도하고 있다. 또한 같은 날 다른 제목의 기사에서는 "은행산업의 불확실성 중 한 가지 확실해 보이는 것은 향후 수년간 직면하여야 할 규제의 규모와 복잡성을 감안해 볼 때 금융 관련 컴플라이언스 분야 경험자에 대한 수요는 뜨거울 것이라는 것이다."[*], 2013년 3월 3일 자 Financial Times에서는 〈은행 준법감시인의 연봉이 치솟다: Bank compliance salaries soar〉라는 기사를 다루면서 글로벌은행 컴플라이언스의 연봉이 금융위기 후 3배나 올랐으며 그 인상의 50% 이상이 2012~2013년 2년간 급격한 상승에 기인한 것이라고 전하고 있다. 보도에서는 글로벌 투자은행인 영국계 B 은행 Chief Compliance Officer

---

[*] "Top banking executives defect as image problems and regulations bite. – Demand for speakers of native languages fuels pick-up in hiring", April 24, 2014 by: Martin Arnold, Banking Editor, Financial Times. "Amid all the uncertainty in the banking industry, one thing seems certain. Given the scale and complexity of the regulation that is set to confront the sector for many years to come, anybody with experience or training in financial compliance is set to be in hot demand."

의 연봉이 300만 파운드에 달하는 것으로 알려진 바 있다.

세계적인 리크루팅 회사인 콘페리(KornFerry)에 따르면 유럽계 은행의 경우 2016년 이후 준법감시인의 연봉이 20% 이상 상승하여 여타 다른 부서의 임금 상승률을 크게 상회하고 있다고 한다.

또한 2014년 1월 15일 자 Wall Street Journal에서는 〈준법감시인, 꿈의 직업: Compliance Officer: Dream Career?〉이라는 제목으로 금융회사에 대한 벌금액수가 높아질수록 준법감시인에 대한 고용은 더욱 늘어나고 미국경제가 신규 고용창출에 어려움을 겪는 와중에도 최소한 붐을 일으키는 한 분야는 컴플라이언스라고 보도하고 있다.

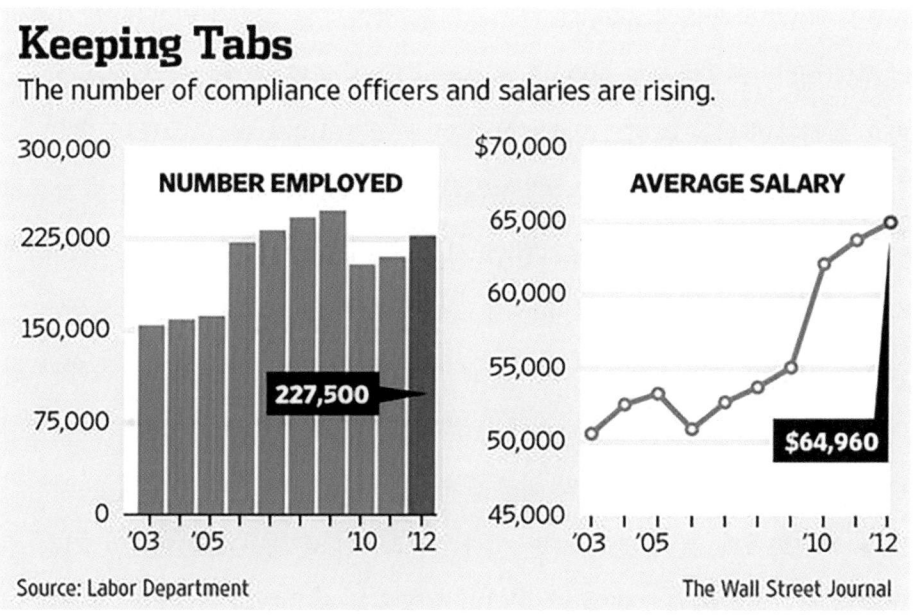

보스턴컨설팅그룹에 따르면 2019년 현재 준법감시조직(자금세탁 및 금융범죄 포함) 인원은 미국 및 유럽은행들에 있어 평균적으로 전체 인력의 3%에 달하고 있으며 이는 2013년에 비해 2배 이상 증가한 것으로 조사되었다.

우리나라도 2007년 4월 16일 자 조선일보 보도에 의하면 한미 FTA로 인해 떠오르는 유망직업 중 하나로 외국계 투자은행 준법감시인을 꼽았다. 하지만 이제는 외국계 은행뿐만 아니라 국내 금융회사에도 준법감시 분야의 중요성이 계속 강조되고 있는 실정이다.

이를 반영하듯 2024년 국민, 신한, 하나, 우리은행 등 국내 4대 은행이 준법감시인력을 전년에 비해 116명 늘린 것으로 나타났다. 이는 비용 효율성 차원에서 매년 희망퇴직으로 수백 명씩 직원을 정리해 오던 기조와는 상반된 것으로, 잇따른 금융사고로 내부통제의 중요성이 부각되면서 준법감시인력에 대한 필요성이 갈수록 커지고 있기 때문이다. 은행들이 준법감시인력 확충에 열을 올리는 건 내부통제 강화가 여느 때보다 중요해졌기 때문이다. 2023~2024년 잇따른 금융사고로 은행을 바라보는 금융소비자들의 시선이 따가운 데다, 금융당국도 2025년 내부통제 이행 현황을 면밀히 점검하겠다고 팔을 걷어붙인 만큼 준법감시체계의 강화가 시급하다는 판단에서다.

2025년부터 시행되는 책무구조도(Responsibility Map)도 준법감시조직의 적극적인 확대의 배경이다. 금융사고 발생 시 경영진의 책임이 한층 무거워지면서 각 은행들도 금융사고 대응보다는 사고 예방에 중점을 두고 있다.

또한 여기에 더해 금융감독원이 제시한 준법감시인력 비율도 충족해야 한다. 금융감독원은 은행권의 내부통제 혁신방안으로 2025년 말까지 준법감시부서 인력(자금세탁방지 인력 제외)의 비중을 전 임직원의 최소 0.8% 이상을 배치하도록 의무화했다. 은행별로 보면 신한은행과 하나은행은 2024년 말 기준 준법감시인력 비율이 0.82%에 달해 이미 목표치를 충족했다. 반면 두 은행에 비해 전체 임직원 규모가 큰 KB국민은행과 우리은행은 각각 0.77%, 0.71%로 아직 목표에는 못 미치는 상황이다. 이에 KB국민은행과 우리은행은 2025년 한 해 준법감시조직 보강에 속도를 낸다는 구상이다.

특히 2025년부터 책무구조도 등 은행들의 내부통제에 고삐를 죄는 정책들이 시행되는 만큼, 전문성을 갖춘 인재 영입과 준법감시조직체계 고도화를 통해 2025년 말까지 목표치인 0.8% 달성에 주력하겠다는 구상으로 알려진다.

이러한 준법감시인 또는 컴플라이언스 조직에 대한 수요 증가는 역설적으로 전 세계적인 대형 금융사고의 증가 및 이에 따른 규제당국의 제재와 벌금액의 급증에 주로 기인하고 있음을 알 수 있다.

다음의 표*는 글로벌 금융위기 이후 전 세계 금융감독당국으로부터 제재를 받은 대형 금융사고들을 정리한 것인데, 위반의 범위 및 분야가 다양하고 특정 금융회사의 경우는 지속, 반복적으로 금융사고가 발생하고 있음을 확인할 수 있다.

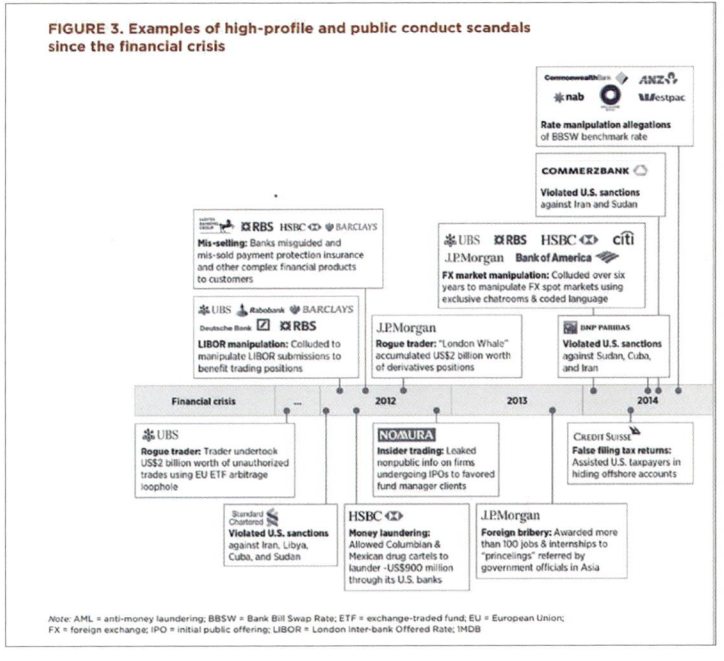

---

* "Banking Conduct and Culture: A Permanent Mindset Change", Group of 30, Nov. 2018, page 4-5.

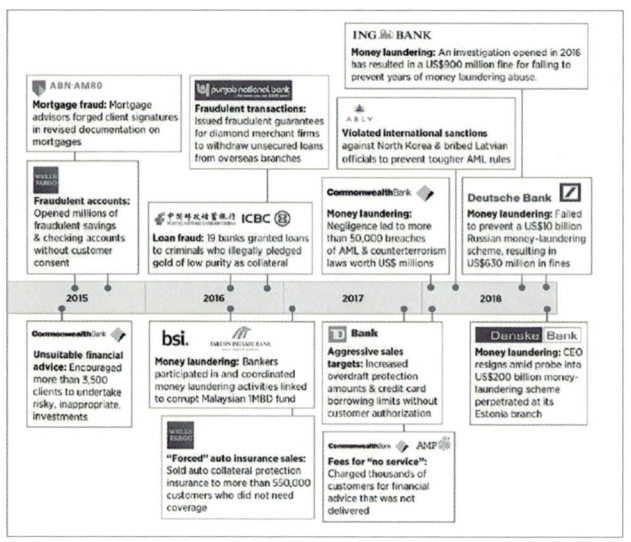

보스턴컨설팅그룹(Boston Consulting Group)이 2017년 3월 발표한 보고서에 따르면 전 세계의 유수 금융회사가 2008년 글로벌 금융위기 이후 감독업무 소홀 등의 이유로 약 3,201억 달러의 벌금을 납부한 것으로 조사*되었다. 이는 주로 자금세탁 (money laundering) 및 테러자금지원(terrorist financing)과 시장조작(market manipulation) 등의 사유가 주된 것이었다. 2016년 한 해에만 420억 달러를 벌금으로 낸 것으로 나타났는데 전년에 비해 68%나 증가한 금액이었으며 이러한 규제 관련 벌과금 및 이에 따른 법률/소송 비용은 은행들이 지속적으로 떠맡을 수밖에 없는 일종의 고정비용이 되어버려 동 추세는 계속될 것으로 전망되고 있다.

또한 20개 미국 및 유럽의 대형은행을 토대로 분석한 맥킨지의 2016년 1월 보고서에 따르면 2009년 대비 2014년 은행들의 수익은 약 10% 감소하고 여

---

* Annual report, press report, BCG analysis, page 16. "Global Risk 2017, Staying the Course in the Banking".

신에 대한 상각도 약 3배 정도 줄은 반면, 감독당국으로부터의 벌금은 9배 이상 엄청나게 늘어난 것으로 분석되었다.

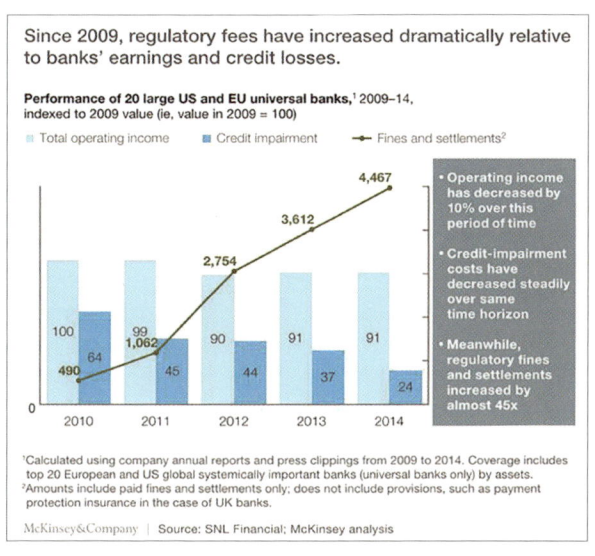

또한 유럽의회의 발표에 의하면 전 세계 유수의 글로벌은행이 부당행위로 인해 2009년부터 2014년까지 벌금 등으로 지불한 누적금액이 약 2,000억 유로에 해당하며 이 중 유럽은행이 500억 유로를 차지하는 것으로 조사*된 바도 있다.

---

\* "Fines for misconduct in the banking sector – what is the situation in the EU?", IPOL, European Parliament, 29 March 2017(based on the ESRB(European Systemic Risk Board) Report on the misconduct risk in the banking sector in June 2015, p12).

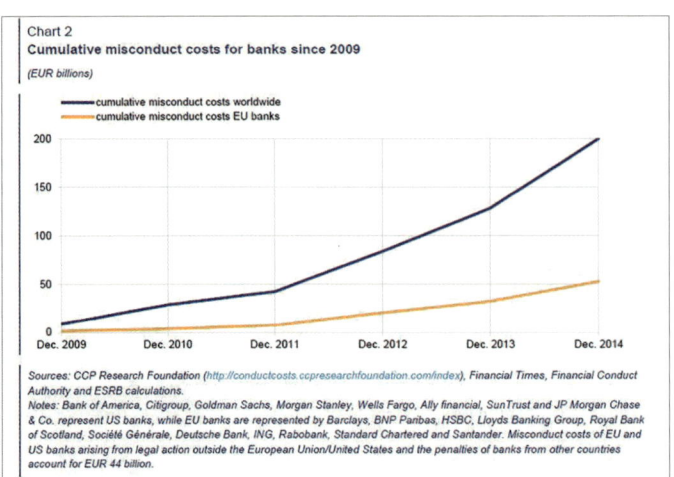

아래 표는 글로벌 금융회사에게 부과된 각국 금융당국의 벌금 중 10억 달러(약 1.4조 원)를 초과하는 금융사고 등을 정리한 것이다. 사실 우리나라에서는 경험하기 힘든 엄청난 벌금액이 그저 놀라울 뿐이다.

## 글로벌 금융회사의 10억 달러 이상 벌금 부과 내역
### (The 20 Biggest Compliance Fines, $1 billion and above)[*]

| 금융회사명 | 위반 내용 | 벌금액 (Billion $) | 연도 |
|---|---|---|---|
| HSBC | 자금세탁방지업무 위반: 이란, 쿠바, 리비아, 수단 및 버마 등 제재대상국가와의 마약 관련 거래 허용 | 1.256 | 2012 |
| MF Global Inc. | 고객자산 부당 횡령 및 유용 | 1.312 | 2013 |
| SAC Capital Advisor | 내부자 거래 및 증권거래 사기 | 1.8 | 2013 |
| JP Morgan | 서브프라임 모기지 취급 관련 부당행위 | 13.0 | 2013 |
| Bank of America | 서브프라임 모기지 취급 관련 부당행위 | 30.6 | 2013/4 |
| JP Morgan | Bernard Madoff의 대규모 폰지사기가 가능하도록 지원 및 내부통제 미비 | 1.7 | 2014 |
| Credit Suisse | 미국 고객의 세금사기를 돕기 위해 소득세 관련 회계부정 및 관련 서류 조작 | 2.5 | 2014 |
| Commerzbank | 자금세탁방지의무 위반: 일본기업 올림푸스의 자금세탁 및 사기거래 허용 | 1.45 | 2015 |
| BNP Paribas | 자금세탁방지의무 위반: 수단, 이란 및 쿠바 등 제재대상국가의 테러 관련 거래 허용 | 8.973 | 2015 |
| Wells Fargo | 고객의 동의 없이 유령계좌 개설 및 이의 부당 사용 | 3.0 | 2016 |
| Deutsche Bank | 서브프라임 모기지 취급 관련 부당행위 | 7.2 | 2016 |
| Credit Suisse | 서브프라임 모기지 취급 관련 부당행위 | 5.3 | 2017 |
| Societe Generale | 자금세탁방지의무 위반: 쿠바, 리비아, 이란 및 수단 등 제재대상국가의 테러 관련 거래 허용 | 1.4 | 2018 |
| Standard Chartered | 자금세탁방지의무 위반: 이란 등 제재대상국가의 테러 관련 거래 허용 | 1.1 | 2019 |
| UniCredit SpA | 자금세탁방지의무 위반: 이란 등 제재대상국가의 테러 관련 거래 허용 | 1.3 | 2019 |
| Danske Bank | 자금세탁방지의무 위반: 에스토니아 지점을 통해 러시아 등으로부터의 불법 자금세탁거래 허용 | 2.06 | 2022 |
| Wells Fargo | 부동산 및 차량 담보 대출 등의 관리 부실로 고객에게 큰 손해를 초래 | 3.7 | 2022 |
| Binance | 자금세탁방지업무 위반: 북한, 이란 등 제재대상국가와의 거래 허용 | 4.3 | 2022 |
| Goldman Sachs | 말레이시아 1MDB 채권 발행 관련 뇌물수수 및 자금세탁 방조 | 5.4 | 2023 |
| Toronto-Dominion | 자금세탁방지의무 위반: 뇌물을 받고 제재대상국가인 콜롬비아 등으로 자금이체 실행 등 느슨한 내부통제 | 3.0 | 2025 |

[*] https://www.enzuzo.com/blog/biggest-compliance-fines를 바탕으로 저자의 자체 조사를 추가

한편 보스턴컨설팅그룹이 은행의 실적 및 자본유지비용 등을 통해 분석해 본 결과에 따르면 2009년에서 2015년 사이 세계 은행산업은 매년 지속적으로 수익을 냈지만 이러한 엄청난 규제비용으로 인해 실제로는 약 90억 유로의 누적손실을 본 것으로 나타났다.

컴플라이언스의 증가는 특히 한동안 아시아가 주도했는데 이는 수요는 늘지만 인재풀이 제한된 준법감시인들의 몸값이 올라가는 결과로 나타났다. 한때 이들의 연봉 상승률*은 미국 뉴욕의 2배 수준으로 이제는 미국과 런던 연봉 수준에 육박하고 있는 것으로 알려졌다. 이는 아시아에 노련한 전문가 인재풀이 작은 상황에서 전 세계 규제당국이 은행들의 자본 규제를 강화하고 자금세탁에서부터 Libor 및 외환 조작에 이르는 범죄에 대한 단속을 강화하면서 이런 내부통제 직종에 대한 수요가 높아진 데 따른 것으로 보여진다.

이러한 컴플라이언스에 대한 수요는 계속 이어질 것으로 예상되어 당분간은 소위 말하는 블루오션(Blue Ocean)이 될 전망이다.

---

\* Barclays 아시아퍼시픽 준법감시 헤드였던 Bair에 따르면 2012~2013년 중 아시아 지역 compliance 이직 시 전체 compensation packages의 50% 상승이 빈번했다고 한다. 또한 골드만삭스의 아시아퍼시픽 compliance 총괄책임자였던 Sean McHugh에 따르면 당시 아시아 준법감시인의 boom times이 온 것 같다고 말하고 있다.

참고 3

## 컴플라이언스 분야 경력을 고려해야 하는 10가지 이유
(10 reasons to consider a career in Compliance)[*]

### 1) 좋은 조건의 패키지(Package)

평균적으로 컴플라이언스 담당자의 연봉은 영업부서가 아닌 후선부서 중에서는 상당히 높은 수준이다. 물론 급여는 회사마다 다르지만 통상적으로 적절한 기술과 경험을 갖춘 컴플라이언스 직원은 상대적으로 우수한 패키지를 받을 수 있다.

### 2) 인식의 변화(Perception)

'업무를 망치는 담당자(Business Prevention Officer)' 또는 사내경찰의 이미지가 강했던 컴플라이언스의 이미지는 이제 어제의 뉴스가 되었다. 미래 지향적인 기업은 컴플라이언스 업무를 비즈니스 효율성과 고객 서비스의 핵심 도구로 받아들이고 이를 그들의 업무 및 서비스 프레임워크에 통합하고 있다. 또한 기업이 그렇게까지 발전하지 못했다 하더라도 최소한 효과적인 규정 준수 및 위

---

[*] 영국 헤드헌터인 Kendrick Rose가 2021년 작성한 내용을 일부 수정, 번역하였음. https://www.kendrickrose.com/news/2021/10-reasons-to-consider-a-career-in-compliance 참조.

험관리의 중요성은 그 어느 때보다 분명해졌다. 최근 거액 벌금으로 인한 재정적, 평판적 피해는 컴플라이언스 담당자의 주의와 자제의 목소리에 새로운 가치를 부여하고 있다.

### 3) 어떠한 분야에서도 컴플라이언스로의 전직이 가능(Transferability)

실력 있는 컴플라이언스 담당자가 되기 위해서는 가파른 학습 곡선이 될 것이라고 느낄 수도 있고 고위 직위에 오르려면 시험을 치러야 하는 것도 사실이지만 이전에 다른 어떤 분야에서든지 일했던 당신이 가지고 있는 업무기술이 컴플라이언스 역할에 실질적인 차이를 가져올 수 있다.

고객을 상대하는 데 익숙한 경우라면 어려운 메시지를 건설적이고 효과적인 방식으로 전달하는 방법을 이해할 수 있거나 또는 프로젝트 매니저로 일했다면 새로운 프로세스나 컨트롤을 만들어 내는 방법을 잘 구현해 낼 수 있다. 당신이 어떤 배경에서 왔다고 하더라도 컴플라이언스 업무의 '비결'은 당신이 가지고 있는 기술에 새로운 컴플라이언스 지식을 추가하는 것이다.

### 4) 직업 안정성(Job Security)

금융서비스의 많은 업무가 향후 몇 년 및 수십 년에 걸쳐 인공지능(AI)으로 대체될 가능성이 높지만 규제의 법적 의미는 규정 준수에 사람의 감독과 개입이 필요하다는 것을 의미한다.

신규고객 등록(onboarding) 및 고객 행동의 이상 식별(KYC)과 같은 영역에서 AI를 통해 기본적인 관리비용을 줄일 수 있지만 이러한 절감 효과는 줄어들 기미가 보이지 않는 새로운 법률 및 규정의 폭발적인 증가로 인해 상쇄되고도 남는다. 이에 따라 미국 노동통계국(BLS)은 컴플라이언스 부문이 2024년까지 8% 성장할 것으로 예측하기도 하였다.

### 5) 새로운 기회(Opportunities)

LinkedIn이나 기타 소셜 미디어를 보면 모든 직급의 컴플라이언스 부서에 채용 공석이 있다는 것을 알 수 있다. 이는 늘어나는 컴플라이언스에 대한 수요를 공급이 따라가지 못하기 때문이다.

많은 Head Hunter들은 다른 어떤 분야보다 컴플라이언스에 더 많은 취업 기회가 있을 것으로 보고 있으며 이는 당신이 경력을 바꾸거나 경력을 시작하려고 생각하는 경우 컴플라이언스가 훌륭한 분야라는 것을 의미한다.

특히 금융범죄(Financial Crime) 분야나 MLCO(자금세탁 규정 준수 책임자) 및 MLRO(자금세탁 보고 책임자)에 대한 수요가 높은 업종에서는 컴플라이언스가 비즈니스의 핵심 영역이 되기도 한다.

### 6) 지적으로 매력적인 직업(Intellectually engaging)

컴플라이언스 업무는 규칙의 내용과 정신을 유지하면서 실용적이고 민첩하게 문제를 해결하고 일을 실현하는 방법('가능성의 기술/The Art of Possible')을 찾는 것이 핵심이다. 모든 규제는 정부와 감독당국과 기업 및 조직 간의 인터페이스인 규정 준수를 통해 기회와 과제를 만들어 내는데, 훌륭한 컴플라이언스 전문가는 법률을 해석하고 동료와 소통하여 규정에 따라 효과적으로 업무를 수행할 수 있도록 도와야 하는 지적으로 매력적인 직업인 것이다.

### 7) 전망(Prospects)

학교를 졸업예정이거나 졸업한 경우 또는 경력의 어느 단계에서나 컴플라이언스 업무에 참여할 수 있다. 컴플라이언스 분야의 경력 발전은 **빠른 편인데 2~4년 안에 주니어 컴플라이언스에서 시니어 책임자로 승진할 수도 있다**. 대부분 컴플라이언스 관리자는 5년 이상의 경력(금융서비스의 다른 영역 경력 포함)을 보유하고 있으며 시니어 관리자는 최소 10년의 경력을 필요로 한다.

### 8) 세상을 더 나은 곳으로 만들기(Making the world a better place)

금융범죄에는 피해자가 없을 수가 없다. 멀리 원격에서 발생할 수도 있고 그 피해가 항상 명확하지 않을 수도 있지만 그가 마약 중독자든 사기 피해자든 누군가는 파운드, 달러 또는 비트코인으로 인해 고통을 받고 있다. 금융 범죄로 인해 전 세계적으로 수십억 달러의 손실이 발생하고 있으며 따라서 자금세탁방지는 금융시스템을 통한 불법자금세탁을 방지하는 중요한 장벽으로 기능하고 있다. 컴플라이언스 업무는 기업이 기준을 유지하고 개선하도록 지원함으로써 기업이 금융 범죄의 보조자로 전락하는 것을 막을 수 있다.

### 9) 더 큰 그림 보기(Seeing the bigger picture)

컴플라이언스가 단지 법의 세부사항에 관한 것이라고만 생각한다면 큰 오해다. 조직이 올바른 방향으로 나아가려면 법적, 규제적, 윤리적 관점에서 더 큰 그림을 이해해야 한다. 비즈니스의 현실은 흑백인 경우가 거의 없으며 규칙을 해석하고 통제절차를 구현하는 데 고려해야 할 요소가 너무나 많다. 따라서 훌륭한 컴플라이언스 전문가의 역량은 조직을 보호하고 조직이 역동적이고 효과적인 방식으로 운영될 수 있도록 위험을 해석할 수 있는 능력이기도 하다.

### 10) 다양한 산업에서 일하는 것이 가능(Work across industries)

일반적인 컴플라이언스 진입 경로인 회계, 금융, 법률 분야뿐만 아니라 다양한 배경에서 컴플라이언스 분야에 들어갈 수 있다. 컴플라이언스는 금융서비스에만 영향을 미치는 것이 아니며 의료부터 통신, 교육, 비영리조직에 이르기까지 모든 산업은 법률 및 규정의 영향을 받으며 당연히 컴플라이언스 전문가가 필요하다. 그리고 이는 단지 외부 규정에 관한 것이 아니라, 조직에는 자체 내부 지침이나 모범 사례 표준 등을 준수하는지 확인할 사람이 필요한 경우가 많다.

참고 4

## 당신이 컴플라이언스가 되어야 하는 10가지 이유
(Ten reasons why you should be compliance officer)[*]

1) **인턴서부터 임원까지 다양한 진로가 가능**(There is a career path from entry-level to the board)

컴플라이언스 업무는 대학을 갓 졸업한 견습생 프로그램뿐만 아니라 다양한 컴플라이언스 모니터링 부서에서 일반적으로 analyst라고 불리는 말단부터 시작할 수 있다. 이후 대부분의 회사에서 팀장에서부터 관리자인 임원까지 다양한 경로의 경력을 경험할 수 있다. 특히 규제가 엄격한 직종의 고위 컴플라이언스 직책의 경우 감독당국의 허가를 받아야 하기도 한다.

2) **컴플라이언스 업무는 단순히 법령의 상세한 부분을 아는 정도를 넘어 사람과 그들의 행동을 이해하는 직업이다**(It's not just about knowing the detail of regulation, rather it's about understanding people and behaviours)

규제의 기술적인 부분을 아는 것도 중요하지만, 규제의 정신을 해석하고 이에 대한 기업의 법적책임과 이를 지키지 않았을 때 예상되는 영향을 알릴 수 없

---

[*] 국제 준법감시 협회(International Compliance Association)의 조나단 보우들러(Jonathan Bowdler)가 2020년 9월 8일 Compliance Week에 발표한 내용을 번역하였음. https://www.complianceweek.com/ethics-and-culture/10-reasons-why-you-should-be-a-compliance-officer/29429.article 참조.

다면 효과적인 준법감시인이 될 수 없다. 그러므로 이러한 메시지를 전파하려면 사람들이 어떻게 행동하고 생각하는지 이해해야 하며 사람들이 직장에서 자신의 방식대로 그렇게 행동하는 이유를 이해하려면 경청의 기술도 중요하다.

### 3) 당신은 고객의 챔피언이다(You are the customer's champion)

규제의 기본 목표 중 하나는 소비자보호인데, 컴플라이언스 기능의 목적 중 대부분은 고객이 공정하고 존중받는 대우를 받도록 하는 것이다. 따라서 컴플라이언스 전문가는 자신이 수행하는 직업이 비즈니스와 고객 간의 정당하고 공평하며 윤리적인 관계에 기여한다는 것을 알고 있기 때문에 강한 윤리적 책임감을 가지고 있다.

### 4) 당신은 조직의 윤리적 심장이다(You are the organisation's ethical heart)

조직문화에 윤리적 행동을 포함시키는 것이 이사회의 임무인 반면, 컴플라이언스 전문가는 '올바른 일을 하는 것'이 규정 준수의 자연스러운 확장으로 만드는 데 핵심적인 역할을 한다.

### 5) 비즈니스의 어느 곳으로든 가서 그 비즈니스의 전체 활동에 대한 진정한 이해를 발전시킬 수 있다(You get to go anywhere in the business and develop a real understanding of the business's total activities)

규제 요구사항이 조직 활동의 대부분에 걸쳐 적용된다는 점을 고려하면 시간이 지남에 따라 회사 내 전부는 아니더라도 대부분의 기능 및 부서와 협력하게 될 것이다. 이러한 경험은 강한 독립성과 유연성을 제공하여 대부분의 부서가 무엇을 하는지, 왜 하는지 그리고 어떻게 하는지 이해할 수 있게 해준다.

### 6) 감독당국의 규제는 결코 사라지지 않을 것이므로 직업의 안정성이 보장된다(Regulation is never going to go away; therefore, job security)

때로는 오래된 규정과 법률이 없어지기도 하지만 중요한 추세는 계속 추가적인 규제가 생겨난다는 것이다. 이 결과 시간이 가며 더 많은 규정 준수가 필요하며, 따라서 기업 내에는 더 많은 컴플라이언스 전문가가 필요하다.

### 7) 컴플라이언스에게 필요한 스킬은 회사 내 다양한 부서, 산업 및 국가 간 등 전반에 걸쳐 이전 가능성이 높다(The skills required are highly transferable across roles, industries and jurisdictions)

컴플라이언스 전문가에게 요구되는 핵심적인 스킬과 특성은 경력이 발전함에 따라 쉽게 이전될 수 있다. 전문가적인 의사소통 기술, 비즈니스에 대한 지식 및 통찰력, 실용주의 및 위험관리 능력은 모두 다양한 산업 및 역할에서 많이 요구되는 것들이다.

### 8) 숙련된 컴플라이언스 전문가에 대한 수요가 공급을 초과하고 있다 (Demand for skilled compliance professionals outstrips supply)

규제는 사라지지 않으며 기업은 자격을 갖춘 유능한 컴플라이언스 전문가가 절실히 필요하다. 따라서 최근 몇 년 동안 컴플라이언스 업무에 대한 기회가 크게 늘어났을 뿐만 아니라 좋은 보상 패키지도 제공되고 있다.

**9) 외부 기관 및 개인들과 많은 교류를 하고, 네트워크를 구축하고, 출장도 갈 수 있다**(You get to interact with external bodies and individuals a great deal, build networks and maybe even travel)

컴플라이언스는 산업과 국경을 초월하는 글로벌 커뮤니티이다. 다양한 규제 산업 및 국가적 관할권에 걸쳐 컴플라이언스 전문가 커뮤니티가 성장하고 있다. 여러 국제적인 컴플라이언스 커뮤니티가 컴플라이언스 전문화에 중추적인 역할을 지속하고 있으며 컴플라이언스 전문가에게 필요한 업무 도구를 제공하기 위한 지원, 전문지식 및 교육을 제공하고 있다.

**10) 결코 지루할 수 없는 직업이다**(It's never boring)

규제환경은 끊임없이 유동적이며 때로는 매우 빠른 변화가 필요하다. 그러므로, 컴플라이언스는 한 주에서 다음 주까지 해야 하는 활동의 우선순위가 무엇인지 결코 확신할 수 없다. 컴플라이언스 업무는 9시 출근, 5시 퇴근의 일반적인 역할이 아닌 매우 역동적인 것이다.

# 기업에서의 준법지원인제도

　금융회사뿐만 아니라 최근 우리나라의 기업 최고경영자들도 준법감시인을 활용하고자 하는 흐름이 강하게 나타나는 중이다. 이런 흐름은 회사들이 법 규정을 제대로 준수하지 못한 거래를 함으로써 거액의 손해배상금을 소송 당사자에게 배상해 줘야 하는 판결들을 다수 목격한 후에 나타나는 당연한 현상이기도 하다. 이에 더해 그러한 부담이 결국은 국민경제로 전가되는 실례를 경험하면서 사후적인 책임 추궁보다는 사전적인 위험점검과 체계적인 위험관리가 더 중요하다는 사회적 공감대가 형성되었기 때문이기도 하다.

　또한 국내 금융회사는 준법감시인이 이미 법과 제도로 의무화되어 10여 년 전부터 시행되고 있고 금융감독당국에 의한 상시 감시 및 수시 검사를 통해 이 제도의 유효성에 대한 검증을 지속적으로 받아 오고 있어, 일반 상장회사도 이런 의미에서 준법감시제도의 도입 필요성이 대두되었던 것이다.

　이에 발맞추어 우리나라도 기업 내부의 의사결정 및 업무집행과 관련하여 법률전문가가 상시적으로 법적 위험을 진단 및 관리하여 분쟁을 사전에 예방함으로써 기업의 경쟁력 강화 및 윤리경영을 강화하고자 2011년 4월 12일 준법·윤리경영을 강화해 투명경영과 주주 보호를 유도하자는 취지의 '준법지원인제도'를 담은 상법 개정안[*]을 의결했다. 기본적으로 준법지원인도 준법감시인과 성격상 동일한 직업으로 보면 될 것이다.[**]

이 법률이 시행된 2012년 4월 15일부터 대통령령이 정하는 일정 규모 이상[***]의 상장기업은 직무수행에 있어 따라야 할 준법통제에 관한 기준 및 절차를 담은 준법통제기준을 마련해야 하며, 이 준법통제기준의 준수 여부를 점검하기 위한 변호사·법학 교수 등 법률전문가로 구성된 준법지원인을 1명 이상 의무적으로 고용해야 한다. 준법지원인 요건은 변호사와 5년 이상 경력의 법학 교수, 법무팀 등 법률부서 종사자, 감사, 준법감시인 경력자도 준법지원인이 될 수 있으며 임기는 상근 3년이다(상법 제542조의13 제5항 및 제6항).

준법지원인제도는 금융회사의 준법감시인제도와 유사하게 기업 내부의 의사결정 및 업무집행과 관련하여 준법통제시스템을 마련하고 법률전문가가 상시적으로 법적 위험을 진단 및 관리하여 분쟁을 사전에 예방하도록 하는 제도이며 법의 지배의 확립 및 확산을 위하여 법조인력을 효율적으로 운영하는 방

---

[*] 당초 법안 입안 시 '준법감시인'이란 명칭을 사용하려고 하였으나 '감시인'이란 어감이 좋지 않다는 의견에 따라 최종적으로 '준법지원인'으로 순화되었다고 전해진다.

[**] 기술적으로 보면 준법감시인과 준법지원인을 동일한 개념으로 파악하기에는 어려움이 있다. 준법지원인은 준법통제기준의 준수 여부를 점검하여 그 결과를 이사회에 보고하도록 하고 있는(상법 제542조의13 제3항) 반면 준법감시인의 경우에는 내부통제기준의 준수 여부를 점검하고 내부통제기준을 위반하는 경우 이를 조사하는 등 내부통제 관련 업무를 총괄(금융회사의 지배구조에 관한 법률 제25조)하며 이사회는 물론 감사위원회 또는 감사에게 보고할 수 있도록 되어 있다. 즉, 금융 관련 법상의 준법감시인과 다르게 준법지원인의 업무범위를 내부통제의 한 부분인 준법통제에 한정하여 규율하고 있으며 보고대상도 이사회로 하고 있다는 점이 차이점이라고 할 수 있겠다. 〈내부통제와 준법지원인제도〉 손영화(2012) 참조.

[***] 자산총액 5천억 원 이상인 상장회사는 준법지원인을 반드시 1인 이상 두어야 하지만(상법 제542조의13 제2항), 자산총액 5천억 원 이상인 상장회사라도 다른 법률에 따라 준법감시인을 둔 경우에는 준법지원인의 선임의무가 적용되지 않는다(상법 시행령 제39조 단서). 따라서 은행 등의 금융업종회사는 자산총액이 5천억 원 이상이더라도 각각의 규제법령에 따른 준법감시인제도를 운영하고 있다면 상법상의 준법지원인을 별도로 둘 필요가 없다.

편이기도 하다.*

준법지원인제도 도입의 의의는 은행 등 금융회사에 요구되는 '공익성'을 상장회사에서도 구할 수 있다는 데 있다. 원래 은행 등에 요구되는 '공익성'과 자본시장의 담당자로서의 상장회사에 요구되는 '공익성'은 그 구체적인 내용이 다소 다를 뿐 그 목표로 하고 있는 것은 거의 차이가 없기 때문이다.**

현재 대부분의 다국적 기업들은 내부통제 프로그램을 도입하고, 변호사 등 법률전문가를 준법지원인으로 임명하고 있으며 미국, EU 등에서는 내부통제 프로그램을 운영하고 있는 경우 법 위반 시 양형에 참작하는 등 준법지원인제도의 도입을 적극 뒷받침하고 있다. 즉, 기업의 컴플라이언스 프로그램 운영 여부가 기업에 대한 양형에 있어 주요 인자로 평가되고 있으며 주요 법률에서 컴플라이언스 프로그램으로 포섭될 수 있는 내부통제시스템을 운용하도록 강제하고 있다.

상법에 준법지원인제도가 도입됨으로써 이제 금융회사뿐만 아니라 우리나라 기업들은 좋든 싫든 컴플라이언스 제도를 운영해야 하지만 준법경영관리의 핵심주체인 준법지원인의 법적 지위와 선임 규제에 관한 상법 규정에 일부 문제점과 미비점이 내포되어 있고 기업 스스로도 이의 필요성에 대한 인식이

---

* 준법지원인으로 하여금 윤리경영을 유도하고 탈법을 감시하자는 취지지만 한편으로는 기업의 부담을 가중시키고 변호사 일자리를 만들기 위한 제도라는 비판을 받기도 한다. 즉, 준법지원인제도의 도입이 법조인력의 활용방안으로써 논의된 것은 사실이고, 이는 로스쿨제도의 시행에 따른 변호사의 급격한 공급증가라는 환경 변화와도 밀접한 관련이 있다고 볼 수 있다. 이에 따라 도입 당시 법률가들이 직역확대를 노리는 것에 불과하므로 도입하지 말아야 한다는 주장이 있었고, 반면에 기업에 부담만 주는 제도를 법률가만의 이익을 위해 도입하는 것이라면 당연히 비판받아야 하겠지만, 기업의 경영투명성을 확보하고 위법행위의 방지에 필요한 제도로서의 중요성이 인정된다면 비록 제도의 도입으로 인해 특정한 전문가 그룹이 이익을 보더라도 반대하는 것은 타당하지 않다는 견해도 있었다.
〈준법지원제도의 효용성 제고를 위한 개선방안〉, 정준우, 준법감시협의회 계간지 《COMPLIANCE》, 2018년 여름호 참조.
** 〈내부통제와 준법지원인제도〉, 손영화(2012) 참조.

부족하여 적용대상회사의 약 40% 정도가 아직까지 준법지원인제도를 운용하고 있지 않은 것으로 파악*되고 있다. 우리나라 기업이 컴플라이언스를 바라보는 인식의 정도를 보여주는 현실인 것이다.

---

* 2020년 4월 현재 주권상장법인 총 2,356개 사 중 2,181개 사를 대상으로 KIND 전자공시시스템을 통하여 분석된 최근 조사에 따르면 의무선임 대상회사 중 준법지원인을 두고 있는 회사는 KOSPI 316개 사 중 209개 사(66.1%), KOSDAQ 49개 사 중 22개 사(44.9%)로 나타나고 있다. 〈상장회사의 준법지원인 도입현황 분석〉, 김재호, 준법감시협의회 계간지 《COMPLIANCE》, 2020년 여름호 참조.

컴플라이언스의 하루
아슬아슬한 세일즈맨과 컴플라이언스
법인카드는 그대의 용돈이 아니다
감독당국 검사는 피할 수 없는 필요악
영업 부서와의 밀월: 악일까, 독일까? 공존의 지혜
정치는 중립, 정치감각은 필수
컴플라이언스와 사내변호사와의 협업
Everything is Compliance Issue?

제2장

# 금융회사의 컴플라이언스

## 컴플라이언스의 하루

한국에 진출해 있는 외국계 투자은행의 Compliance Officer로 오랫동안 근무해 온 ○○○ 본부장의 2025년 봄 어느 날 하루 일과는 아침 9시에 출근해 밤새 본점 등에서 날아온 이메일을 답변하는 것으로 시작된다.

지난 몇 년간 미국 당국의 테러국가와의 거래에 대한 엄청난 규모의 벌금 부과뿐만 아니라 최근에는 러시아 관련 제재 등의 여파로 자금세탁방지업무와 관련된 본점의 급박한 문의 및 확인사항이 많아 특히 신경을 많이 곤두세우고 있는 상황이다.

어젯밤에는 현재 한국 내 부패 스캔들에 휘말린 한국기업의 미국 내 자회사와의 거래에 대해 자금세탁방지업무 관점에서의 리스크 분석 및 이를 완화할 수 있는 방안에 대한 의견을 물어왔다. 리스크는 그렇다 치고 완화방안이야 딱히 떠오르는 것이 없지만 일단 검찰수사의 진행상황을 좀 더 지켜보자는 간단한 메시지를 먼저 보냈다. 이외에도 본점에 기보고한 몇 가지 모니터링 및 점검(control) 결과에 대한 추가질문에 답변을 하는 것으로 아침 이메일 검색을 마치고 이제는 딜링룸(dealing room)으로 향한다.

아침부터 고객의 주문(Order)과 세일즈(Sales)의 가격 제시 요청, 중개회사(Broker)의 가격 제시(Quote), 트레이더(Trader)의 거래 등으로 시끌벅적한 딜링룸은 자본시장의 가장 기본적인 거래가 이루어지는 현장(現場)인 것이다. 요즘 들어 컴플라이언스가 가장 신경 써서 보는 것이 소위 직원의 부적절한 행동(Conduct Risk)이며 이를 위해 수시로 딜링룸에서 이루어지는 대화 및 거래패턴 등을 지켜보는 것이 주요한 일상이 된 지 오래다. 또한 딜링룸 내에서는 개인 휴대폰을 포함한 일체의 사적 개인 통신수단의 사용이 엄격히 금지되어 있기 때문에 이의 준수 여부를 살펴보는 것도 필수적인 모니터링 항목이다.

별다른 특이점이 없음을 확인하고는 다시 자리로 돌아와 이제는 컴플라이언스 관련 각종 시스템을 하나씩 접속한다. 본점에서는 글로벌 영업 범위가 확대됨에 발맞추어 Compliance monitoring 및 control system도 다양하게 개발, 운용하고 있어 이를 통한 업무처리는 컴플라이언스 업무의 기본중 기본이 되고 있다. 즉, 각종 시스템에서 경고(alert)가 떠 있는 항목(case)들을 분석하여 정리(clear)하고 필요시 조사 등의 업무를 매일 수행하는 것이다. 또한 시스템을 통해 각 부서에서 승인 요청한 내용들을 꼼꼼히 읽어보고 이를 승인해 주거나 질의사항에 대해 답변 등을 주다 보면 오전시간이 참 빨리 가는 것을 느낀다.

연이어 금융감독원, 한국은행 등 감독당국에서 요청한 사항의 진척사항이 어느 정도 진행되어 가고 있는지를 각 부서들과 체크하고 기한 내에 제출이 되어야 함을 전화나 이메일로 독려하다 보면 어느새 점심시간이 되어버린다.

전화나 찾아오는 사람이 뜸한 점심시간이 조용히 생각하며 업무를 처리하거나 민감한 사안을 다루는 일종의 '집중업무시간'이 되어버린 지도 벌써 몇 년이 되어버렸다.

오늘 점심시간은 지난달 내부적으로 발견된 딜링룸 내 이슈를 추가적으로 확인하기 위해 눈에 띄지 않게 관련 직원의 전화녹음과 메신저 교신내용 들을 듣거나 훑어보았다. 지난 몇 년간 감독당국의 검사 전·후, 내부사고 수습 시마다 하도 많이 듣고 검색을 해보아 나름대로 필요한 부분을 효율적으로 찾아내는 Know-how도 자연스럽게 터득이 되었지만, 특히 잘 들리지 않고 빨리 스쳐 가는 전화녹음 청취는 시간을 많이 소비(time-consuming)하는 지루한 과정이 아닐 수 없다.

그런데 문제는 무엇인가를 발견했을 때가 더욱 어려운 상황이 되어버린다. 왜냐하면 거의 독점적으로 조사를 진행하는 컴플라이언스의 의견에 따라 관련 당사자 및 비즈니스 라인의 운명이 결정될 수 있기 때문에 사실(fact)에 입각한 정확하고 중립적인 조사결과 발표가 무엇보다도 중요시되지 않을 수 없다. 이러한 점에서 홍콩 지역본부나 본점의 컴플라이언스 라인에서도 극도로 보안에 신경을 쓰며 필요부서에 발표 전까지 세심하게 검토 및 내용분석에 많은 시간을 들인다.

금융회사 세일즈 부서원(FI sales)들이 급하게 방을 찾아옴에 따라 전화녹음 청취를 중단하고 이를 해결하기 위해 이야기를 들어주기 시작하였다. 업계에 오래 있었던 어떤 외국계 은행 준법감시인의 말을 빌려본다면 경험상 현업부서(Front Office)가 직접 찾아와서 걱정거리를 이야기하거나 관련 규정을 체크해 보고자 한다면 이를 액면 그대로 받아들이기보다는 배경에 대해 의문을 가지고 접근하는 것이 필요하다. 왜냐하면 영업부서 직원의 속성상 웬만한 사안이면 절대로 자발적으로 컴플라이언스를 찾아오지 않는 것이 일반적이며 통상 찾아올 경우에는 본인들이 생각해도 문제가 될 소지가 크거나, 아니면 이미 무엇인가를 저질렀을 확률이 높기 때문이다. 그리고 그들의 질의에 대해 조언 및 자문을 하더라도 그것이 특정한 상황에만 국한된다는 것을 명확하게 해줄 필요가 있다. 그렇지 않으면 자기들 나름대로 확대 해석 하여 전혀 무관한 비즈니스 영역에도 제멋대로 적용시키고는 나중에 컴플라이언스가 조언해 준대로 이행했을 뿐이라고 발뺌을 하는 경우가 종종 발생하곤 한다.

또한 영업부서 직원이 통상 조언을 구하는 경우에도 전체 거래의 흐름이나 거래목적 및 배경 등을 전반적으로 설명하기보다는 자기들이 알고자 하는 부분만 딱 잘라서 물어보는 경우가 많은데, 잘못하면 그들의 의도대로 이끌어 가기 위한 낚싯밥에 낚일 위험이 있기 때문에 결코 한 단면만을 듣고 컴플라이언스의 의견을 즉흥적으로 피력하는 것은 삼가야 한다.

오후 3시가 넘어 자료를 주섬주섬 챙겨 금융감독당국과의 정례적인 모임을 가기 위해 나선다. 몇 년 전부터 자주는 아니지만 정기적으로 외국계 금융회사의 CEO 및 준법감시인들과의 모임이 금융당국의 주도로 만들어져 감독정책 관점에서 외국계 금융회사의 애로사항을 청취하고 이에 대한 감독당국의 입장을 공유하고 있는데 진행속도가 그렇게 빠르지는 않지만 외국계 금융회사와 감독당국과의 상호이해를 증진하는 데 있어서는 기여를 하고 있는 것으로 생각된다.

사실상 이러한 정기적인 회의체가 없다면 감독당국의 관심사가 주로 국내 금융회사에 우선적으로 집중되는 현실에서 외국계 금융회사가 가질 수 있는 감독당국과의 대화채널이 단절될 가능성이 크기 때문에 적극적으로 참여를 하고자 노력하고 있다. 외국계 금융회사의 오랜 희망사항의 구체적 내용 및 필요성을 정리하여 재차 설명하고 종전 건의사항의 처리상황 등을 질문하는 것으로 회의를 마치고 다시 사무실로 복귀하면 어느새 5시 반이 넘어 있다.

서명(Sign)을 해야 하는 서류들과 밀려 있는 이메일 요청에 대한 답변, 그리고 기다렸다는 듯이 들르는 각 부서들의 현장질문에 의견을 주다 보면 퇴근시간이 어느새 훌쩍 넘어 있다. 이제 저녁 7시경 마지막으로 해외본점과의 전화회의(Conference call) 하나를 마치면 지쳐서 더 이상 손 하나 깜짝하기 싫은 상태가 되어버린다.

이 외에도 Compliance Officer는 고정적으로 참여하거나 주관하여야 하는 내부회의도 다양해서 이를 준비하는 시간도 상당부분 소요되는 것이 현실이다. 예를 들어 컴플라이언스가 주기적으로 주관(host)하여야 하는 '내부통제위원회'나 '신상품분석회의' 등이 그것이다. 또한 '자산부채관리위원회'나 때에 따라 '여신분석위원회' 등에도 참여하여야 한다. 물론 이러한 고정적인 회의 이외에도 사안에 따라 소집되는 수시회의(ad-hoc meeting)도 참 많아서 어떤 날은 회의만 하다 업무시간이 다 지나가 버리기도 한다.

일반적이지는 않지만 컴플라이언스가 영업전략회의(Business review meeting)에 참석하기도 한다. 통상 컴플라이언스가 영업부서 회의에 참여하는 것은 우선 영업부서원들이 꺼리는 경향이 있고 컴플라이언스도 굳이 영업현황 등을 직접적으로 알 필요가 없다는 막연한 생각에 초대받지 않는 것이 일반적이지만 최근에는 영업의 시작 초기부터 오히려 비즈니스의 동반자(business partner)로서 컴플라이언스의 의견을 구하고자 하는 경향에 따라 점진적으로 이에 대한 참여가 이루어지고 있다.

예를 들어 새로운 비즈니스 모델 논의 초기에 관련된 규제 리스크(regulatory risk)나 영업인가(license)상 제약조건 등을 명확히 제시해 줌으로써 할 수 있는 범위와 해서는 안 될 업무에 대한 인식을 선제적으로 알려줄 수 있어 불필요한 시간낭비를 줄일 수 있는 효과가 있다. 또한 컴플라이언스 입장에서도 좀 더 영업부서 직원의 어려움과 애환을 실질적으로 느낄 수 있어 부정적인 선입견을 줄일 수 있으며 한편으로는 잠재적 리스크 분야가 어디일지, 어떤 식으로 이를 컨트롤할지에 대한 구상을 해볼 수 있는 기회도 된다. 특히 많은 영업부서 직원들이 컴플라이언스가 있는 상황에서는 발언을 조심하고 정제된 방식으로 비즈니스 모델을 설명하게 만드는 부수적인 수확도 얻을 수 있다.

고정적으로 영업전략회의에 참가하는 어느 외국계 투자은행 준법감시인의 이야기를 들어보면 주요 거래의 진행상황 및 현재 추진 중인 거래(pipeline)에 대한 성사 가능성을 돌아가면서 발표하는 영업전략회의는 종종 분위기가 썰렁해지는 경우가 발생한다고 한다. 특히, 실적이 예상보다 저조한 영업부서 직원의 경우 경영진의 채근 및 질책을 받아 스트레스를 엄청 받은 모습이 가끔 애처롭기까지 하다고 전해진다. 하지만 그러다가도 비즈니스가 잘 안된 것이 마치 컴플라이언스가 제때 의견을 주지 않았다거나 너무 보수적으로 법령을 해석하여 다른 은행은 다 하는데 우리만 못한다는 식으로 둘러댈 때는 일견 이해도 가지만, 그냥 듣고만 있을 수는 없는 경우도 종종 있다곤 한다.

Thomson Reuters사의 'Cost of Compliance survey 2016'에 따르면 유럽, 미주, 아시아, 오세아니아 및 아프리카 등 전 세계적으로 흩어져 있는 300개 이상 대형 금융회사를 상대로 Compliance Officer의 전형적인 한 주의 일과를 분석해 보았는데 기본적인 업무인 '감독기관 정책변화 탐색 및 분석(14%)', '여타 내부통제부서와의 협의(13%)', '경영진 보고(6%)', '내부통제기준 및 절차 변경(6%)' 등의 비중보다도 '여타 준법감시업무(61%)'의 비중이 훨씬 높음을 알 수 있다. 여기서 여타 준법감시업무란 아래와 같은 내용의 업무로 조사되었다.

① 감독당국과의 협의

② 영업인가의 유지 및 갱신, 영업인력의 등록 등

③ 감독당국 조사 및 검사 수검

④ 감독당국 보고

⑤ 감독정책관련 프로젝트 수행 점검 및 관리

⑥ 컴플라이언스 모니터링

⑦ 직원에 대한 컴플라이언스 교육(Compliance Training)

⑧ 과거 업무관행 점검 및 동종회사 예(case)를 교훈 삼아 현재 업무위험평가

⑨ 조직문화 변화 수행 주도

⑩ 감독시책 변경 및 규제 준수 요건에 대한 현업부서 자문 및 지도

⑪ 감독당국에 대한 법령개정 로비

⑫ 감독당국 방침에 대한 현실적 적용방안 평가

⑬ 고객 및 Cyber 리스크관리 등에 영향을 미치는 직원의 행위위험(Conduct Risk) 감시, 감독

⑭ 실력 있는 준법감시 직원의 관리 및 고용

⑮ 자금세탁보고책임자(MLRO: Money Laundering Reporting Officer), 정보보호책임자(DPO: Data Protection Officer) 역할 등


조사된 컴플라이언스의 전형적 업무를 보면 컴플라이언스 업무는 늘어나는 일의 종류 및 양뿐만 아니라 요즘은 그 업무가 매우 전문화, 특화되어 있음을 알 수 있다. 또한 그 결정 하나하나가 곧바로 현실업무로 반영되고 반응(feedback)이 거의 동시에 돌아오기 때문에 매 순간 신경을 곤두세우지 않을 수 없는 것이 매일의 현실이고 그러다 보니 자연스럽게 스트레스가 쌓여가는 것 같다.

이러한 업무 스트레스는 한편으로는 그만큼 현대 컴플라이언스 업무가 전문화되어 있다는 것을 반증하는 것이기 때문에 요즘은 그 어느 때보다도 컴플라이언스 시장의 진입이 어려워진 것 같기도 하다. 다시 말해, 내부통제와 관련된 업무경험이 없다거나 규제정책과 관련된 전문성(expertise)이 부족하다면 Compliance Officer가 되는 것이 결코 쉽지 않을 것이다.

# 아슬아슬한 세일즈맨과 컴플라이언스

지난 2010년 11월경 주식시장 마감을 앞두고 갑작스러운 대량매도 물량으로 시장이 한때 혼란을 겪은 해프닝이 있었다. 결론은 외국계 D 증권의 부당행위임이 이후 감독원 조사결과 밝혀졌으며 해당 서울지점 직원 및 홍콩, 뉴욕의 상사들은 한국 검찰에 기소되어 일부는 2016년도에 징역형을 받은 바가 있다. 이외에도 우리는 틈틈이 자본시장법 위반 등으로 관련직원이 형사처벌을 받았다는 소식을 언론을 통해 종종 듣곤 한다.

실제 컴플라이언스 일선에 있어보면 영업부서 직원들은 감옥의 담장을 걸어다니는 소위 Jailwalker라는 생각이 들 때가 있다. 경쟁이 과다하고 실적에 쪼들리다 보면 언제나 무인가 행위 등 불법적인 업무에 대한 유혹이 영업을 하는 세일즈맨(salesman) 또는 시장에서 직접 거래를 하는 트레이더(trader) 입장에서는 뿌리치기 힘든 경우가 상존하는 것이다. 눈 한번 질끈 감으면 설마 들킬까? 남들도 다 하는데? 이런 식으로 자기 합리화를 해가며 한번 불법적인 영업을 하다 보면 당장 수익이 신장되는 것이 눈에 보이고 점점 죄의식도 없어지고, 그러다 보면 그러한 불법행위에 어느새 자기도 모르게 빠져들어 헤어 나올 수 없는 현실이 되는 것이다.*

그러다가 경쟁사의 밀고나 감독원 검사 등으로 적발될 경우에는 후회해 봤자 이를 만회하기가 힘들어지고 결국 개인적으로 행정처분뿐만 아니라 벌금 등의 형사처벌까지 받게 된다면 더 이상 국내외 금융회사에서 직장생활을 하기는 어려워지게 되는 것이 가혹한 현실이다.

우리는 시장에서 신화적인 성과를 올리는 세일즈맨이나 트레이더 이야기를 듣고 부러워하기도 하고 어떻게 하면 그렇게 많은 수익을 올릴 수 있을까 궁금해하기도 한다. 하지만 컴플라이언스 입장에서는 오히려 걱정스러운 눈으로 바라보는 경우가 더 많다. 실제 그러한 신화적인 영업수익의 이면에는 불법과 탈법, 합법을 왔다 갔다 하는 위험한 행태가 많을 가능성이 큰 것이다. 다시 말해 주어진 경기장(playground) 내 게임의 룰을 벗어난 행위가 고수익으로 이어진다면 신화가 되어버리는 이율배반적인 경우가 종종 발생하게 되는 것이다.

최근에도 외국계 금융회사 내 독보적인 탁월한 세일즈맨으로 인정받았던 신화적 존재가 몇 년간 감독원 검사 및 검찰조사 결과 상당액의 벌금형을 받고 시장에서 사라진 경우가 있었다. 다시 말해 컴플라이언스 입장에서는 Jailwalking을 하며 고수익을 올리는 세일즈맨보다는 조용히 주어진 법규를 지키며 시장에 소란을 일으키지 않고 장수하는 직원이 훨씬 더 능력 있고 알려지지 않은 진정한 신화라고 생각되어진다.

---

* 소위 rogue trading이라고 하는 사기적인 트레이딩으로 회사 및 고객에 큰 손실을 입히고 본인도 형사처벌 및 엄청난 액수의 벌금을 물은 사례들을 우리는 똑똑히 기억하고 있다. 이미 첫 장에서 언급한 Barings 사건 이외에도 2008년 1월 Societe Generale, rogue trading incident(손실 약 56억 달러), 2008년 12월 Madoff Fraud(손실 약 741억 달러) 및 2011년 UBS, rogue trading incident(손실 약 19억 달러) 등등.

## 법인카드는 그대의 용돈이 아니다

독일계 D 은행은 2022년 뉴욕지점에 근무하고 있는 고위 임직원 3명을 해고하였다. 뉴스[*]에 따르면 해고의 이유가 이들 직원이 실제로는 사적으로 스트립 클럽을 방문한 비용을 정상적인 비즈니스 미팅으로 가장, 식당을 방문한 것처럼 영수증을 꾸며 비용환급을 신청하였다가 적발되었기 때문이었다.

또한 미국 금융산업규제위원회(FIRNA: Financial Industry Regulatory Authority)는 다이와 캐피탈(Daiwa Capital Markets America) 고위 관리자 2명과 바클레이즈 캐피탈 직원 1명에게 정직(각각 1년, 9개월 및 3개월) 및 벌금(1만 달러 및 5천 달러 2인)을 부과하였는데 그 이유가 비용 부정환급[**]이었다. 정직을 받은 3인 모두 결국 회사에서 해고되었다고 알려졌다. 다이와 캐피탈의 고위 직원은 총 27건, 3,647달러의 식사 및 접대 관련 비용환급에 있어 실제 본인이 참석하지 않았거나 개인적으로 지출한 식사비용을 청구하였다가 적발되었고, 또 다른 고위 임원은 총 9건, 1,276달러에 대한 비용환급 신청 시 목적과 참석자 정보를 허위로 기재하였

---

[*]   Bloomberg, "Deutsche Bank Fired Senior Bankers Over Strip Club Bill", 2022. 03. 25.
[**]  Thomson Reuters Regulatory Intelligence, "FINRA suspends Barclays, Daiwa reps for expense violations in cases highlighting enforcement lines", 2021. 04. 05.

다가 적발되었다고 한다.

바클레이즈 캐피탈의 직원은 3년간 법인 AMEX 카드로 총 164건, 8,202달러를 사용하고 그 비용을 부정환급 신청하였는데 실제 그 용도는 개인적인 택시 및 Uber 비용이었다고 알려졌다.

한국에서도 몇 년 전 독일계 D 은행이 서울에서 근무하고 있는 영업직원들의 법인카드 사용실태에 대해 강도 높은 내부감사를 실시하여 부정사용이 발견된 직원들을 해고 또는 징계하고 동 부정사용 금액을 환수하는 등 조치를 취한 사실이 업계에 알려졌다. 그 일이 있은 후 D 은행의 법인카드 사용에 대한 통제가 크게 강화되었다고 하며 이러한 여파가 다른 외국계 은행에까지 영향을 미쳤다고 한다. 또한 우리는 국내 영업 중인 외국계 금융회사의 대표나 주요 영업부서장이 갑작스럽게 그 직을 그만두었다는 이야기를 접할 때 근본적으로는 실적 부진 등이 그 사유이겠지만, 실제 해고나 자진사퇴를 이끌어내는 많은 경우가 내규를 위반한 부적절한 비용 사용이었다는 이야기를 듣기도 한다.

금융감독원이 2020년 5월 발표한 보도자료 〈2019년 금융사고 발생현황 및 대응방안〉에 따르면 2019년 중 ○○카드사 직원이 법인카드를 생활비 등 사적 용도로 19억 원 유용한 금융사고가 적발되기도 하였다.

또한 감사원이 2020년 7월21일 발표한 〈△△은행 기관운영 감사 보고서〉에 따르면 법인카드를 개인 쌈짓돈처럼 사용한 지점장이 적발되었다고 알려졌다. 감사원에 따르면 △△은행 지점장 C 씨는 2014년 12월 31일부터 2017년 1월 22일까지 팀장에게 지급된 법인카드를 유흥비로 썼다. 당초 법인카드는 유흥주점 등에서는 사용할 수 없으나 해당 술집은 '일반음식점(식사와 함께 부수적인 음주행위 허용)'으로 등록돼 결제가 가능하다는 허점을 노린 행위였다. C 씨는 이러한 유흥비를 각종 회의를 한 경비로 처리하기 위해 명세서에 '아시아 은행산업 전망회의, 참석자 ○○○ 외 8명' 또는 '글로벌 채권동향 파악', '해외 공모채 발행시장 동향 파악' 등으로 허위 기재 하는 방식으로 업무추진비, 채권발행비, 회의비, 특근배식비 등 각종 이유를 붙여 유흥업소 35개소에서 총 82회에 거쳐 1,500만 원을 결제한 사실이 밝혀진 것이다. 감사원은 △△은행에 C 씨에 대한 정직 처리를 권고했다고 알려졌다.

교육부가 2020년 9월 24일 발표한 감사 결과를 보면, 국내 K대학 교수 13명이 서양음식점으로 위장한 서울 강남의 한 유흥업소에서 3년 동안 6,693만 원을 법인카드로 결제했으며 이들 중 1명은 무려 86차례나 사용한 것이 적발되었다. 특히 이 중 2,625만 원은 동일 시간대에 결제했는데 교내연구비카드와 행정용카드를 2~4회 번갈아 가며 총 91회 분할결제 하는 방식으로 이를 은폐하고자 한 사실도 적발되었다. 교육부는 11명에게 해임, 파면, 정직 등에 해당하는 중징계 처분 및 경고, 회수 조치를 내렸다고 밝혔다. 특히 학생들의 등록금으로 조성된 교비로 여성 종업원이 나오는 술집에 갔다는 것에 대한 비판이 거셌다.

부정방지검사협회(ACFE: Association of Certified Fraud Examines)의 2018년 보고서[*]에 따르면 전 세계적으로 여행 및 접대비(T&E: Travel and Entertainment expenses) 부정사용이 전체 조사된 임직원의 사기(Fraud) 중 14.5%를 차지하는 것으로 조사되었다. 이와 같이 회사의 구매전용카드 (P-Cards: purchasing or procurement cards)나 접대비(T&E) 등의 부정사용은 가장 일상적으로 발견되는 임직원의 부정행위 내용 중 하나라고 할 수 있겠다. 특히 법인카드를 통한 비용사용은 사용자에 의해 쉽게 정당화될 수 있고 어떤 때에는 직원들이 그들의 부정사용 행위자체가 왜 문제가 되는지 의식조차 못 하기도 하며 잘 갖추어진 비용청구 내부절차를 무

---

[*] Association of Certified Fraud Examines (ACFE), "2018 Report to the Nations on occupational Fraud and Abuse" 참조.

력화시켜 버리기도 한다.

접대비 등 회사 법인카드의 부정사용이 당해 조직에 만연하다면 당연히 금전적인 손실에 그치지 않고 이보다 더 심각한 조직 내 위험으로 전이될 가능성이 크다. '다른 직원들도 다 그런 식으로 비용을 처리하는데 왜 나는 안 되지?' 하는 비윤리적인 태도가 일반화되는 증상을 보인다는 것이다.* 특히, 그러한 법인카드의 부적절한 사용관행이 회사의 최상위 상급자들에 의해 자행된다면 회사의 이미지 및 명성에도 큰 부정적인 영향을 미칠 것이기 때문이다.

2005년 월마트(Wal-Mart)의 제2인자로 존경받던 토마스 코플린(Thomas Coughlin)은 7년간 개인지출 비용을 허위 회사비용으로 청구하고 실적우수 직원에게 부상으로 전달하여야 할 Gift Card를 개인용도로 부정사용 하는 등 약 50만 달러의 횡령사실이 적발되어 해고됨은 물론 수백만 달러에 달하는 퇴직 후 혜택이 몰수되는 사고가 있어 큰 충격을 주었다.** 특히 코플린이 항상 임직원에게 진실성(Integrity)을 강조하던 사람이어서 더 큰 파장을 일으킨 바가 있다.

또한 2012년 말에는 그전까지 오랜 관행으로 여겨져 왔던 캐나다 상원의원들의 여행 및 주택보조비용(Travel & Housing expenses)의 부정사용이 적발되어 연

---

\* It is often symptomatic of a general unethical attitude: "I know others are doing it—why shouldn't I?"

\*\* 예를 들어 코플린은 2004년에 '올스타' 직원에게 부상으로 지급한다며 100달러짜리 월마트 기프트카드 51개를 신청했다. 그런데 코플린은 이 카드를 직원에게 주지 않고 애완견 사료, 보드카, 12구경 엽총 3개, CD, 콘택트렌즈, 식품 등을 구입하는 비용으로 사용했다. 코플린은 물건 구입 후 부하직원에게는 동 비용을 합법적인 업무비용으로 처리하도록 한 것으로 조사되었다. 또한 회삿돈을 횡령하여 애완견 건강관리, 사냥 휴가, 맞춤형 악어부츠 및 위장용 사냥용 자동차 비용 등으로 지급한 것으로 드러났다. 코플린은 2006년 사기(Wire Fraud)와 세금탈세 협의에 대해 유죄를 인정하였고 27개월의 가택연금과 5년간의 보호관찰을 선고받고 40만 달러를 변상할 것을 1심 법원으로부터 명령받았다. 이 사건 이후 코플린은 Wal-Mart를 떠났지만 그가 차지했던 영향력이 워낙 커서 2016년 66세로 사망하기 전까지 때로로 월마트로부터 경영자문 등의 요청을 받았던 것으로 알려졌다. 보다 자세한 내용은 《윤리 준법 경영의 성공전략: 컴플라이언스(Building A World-Class Compliance Program)》, 마틴 비겔만/노동래 역(2013) 104~107면 참조.

방감사원의 감사가 이어졌고 수십만 캐나다달러의 부정사용이 추가로 발각된 사례도 있었다.

영업을 하는 대부분의 회사에 있어 접대비는 그 필요한 목적이 있으며 어떤 회사에게는 그러한 지출이 꽤 큰 비용지출 항목이 되기도 한다. 하지만 이러한 법인카드의 사용이 마치 특정 임직원에게 편안하게 자기 맘대로 쓰라고 회사에서 특권을 주는 것으로 잘못 인식되어 있기도 한 것 같다.

서구와는 달리 명절에 선물을 주고받거나 업무상 주말을 가리지 않는 골프 초대 및 식사 접대, 경조사 때 현금을 부조하는 관행이 일반화되어 있는 우리나라의 독특한 영업방식은 경우에 따라 소소한 비용 횡령이 발생할 소지가 크며 과도한 접대비 사용을 통한 이해상충 및 부패 등의 위험 때문에 이를 규제할 필요가 끊임없이 제기되어 왔다. 이를 반영하여 국내 금융 관련 법령에서는 금융회사에게 일정한 금액 이상의 접대비 및 선물 등에 대해 사전에 준법감시인 등의 허가를 받는 절차를 강제하고 있다. 또한 2016년 9월 소위 '김영란법'의 시행으로 공직자 등에 대한 접대나 선물이 엄격하게 규제받는 상황이 되어 있다.

이에 따라 대부분의 국내 금융회사가 법인카드 사용 등에 대한 사전통제절차를 시행하고는 있지만 사적비용과 회사에 청구할 수 있는 비용을 분명하게 구분하기가 기술적으로 어려운 경우가 즐비하다. 또한 비용통제를 하더라도 그 과정이 익숙해지면 어느새 허점을 찾아 이를 우회하려는 경향이 발생하고 그때마다 이를 완벽하게 모니터링\* 하는 것은 그리 쉬운 일이 아니다. 그러므로 비용통제와는 별개로 회사에서 교부한 법인카드나 구매카드는 회사의 업무와 관련된 것에만 사용하여야 한다는 임직원 스스로의 원칙 준수가 매우 중요한 컴플라이언스 문화의 시작이라고 할 수 있겠다.

더 이상 법인카드는 임직원의 또 다른 급여나 용돈이 되어서는 안 될 것이다.

---

\* 최근 우리나라 몇몇 기업에서는 소위 RPA(Robotic Process Automation)를 활용하여 법인카드나 회사경비의 부정사용 여부를 성공적으로 검색, 추출하고 있다고 한다. RPA는 단순 반복 업무를 미리 정해진 룰과 워크플로우에 따라 자동으로 수행하게 해주는 소프트웨어를 뜻하는데 최근 AI, 빅데이터, 사물인터넷 등 4차 산업혁명의 다양한 기반 기술들이 기업의 내부업무에 활용되는 과정에서 RPA도 AI의 한 기술로 인간의 노동을 디지털 노동(Digital Labor)으로 대체할 수 있다는 개념하에 관심을 받고 있다.

# 감독당국 검사는
# 피할 수 없는 필요악

  컴플라이언스가 관리(manage)하는 여러 가지 리스크 중 가장 신경 쓰는 분야가 규제 리스크(regulatory risk)일 것이다. 쉽게 말해 규제 및 감독당국의 시책 및 정해진 규정을 위반했을 경우 직접적으로 해당 금융회사에 제재 등으로 이어지기 때문에 무엇보다도 감독규제 리스크가 최우선으로 관리되고 있는 것이다.

  이러한 점에서 금융감독당국의 검사*는 컴플라이언스에게 있어 스트레스를 가중시키는 가장 부담스러운 일임에는 틀림이 없다. 아무리 평상시 내부통제가 잘 작동되도록 노력해 봤자 임점검사 시 예상치 못한 부당행위가 적발되어 제재 등을 받게 된다면 그간의 컴플라이언스 노력이 빛을 바래는 것이 될 수밖에 없어 검사를 얼마나 효과적으로 잘 수검하여 만족스러운 결과를 이끌어내느냐가 컴플라이언스의 능력을 보여주는 하나의 잣대가 됨은 부정할 수 없는 사실일 것이다.

---

\* '검사'란, 금융회사의 경영실태와 관련 법규 위반 여부의 점검을 통하여 금융규제 및 감독행정이 실제 현장에서 실질적으로 작동하는지 최종적으로 확인하는 과정(2018. 8. 14. 윤석헌 금융감독원장이 검사팀장 연수에서 정의 내린 내용임).

이러한 스트레스를 주는 감독당국의 검사는 경험상 미룬다고 해서 좋을 것이 별로 없다. 어차피 금융회사가 영업을 지속하는 한 정기적인 감독당국의 검사는 피할 수 없는 것이며 미루었을 경우에는 나중에 검사를 받아야 할 대상기간이 늘어남에 따라 준비 및 검사기간만 장기화되고 오히려 예상치 못한 많은 문제점이 나타날 가능성이 크기 때문에 적절한 주기(interval)로 검사를 받아 정리하고 가는 것이 현명한 선택일 것이다.

통상 감독원은 임점검사 4~6주 전에 검사를 예고하며 사전검사자료를 준비하여 검사 전까지 제출하도록 요청한다. 사실은 검사예고 후 임점검사 시까지의 준비기간이 컴플라이언스나 준비하는 직원들에게 가장 힘든 시기이다. 왜냐하면 제출을 요구하는 자료가 적게는 3년, 많게는 5년 정도 기간의 모든 금융거래 내역 및 영업부서 직원들의 이메일, 메신저 등 통신기록, 거래시스템에 대한 접속내역 등 종류 및 양이 너무나 방대하여 이를 주어진 검사준비기간에 제대로 갖추어 준비하는 것이 결코 만만한 일이 아니기 때문이다. 따라서 통상 컴플라이언스가 준비상황을 보아가며 감독원과 순차적 제출 또는 제출시기 등을 조정하는 방식으로 이를 협의하는 경우가 대부분이며 그렇다고 하더라도 검사 몇 주 전부터는 야근을 하지 않을 수 없는 구조가 되기도 한다.

검사직전 중요한 컴플라이언스 임무가 하나 있는데, 검사에 임하는 요령 및 검사역과의 면담 시 주의사항, 검사장 내외에서 신경 써야 하는 사항에 대해 직원들을 교육시키는 것이다. 간혹가다 검사에 대해 아무 개념이 없는 직원이 엉뚱하게 답변을 하거나 또는 화장실 등에서 잡담식으로 회사의 은밀한 내면을 이야기함으로써 이것이 검사역에게 노출되어 이를 해명하느라 고생하는 경우가 실제 발생하곤 한다. 특히 공공장소에서 검사역 또는 감독원에 대해 좋지 않은 발언을 하는 것은 금기사항으로서 컴플라이언스가 가장 강조하는 부분이기도 하다.

감독원의 임점검사 기간 동안 컴플라이언스는 제대로 식사를 하거나 자리에 앉아 있을 틈이 없다. 거의 대부분의 시간을 검사장에 상주하며 각 검사역의 요구사항 제출현황 및 직원과의 면담 시 동석하여 답변을 보충하는 역할 등을 하여야만 하기 때문이다. 하지만 이러한 과정에서 검사역들마다 관심을 가지는 분야가 어떤 것인지, 어떤 부분이 지적될 가능성이 있는지를 파악하여 수시로 대응전략을 마련하는 것이 주목적이기도 하다. 통상 검사역이 퇴근하면 매일 해당부서 직원들과 회의를 통해 제출자료 및 면담결과를 토대로 지적사항에 대한 답변 등을 정리하는 것이 일반적인 검사기간 중 일상이다.

임점검사 종료를 며칠 앞두고는 검사반장, 검사역 등과 컴플라이언스의 밀고 당기는 협상이 시작된다. 지적사항의 숫자뿐만 아니라 지적내용의 파급효과 및 향후 조치수준을 감안하여 최대한 이를 낮추어 보려는 설득과 협의가 이루어지곤 하며 의견서 등 제출 시에는 자구 하나하나에 신경을 곤두세우며 검토하고 협의를 진행하는 것이 보통이다. 가장 중요한 것은 제재를 받을 가능성이 있는 적발건수를 최대한 줄이는 것이 목표임은 당연하다.

임점검사 완료 후 또한 컴플라이언스는 감독원 검사팀과 지속적으로 협의를 하며 지적사항의 처리방향에 대해 수시로 의견을 개진하여 최종 검사보고서에 담길 수위를 조절하고자 노력하기도 한다. 일단 지적사항을 포함한 검사결과가 은행에 전달되면 이때부터 감독원이 조치요구 한 사항을 어떻게 실행할지 계획을 일정표(timeline)와 함께 제출하고 실제 이행한 사항을 보고하여 감독원에서 조치완료 되었음을 확인받으면 일련의 검사와 관련된 컴플라이언스의 임무가 어느 정도 완료되는 것이다. 통상 검사준비에서부터 조치완료까지는 짧게는 5~6개월, 길게는 1년까지도 소요될 수 있어 컴플라이언스 입장에서는 정말 피하고 싶은 힘든 기간임은 틀림이 없다.

따라서 대부분의 금융회사 직원과 컴플라이언스가 검사사전준비 자료의 기한 내 작성, 임점검사 수검, 이후 검사지적사항 등에 대한 조치 등 일련의 길고 힘든 과정 때문에 감독당국의 검사를 꺼리지만 감독당국의 검사는 한편으로는 여러 가지 순기능이 있음을 부정하기 어렵다.

감독당국의 검사는 우선 지난 몇 년간의 영업행위 및 내부통제 등을 감독당국의 전문적, 객관적 시각으로 평가를 받아볼 수 있는 기회가 될 수 있다. 물론 그 평가가 가혹하여 기관 및 개인에 대한 제재가 따를 경우 해당 당사자는 어려움이 있겠지만 금융회사 전체적으로는 건전경영을 위한 좋은 컨설팅으로 작용할 수 있을 것이다.

또한 검사에 요구되는 사전자료를 준비하는 과정에서 그동안 간과했던 부적절한 업무관행이나 태만하게 방치되고 무시되었던 내부절차나 자료 등을 자연스럽게 정리할 수 있는 계기가 되어준다. 실제 자료준비 과정에서 내부절차를 다듬고 보완하는 업무비중이 지난 몇 년간 이루어졌던 규정정비 건수보다 많은 경우도 종종 있는 것을 보면 금융회사에게는 집중적으로 자가평가를 할 수 있는 기회를 만들어 주는 순기능이 있음은 분명하다.

한편 컴플라이언스 입장에서는 그동안 직원들에게 끊임없이 교육시키고 주지시켰던 내부통제 관련 감독당국의 가이드라인을 효과적으로 전달해 주는 통로가 될 수 있다. 특히 컴플라이언스의 시어머니 같은 지적들을 애써 무시하고 대항(challenge)해 왔던 영업부서 직원들이 검사역과의 대면 시 잘못된 행위에 대해 질책을 받고 급기야는 개인제재의 위험에 처해지는 상황이 되면 그제야 컴플라이언스에게 도움을 청하고 자신이 그간 느슨하게 인식했던 내부통제 관련 사항의 중요성을 체감할 수 있는 기회가 된다. 이러한 점을 잘 알고 있는 감독당국은 통상 임점검사 시 최대한 컴플라이언스의 입장을 옹호하고 지원하며 내부통제 메커니즘이 잘 작동할 수 있도록 조언과 격려를 아끼지 않고 있다. 다시 말해 감독당국의 검사는 컴플라이언스가 직원들에게 모처럼 큰 소리를 낼 수 있는 좋은 기회인 것이다.

우리가 보통 군대생활을 이야기할 때 "피할 수 없으면 즐겨라."는 말을 하곤 하는데 컴플라이언스에게도 감독당국의 검사는 피할 수 없는 필요악으로서 오히려 이를 향후 내부통제를 효과적으로 수행할 수 있는 기회로 삼는 것이 현명한 생각일 것이다.

# 영업부서와의 밀월:
# 약일까? 독일까? 공존의 지혜

　수년 전 국회의원들이 피감기관의 지원으로 외유성 해외출장을 다녀온 것이 크게 문제화되어 결국에는 국회의원 본인들이 속해 있는 위원회의 기관들로부터 지원을 받아 이루어지는 해외출장이 국회차원에서 전면적으로 금지되기까지에 이르게 된 것이 언론을 통해 보도된 바 있다.

　이는 결국 이해상충의 문제가 불거졌기 때문인데, 이와 같이 통제 또는 모니터링 대상이 되는 직원으로부터 자칫 오해를 받을 수 있는 금전적 또는 비금전적 혜택(favor)을 받는 것도 컴플라이언스의 직무를 적절히 수행하는 데에 있어 걸림돌로 작용할 가능성이 크다.

　상식적으로 전날 같이 술 한잔하며 형님, 아우님 하며 영업부서 직원과 친하게 지내다가 그 직원의 고의 또는 실수로 금융사고가 발생하였을 경우 전혀 모른 체하고 엄정하게 중립적으로 사건 조사 및 제재업무 처리를 한다는 것은 쉽지 않은 일이다. 또한 조사에 따른 처분에 대해 영업부서 직원이 받아들이려고 하지 않고 친소관계를 무기로 삼을 경우 독립성을 강조하며 직을 수행하기가 쉽지 않은 경우가 발생할 가능성이 크다.

그렇다고 아예 영업부서 직원들과 소통을 하지 않는 것도 컴플라이언스 업무수행에 있어 바람직한 것은 아닐 것이다. 쉽지는 않지만 공과 사를 구분할 수 있는 수준의 관계유지는 필요할 것인데 그것이 그렇게 말처럼 잘되는 것은 아니다. 어떤 외은지점 컴플라이언스는 영업부서 직원들과 식사자리를 적극적으로 하지는 않지만 간혹 점심식사를 함께 할 경우 꼭 본인이 이를 지불한다고 한다. 나름대로 소통과 중립성을 동시에 확보하기 위한 방법일 것이다.

한편으로는 영업부서 직원과 친하게 지내는 것이 그들의 업무를 이해하는데 도움이 되며 이를 통해 효율적인 내부통제가 이루어질 수 있다는 논리도 있겠지만, 컴플라이언스의 영업부서 직원과의 잦은 사적 모임이나 골프 등은 이해상충(conflict of interest)을 야기할 가능성이 크기 때문에 신중히 처신하여야 할 문제임은 분명하다. 이는 컴플라이언스 업무수행에도 장애가 될 뿐 아니라 다른 직원들의 눈에도 컴플라이언스가 편향된 것처럼 보여질 위험(perception issue)이 크기 때문이다.

무엇이든지 중용과 밸런스가 필요하듯이 모든 부서의 직원들과 적극적으로 소통(communication)을 하되 컴플라이언스로서의 직무수행에 방해가 되지 않는 적절한 선을 찾아 공존을 모색하는 지혜가 필요할 것이다.

# 정치는 중립, 정치감각은 필수

　모든 국내외 조직에는 특정 업무나 사고, 임직원의 징계 등을 처리함에 있어 소속 부서의 방어를 위해, 또는 여타 부서를 공격하기 위해 여러 가지 사정을 들어가며 분위기나 처리과정을 일정 방향으로 잡아가는 경우가 종종 있다. 흔히 우리는 이를 두고 "정치를 한다."라고 일컫기도 한다.

　컴플라이언스가 업무상 가장 크게 경계하여야 하는 부분 중 하나가 절대로 부서 간 또는 경영진의 정치적인 의도에 휘말리지 않고 중립 및 불편부당함을 유지하는 것일 것이다. 컴플라이언스가 중립성을 상실했다는 인상을 주는 즉시 컴플라이언스의 어떠한 일처리도 신뢰를 받지 못하게 되며 이는 실제 컴플라이언스의 내부통제활동에 결정적인 장애로 작용할 수 있다. 다시 말해 컴플라이언스의 말에 전혀 영이 서지 않는다는 것이다.

　외국계 은행의 경우에도 나라에 따라 또는 업무범위에 따라 정도의 차이가 있기는 하겠지만 국내 금융회사의 그것보다 더하면 더했지 결코 모자라지 않는 내부정치가 횡행하고 있다. 특히 임직원에 의한 금융사고가 발생하였거나 감독기관 검사에 따른 위규사항을 처리해 가는 과정에서 아주 짜릿한 사내정치를 경험할 수 있다.

이때 주로 금융사고 처리를 위한 조사나 위규사항 처리를 컴플라이언스가 맡다 보니 컴플라이언스의 조사결과나 견해를 자기 부서에게 유리하게 이끌어 가거나 본인 또는 부서의 책임을 회피하기 위하여 다른 부서나 임직원에게 책임을 전가하려는 목적으로 자주 이용하려는 경향이 있다. 또한 특정인을 타깃으로 하여 컴플라이언스로 하여금 조사를 요청, 그 결과를 이용하고자 하는 시도도 종종 있다.

이러한 때 컴플라이언스가 정신을 바짝 차리지 않으면 본인이 열심히 조사하여 내린 결론이 엉뚱한 방향으로 흘러가거나 아니면 불필요하게 과도한 책임을 특정인에게 부담으로 지우는 예상치 못한 결과를 경험할 위험이 커질 수밖에 없다. 당연히 금융사고 처리과정에서 조금이라도 자신이나 부서의 잘못을 줄여보려 하거나 책임을 회피하고자 하는 것은 당사자에게는 어쩌면 당연한 시도일 수밖에 없으며 이를 전혀 무시할 수도 없을 것이다. 이 대목에서 컴플라이언스의 정치적인 센스가 잘 발휘되어야 할 타이밍인 것이다.

사고나 위규사항 처리 과정에서 면담을 하는 경우가 불가피한데 이때 당사자의 의도나 목적을 잘 살펴보고 그것이 실제 조사, 발견된 사실과 부합되는지를 객관적인 입장에서 이해하려고 노력하여야 한다. 컴플라이언스의 사려 깊지 않은 발언이나 정확하지 않은 사실관계 조사(fact finding)가 결정적인 증거나 징계사유로 이용될 수도 있으며 이는 당사자에게 실제보다 과도한 징계로 이어져 결국 당사자의 금융업 종사를 가로막을 수도 있다는 점에서 정말 신중하여야 하며 이를 위해서는 조사와 관련된 어떠한 정보도 누설하지 않는 보안(confidentiality)의 유지는 필수적이다.

또한 경영진이나 특정 부서로부터 의도를 가진 조사요청이나 압력을 받을 경우 이를 드러내지 않고 자연스럽게 거부하거나 또는 조사업무가 그들의 요구가 아닌 컴플라이언스의 업무로서 조화롭게 녹아들도록 변형시키는 등의 정치적인 감각을 발휘하여 어느 누구로부터도 컴플라이언스가 편파적이거나 중립성을 상실했다는 인상을 주지 않도록 하는 기지가 필요할 것이다.

한 가지 더 나아가 사고조사결과 보고 시 또는 이에 따른 징계요구 시 편견 없이 공정하게 처리하려고 노력하여야 함은 물론이지만 컴플라이언스는 경찰이나 감독당국이 아닌 바로 같은 배를 탄 직장동료라는 점 또한 잊지 말아야 할 것이다. 사고조사 및 징계 요구는 컴플라이언스의 고유 업무로서 하는 것이지 특별히 그에게 부여된 힘(Power)이 아님을 명심하여야 한다.

# 컴플라이언스와
# 사내변호사와의 협업

"변호사들은 당신이 무엇인가를 할 수 있다고 말하는 반면, 컴플라이언스는 무엇인가를 해야 한다고 이야기한다. 우리 생각에 최고경영자는 이 두 가지 관점을 다 경청해야만 한다고 본다." *(2009년 화이저의 획기적인 23억 달러 소송 합의건 판결문에서 발췌)*

"The lawyers tell you whether you can do something, and compliance tells you whether you should. We think upper management should hear both arguments." *(statement in the landmark 2009 Pfizer $2.3 billion settlement case)*

    1960년대 들어서 미국에서는 법무부서에서 컴플라이언스가 독립해 나오기 시작하였지만 여전히 많은 기업이나 금융회사가 '법무 및 준법(Legal & Compliance)' 부서를 유지*하고 있으며 이 경우 통상 준법감시인이 법무부서장(General Counsel)에게 보고하는 체계가 일반적이다. 감독당국 입장에서는 이러한

---

\* 영국 소재 legal and compliance 전문 Search Firm인 Laurence Simons의 "Global Legal & Compliance Salary Survey"(2016)에 따르면 조사대상 69개국 전산업 평균으로 볼 때 compliance가 독립부서가 아닌 legal department에 속해 있는 비중이 51%, 독립적인 부서로는 38%를 차지하는 것으로 조사된 바 있다.

보고체계나 내부 변호사/준법감시인 겸직이 그 조직의 컴플라이언스 기능을 효율적으로 관리감독 할 수 있는가에 대해 회의적인 시각을 가지고 있지만 인력충원의 문제 등 실질적인 사유로 여전히 겸임(wear two hats)하거나 내부 변호사가 준법감시인을 통할하고 있는 회사가 있는 것이 현실이다.

이러한 보고/겸직체계는 실제 업무를 처리함에 있어 이해상충의 문제를 야기할 수 있으며 그 사례는 쉽게 찾아볼 수 있다. 통상적으로 사내변호사의 경우 각종 계약서류 검토(documentation review) 및 조문 등의 작성에 있어 가급적 현업부서의 요구를 법의 테두리 내에서 들어주려고 하는 경향이 강한 반면 준법감시인은 명시적으로 허용되지 않는 경우에는 보수적으로 접근하려고 하는 것이 현실이다. 다시 말해 법으로 확실히 금지되지 않거나 명백히 불법으로 간주되지 않는 한 사내변호사(Legal counsel)는 업무실행(doing business)이 가능하다고 말하는 반면 준법감시인은 입법 취지나 규제의 목적 등을 종합적으로 감안하여 회색지대(grey area)라고 하더라도 부정적인 입장을 밝히는 경우가 많이 발생한다.

'법무 및 준법' 부서를 통할하는 부서장의 경우 대부분 사내변호사인 경우가 일반적인데 사내변호사와 준법감시인의 의견이 대립될 경우 통상 사내변호사의 입장을 따르거나 옹호할 가능성이 크다는 것을 쉽게 생각할 수 있다. 특히, 회사 내 사고 등이 발생했을 때 사내변호사의 입장에서는 동 사고를 감독당국에 보고 또는 공시하는 등 선제적으로 대응하기보다는 회사를 방어하는 변호인(defense lawyer)이 되고자 하는 유혹이 더 강할 수 있다. 이러한 유혹은 최고경영자의 기대에 부응하기 위해 겸직하는 법무부서장(사내변호사)이 최초 입장을 어떻게 정하느냐에 따라 사태를 더욱 악화시킬 가능성도 있다.

또한 '변호사와 의뢰인 사이의 비밀 유지 특권(Attorney-Client Privilege)'의 행사에 있어서도 사내변호사가 준법감시인 겸직 시 문제가 될 소지가 있다. 예를 들어 컴플라이언스 조사(compliance investigation)가 법률적 자문을 얻기 위한 목적이 있는지 아니면 통상적인 컴플라이언스 절차나 감독 관련 필요성에 의한 것이 었는지에 따라 동 비밀유지 특권의 적용여부가 달라질 수 있기 때문이다.

물론 회사특성에 따라 또는 실제 운용 면에서 적절한 내부절차를 수립하여 시행한다면 '법무 및 준법' 부서를 동시에 관장하는 것이 반드시 이해상충의 문제를 야기시키지는 않고 오히려 소규모 조직의 경우 중복되는 인원과 비용을 줄이며 빠른 의사결정 등 시너지 효과를 거둘 수 있다는 의견도 있다.

예를 들어 금융회사 내 사고발생 보고절차를 문서화된 방법(protocol)으로 자세히 정해놓고 이를 준수함으로써 처리과정에서 은폐(covered up)하고자 하는 여지를 방지하는 장치 등이 도움이 될 것이다. 또한 사고조사 및 처리내용을 투명하게 문서로 정리해 놓는다면 추후 감독기관을 포함한 제3자로부터 준법감시인으로서의 업무처리가 사내변호사의 역할에 의해 물들지(tainted) 않았다는 것을 보여줄 수도 있을 것이다.

또한 필요시 제3자인 외부 로펌의 도움을 받아 사고조사 등을 수행한다거나 그 사고와 무관한 회사 경영진을 함께 참여시키는 것도 객관성을 보여주는 데에 도움이 될 수도 있다. 어쨌든 중요한 것은 궁극적으로 감독당국 등으로부터 내부조사 및 사고의혹을 처리함에 있어 편향되지 않고 적정하게 처리하였는지 평가를 받는다는 것을 항상 유의하여야 한다는 것이다.

2013년 미국의 The Society of Corporate and Ethics and the Health Care Compliance Association이 800명 이상의 영리, 비영리법인 및 공공기

관 준법감시인을 대상으로 행한 서베이*에 따르면 응답자의 88%가 법무부서장(General Counsel)이 준법감시인을 겸하는 것에 반대의견을 보였고 80%가 준법감시인이 법무부서장에게 보고(report)하는 것에 부정적 견해를 나타낸 바 있다 (there should not be a buffer between the compliance officer and the governing body).

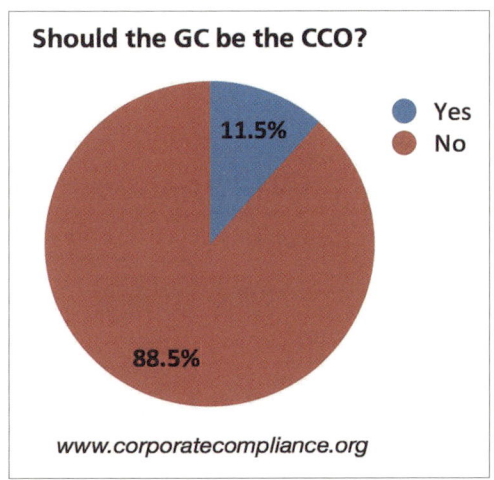

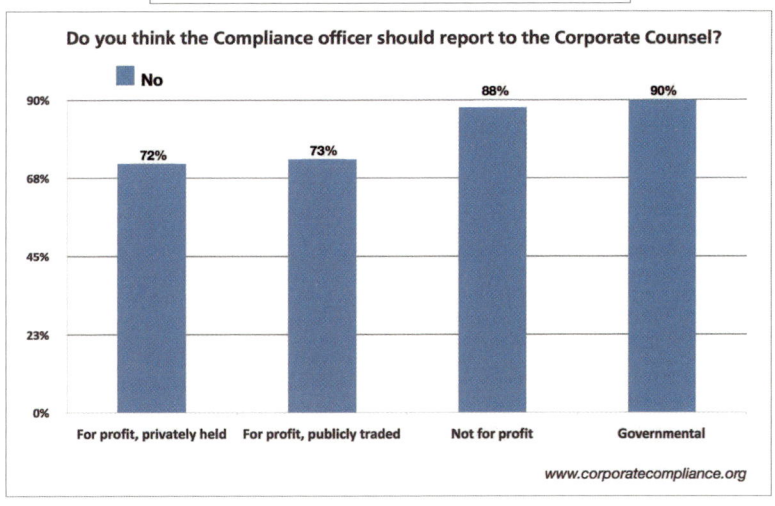

---

\* "Should Compliance Report to the General Counsel?" A Survey by The Society of Corporate and Ethics and the Health Care Compliance Association, 2013.

McKinsey의 2016년 연구*에 따르면 컴플라이언스의 조직 내 보고체계(Reporting line)를 다음의 3가지 형태(common archetypes for compliance organizations)로 구분하여 제시한 바 있다. 앞서 언급한 법무부서장에 종속되어 있는 형태와 리스크 부서의 일원으로서 그룹의 최고 리스크관리책임자(Chief Risk Officer)에게 보고하는 방식, 그리고 마지막으로 내부감사와 같이 독립적인 부서로서 최고경영자, 최고운영책임자(COO) 또는 이사회에 직접 보고하는 형태이다.

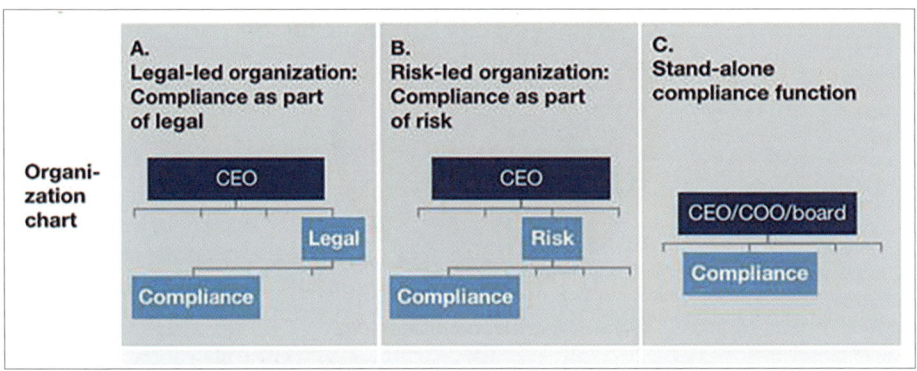

최근에는 이해상충 등 문제점의 인식에 따라 대부분의 외국금융회사들이 법무부서와 컴플라이언스 부서를 독립적으로 분리하여 운영하고 있으며 보고체계도 준법감시인이 '법무 및 준법감시' 부서장이 아닌 CEO에게 직접 보고(direct reporting)하는 체계가 정착되어 가고 있는 추세이다.

---

\* "A best-practice model for bank compliance", Piotr Kaminski and Kate Robu, McKinsey, 2016년 1월.

# Everything is Compliance Issue?

　2016년 초에 발표된 한 보고서*에 따르면 아시아·태평양지역 금융회사가 직면한 컴플라이언스 측면 리스크를 10가지로 분류하여 발표하였는데 그중 흥미로운 것 하나가 "뛰어난 컴플라이언스 직원을 보유, 유지하는 것(Retaining good compliance staff)"이라고 들고 있다. 일견 컴플라이언스 시장이 매우 유망하여 몸값이 치솟고 있다는 측면을 생각할 수 있겠으나 다른 한편으로는 늘어나고 복잡해진 규제환경하에서 이를 적시에 효과적인 방식으로 대처할 수 있는 경험과 능력을 갖춘 준법감시인(Compliance Officer)과 컴플라이언스 부서원(compliance staff)이 절대적으로 부족하다는 것을 반증하는 것이기도 하다.

　현재 많은 준법감시인과 컴플라이언스 부서원들이 어려워진 규제 내에서 기대치가 높아진 경영층의 need를 충족시키며 영업부서의 저돌적인 요구를 순화해 내는 데 있어 엄청난 스트레스를 받는 것이 사실이다. 또한 다른 여타 부서들이 사소한 사고발생 시에도 이에 대한 책임을 컴플라이언스 부서로 떠넘

---

\* "Ten Regulatory Risk Insights for the Asia-Pacicfic Region in 2016", Niall COBURN, Jan. 2016, Thomson Reuters.

기는 경향도 잦아지고 있어 "모든 것이 컴플라이언스 문제(Everything is Compliance Issue)"라고 푸념하곤 한다.

이의 근저에는 감독당국으로부터 기인되어 온 모든 것이 컴플라이언스의 책임이라고 생각하고 있는 여타 직원들의 고정관념(mind set) 때문으로 보이는데, 역사적으로 감독당국이 법규준수에만 절대적 관심을 보였을 시기에는 타당한 생각일 수 있으나 현재의 감독당국은 금융회사의 전략에서부터 개개인의 행동양식까지 거의 모든 것에 관심을 가지고 있는 형국이기 때문에 모든 책임을 컴플라이언스에게 돌리는 것은 합리적인 시각은 아닐 것이다.

2012년 초 미국에서 발표된 '스트레스와 컴플라이언스 직업'에 대한 서베이[*]에 의하면 Compliance profession은 쉴 새 없이 나오는 새로운 규제환경하에서 회사가 직면한 주요 법률, 규제 및 윤리적 위험(legal, regulatory and ethical risks)을 식별해 내고 이를 완화하기 위한 프로그램을 디자인하고, 그러한 컴플라이언스 프로그램을 실행하는 데 있어 많은 직원들이 회사의 성공을 위해 필요하다고 여겨온 잘못된 오랜 관습과 영업관행(business practice)을 바꾸고 영업 부서와의 적대적인 상황에 직면[**]할 때마다 동 직업을 지속하는 데 있어 자신의 윤리와 진실성(integrity)의 끊임없는 타협이 요구되는 현실에 대해 엄청난 스트레스를 받는 것으로 조사되었다.

---

[*] "Stress, Compliance, and Ethics" January 2012, Health Care Compliance Association and Society of Corporate Compliance and Ethics.

[**] 이러한 상황을 'The Skunk in the Room'이라고 설명하기도 한다. 다시 말해 모든 사람이 Yes라고 하는 상황에서도 No라고 하거나 모든 사람들이 듣기조차 싫어하는 상황에서도 민감하고 어려운 질문을 던지는 것을 두려워하지 않는 상태를 말하는데 compliance에게는 필수적인 요소이다. 《윤리 준법 경영의 성공전략: 컴플라이언스(Building A World-Class Compliance Program)》, 마틴 비겔만/노동래 역(2013) 참조.

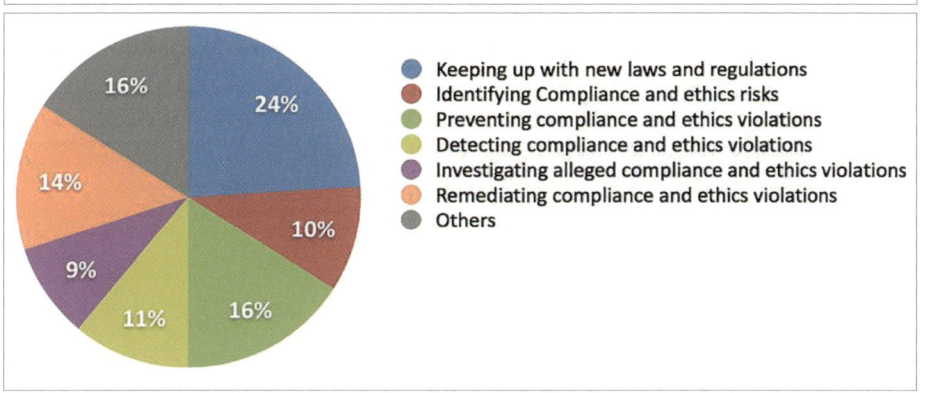

조사대상의 과반 이상인 60%가 상기의 업무 스트레스 때문에 회사를 그만두고 싶다는 생각을 하고 있는 것으로 답변하였으며 58%의 응답자가 엄청난 스트레스 때문에 밤에 잠을 자다가 벌떡 일어나곤 하는 것으로 조사되었다.

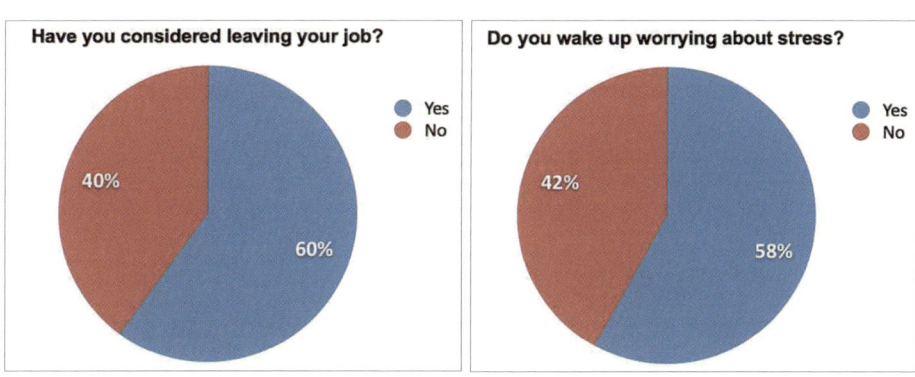

또한 영업부서뿐만 아니라 여타 후선업무부서와도 책임소재 및 업무분담과 관련하여 빚어지는 갈등이 스트레스의 한 부분을 차지하며 이러한 격무에도 불구하고 73%의 조사응답자가 컴플라이언스와 관련된 인원 및 예산이 많이

부족하다고 답하였으며 이 또한 스트레스를 증가하는 요인으로 조사되었다.

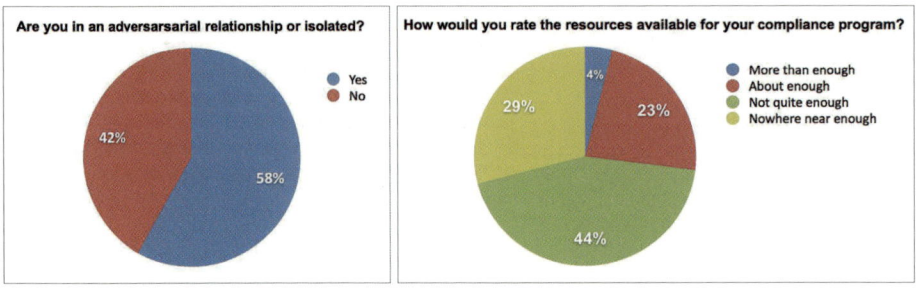

2025년 2월에 발표된 미국 내 〈컴플라이언스의 스트레스와 정신건강에 대한 서베이〉[*] 결과를 보면 10여 년 전의 조사와 유사한 점이 발견된다. 예를 들어 급변하는 규정을 따라잡아야 하고 적은 수의 인원 및 예산으로 격무에 시달리기 때문에 스트레스가 가중되고 이로 인해 탈진(Burn-out)할 상태에 이르기도 한다는 내용이다.

그런데 최근 서베이에서 스트레스를 가중시키는 항목 중 흥미로운 것은 조직구조의 비효율성인데, 컴플라이언스가 법무부서장(General Counsel)에 보고(reporting)하는 경우가 직접 최고경영자나 이사회에 보고하는 경우에 비해 2배 이상 조직체계가 비효율적이라고 느끼고 있다는 것이다. 다시 말해 법무부서장의 지휘하에 법률적인 시각으로만 컴플라이언스 업무를 바라보는 경우 가장 중요한 컴플라이언스로서의 독립성(Independence)을 상실할 가능성이 크기 때문에 이에 대한 우려를 표명한 것으로 볼 수 있겠다.

---

[*] "CCI Compliance Officer Stress & Mental Health Report 2025", Corporate Compliance Insights, Feb. 26, 2025.
https://www.corporatecomplianceinsights.com/half-compliance-officers-have-anxiety

하지만 이전 조사에 비해 긍정적인 내용은 조사자의 76%가 스트레스에도 불구하고 조직 및 동료로부터 컴플라이언스가 존중받고(feel respected) 있다고 느끼며 51%가 경영진으로부터 신뢰를 얻고 있다고 답변한 점이다. 이 조사결과는 회사 내 조직문화에 컴플라이언스가 통합되고 있음을 보여주는 것으로 해석할 수 있겠다.

또 하나 스트레스를 가중시키는 큰 요인은 컴플라이언스가 조직 내에서 다른 부서를 제어하거나 통제할 수 있는 실질적인 힘도 없는 상황에서 금융사고가 발생하면 이에 대한 개인적인 책임으로부터도 자유로울 수 없다는 점이다. 2013년 미국 법무부 차관보인 James Cole*은 준법감시인이 정부당국의 검사에 있어 제대로 협조하지 않는다면 "실제적인 피해(real consequence)"를 입을 것이라고 경고한 바 있다. 2015년 9월 발표된 미 법무부의 '예이츠 메모(Yates Memo)'에서는 회사의 잘못된 행동에 동조한 개인(컴플라이언스 포함) 누구나 처벌대상이 된다고 명시하고 있어 법규위반에 따른 개인적 책임(personal liability)이 컴플라이언스의 스트레스를 가중시키는 비중 있는 요인임에는 틀림이 없어 보인다.

영국 금융감독당국인 FSA의 수장이었다가 고액 연봉을 받고 Barclays Capital의 준법감시인(Head of Compliance and Government and Regulatory Relations)으로 자리를 옮겨 화제를 불러 모았던 Sir Hector Sants가 Libor scandal 처리과정에서의 엄청난 스트레스로 인해(complaining of "exhaustion and stress") 3개월 병가 후 취임 10개월 만에 사임한 것을 보면 컴플라이언스가 결코 쉬운 직업이 아님은 분명한 것 같다.

---

\* U.S. Assistant Attorney General James Cole warned corporate compliance officers recently that if they fail to cooperate with the government in any investigations there will be "real consequences.".

시작은 마약과의 전쟁에서, 이제는 입시비리까지
몸값이 엄청 올라간 자금세탁방지 컴플라이언스
한국계 은행에도 등장한 고액 연봉 AML 컴플라이언스
우리나라 금융회사 AML 컴플라이언스의 현주소
[참고] 우리나라의 자금세탁방지 규제체계 발전 추이

제3장

# 자금세탁방지와 컴플라이언스

# 시작은 마약과의 전쟁에서,
# 이제는 입시비리까지

"돈이 세상을 돌아가게 한다."는 속담이 있다. 범죄행위에 들어가는 자금을 융통하는 의도로 범죄자나 테러리스트가 돈(자금)세탁을 하는 행위도 이 속담에 동일하게 적용된다. 매년 자금세탁 되는 돈이 세계 국내총생산(GDP)의 2~5%에 달한다고 한다. 이는 대략 8억 달러에서 2조 달러에 가까운 규모다.* 2조 달러는 세계 제5위 국가의 국내총생산과 맞먹는 금액인 것이니 어마어마한 규모가 아닐 수 없다.

자금세탁방지 규제의 출발점은 '마약과의 전쟁'에서 시작되었다고 알려졌다. 1980년대 초 마약문제로 많은 골치를 앓았던 국제사회는 마약 등 불법자금이 금융시스템을 통하여 정상거래로 세탁되어 대량으로 거래되고 있다는 사실을 깨닫게 되었으며 이에 따라 1984년 미국 로널드 레이건(Ronald Reagan) 대통령의 '마약과의 전쟁'에서는 콜롬비아로의 군대 진입 등 물리적인 방법과 함께 마약거래와 관련된 돈줄을 차단하는 방안이 담겨 있었다고 한다. 이후 1986년 미

---

\* 〈인텔, AI '연합 학습' 기술 활용해 금융 사기 방지한다〉, 2020. 12. 11., AI 타임스.

국이 자금세탁통제법(Money Laundering Control Act)을 제정함으로써 자금세탁이 최초로 독자적인 범죄행위가 되었으며 이때부터 자금세탁만으로도 처벌할 수 있는 길이 열리게 된 것이다. 이후 국제사회도 1988년 마약관련 자금세탁을 범죄화하는 '비엔나협약(마약 및 향정신성 물질의 불법거래 방지를 위한 협약)'을 맺기에 이르렀다.

이러한 배경하에 소위 국제자금세탁방지기구(FATF: Financial Action Task Force)[*]가 만들어졌는데 1989년 G7국가의 정상들이 모여 자금줄을 죌 수 있는 기준을 만들고 그 이행상태를 점검하기로 한 것이 그 시작이며 이로써 금융규제 시스

---

[*] UN 협약 및 안보리 결의와 관련된 금융조치(Financial Action)의 이행을 위한 행동기구 (Task Force)로서 1989년 최초 설립되어 마약자금(1989), 중대범죄 자금세탁(1996), 테러자금조달(2001), 대량살상무기 확산(2012) 방지 등 그 영역 및 영향력이 계속 확대되고 있다.

템에 자금세탁방지 의무가 추가*된 것이다.

이후 1999년 '테러자금 조달 억제에 관한 UN협약'이 체결되었고 2001년 9.11 테러가 발생하자 미국은 그 자금출처를 조사하는 과정에서 오사마 빈라

---

\* 1989년 G7 정상 선언문의 관련 내용은 아래와 같다.
Drug Issues
52. **The drug problem has reached devastating proportions.** We stress the urgent need for decisive action, both on a national and an international basis. **We urge all countries, especially those where drug production, trading and consumption are large, to join our efforts to counter drug production, to reduce demand, and to carry forward the fight against drug trafficking itself and the laundering of its proceeds.**
53. **Accordingly, we resolve to take the following measures within relevant fora:**
 · Give greater emphasis on [sic] bilateral and United Nations programs for the conversion of illicit cultivation in the producer countries. The United Nations Fund for Drug Abuse Control (UNFDAC), and other United Nations and multilateral organizations should be supported, strengthened and made more effective. These efforts could include particular support for the implementation of effective programs to stop drug cultivation and trading as well as developmental and technical assistance.
 · Support the efforts of producing countries who ask for assistance to counter illegal production or trafficking.
 · Strengthen the role of the United Nations in the war against drugs through an increase in its resources and through reinforced effectiveness of its operation.
 · Intensify the exchange of information on the prevention of addiction, and rehabilitation of drug addicts.
 · Support the international conference planned for 1990 on cocaine and drug demand reduction.
 · Strengthen the efficiency of the cooperative and mutual assistance on these issues, the first steps being a prompt adhesion to, ratification and implementation of the Vienna Convention on illicit traffic in narcotic drugs and psychotropic substances.
 · Conclude further bilateral or multilateral agreements and support initiatives and cooperation, where appropriate, which include measures to facilitate the identification, tracing, freezing, seizure and forfeiture of drug crime proceeds.
 · **Convene a financial action task force from Summit participants and other countries interested in these problems. Its mandate is to assess the results of cooperation already undertaken in order to prevent the utilization of the banking system and financial institutions for the purpose of money laundering, and to consider additional preventive efforts in this field, including the adaptation of the legal and regulatory systems so as to enhance multilateral judicial assistance.** The first meeting of this task force will be called by France and its report will be completed by April 1990.

덴 등 알 카에다와 탈레반이 하왈라(hawala)*라는 소위 환치기를 통해 현금이 조달되어 사용된 것을 알게 되었고 이에 따라 자금세탁과 더불어 테러와 대량살상무기자금 조달에까지로 규제가 확대되어 지금과 같은 AML/CFT 규제체계가 마련된 것으로 설명할 수 있겠다.

여기에 더해 팔레르모 협약(2000, 조직범죄), 메리다 협약(2003, 부패)을 통해 인신매매 등 조직범죄와 뇌물 등 부패행위가, 이후 핵 개발 등이 동 규제체계로 포함되었으며 최근에는 탈세(Tax evasion)도 금융범죄(Financial Crime)로서 그 범위가 확대되었다.

FATF도 마약자금(1989)에서 중대범죄의 자금세탁(1996), 테러자금조달(2001), 대량살상무기 확산금융(2012) 방지로 관할범위를 지속적으로 확대하고 있다.

신제윤 전 금융위원장은 "금융회사 입장에서 보면 자금세탁 및 테러방지 규제(AML/CFT) 제도가 가장 큰 규제 리스크일 것"이라고 평가**했다. 그는 금융규제의 큰 방향을 △건전성 규제 △소비자보호 △자금세탁 및 테러방지 규제 등 3가지로 정리하며 상대적으로 규제의 역사가 짧은 자금세탁 및 테러방지 규제는 규제의 목적이 다양하고 그 대상도 넓기 때문에 앞으로도 많은 변화를 예상한다고 전망하였다.

---

* '하왈라'는 '신뢰'라는 뜻으로, 채권·채무관계자들이 은행을 통하지 않고 신용으로 거래하는 이슬람의 전통적인 송금 시스템을 말한다. '하왈라'는 원래 실크로드 교역을 하던 이슬람 대상들의 재산을 사막의 도적들로부터 보호할 목적으로 고안된 것으로, 약간의 수수료만으로 세계 어느 곳으로든 송금이 가능한 시스템이다. 송금자는 전 세계에 걸쳐 수천 개 이상 산재해 있는 하왈라 점포에서 송금 금액과 약간의 수수료를 내고 비밀번호를 부여받아 수취인에게 알려주면 수취인은 가까운 하왈라 점포에서 비밀번호를 대고 약속된 자금을 수령하는 방식이다. 이 과정에서 담보를 설정하거나 일체의 서류도 만들지 않으며, 거래 완료가 확인되는 즉시 비밀번호를 비롯한 기본 기록마저 모두 폐기처분 하므로, 거래자 신분·금액 등 증거 확보가 곤란한 문제가 있다. 이 방법은 '이슬람 형제'라는 믿음 아래 행해지는 신용거래로서 거래가 이행되지 않았을 경우에는 책임자가 목숨을 잃는 등 강력한 보복이 뒤따라 증거서류 이상의 강제성을 보유하고 있다. '하왈라'는 자금이 거의 100% 전달되는 안정성이 특징으로, 파키스탄에서만 연간 50억 달러 이상이 거래되고 있으며 이슬람권에서 음성 자금 이동의 중요한 수단으로 사용되고 있다.
대한민국 대테러센터의 website에서 발췌(http://www.nctc.go.kr/nctc/Introduction/terms.do?mode=view&articleNo=4276).
** 2019년 6월 13일 서울 은행연합회에서 사단법인 인하우스카운슬포럼(IHCF) 주최로 열린 '자금세탁방지 아카데미'의 기조연설을 통해 이같이 밝혔다.

또한 몇 해 전부터 이러한 AML/CFT 규제 때문에 특정집단이나 계층에 대해 무조건 금융거래를 제한*하거나 특정지역의 환거래은행(Correspondent Banking)** 업무를 회피하는 '위험회피(de-risking)' 현상이 있고 아프리카나 중동 국가와 거래가 많은 대형 유럽은행과 전자송금업체, 비영리법인 등이 이에 강력히 반발했지만 이와 관계없이 "규제는 더 강화되는 추세"라고 설명했다. 왜냐하면 "통상 금융규제는 금융 안정을 목적으로 하지만 AML/CFT 규제는 인간의 존엄, 국가안보 등 보다 상위개념의 목적을 갖고 있다."면서 "반인륜적인 범죄를 막기 위해 금융회사가 역할을 해야 한다는 것에 이견을 달기 어렵기 때문"이라고 신 전 위원장은 설명했다.

재미있는 것은 자금세탁 관련 위반 및 이로 인한 처벌이 우리의 일상생활과 정말로 밀접하게 관련되어 있다는 것이다. 예를 들어 2019년 3월 미국 전역을 깜짝 놀라게 했던 로리 러플린(Lori Loughlin), 펠리시티 허프만(Felicity Huffman) 등 미국의 유명 영화배우들을 포함한 35인의 부유층 부모들에 의해 이루어진 그들 자녀들의 대학입시관련 부정행위 스캔들(소위 'Varsity Blue')을 들 수 있겠다. 미

---

\* 2018년 11월 미국의 대이란제재가 복원됨에 따라 전 세계적으로 이란 관련 거래회피가 심해지는 현상이 발생하였고 우리나라 정부도 국제사회의 대이란 제재와 무관한 한국에 거주하는 이란 국민들이 특별한 이유 없이 부당하게 금융서비스를 제공받지 못하는 일이 없도록 국내 금융회사와 함께 노력하고 있으며 해결 방안을 적극 모색하고 있다는 점을 이란 측에 설명한 바 있음. 자세한 내용은〈국내 거주 이란인의 금융서비스 이용 불편 관련〉금융감독원 보도자료(2018. 11. 21.) 참조.
또한 우리은행과 기업은행의 대이란과의 무역대금 원화결제를 위한 이란 중앙은행(CBI) 계좌는 미국 제재 효력이 발생한 2019년 5월 2일부터 동결됐다. 미국 정부가 2018년 11월 5일 이란 원유와 석유화학제품 거래 금지 등을 포함한 경제·금융제재를 발동했고 이후 한국 등 8개국에 대해 지난 2018년 11월부터 6개월간 이란산 원유 수입을 예외적으로 인정해 주었으나 2019년 5월 2일 오후 1시를 기준으로 그 제재 유예 기간이 종료됐기 때문이다. 그동안 이란과 거래하는 국내 수출입업체는 우리은행과 기업은행에 개설된 이란중앙은행 계좌를 통해 수출입대금을 결제해 왔으나 결제수단이 막힘에 따라 이란과의 수출입은 사실상 어려워지게 된 것이다.

\*\* 2019년 5월 '지급결제 및 시장인프라 위원회: the Committee on Payments and Market Infrastructures (CPMI)'의 발표에 따르면 전 세계적으로 2012년부터 지난 7년간 국제환거래계약이 자금세탁과 관련된 리스크 회피목적으로 20% 이상 감소하였다고 한다. 이러한 회피현상은 오히려 Bit coin 등 Cryptocurrency를 통한 자금세탁으로 우회할 가능성이 커짐에 따라 FATF나 FSB 등은 우려를 나타내었으며 국제환거래계약의 전반적 감소에 따른 대책을 강구하여 발표한 바 있다.

국 검찰의 발표에 따르면 2011년에서 2018년 사이, 이들 부유층 부모들은 이를 지휘한 William 'Rick' Singer라는 브로커(Edge College & Career Network)에게 총 25백만 달러를 지불하고 조정, 미식축구, 수구, 배구, 농구, 테니스 등 체육특기생 전형에 허위 서류를 꾸며 제출하거나 SAT나 ACT 시험 등을 대리시험 또는 감독관으로 하여금 사후에 정답지를 수정하게 하고 고등학교 과정수업을 대리로 이수하여 대학입학에 필요한 학점을 취득하게 하는 등의 방법으로 Yale, Georgetown, Stanford, USC, the University of Texas, UCLA 및 Wake Forest 등 엘리트 대학에 합격시켰다는 것이다.

2020년 8월 미국판 '스카이캐슬'로 불린 대학 입시 비리 사건 당사자 중 1명인 미국의 유명 배우 로리 러플린은 실형을 선고받았다. 미 매사추세츠주 지방법원은 온라인 선고 공판을 열고 러플린에게 징역 2개월에 벌금 15만 달러(약 1억 7,842만 원), 사회봉사 100시간을 선고했다. 러플린의 남편인 패션 디자이너 마시모 지아널리는 징역 5개월과 벌금 25만 달러(2억 9,700만 원), 사회봉사 250시간을 선고받았다.

러플린 부부는 두 딸을 서던캘리포니아대(USC)에 체육특기생으로 입학시키기 위해 입시 브로커에게 찬조금으로 가장한 사례금 50만 달러(5억 9,400만 원)를 건넨 혐의로 기소됐다. 이들 부부는 당초 혐의를 부인했지만, 브로커에게 그들이 발송한 이메일 등의 증거가 나오자 범행 일체를 자백했다.

러플린은 1990년대 TV시트콤 '풀하우스'에 출연해 인기를 끌었으며 같은 행위로 실형을 선고받고 교도소에서 짧게 복역했던 펠리시티 허프먼도 '위기의 주부들'에 출연한 바 있다.

미국 검찰은 통상 이러한 범죄에 적용하는 최대 20년간 징역형이 가능한 사기죄(mail fraud and honest services mail fraud) 이외에 이들이 대가로 불법자금을 브로커에게 지불하는 방법에 있어 브로커가 지정하는 장애청소년 자선재단에 기부하거나 컨설팅 비용 등으로 지불하고 세금감면 혜택도 챙긴 사실을 뇌물자금 등을 세탁한 자금세탁방지법 위반으로 기소하여 최대 20년간 추가 징역형까지 가능하게 만들었다는 것이 주목되는 점이다. 미국 법조계에 따르면 자금세탁방지법 기소에 있어 미국 검찰은 특별히 이를 입증하는 데 어려움이 없기 때문에 이제는 대부분의 White Collar 범죄에 이의 적용을 적극 검토하는 추세라고 전해진다.[*]

이제는 자금세탁방지가 문자 그대로 자금세탁과 관련된 법규준수를 확인하는 차원은 이미 벗어난 지 오래이고 금융규제가 아닌 대부분의 사회생활을 규범하는 분야가 되어버렸으며 이에 대응하는 금융회사 및 기업 컴플라이언스의 역할이 더욱 어려워짐을 현실적으로 체감해 볼 수 있겠다.

---

[*] A conviction for violating the federal anti-money laundering law through either a substantive offense or a conspiracy is punishable by up to 20 years in prison and a fine of a half million dollars or more. Prosecutors trying to prove a federal money-laundering conspiracy face a low bar. They need to show only that a defendant, working with someone else, was "trying to conceal or disguise the nature, location, source, ownership, or control of the proceeds of unlawful activity."

# 몸값이 엄청 올라간 자금세탁방지* 컴플라이언스

2012년 7월 세계적인 금융망을 가지고 영업하고 있던 HSBC은행의 자금세탁위반행위가 발표되었을 때 금융계는 이를 충격으로 받아들였다. 미국 당국에 따르면 HSBC의 멕시코 법인에서 오랫동안 이란, 리비아, 수단 등 제재대상국과의 자금거래가 상당기간 이루어져 왔음이 밝혀졌고 이에 대해 무려 19억 달러에 달하는 벌금이 부과되었다. 당시 제재대상국과의 거래 자체보다도 천문학적인 벌금규모가 더욱 금융시장을 놀라게 하였다. 하지만 이것이 끝이 아니었고 이후로도 Standard Chartered(11억 달러), Commerzbank(14.5억 달러) 등이 비슷한 사유로 엄청난 금액의 벌금을 부과**받았는데, 2014년 BNP Paribas에게 89억 달러의 벌금이 부과되었을 때는 전 세계가 다시 한번 경악

---

\* 자금세탁(Money Laundering)이란 '범죄행위로부터 불법적으로 획득한 수익을 합법재산인 것처럼 위장하는 과정 또는 합법적인 원천에서 생긴 것으로 보이게 하기 위해 그 동일성 또는 원천을 은폐하거나 가장하는 절차'를 의미한다. '자금세탁'이란 말은 1920년대 미국의 알 카포네 등 조직범죄자들이 도박이나 불법 주류판매 수입금을 그들의 영향력 아래에 있고 현금거래가 많은 이탈리아인 세탁소의 합법적 수입으로 가장한 것에서 유래되었다고 전해진다. 문동주 변호사의 법률에세이 블로그(2018. 6. 11. 20:20)에서 일부 인용.

\** 이외에 ING(6.19억 달러), ABN-AMRO(5.85억 달러), Rabobank(3.67억 달러), Lloyds TSB(3.5억 달러), Barclays(2.98억 달러) 및 Credit Suisse(2.68억 달러) 등이 미국 당국으로부터 벌금을 받았다.

을 할 수밖에 없었다. 엄청난 금액을 생각하면 BNP의 경우 몇 년간 영업으로 벌어들인 수익의 상당부분을 벌금으로 납부하였다고 알려졌다.

이후 미국 당국뿐만 아니라 유럽의 금융 및 사법당국도 자금세탁방지에 대한 강도 높은 조치를 취하고 있는 추세이다. 예를 들어 2018년 9월 ING그룹은 네덜란드 검찰의 자금세탁방지의무 위반행위 등에 대한 조사결과 유럽당국에 의해 부과된 가장 큰 금액인 7억 75백만 유로(약 9억 달러 상당)를 벌금으로 지불하는 것에 동의하였으며 이에 대한 책임을 지고 ING Group의 CFO인 Koos Timmermans이 사임하기에 이르렀다.

또한 2018년 9월 초 덴마크 사법당국도 자국은행인 단스케은행(Danske Bank)이 에스토니아 지점을 통해 러시아로부터의 불법적인 자금 약 2,240억 달러(1,500 billion Danish Krone, 약 254조 원)를 세탁한 사실을 적발하였다고 발표하였으며 이에 따라 동 은행의 주가가 6.5%나 하락하기도 하였다. 즉시 영국의 NCA(National Crime Agency)도 자국 내 등록한 금융회사가 단스케은행 고객의 자금세탁 행위에 연루되었는지를 조사할 방침임을 발표하였고[*] 이후 단스케은행은 미국 및 유럽사법당국의 전방위 조사를 받았으며 조사결과 에스토니아 수도 탈린지점이 2007년부터 8년간 러시아, 아제르바이잔, 조지아, 라트비아, 키프로스와 영국 등으로부터 비거주자의 달러 예금을 받아 일부를 유령회사를 이용해 세탁 후 미국, 유럽 등의 수백 개 계좌에 송금했음이 밝혀졌다. 2019년 8월 25일 자 덴마크 유력신문인 《Berlingske》에 따르면 러시아 범죄집단이 체계적으로(systematically) 단스케은행 에스토니아 지점을 범죄수익의 자금세탁 창구로 활용하였다고 보도하여 파문을 일으키기도 하였다.

당시 단스케은행 에스토니아 지점 직원들은 범죄 활동에서 파생된 것으로 의심되는 자금의 실소유자의 신원을 감추기 위해 법인을 설립하여 자금세탁을 용이하게 도와주었다. 이들은 또한 전자 송금 흔적을 감추는 방법에 대한

---

[*] 알려진 바에 따르면 이러한 '세기의 돈세탁'을 발견한 주인공 하워드 윌킨슨(Howard Wilkinson)의 직업은 원래 은행 고객을 조사하는 일이 아니었다. 그러나 그는 동료의 요청으로 역사상 가장 큰 돈세탁 사건을 발견하게 되었다. 어떻게 엄청난 사건을 발견하게 된 것일까? 이에 대한 내용은 2019년 5월 19일 일요일 오후 7시 미국 CBS의 '식스티 미니트(60 Minutes)'에서 인터뷰 형식으로 방영된 바 있다. 윌킨슨은 에스토니아의 탈린(Tallin)에 있는 덴마크의 단스케은행(Danske Bank) 지사에서 일하고 있을 때 돈세탁을 발견했다. 윌킨슨의 임무는 은행 고객을 조사하는 일이 아니라 발트해 지역의 마케팅 담당이었다. 그러나 동료의 부탁으로 영국에서 란타나 트레이드 LLP(Lantana Trade LLP)라는 업체 이름으로 등록된 고객에 대한 정보를 조사하게 되면서 엄청난 변화를 겪게 된다. 영국 출신인 윌킨슨은 영국의 기업 등록부(business registry) 등재회사의 자산과 수익에 대한 정보 조사과정에서 란타나는 회사가 비즈니스 활동이 전혀 없는 휴면 회사로 기재되어 있었지만 은행 계좌에는 하루에도 수백만 달러의 거래가 오가는 것을 알게 되었다. 이 업체는 또한 은행의 기밀 돈세탁으로 잘 알려진 이국적인 장소와 연결되어 있었다. 이 업체는 노스 런던(North London)에 등록된 사무실이 있고 은행 계좌는 러시아 파트너가 실질적으로 운영하는 에스토니아 은행(단스케은행)에 열고 있었다. "이 업체의 소유주들은 세이셸(Seychelles)과 마셜 제도(Marshall Islands) 출신"이라고 윌킨슨은 고백했다. 결국 단스케은행은 러시아와 관련한 자금세탁 의혹을 받게 되었다. 외신 등에 따르면 윌킨슨은 단스케은행 고위층이 러시아 정보기관 및 블라디미르 푸틴 대통령 친인척들을 위해 페이퍼컴퍼니를 만들고 돈세탁을 해줬다고 폭로했다. 돈세탁 규모는 2,000억 유로(약 257조 원)에 달하는 것으로 나타났다. 이 의혹에 대해 미국 법무부와 재무부가 동시에 조사를 벌였다. 돈세탁은 단스케은행 에스토니아 지점이 담당했는데, 돈세탁 규모는 에스토니아의 국내총생산(GDP)을 넘어서는 규모라고 외신들은 지적했다. 미 법무부는 단스케은행뿐 아니라 독일 도이체방크, 미국 뱅크오브아메리카, JP모건체이스의 지사들도 일부 관여했을 가능성이 있다고 보는 것으로 알려졌다. 또한 2019년 7월 덴마크 언론(the newspaper Berlingske)에 따르면 하워드 윌킨슨의 폭로 이후 2014년 초 단스케은행이 외부 컨설팅회사인 Parsifal Services를 고용하여 에스토니아 지점의 자금세탁 관련 사항을 조사하려고 계획하다 현지조사 직전 컨설팅회사와의 계약을 해지한 의혹에 대해 덴마크 경찰이 수사를 진행 중인 것으로 보도되어 파문을 일으키기도 하였다. "Danish Police Probe Danske Firing of Firm Hired to Examine AML", 2019. 07. 04., Bloomberg.

조언을 제공하고 자금의 소유권과 출처를 모호하게 하기 위해 고안된 송금 거래를 실행하였다. 일부 해외계좌 송금 고객에게는 익명성을 보장할 방법으로 자산을 금괴나 금화로 바꿀 수 있도록 함으로써 돈세탁을 도와주기도 하였다. 해외 고객은 필요한 증빙 서류 없이 250g 이상의 금괴 구매가 가능했고, 금괴를 장기 보관할 경우 자금세탁방지(AML) 지침을 준수하지 않아도 되는 점을 악용한 것이다.

미국 및 유럽당국의 4년간의 강도 높은 조사 후 2022년 12월 단스케은행은 미 당국*(DoJ: USD 1,209 million, SEC: USD 178.6 million) 및 덴마크 당국(SCU: DKK 4,749 million)과 총 20.6억 달러(2조 9,000억 원)에 달하는 엄청난 벌금에 합의하였고 2024년 9월엔 프랑스로부터 또 633만 유로의 벌금을 부과받았다.

이와는 별도로 미국 연방준비제도(연준)는 2023년 7월 도이치뱅크, 도이치뱅크 뉴욕지점 등에 대해 자금세탁방지의무 관련 내부통제 위반 혐의로 1억 8,600만 달러(한화 약 2,371억 원)에 달하는 제재금을 부과했다. 도이치뱅크 등이 2007년부터 2015년까지 단스케은행 에스토니아 지점과 2억 6,700만 달러 규모의 '고위험 비거주자' 관련 송금거래를 한 것이 문제가 됐다. 연준은 자금세탁방지 관련 규정 위반 등을 이유로 2015년과 2017년에 각각 5,800만 달러, 4,100만 달러의 금전 제재를 부과한 바 있다.

---

* 흥미 있는 것은 미국 당국이 단스케은행 때문에 세금을 더 많이 걷을 수 있었다며 2025년 에스토니아에게 수사협조에 대한 사례금으로 5,000만 달러를 지급했다고 한다. 에스토니아에서 수사를 잘해줘 벌금을 많이 걷을 수 있었다는 이유에서이다.

    1871년에 설립되어 현재 154년의 전통과 역사를 자랑해 온 단스케은행은 이러한 자금세탁위반 스캔들로 그 명성에 큰 흠이 간 것뿐만 아니라 내부적으로도 적극적으로 이에 협력한 협의가 있는 8명의 에스토니아지점 직원[*]을 경찰에 고발하는 한편 본점 차원에서는 엄청난 인적청산의 소용돌이에 휩싸이게 되었다. 언론보도에 따르면 조사가 시작된 2017년부터 2019년 6월까지 그룹이사회 및 주요 업무를 담당하는 임원들이 거의 물갈이됨에 따라 업무연속성 측면에서 많은 우려를 불러일으켰고 이에 따라 주가도 2019년 6월 말 2018년 초에 비해 60%나 하락하는 양상을 나타내었다.[**]

---

[*]  세계 최대 규모의 자금세탁 스캔들 중심에 있던 덴마크 단스케은행에서 2007년부터 2015년까지 에스토니아 지점장으로 재직했던 에바르 레헤는 2019년 9월 25일 자살한 것으로 밝혀졌다. 그는 에스토니아 검찰 조사에서 증인으로 심문을 받은 사람들 중 1명이었다. 에스토니아 경찰은 그가 에스토니아 수도 탈린에 있는 집을 떠난 이후로 보이지 않아 그의 집 근처 숲을 수색하던 중 그의 시신을 발견했다고 발표했으며 시신에 폭력이나 사고의 징후는 없어 사인에 대한 조사는 하지 않을 것이라고 말했다. 레헤는 2017년부터 밝혀지기 시작한 이번 사건에 대해 당시 자금세탁방지 조치가 충분하다고 생각했지만 책임감을 느낀다고 말한 것으로 전해졌다.

[**]  "Danske Bank Loses Its Most Experienced Executive in New Scandal", 2019. 06. 24., Bloomberg.

물갈이된 주요 임원으로는 2011년부터 이사회의장(Chairman)이었던 Ole Andersen(2018년 11월 사임), 2013년부터 행장(CEO)으로 재직했던 Thomas Borgen(2018년 10월 사임), 2003년부터 이사로서 CFO까지 역임했던 Tonny Thierry Andersen(2018년 4월 사임), 2014년부터 그룹 Compliance Head를 맡아왔던 Anders Meinert Jorgensen(2018년 7월 사임)과 2013년부터 그룹의 법무총괄책임(Group General Counsel)을 맡아왔던 Flemming Pristed (2018년 10월 사임) 및 1996년부터 최장수 근무해 온 덴마크뱅킹그룹장 Jesper Nielsen(2019년 6월 사임) 등을 꼽을 수 있겠다. 이에 더해 특기할 만한 것은 2011년부터 CFO로 재직하다가 2016년 사임하고 이후 덴마크 금융감독당국인 Danish FSA의 수장이 되었던 Henrik Ramlau-Hansen도 자금세탁스캔들의 책임을 지고 2018년 그 직에서 물러나야만 했다.

전 행장이었던 Thomas Borgen은 본인의 사임에 더해 현재 덴마크 수사당국으로부터 수사를 받고 형사처벌 대상으로 소추되었으며, 급기야 2020년 2월에는 자금세탁 스캔들에 따라 주식가치가 2018년 초에 비해 거의 절반이 폭락함에 따라 격분한 155인의 기관투자가 주주들로부터 358백만 유로(387백만 달러)에 해당하는 손해배상청구소송에 피소되기도 하였다.[*]

단스케은행 에스토니아 지점 자금세탁 스캔들은 여기에서 그치지 않고 부패의 청정국가로 이제까지 알려진 북유럽국가의 다른 은행에게까지 확산되어 전세계적으로 충격을 주었다. 스웨덴의 오래된 상업은행인 스웨드은행(Swedbank AB)은 약 1,000억 달러의 자금세탁 의심거래가, 핀란드 은행 노르데아(Nordea Bank Abp)도 약 8억 달러의 자금세탁 혐의로 관련 당국의 조사를 받고 있으며 이 두 은행 역시 단스케은행 자금세탁건과 연루되어 있는 것으로 알려졌다.

---

[*] "Danske's EX-CEO Targeted in $387 Million Investor Lawsuit", 2020. 02. 21., Bloomberg.

스웨드은행은 동 스캔들로 인해 CEO인 Birgitte Bonnesen를 경질하는 한편 2019년 6월 전 스웨덴 총리였던 Goran Persson을 이사회 의장으로 영입하고 2019년 10월에는 Jens Henriksson을 새로운 CEO로 임명하여 과거의 명성 회복 및 주주의 신뢰회복을 위해 안간힘을 썼다.* 스웨덴 금융당국은 2020년 3월 스웨드은행 발트해 운영부서(Baltic operations)의 자금세탁 관련 심각한 내부통제 결함에 대해 40억 Kronor(397M 달러)의 벌금을 부과하는 조치**를 취하였으며 이에 앞서 스웨드은행은 이번 스캔들로 예상되는 벌금의 적립 및 투자자 신뢰 실추에 대한 경영진의 책임 등을 이유로 2020년 2월 상위직급 170명의 보너스를 지급하지 않기로 결정한 바 있다.***

스웨드은행은 감독당국의 조사와는 별도로 2019년 2월부터 외부로펌에 의뢰하여 자체적으로 조사한 결과를 2020년 3월 23일 발표하였는데 이러한 대형 금융사고의 근본원인 중 하나로 CEO를 비롯한 최고경영층에 팽배해 있던 내부통제를 경시하는 문화를 지적하였다. 총 218page의 보고서에서는 "2007년부터 2019년 사이, 스웨드은행의 최고경영진은 자금세탁업무와 관련된 분명한 조직체계 및 내부통제절차 등의 수립에 실패하였으며, CEO는 전 조사기간에 걸쳐 고위험 비거주자로부터 야기되는 리스크를 제대로 인식하지 못하였다."****라고 기술하고 있다.

덴마크 언론보도에 따르면 특히 스웨덴 금융당국은 경질된 전 CEO Birgitte Bonnesen의 부적절한 역할을 지적하며 이러한 최고경영진의 내부통제 실패가 기록적인 벌금액을 결정하는 데 있어 가중되는 요인으로 작용하였음을 분

---

\* "New Swedbank CEO Under Fire for Past Ties to Scandal-Hit Bank", 2019. 08. 29., Bloomberg.
\*\* "Swedbank Fined $397 Million Over Anti-Money Laundering Measures. Swedish lender's Baltic operations have been under investigation for more than a year", 2020. 03. 19., The Wall Street Journal.
\*\*\* "Bonuses Axed for Top Swedbank Managers Amid Dirty-Money Probe:, 2020. 02. 04., Bloomberg.
\*\*\*\* "REPORT OF INVESTIGATION ON SWEDBANK AB(publ)", 2020. 03. 23., CLIFFORD CHANCE.

명히 하였다고 한다. 스웨드은행 이사회는 이러한 전 CEO의 내부통제 실패를 문제 삼아 그녀에게 손해배상을 청구하지는 않는 대신 지급하기로 약속했던 퇴직금 등 총 30.7백만 Kroner를 취소하는 결정을 내리기에 이르렀다.[*]

또한 네덜란드 ABN암로은행(ABN AMRO Bank N.V.)도 2019년 9월 25일 암스테르담 시장에서 주가가 한때 9.6% 하락하였는데 이는 2015년 상장 이후 가장 많이 폭락한 것이었다. 이는 고객 확인 및 의심스러운 거래 혐의로 검찰이 형사 조사를 발표하면서 유럽의 돈세탁 스캔들에 또 한 차례 불을 지폈기 때문이다. 네덜란드 검찰은 중앙은행으로부터 통지를 받아 조사에 착수했으며, ABN암로 은행은 의심스러운 거래에 대해 보고하지 않았던 것 외에, 고객에 대한 충분한 조사를 게을리 한 혐의를 받고 있다고 밝혔다.

이들 북유럽은행 이외에도 2018년 11월 프랑스계 은행인 소시에떼제너럴(Societe Generale S.A.)은 제재대상 국가인 이란, 리비아 및 북한 등과의 거래 이유로 미국 당국으로부터 벌금 13억 달러를 부과받았다. 이런 방식으로 2018년 한 해에만 약 30억 달러의 벌금이 자금세탁방지의무 위반 등의 사유로 전 세계 유수의 금융회사에 부과된 것으로 알려졌다.

또한 2019년 4월 이탈리아 최대 은행 유니크레디트(UniCredit Group)는 벌금 13억 달러(약 1조 5,427억 원)를 내기로 미국 금융당국과 합의했다. 자회사인 하이포은행이 이란 선적회사에 미국 금융거래 제재 회피용으로 불법자금이 오가는 통로를 열어줬다는 혐의 때문이었다. 같은 달 영국계 은행인 스탠다드차타드(Standard Chartered) 역시 이란 석유회사 등 거래 제재 대상과 거래했다는 이유로 벌금 11억 달러(약 1조 3,050억 원)를 물게 됐다.

호주에서 두 번째 규모의 은행인 웨스트팩(Westpac)은 2020년 4월, 호주금융

---

[*] "Swedbank Probe Unearths $40 Billion of 'High Risk' Payments", 2020. 03. 23., Bloomberg.

정보분석센터 오스트랙(Austrac)의 금융거래 모니터링 결과 2,300만 건의 자금세탁방지와 테러자금조달법 위반행위를 한 사실과 관련하여 9억 호주달러의 벌금납부를 위한 충당금을 쌓았다고 발표했다.[*] 오스트랙은 웨스트팩이 소아성애자의 아동학대 관련 수천 건의 자금이체[**]를 감지하지 못한 것을 포함하여 이라크, 우크라이나, 짐바브웨 등 위험국가로의 총 2,300만 건이나 되는 불법송금을 제대로 막지 못했다는 사유로 2019년 11월 호주 사법당국에 고발조치[***] 된 바 있다. 2020년 5월 언론보도[****]에 따르면 웨스트팩은 연방법원에 제출한 자료에서 위에서 언급한 위반행위[*****]가 있었음을 받아들였고 또한 자금세탁방지와 관련된 자료보관 및 보고 등의 미흡과 어떤 경우에는 보고를 지연했거나 누락, 심지어는 보고내용을 폐기하였다는 점도 인정하였다고 한다. 웨스트팩은 이번 스캔들로 브라이언 하처(Brian Hartzer) 최고경영자(CEO)와 린지 막스테드(Lindsay Maxsted) 회장이 2019년 11월 사임한 바 있다.

마침내 2020년 9월 24일 웨스트팩은 예상충당금 9억 호주달러를 훨씬 넘는 13억 호주달러(약 9.2억 US달러)를 호주당국인 오스트랙(Austrac)에 납부하는 것으로 합의[******]를 보게 되었다. 예상보다 벌금이 대폭 증가한 것은 기존 2,300만 건

---

[*] "Westpac braces for record fine over AUSTRAC scandal", The Sydney Morning Herald, 2020년 4월 14일 참조.

[**] 2020년 6월 웨스트팩은 아동학대와 관련이 있는 것으로 보여지는 272개의 계좌가 추가적으로 발견되었고 이와 관련, 6만에서 9만 건의 자금이체가 보고되지 않은 사실이 새로이 드러남으로써 기존 Austrac이 고발한 위반사항에 추가될 것으로 알려졌다. "Westpac Investigated Over Further Potential Child Abuse Links", Bloomberg, 2020년 6월 12일 참조.

[***] AUSTRAC의 2019년 11월 20일 자 보도자료 "AUSTRAC applies for civil penalty orders against Westpac", 참조.

[****] "Westpac admits 23m anti-money laundering breaches", Financial Review, 2020년 5월 15일 참조.

[*****] 웨스트팩의 사고를 독립적으로 조사한 보고서(Panel Report)에 따르면 웨스트팩 경영진은 자금세탁과 관련된 구조적인 위험인지가 느렸고 동 이슈를 다룰 수 있는 기술과 전문성이 결여되었으며 은행 전체적으로 자금세탁과 테러자금방지에 대한 준법문화가 미성숙하고 뒤처진(immature and reactive) 것이 근본적인 원인이었다고 지적하고 있다. 자세한 내용은 'Sins of Omission' at Heart of Westpac Laundering Breaches, 2020. 06. 04., Bloomberg 및 웨스트팩의 2020년 6월 4일 자 보도자료 "WESTPAC RELEASES FINDINGS INTO AUSTRAC STATEMENT OF CLAIM ISSUES" 참조.

[******] "Westpac Pays Record A$1.3 Billion to Settle Laundering Suit", 2020. 09. 24., Bloomberg.

의 불법송금 혐의 이외에 추가적으로 7만 6,000건이 더 발견된 부분이 작용한 것으로 알려졌다. 이는 '지능형 예금기계(intelligent deposit machines)'를 통해 이루어진 약 5만 4,000건의 의심거래를 체계적으로 보고하지 않은 혐의 등으로 커먼웰스 뱅크(Commonwealth Bank)에 2018년 부과된 벌금 7.02억 호주달러를 넘어서는 호주 역사상 가장 큰 벌금으로 기록되게 되었다.

2020년 6월 17일 영국 금융감독청인 FCA는 독일 코메르쯔은행(Commerzbank) 런던지점에 대해 £37,805,400(47.34백만 달러, 약 577억 원)의 벌금을 부과하였다고 발표[*]하였다. 동 조치의 주된 사유는 코메르쯔은행 런던지점이 2012년 10월에서 2017년 9월 기간 중 적시에 정기적인 CDD(customer due diligence)를 이행하지 않았고, 해당 부분의 취약점을 인지하고 있었음에도 이를 해결하기 위해 합리적이고 효과적인 조치를 취하지 못하였으며, 더욱이 FCA가 2012년, 2015년 및 2017년 이에 대해 지속적으로 경고하였음에도 불구하고 자금세탁 리스크에 대한 AML 시스템의 취약부분을 보완하지 못한 것 등이라고 밝히고 있다.

2020년 6월 16일 스페인 검찰에 따르면 2016년 시작된 수십억 유로 규모의 자금세탁관련 위반행위 조사결과 드러난 위법사항과 관련하여 중국공상은행 마드리드 지점의 전직 임직원 4명에 대해 벌금 25.55백만 달러 납부 및 최장 5개월간의 단기 징역형에 합의했다고 발표[**]하였다. 이제는 자금세탁 위반이 벌금을 넘어 형사처벌로도 이어지고 있는 것이 현실이 된 것이다.

---

[*] 영국 금융감독청 공지, "FCA(UK) Final Notices: Commerzbank AG:(https://www.fca.org.uk/publication/final-notices/commerzbank-ag-2020.pdf)" 및 "Britain fines Commerzbank $47 million for poor controls", 2020년 6월 17일, Reuters News 참조.

[**] "Fines, short prison terms for 4 ex-employees of ICBC Spain in laundering case", 2020년 6월 16일, Reuters 참조.

한편 미국 당국들은 벌금 부과뿐만 아니라 동 금융회사의 자금세탁업무 관련 조직 및 업무방법의 개선을 명하였고 동 개선사항의 이행상황을 평가하여 향후 형사처벌을 포함한 추가제재 여부를 판단하겠다고 조건을 제시함으로써 해당 금융회사 입장에서는 울며 겨자 먹기로 AML 관련 인원 확충 및 조직확대 등을 하지 않을 수 없는 상황이 되어버렸다.

영국의 HSBC와 미국의 JP모건 체이스와 같은 세계 최대 은행들은 테러자금세탁과 같은 사태가 터진 후 감독을 강화하라는 규제당국의 지시를 받자 관련 인력들을 대폭 보강하고 있어 관련 인력 수요는 급증하고 있는 실정인데 주로 AML 경험이 많은 경쟁은행이나, 감독기관 및 국제적인 컨설팅회사 출신들이 주를 이루고 있다.

예를 들어 감독소홀로 테러리스트와 마약 카르텔에게 미국 금융시장 접근을 허용했다는 혐의를 받은 HSBC는 전 세계적으로 AML 준법감시인력 숫자를 2013년 중 거의 배를 늘린 약 5천 명 수준으로 확대하였으며 이들에 대한 비용지출도 40%나 증액했다고 보도된 바 있다. HSBC는 금융범죄를 막고 규제 준수능력을 제고하기 위해 몇 년간 이 숫자를 더 늘림으로써 이들의 몸값이 고공행진을 하는 상황에 이르렀다. 도이치은행은 자금세탁 및 금융범죄분야의 통제 강화 조치의 일환으로 2015년 이후 관련 인력을 3배나 늘린 것으로 알려졌으며 ING은행도 의심거래 모니터링 정규직 인력을 2019년 2분기에만 20% 증가한 50명을 신규 채용하였고 BNP의 경우 지난 3년간 약 40% 증가한 4,200명을 늘린 것으로 알려졌다. Danske은행도 사고 이후 600명의 자금세탁 인력을 충원하였다고 한다.[**]

---

[*] 최근 FATF의 상호평가에서도 제도 도입(institution building)보다는 실행(implementation) 여부를 중점적으로 보는 추세와 맥을 같이한다고 볼 수 있다.

[**] "Piles of Dirty Money Have Europe's Banks Racing to Hire Workers", Bloomberg Businessweek, 2019. 08. 05., 참조.

이탈리아 투자은행인 메디오방카(Mediobanca SpA)의 추산으로는 2019년부터 향후 2년간 유럽금융회사들이 AML 관련 인력을 1만 명 고용하여야 하지만 이를 충족시킬 자격이 있는 인원이 부족하다고 예상한 바 있다.

이러다 보니 자연스럽게 금융회사 내 준법감시조직의 일부에 지나지 않았던 AML 업무가 크게 highlight 되었으며 시장에서 얼마 되지 않던 AML 전문인력을 확충하는 데 경쟁적으로 뛰어들다 보니 몸값이 자연스럽게 오르기 시작하였다.

한편 벌금을 부과받지 않은 유수 금융회사도 이러한 추세를 반영하여 AML 조직을 보강하기 시작함에 따라 이제는 마치 AML 컴플라이언스가 준법감시조직 내 중추적인 부분이 되어버린 느낌이다. 즉, 글로벌 금융회사의 컴플라이언스 내 포지션 중에서도 최근 가장 각광받고 있는 분야가 다름 아닌 소위 자금세탁방지 등의 업무를 관장하는 AML(Anti-Money Laundering) 또는 FCC(Financial Crime Compliance)가 되어버린 것이다.

2016년 중 홍콩 소재 Search Firms에서 조사한 홍콩 소재 금융회사 컴플라이언스의 연봉 서베이(salary survey)*에 따르면 전통적으로 가장 큰 비중을 두어 보수가 가장 좋았던, 투자은행부문에서 가장 전문적이고 복잡한 분야로 알려진 글로벌마켓 컴플라이언스(채권/주식)(Global Markets Compliance(FICC/Equities))나 투자은행/조사담당 컴플라이언스(IBD/Research Compliance)보다도 자금세탁 자문전문 컴플라이언스(AML Advisory Compliance)의 보수가 비슷하거나 더 높은 것으로 조사되었는데 이는 불과 5년 전과 비교하면 엄청난 연봉상승이 아닐 수 없다.

---

\* "Hong Kong Compliance Salary Survey & Guide 2016", AQUIS Search, https://www.aquissearch.com/services/research-and-advisory

2016년 (단위: 홍콩달러)

| Investment Banking | Analyst (1~2년) | Associate (3~6년) | AVP (6~9년) | VP/D (10~14년) | ED (15년 이상) |
|---|---|---|---|---|---|
| Global Markets Compliance (FICC/Equities) | 300K to 360K | 420K to 560K | 600K to 900K | 1.2M to 1.8M | 2M to 2.5M |
| IBD/ ResearchCompliance | 300K to 360K | 420K to 560K | 600K to 900K | 1M to 1.6M | 2.2M to 2.5M |
| Monitoring & Surveillance | 240K to 300K | 360K to 480K | 500K to 800K | 1M to 1.4M | 1.6M to 2.0M |
| Control Room Compliance | 300K to 360K | 420K to 560K | 600K to 900K | 1.2M to 1.8M | 2M to 2.5M |
| Registration & Licensing | 180K to 240K | 300K to 360K | 420K to 720K | 900K to 1.3M | 1.5M to 1.8M |
| Regulatory Affairs | 180K to 240K | 300K to 360K | 420K to 720K | 900K to 1.3M | 1.8M to 2.5M |
| AML Advisory | 300K to 360K | 420K to 560K | 600K to 900K | 1M to 1.8M | 2.2M to 2.8M |
| AML Transaction Monitoring | 180K to 240K | 300K to 360K | 420K to 720K | 900K to 1.3M | 1.6M to 1.8M |
| Compliance Monitoring/ Testing | 180K to 240K | 300K to 360K | 420K to 700K | 900K to 1.3M | 1.5M to 2.0M |

불과 10년 전만 하더라도 이러한 변화는 전혀 예상할 수 없는 것이었으나 2010년대 들어 자금세탁 관련 위반혐의로 유수의 글로벌 금융회사들이 천문학적인 벌금을 지불하고 또한 감독기관들의 요청으로 자금세탁방지 업무를 크게 보강하여야 하는 필요성에 따라 갑자기 시장에서 AML 컴플라이언스의 지위가 천정부지로 치솟게 된(creating cutting-edge jobs) 것이다. 보스턴컨설팅 그룹에 따르면 미국 및 유럽의 대형은행들은 AML 컴플라이언스 고용에만 연간 3억 달러 이상을 지출한다고 알려지고 있다.

여기에 더해 요즘 미국 당국들이 금융회사의 AML 관련 실태를 점검할 때 가장 먼저 보는 것이 AML 책임자의 연봉이며 고액 연봉을 받는다면 금융회사 내에서의 AML 업무에 대한 중요성을 방증하는 것으로 이해하는 경향이 있다고도 전해지면서 몸값을 키우는 데 일조를 하지 않았나 생각해 본다.

실제 AML 관련 컴플라이언스는 자금세탁, 테러리스트 자금 조달뿐만 아니라 최근에는 부패, 뇌물 등의 분야에도 엄격한 의견을 내부적으로 제시하고 있으며 영업부서 입장에서는 파장을 고려하여 어쩔 수 없이 의견을 수용하는 분위기가 정착되어 가는 것 같다.

한편 이렇게 과열된 AML 컴플라이언스의 수요는 2017년 들어서부터 진정국면에 들어간 것으로 보여진다. 2017년 및 2018년의 조사[*]에 따르면 천정부지로 치솟던 자금세탁 자문전문 컴플라이언스(AML advisory compliance)의 연봉도 서서히 현재의 높은 수준에서 안정화되어 감을 알 수 있다. 15년 이상 경력의 부서장의 경우 2016년에 연봉의 정점을 찍고 2017년부터 약간 감소하는 추세를 보이며 2019년에는 그 감소폭이 더욱 커졌음을 보여주고 있다. 다시 말해 이제는 정신없이 리크루팅하던 시기도 어느 정도 지나 빈자리를 채우는 상태로 안정화된 것으로 보이나 고액 연봉의 자금세탁 자문전문 컴플라이언스의 인기는 여전한 것이 사실이다.

2019년에 AQUIS Search가 발표한 서베이에 따르면 한 가지 흥미로운 현상이 포착되고 있다. 여전히 AML 컴플라이언스에 대한 수요가 증가하는 업권이 있으나 대체적으로 지난 몇 년간 채워지지 않는 수요(Insatiable Demand)처럼 지속적으로 인원을 늘려왔던 많은 투자은행 및 상업은행에서 AML 직원의 정원을 줄여나가기 시작했고 제3자에게 의뢰했던 AML 관련 프로젝트의 종결에 따라 계약해지가 증가하고 있는 현상이다. 사실 이러한 현상은 레그테크(RegTech)의 도입에 따라 어느 정도 예견된 현실이기도 한데 대부분의 글로벌 금융회사들

---

[*] "Hong Kong Compliance Salary Survey 2017, 2018 및 2019", AQUIS Search.

이 미국 및 유럽당국으로부터 자금세탁방지업무 실패에 따라 엄청난 벌금을 받고 나서 내부통제시스템의 개선사항을 시각적으로 보여주기 위해 경쟁적으로 많은 AML 컴플라이언스를 고용하였으나 조직운용의 효율성 측면에서는 많은 부담을 준 것이 사실이었다.

2017년 'LexisNexis Risk Solutions'의 조사에 따르면 유럽 5대 금융시장에 속해 있는 은행들이 자금세탁업무수행을 위해 매년 850억 달러의 비용을 쏟아붓고 있는데 이 중 26%만이 시스템 개발 등 기술에 대한 투자이고 나머지는 인력에 소요되는 비용이라고 한다. 그러나 어느 대형유럽은행의 자금세탁 담당 부서장에 따르면 의심거래 경보를 처리하는 데 있어 알고리즘(Algorithms)이나 머신러닝(Machine Learning) 등의 이용은 20%에 그치고 있으며 나머지 80%는 여전히 직원에 의한 수작업으로 진행되고 있어 상당히 비효율적이라는 견해를 피력하고 있다. 그에 따르면 향후 기술의 발전에 따라 은행의 자금세탁방지 기능은 오히려 강화되는 반면 필요한 관련 직원의 수는 줄어들 것이며 이것이 트렌드가 될 것으로 예상하고 있다. 특히 자금세탁방지업무에 있어 레그테크의 발전(예를 들어 알고리즘(algorithms), 시나리오분석(scenarios), 개별사건처리(case management platforms) 및 궁극적으로 인공지능(artificial intelligence) 및 로보틱(robotic) 등) 단계는 한편으로는 필요한 직원 수를 줄이기 시작하는 계기가 될 것이라는 전망이다.

2017년 (단위: 홍콩달러)

| Investment Banking | Analyst (1~2년) | Associate (3~6년) | AVP (6~9년) | VP/D (10~14년) | ED (15년 이상) |
|---|---|---|---|---|---|
| Global Markets Compliance (FICC/Equities) | 300K to 360K | 420K to 560K | 600K to 900K | 1.2M to 1.8M | 2M to 2.3M |
| IBD/Research Compliance | 300K to 360K | 420K to 560K | 600K to 900K | 1M to 1.6M | 2.2M to 2.3M |
| Monitoring & Surveillance | 240K to 300K | 360K to 480K | 500K to 800K | 1M to 1.4M | 1.6M to 2.0M |
| Control Room Compliance | 300K to 360K | 420K to 560K | 600K to 900K | 1.2M to 1.8M | 2M to 2.3M |
| Registration & Licensing | 180K to 240K | 300K to 360K | 420K to 720K | 900K to 1.3M | 1.5M to 1.6M |
| Regulatory Affairs | 180K to 240K | 300K to 360K | 420K to 720K | 900K to 1.3M | 1.8M to 2.3M |
| AML Advisory | 300K to 360K | 420K to 560K | 600K to 900K | 1M to 1.8M | 2.2M to 2.5M |
| AML Transaction Monitoring | 180K to 240K | 300K to 360K | 420K to 720K | 900K to 1.3M | 1.6M to 1.8M |
| Compliance Monitoring/ Testing | 180K to 240K | 300K to 360K | 420K to 700K | 900K to 1.3M | 1.5M to 2.0M |

2018년 (단위: 홍콩달러)

| Investment Banking | Analyst (1~2년) | Associate (3~6년) | AVP (6~9년) | VP/D (10~14년) | ED (15년 이상) |
|---|---|---|---|---|---|
| Global Markets Compliance (FICC/Equities) | 300K to 360K | 420K to 560K | 600K to 900K | 1.2M to 1.8M | 2M to 2.5M |
| IBD/Research Compliance | 300K to 360K | 420K to 560K | 600K to 900K | 1M to 1.6M | 2.2M to 2.3M |
| Monitoring & Surveillance | 240K to 300K | 360K to 480K | 500K to 800K | 1M to 1.4M | 1.6M to 2.0M |
| Control Room Compliance | 300K to 360K | 420K to 560K | 600K to 900K | 1.2M to 1.8M | 2M to 2.3M |
| Registration & Licensing | 180K to 240K | 300K to 360K | 420K to 720K | 900K to 1.3M | 1.5M to 1.7M |
| Regulatory Affairs | 180K to 240K | 300K to 360K | 420K to 720K | 900K to 1.3M | 1.8M to 2.3M |
| AML Advisory | 300K to 360K | 420K to 560K | 600K to 900K | 1M to 1.8M | 2.2M to 2.5M |

| | Analyst (1~2년) | Associate (3~6년) | AVP (6~9년) | VP/D (10~14년) | ED (15년 이상) |
|---|---|---|---|---|---|
| AML Transaction Monitoring | 180K to 240K | 300K to 360K | 420K to 720K | 900K to 1.3M | 1.6M to 1.8M |
| Compliance Monitoring/ Testing | 180K to 240K | 300K to 360K | 420K to 700K | 900K to 1.3M | 1.5M to 2.0M |

### 2019년
(단위: 홍콩달러)

| Investment Banking | Analyst (1~2년) | Associate (3~6년) | AVP (6~9년) | VP/D (10~14년) | ED (15년 이상) |
|---|---|---|---|---|---|
| Global Markets Compliance (FICC/Equities) | 300K to 360K | 420K to 560K | 600K to 900K | 1.2M to 1.8M | 1.8M to 2.2M |
| IBD/Research Compliance | 300K to 360K | 420K to 560K | 600K to 900K | 1.2M to 1.6M | 1.8M to 2.2M |
| Monitoring & Surveillance | 240K to 300K | 360K to 480K | 500K to 800K | 1M to 1.4M | 1.6M to 2.0M |
| Control Room Compliance | 300K to 360K | 420K to 560K | 600K to 900K | 1.2M to 1.8M | 1.8M to 2.2M |
| Registration & Licensing | 180K to 240K | 300K to 360K | 420K to 720K | 900K to 1.3M | 1.5M to 1.7M |
| Regulatory Affairs | 180K to 240K | 300K to 360K | 420K to 900K | 900K to 1.3M | 1.8M to 2.0M |
| AML Advisory | 300K to 360K | 420K to 560K | 600K to 900K | 1M to 1.6M | 1.6M to 2.2M |
| AML Transaction Monitoring | 180K to 240K | 300K to 360K | 420K to 720K | 900K to 1.3M | 1.6M to 1.8M |
| Compliance Monitoring/ Testing | 180K to 240K | 300K to 360K | 420K to 700K | 900K to 1.3M | 1.5M to 1.8M |

# 한국계 은행에도 등장한
# 고액 연봉 AML 컴플라이언스

자금세탁방지 컴플라이언스의 중요성이 부각되는 것은 반드시 외국금융회사에만 국한되는 현상은 아니다. 지난 몇 년간 미국 연방준비제도이사회(FRB), 연방예금보험공사(FDIC) 및 뉴욕 금융감독청(NYDFS) 등 금융당국은 미국에 진출해 있는 한국계 은행들에 대한 자금세탁방지규정(AML)과 은행보안법(Bank Secrecy Act(BSA)* 등의 준수 여부에 대한 단속의 고삐를 죄고 있다.** 특히 뉴욕주는 새로 규정을 마련*** 하는 등 2017년부터 은행의 자금세탁방지 강화에 적극 나서고 있다.

---

\*     현금 및 외국과의 거래보고법(The Currency and Foreign Transactions Reporting Act)이라고도 불림.

\*\*    미국은 금융규제가 상당히 복잡한 국가로 꼽힌다. 규제당국도 미국 재무부 산하, 연방은행 규제당국, 주 은행 규제당국, 국세청, 증권거래감독기구 등 13개에 달한다. 예를 들어 연방통화감독청인 OCC(The Office of Comptroller of the Currency)는 미 재무부의 독립적인 기관으로서 National Bank Act에 따라 은행을 규제하고 있으며 뉴욕 금융감독청(NYDFS; The New York Department of Financial Services)은 뉴욕주 내 감독대상기관에 대한 검사수행 권한이 있다. 이러한 13개 금융감시기관이 서로 다른 잣대로 자국에 진출해 있는 해외법인을 평가하고 있는 것으로 알려진다.

\*\*\* 미국의 은행감독당국이 한국계 은행을 포함한 자국 내 외국계 은행에 적용하는 주요 법령으로는 (1) 자금세탁 관련 'The Bank Secrecy Act', 'The USA Patriot Act', 'Money Laundering Statute', 'Alternative Money Laundering Statute', 'Wire Fraud' 및 'Catch All Sentencing Statute' (2) 국제제재법(Sanctions)으로 'International Emergency Economic Powers Act', 'Trading With the Enemy Act', 'National Emergencies Act', 'Countering America's Adversaries Through Sanctions Act', 'Comprehensive Iran Sanctions, Accountability and Divestment Act' 및 'National Defense Authorization Act' (3) 외국계 은행 관련 'The International Banking Act' 및 'The Foreign Bank Supervision Enhancement Act' 등이 있다.

미국 로펌 폴 헤이스팅스(Paul Hastings)의 팔미나 파바 변호사는 "2018년 중 미국 자금세탁방지규정을 지키지 못해 글로벌 금융회사가 부과받은 벌금만 30억 달러(약 3.8조 원)에 달한다."며 "특히 최근 미국 법무부(DOJ)가 기업 준법감시 프로그램을 판단하는 기준이 되는 가이드라인을 강화하면서 규제가 더 까다로워졌다."고 설명했다.[*]

미국이 전 세계 금융회사에 자금세탁과 금융범죄를 방지하기 위해 적용하는 대표적 규제는 은행보안법(BSA)이다. 하지만 이외에도 금융회사가 의무적으로 내부에 구비해야 하는 자금세탁방지 컴플라이언스 프로그램, 송금을 규제하는 애국법, 형사처벌 규정이 담긴 자금세탁 관련 법(MLCA), '미국의 김영란법'으로 불리는 해외부패방지법(FCPA)까지 각종 파생 규제가 적지 않다. 규제 대상도 은행 같은 전통적 금융회사부터 금융서비스 사업자, 송금업체 등을 모두 포함하고 있으며 최근 빠르게 늘고 있는 핀테크 업체도 대상이 된다. 여기에 2019년 강화된 미국 법무부(DOJ) 가이드라인은 연방검사가 자금세탁 이슈로 형사처벌 여부를 결정할 때 금융회사가 갖춘 컴플라이언스 프로그램의 상세한 내용과 이를 제대로 운영하는지를 따지도록 하고 있는데 과거처럼 단순히 컴플라이언스 조직을 갖췄다는 것만으로는 기소를 피하기 힘들어진 것이다.

---

[*] 2019년 6월 13일 서울 중구 은행회관에서 열린 '자금세탁방지 아카데미'에 참석하여 주제 발표를 한 내용이다.

### 미국 자금세탁방지 주요 규제

| 구분 | 내용 |
|---|---|
| BSA | · 미국 최초 주요 자금세탁 관련법<br>· 미국 내 자금출처, 거래량, 이동식별 위한 기록 유지, 보고 요구사항 명시<br>· 2001년 미국 애국법으로 자금세탁 민형사 처벌 강화 |
| AML 컴플라이언스 | · BSA에 근거해 금융기관이 관련 프로그램 만들고 시행해야 함<br>· 준법감시인 지정, 내부 정책통제 등 서면으로 명시한 프로그램 구축<br>· 고객 실사, 거래 기록 작성 및 유지, 고액 현금 의심거래 보고서 제출 의무화 |
| FCPA | · 외국 공무원에 대한 뇌물 제공 처벌<br>· 뇌물 거래 시 발생하는 자금세탁 행위 기소 |
| 미 법무부(DOJ) 가이드라인 | · 단순히 금융사가 자금세탁방지 조직 프로그램 갖춘 것 넘어 준법 프로그램의 상세한 내용, 실제 효과적으로 운영되는지 여부 평가 |

알려진 바에 따르면 미국 금융당국이 몇 년 전까지만 해도 유럽 금융회사에 조 단위의 벌금을 부과하였는데 최근에는 중국, 대만 등 아시아권 금융회사의 자금세탁방지 체계에 대한 감시가 강화되고 있고 한국도 이에 포함되기 시작하였다. 이미 중국 농업은행(2.15억 달러), 대만 메가뱅크(1.8억 달러) 등은 2억 달러에 육박하는 벌금을 부과받기도 했다.

특히 그동안은 주로 글로벌 대형은행을 대상으로 이란 등 제재대상국과의 거래 등 명백한 의무 위반행위에 대해 제재를 해왔으나, 몇 년 전부터는 아시아계 은행에 대해서 내부통제시스템의 구축·운영 수준이 미흡한지 여부 등을 중점적으로 검사하는 것으로 변천하여 오고 있다.

우리나라 은행 중 미국에 지점형태로 진출한 KB국민은행, NH농협은행, IBK기업은행은 기업금융 중심의 사업을 하고 있어 주로 FRB와 뉴욕 금융감독청으로부터 12~18개월 단위로 주기적 감사를 받고 있으며, 한국 유학생과 교포, 현지 고객 등을 대상으로 개인영업을 하고 있는 현지법인형태의 신한

아메리카은행과 우리아메리카은행, KEB하나은행은 뉴욕 금융감독청과 연방 FDIC로부터 검사를 받아 왔다. 그 결과 실제 지난 몇 년 사이 국내은행 뉴욕지점 및 현지법인에 대해 미국 당국이 자금세탁방지업무의 적정성 여부 등을 지적하여 '서면합의(written agreement)' 등 시정조치* 외에 급기야는 엄청난 벌금을 부과하는 상황까지 이르렀다.

2017년 12월 뉴욕 금융감독청(NYDFS)은 NH농협은행 본점 및 뉴욕지점에 대해 자금세탁방지 개선 동의명령과 함께 농협 뉴욕지점에게는 자금세탁방지 체계를 제대로 갖추지 않았다는 이유로 1,100만 달러(130억 원)의 과태료(민사제재금)를 부과하였다. 이는 농협은행 뉴욕지점의 연간 순이익(100억 원 안팎)을 훨씬 넘어서는 것으로서 농협은행은 이사회를 열어 이행각서를 의결하고 뉴욕지점 뿐만 아니라 본점 차원에서 자금세탁방지를 위한 개선 내용을 확정해 미국 당국에 제출한 것으로 알려졌다. 이는 미국에 진출한 국내은행 중 첫 사례로 미 감독당국의 검사 결과 뉴욕지점 준법감시인력의 전문성 부족 및 자금세탁방지 업무에 대한 본점 및 경영진의 관리·감독소홀과 혐의거래에 대한 적절한 모니터링 시스템 구축 및 검토업무 미흡 등이 주요 사유였다.

---

\* 미국 당국들의 규제조치(Enforcement Actions)로는 크게 '서면합의'와 '동의명령', '벌금형'으로 나뉘는데 구체적으로는 (1) 비공식적인 조치(Informal Actions)로 공개되지 않는 '이행 확약서(Commitment letters)' 및 '이해 합의문(Memoranda of Understanding)' (2) 공식적인 조치(Formal Actions)로서 보도자료 등으로 공개되는 '서면합의서(Written Agreements)', '민사적 벌금조치(Civil Money Penalty Orders)', '동의명령(자발적): Consent Orders(voluntary)' 및 '정지명령(비자발적): Cease and Desist Orders(non-voluntary)' (3) 이외 조치(Others)로 '개인을 상대로 한 규제조치(Enforcement actions against individuals)' 및 '은행업무에 대한 제한사항 부과(Limitations on banking activity of the institution)' 등이 있다.

NEW YORK STATE DEPARTMENT
OF FINANCIAL SERVICES

In the Matter of

NONGHYUP BANK and
NONGHYUP BANK, NEW YORK BRANCH

CONSENT ORDER UNDER
NEW YORK BANKING LAW §§ 39 and 44

The New York State Department of Financial Services (the "Department"), NongHyup Bank and NongHyup Bank, New York Branch (the "New York Branch" or the "Branch") (together, "NongHyup" or the "Bank") are willing to resolve the matters described herein without further proceedings:

WHEREAS, NongHyup is an international banking institution and is licensed by the Department to operate a foreign bank branch in New York State;

WHEREAS, the Department and another supervisor conducted examinations of the New York Branch in 2014, 2015 and 2016;

WHEREAS, in connection with each examination, the Department and the other supervisor provided Reports of Examination to NongHyup, and NongHyup provided a written

**Monetary Payment**

34. NongHyup shall pay a civil monetary penalty pursuant to Banking Law §§ 39 and 44 to the Department in the amount of $11,000,000 as a result of the conduct and violations set forth above. NongHyup shall pay the entire amount within ten (10) days of executing this Consent Order. NongHyup agrees that it will not claim, assert, or apply for a tax deduction or tax credit with regard to any U.S. federal, state, or local tax, directly or indirectly, for any portion of the civil monetary penalty paid pursuant to this Consent Order.

NONGHYUP BANK

By: _____
KYUNG-SEOB LEE
President & CEO

NEW YORK STATE DEPARTMENT OF
FINANCIAL SERVICES

By: _____
MARIA T. VULLO
Superintendent of Financial Services

By: _____
MATTHEW L. LEVINE
Executive Deputy Superintendent for Enforcement

NONGHYUP BANK, NEW YORK BRANCH

By: _____
SEUNG HOON LEE

미국 뉴욕 금융감독청이 2017년 12월 NH농협은행 뉴욕지점이 제재 대상 국가와의 테러자금 방지 등 내부통제구조 부실로 1100만달러 과징금을 부과한다는 공문. 당시 이경섭 농협은행장의 서명 등으로 내부통제구조 부실을 인정한다는 내용이 담겼다. [자료=뉴욕 금융감독청]

또한 2020년 4월 미국검찰 및 뉴욕 금융감독청(NYDFS)은 2014년 5월 조사를 시작한 지 6년 만에 국내 무역업체의 대(對)이란 허위거래와 관련 이란 불법 송금에 연루된 자금세탁방지법(AML · Anti-Money Laundering Law) 위반 혐의와 뉴욕주 은행보안법(BSA), 재무부 해외자산통제국(OFAC) 규정 등 자금세탁방지(AML) 관련 의무규정(포괄적으로 BSA/AML 규정) 준수 미비 등으로 IBK 기업은행 본점 및 뉴욕지점에 대해 8,600만 달러(약 1,050억 원)의 벌금(제재금)납부에 합의하였다고 발표하였다. 기업은행은 뉴욕주 검찰과는 불기소 처분, 연방검찰 뉴욕남부지검과는 2년 기소유예 처분을 받는 조건으로 5,100만 달러 몰수 조치에 합의*하였다고 전해졌다. 또 뉴욕 금융감독청은 기업은행에 3,500만 달러의 벌금을 부과하고 동의명령(consent order)을 내려 추후 시정조치 사항을 보고하도록 했다.

동 제재금액은 기업은행의 2019년 말 자기자본 대비 0.46% 규모이고 뉴욕지점이 벌어들이는 1년 순이익 160억 원의 6년 치가 넘는 금액으로 우리나라

---

\* 자세한 내용은 미국 검찰의 발표문(https://www.justice.gov/usao-sdny/pr/manhattan-us-attorney-announces-criminal-charges-against-industrial-bank-korea) 참조.

금융회사가 부과받은 벌금* 중 가장 고액으로 기록** 될 것으로 보인다.

---

\* 기업은행은 벌금 1천여억 원 외에 추가로 미국 로펌 등에 법률자문 비용 등으로도 1,021억 원을 더 지출한 것으로 확인됐다.

\*\* 미국 검찰 및 금융당국은 2014년 5월부터 국내 무역업체 A사의 대(對)이란 허위거래와 관련해 기업은행에 대해 자금세탁방지법 위반 혐의로 조사를 해왔다고 한다. A사는 앞서 이란과 제3국 간 중계무역을 하면서 위장거래를 통해 기업은행 잠실트리지움 지점에서 2011년 2월부터 7월까지 기업은행 원화 결제계좌를 이용해 수출대금을 수령한 후 해외로 미 달러화 등을 송금한 혐의를 받아왔다. 이때 기업은행은 A사의 위장거래를 적시에 파악하지 못해 송금 중개 과정에서 미국의 자금세탁방지법을 위반한 혐의를 받아왔다. 뉴욕당국에 따르면 "2014년까지 지속된 '케네스 종(Kenneth Zong)' 씨 일가의 범행에 대해 여러 차례 경고했음에도 불구하고 IBK기업은행이 이를 충분히 감시하지 못한 일이 반복적으로 발생했다."고 조사내용을 설명했다. 미국 당국의 발표에 따르면 2011년 당시 허위거래 당사자인 케네스 종은 미국 시민권자 신분으로 이란을 대신해 중개무역을 하였으며 그가 기업은행 원화 결제계좌에서 원화를 인출, 달러로 환전 후 제3국의 이란 관계자에게 송금하기 위해 대리석 타일 수출 계약과 송장(인보이스)을 위조했다고 설명했다. 이런 방식으로 '불법 이체' 된 자금이 총 10억 달러(약 1조 2,200억 원)에 이른다고 알려졌으며 종 씨는 이를 통해 1,700만 달러의 수수료를 챙겼다고 한다. 이러한 방식으로 세탁된 자금 10억 달러 중 상당수가 UAE로 흘러들어 간 것으로 보이는데 미국 당국은 UAE 7개 도시국가(토후국) 중 한 곳인 라스알카이마에서 보유 중인 2,000만 달러를 압류하는 조치를 취한 것으로 알려졌다. 이 2,000만 달러는 자금세탁에 관여한 이란 국적자 3명이 유럽 동부 조지아공화국 소재 호텔을 매입하려다가, 미국 재무부 제재를 받음에 따라 현지 라스알카이마 당국이 보유 중이었던 것으로 알려졌다. 미 검찰은 케네스 종에 대해서는 이미 지난 2016년 12월 대이란 제재 위반과 불법 자금세탁 등 모두 47건의 혐의로 미 검찰에 기소하였다. 케네스 종의 아들 미첼 종(Mitchell Zong) 또한 같은 혐의로 미 검찰에 기소돼 30개월의 징역형과 1만 달러(약 1,220만 원) 벌금형 등을 선고받았다. 미 검찰은 케네스 종 부자와 이란 국적자 3명 등 모두 5명이 대이란 제재 위반과 자금세탁 등에 관여한 것으로 보고 있다. 한국 검찰도 2013년 1월 A사가 두바이산 대리석 허위거래를 통해 기업은행에 개설된 이란 중앙은행 명의 계좌에서 1조 원가량을 빼내 해외 5~6개국으로 분산 송금 한 정황을 포착하고 수사를 벌여 A사 대표를 외국환거래법 등 위반 혐의로 구속기소 한 바 있고 2018년 말 대표인 케네스 종은 한국 법원으로부터 세법 관련 위반 혐의로 유죄판결을 받아 현재 수감 중인 것으로 알려졌다. 이 과정에서 기업은행 직원들이 공모하거나 범행을 묵인한 것은 없는 것으로 종결지었다.

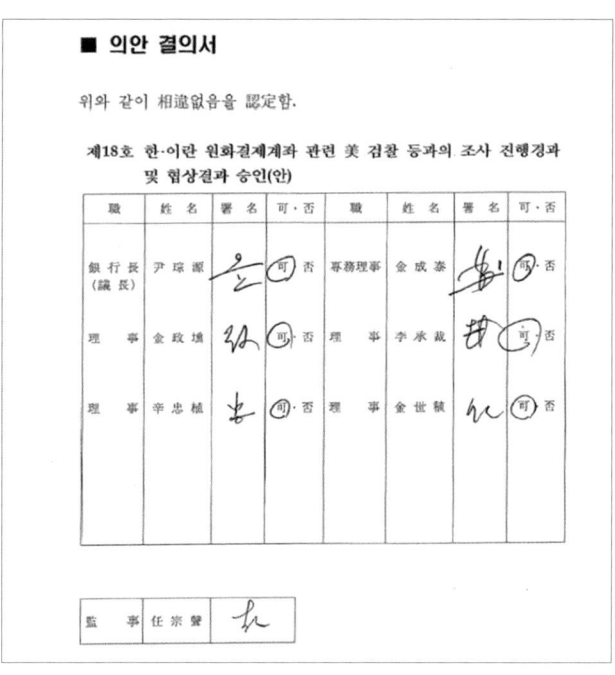

참고: 미국 검찰과의 벌금납부 합의에 대한 기업은행 이사회 결의서 내용
출처: 연합뉴스, "기업은행, 자금세탁방지 프로그램 개선 미적거리다 美서 벌금",
2020. 05. 25.

    기업은행은 의심스러운 계좌 활동 적발과 위험관리에 필요한 충분한 인적 자원과 시스템을 마련해 놓지 않았으며, 이는 2016년에도 뉴욕 금융감독청으로부터 시정 명령을 받은 바 있다. 2020년 5월에 발표된 미국 검찰과 기업은행과의 합의서에 따르면 기업은행은 2011년부터 미국 감독당국 및 기업은행 뉴욕지점 준법감시인의 지속적인 자금세탁방지 프로그램 개선 요청 및 건의에 미온적으로 대처*하였고 2011~2014년 뉴욕지점에 적절한 자금세탁방지 프로그램을 마련해 운영하는 것을 '의도적으로(willfully)' 이행하지 않아 미국 법을 위반했다는 점을 적시하고 있으며 결국 "뉴욕지점의 적절하지 않은 자금세탁방지 프로그램 때문에 미국의 대(對)이란 경제 제재를 위반한 일련의 거래를 적시에 적발하지 못했다."고 합의문에서 밝히고 있다. 이것이 기업은행에게 벌금이 주어진 하나의 큰 요인으로 작용한 것으로 알려졌다.

기업은행은 이후 과거 뉴욕지점의 자금세탁방지 프로그램이 미국 법령상 요건을 충족하지 못한 것으로 평가된 점을 수용해 자금세탁방지 시스템 개선, 인력 충원 등의 조치를 취한 결과 현재는 효과적인 자금세탁방지 프로그램을 갖췄다고 밝히고 있다. 뉴욕 금융감독청(NYDFS) 또한 기업은행과 체결한 동의명령서에서 뉴욕지점의 자금세탁방지 프로그램이 2019년 현재 적절한 상태에 있다고 평가하고 있다.

---

* 첫 위장거래는 2011년 2월에 있었으나 뉴욕지점은 5개월이 지난 그해 7월에야 해당 사실을 적발했다. 당시 뉴욕지점이 운영한 자금세탁방지 수동 프로그램만으로는 위장거래를 적시에 적발하는 데 한계가 있었기 때문이었다. 당시 기업은행 뉴욕지점 준법감시팀 직원은 준법감시인 단 1명이었다. 뉴욕지점 준법감시인은 2010년 초 내부 제안서를 통해 지점 경영진에게 수동 프로그램으로는 적시에 자금세탁방지를 위한 모든 거래를 다루기 어렵다고 알렸다. 그의 요청에도 별다른 변화가 없자 2010년 5월 뉴욕지점장에게, 2011년 1월에는 본사 경영진이 포함된 준법감시위원회에 같은 내용으로 문제를 제기했다. 준법감시인이 2011년 7월 기업은행 본사 고위 경영진에 보낸 메모에는 "현재 자금세탁방지 모니터링 프로그램이 미국 은행보안법(BSA)이 요구하는 검토 수준 시행시점으로부터 이미 8개월이나 경과하여 있다."는 내용이 적혀 있었다고 한다. 그는 자동 프로그램이 미비된 상황에서 인력 보강도 꾸준히 요청했다. 이에 대해 뉴욕지점은 영어를 못하고 준법감시 경험이 없는 인턴 배치를 제안했지만 미국인으로서 한국어를 못 하는 뉴욕지점 준법감시인은 동 제안을 거절한 것으로 알려졌다. 뉴욕지점장은 결국 정보기술(IT)팀 직원을 보강했는데 이 직원 역시 영어가 능통하지 않았고 준법감시 관련 경험도 없었으며 IT를 주 업무로 하면서 파트타임으로 일하는 형식이었다고 한다. 자세한 내용은 아래 뉴욕 금융감독청의 동의명령서(Consent Order) 참고 (https://www.dfs.ny.gov/system/files/documents/2020/04/ea20200419_co_ibk_ibk_ny.pdf).

> 4. From at least in or about 2011, and continuing until at least in or about 2014, IBK and IBKNY violated United States law by willfully failing to establish, implement, and maintain an adequate anti-money laundering ("AML") program at IBKNY. Among other things, despite requests and admonitions from regulators and IBKNY's own compliance officer, IBK and IBKNY failed to provide the resources, staffing, and training necessary to maintain an adequate AML program by declining to take steps to implement an automated transaction review program or to provide IBKNY's compliance officer with any support staff or assistance. This failure permitted, among other things, the processing through IBKNY and other U.S. financial institutions of approximately $1 billion in transactions on behalf of one or more IBK customers

참고: 기업은행과 미국 검찰의 합의서 내용 일부

    2017년 6월에는 신한은행 아메리카도 미국 금융당국의 자금세탁방지 동의명령(Consent Order)를 받았으며 2020년 상반기까지 동의명령 조치가 유지되었다. 이에 따라 신한은행 아메리카는 특정 이행사항에 대해 현지 금융당국과 합의가 필요하며 미국 금융당국의 주요 관찰 대상인만큼 정례적인 보고서 제출을 포함해 수시로 피검사 대상이 되고 있었다. 2019년도에 부과되었던 동의명령 조치원인 역시 자금세탁방지(AML) 시스템과 현지 은행보안법 준수, 여신관리 등 내부 컴플라이언스 이슈가 배경이 되었다고 한다. 신한은행에 따르

---

\* 실제 美 당국으로부터 제재를 받은 글로벌 금융그룹에 따르면 그 제재금 수준도 막대하지만, 미비점을 보완하는 후속조치에 제재금 이상의 비용을 소요하고 또한 상당히 오랜 기간 동안 미국 당국에 이행 여부를 평가받아야 하는 부담을 질 수밖에 없다. 미국에 있는 한국계 은행의 고충이 바로 여기에 있다. 연봉이 높은 자금세탁방지(AML) 전문가와 변호사를 채용하고 전산시스템 확충, 현지 금융당국이 추천한 비싼 컨설팅을 받으며 시스템 전반을 매년 보강하지만, 미국 정부의 눈높이는 좀처럼 내려줄 줄 모른다. 특히 현지 당국이 부과한 행정제재는 일정 기간 적정한 상태가 되면 해제될 수 있음에도 이는 말뿐이다. 기업은행은 2020년 제재 사안으로 2016년 미국 연방준비제도이사회(FRB)와 뉴욕 금융감독청으로부터 서면합의(Written Agreement) 조치를 받고 3년 뒤 자금세탁방지 프로그램의 보강을 인정받았음에도 아직 서면합의를 졸업하지 못했다. 오히려 행정조치는 동의명령(Consent Order) 단계로 한 단계 악화했는데 이는 미국 감독기관이 금융회사나 임직원에게 과태료를 부과하는 직전의 단계이다. 신한은행 미국법인도 2020년 미국 연방준비제도이사회와 뉴욕 금융감독청으로부터 시스템 전반의 개선이 필요하다는 이유로 동의명령 조치를 받았다. 2018년까지 3년간 진행된 검사의 종합평가등급에서 3등급 이하를 받은 데 따른 조치다.

면 자체 구축한 레그테크 시스템을 통해 뉴욕 사이버보안 규정인 NYCRR500에 대한 국외 점포의 법규 이행현황을 관리해 뉴욕 금융감독청의 현장 검사에 대비하였다고 전해진다.

하지만 2023년 9월 아메리카 신한은행(Shinhan Bank America)은 급기야 2,500만 달러(약 337억 원)의 벌금을 내게 됐다. 2017년 6월 동의조치 이후 개선작업을 해왔음에도 불구하고 여전한 '자금세탁방지(AML) 프로그램 미흡'이 이유다. 한국계 은행이 미국 금융당국으로부터 대규모 벌금을 얻어맞은 건 2017년 농협은행 뉴욕지점(1,100만 달러), 2020년 기업은행 뉴욕지점(8,600만 달러)에 이어 세 번째다.

미 연방예금보험공사(FDIC)와 연방금융범죄방지네트워크(FinCEN), 뉴욕 금융감독청(NYS DFS) 등 3곳은 각각 500만 달러, 1,000만 달러, 1,000만 달러 등 모두 합쳐 2,500만 달러를 벌금으로 부과했다.

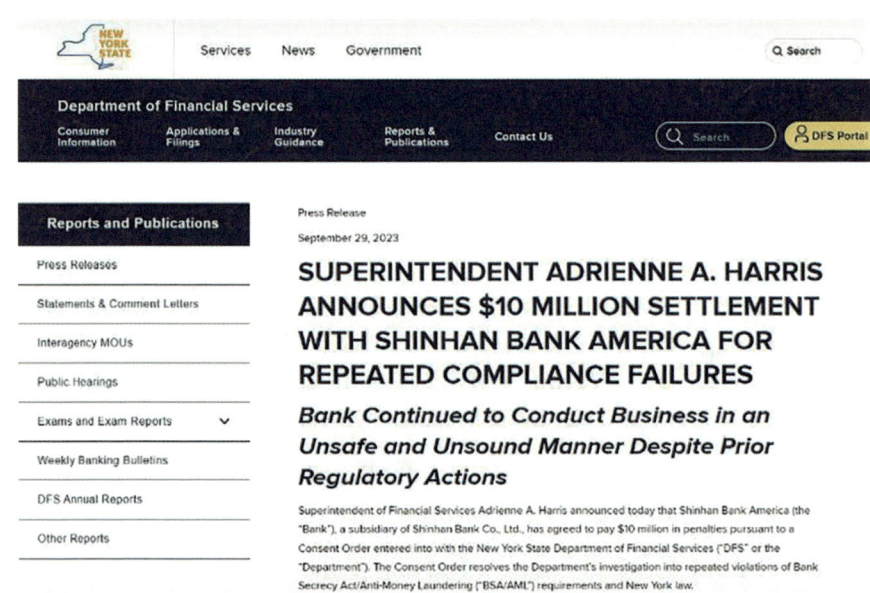

참고: 뉴욕 금융감독청의 신한은행 아메리카와의 벌금 합의 발표문 일부

FDIC는 2017년 6월 아메리카 신한은행을 감사한 뒤 자금세탁방지 프로그램이 미흡하다고 지적했다. 이후 신한은행은 이를 개선하기 위한 합의서를 맺고 민간 컨설팅사를 고용하고 전문인력을 대거 충원(2017년 9명에서 2023년 43명)하는 등 프로그램 개선을 추진해 왔다. 하지만 미국 감독당국은 여전히 기대 수준에 미흡하다며 제재한 것이다. 아메리카 신한은행 관계자는 "미국의 금융제재 국가 및 금융회사와 거래를 했다는 이유나 법률 등 내부통제 위반 사고 발생으로 부과된 것은 아니다."라고 말했다.

또 뉴욕에 지점이 있는 KB국민은행, 우리은행, 하나은행* 등도 2016년 하반기부터 지속적으로 미국 금융당국의 조사를 받은 것으로 알려졌다. 주요 조사내용은 AML 인원 및 내부통제 준수 여부 등이다.

국내 시중은행들은 본점이 있는 국내에는 상대적으로 AML 체계를 잘 갖추고 있다. 그러나 해외법인은 여신과 수신 위주 중심의 업무체계를 갖추는 데 집중하다보니 상대적으로 컴플라이언스 시스템 구축이나 프로세스가 미흡하다는 지적이다. 미국 당국에 의하면, 지점 등이 내부통제시스템의 문제점을 지적받더라도 본점으로부터 인적·물적 지원을 충분히 받지 못하여 근본적인 개선이 이루어지지 않는 경우가 있다고 지적하고 있다. 이에 대해 국내은행 뉴욕지점 등은 지점규모 등을 감안할 때 컴플라이언스 전문가를 충분히 보유할 여력이 없다고 호소하지만, 뉴욕 FRB는 지점 등이 시스템을 자동화하고 전문가 양성·교육 체계를 마련함으로써 보완이 가능하다고 조언한 것으로 알려졌다.

---

* 해외에 점포가 상대적으로 많은 하나은행은 미국뿐만 아니라 다른 국가에서도 조사나 제재를 받은 사례가 있는 것으로 알려졌다. 러시아하나은행은 지난 2016년 8월 러시아중앙은행으로부터 자금세탁방지 관련 오류 보고를 이유로 30만 루블(RUB) 제재를 받은 뒤 AML 보고체계 전산화를 추진했다고 알려졌으며 2018년 11월에는 필리핀하나은행이 필리핀자금세탁방지위원회(AMLC)로부터 과태료를 부과받았다.

이에 따라 이제는 국내 본점뿐만 아니라 해외법인도 자금세탁방지 시스템을 갖춰야 하는 부담이 커졌다. 본점 차원에서도 최근 들어 해외점포에 대한 관리·감독 강화와 함께 물적·인적 지원을 강화하기 위해 노력 중인 것으로 보여진다.

구체적으로는 해외지점의 컴플라이언스 인력을 2~5배 이상 증원하여 지점 총 인원 대비 10% 이상이 되도록 하는 한편 국내 본점 전문인력을 파견하여 컴플라이언스 전문성 강화를 위해 매월 지점 AML임직원 교육 실시, AML Test 실시 등을 하고 있는 것으로 전해진다. 이와 함께 강화된 규제이행을 위해 일부 은행 등은 美 대형은행 수준의 컴플라이언스 체계 구축을 위해 많은 비용을 들여 프라이스워터하우스쿠퍼스(PwC)나 보스턴컨설팅그룹(BCG) 등 글로벌 컨설팅 업체로부터 외부 컨설팅을 진행 중이거나 이를 완료하였다고 알려진다. 또한 현지 외부전문업체를 내부감사인으로 선정하여 독립적 감사를 실시하고 본점 차원의 해외점포 관리 강화를 위해 매월 자금세탁방지 현황을 보고토록 하는 등 AML 관련 내부통제를 강화하고 있는 추세이다.

특히 컴플라이언스 인력 확충과 관련하여서는 기업은행은 뉴욕지점의 컴플라이언스 전문 인력을 1명에서 6명으로 확충했다고 한다. 현지 준법감시인에게는 수억 원대 연봉을 지급한 것으로 알려졌으며 현재 뉴욕지점 인력 중 25%가 컴플라이언스 관련 업무를 맡고 있을 정도다. 신한은행 뉴욕지점은 전문인력을 4명에서 10명으로 늘린 것으로 알려진다. 농협 뉴욕지점도 미국 감독당국 조치에 따라 관련 전문인력을 추가 배치한 것으로 알려진다. 특히 뉴욕 금융당국의 주요 요구사항에는 전산시스템 업그레이드 외에도 미국 금융회사 출신 감사담당관 배치 등이 포함된 것으로 전해졌다. 이에 따라 농협 뉴욕지점은 일단 미국 현지 업무 경험이 있는 컴플라이언스 인력 채용에 나섰다. 단순 은행 업무 경험만으로는 미국 당국으로부터 부적합하다고 지적당할 가능성이 있었기 때문이다. 때문에 억대 연봉을 주고 현지 전문가를 물색한 것으로 알려졌다.

이렇게 되다 보니 한국에서 파견 나온 뉴욕지점의 지점장보다 연봉이 더 많은 AML 컴플라이언스가 다수 출현하고 있는 실정이다. 또한 기존 현지채용 직원의 연봉보다 많게는 10배나 많은 자금세탁방지 인력을 채용할 수밖에 없는 실정이라 하니 뉴욕에 있는 한국계 은행에서도 가히 AML 컴플라이언스의 전성기를 맞고 있는 것임에는 틀림이 없는 것으로 보인다.

미 금융당국의 AML 감사 쓰나미가 들이닥치면서 뉴욕소재 한국계 은행들이 일제히 자금세탁방지시스템 강화를 위해 거액을 들여 거래모니터링 시스템을 새롭게 구축하고 인력을 확충하는 등 깐깐한 자금세탁방지 노력의 결과 판관비가 급증하는 한편, 현지 당국 규제가 강화되면서 자금세탁방지와 관련된 송금업무를 대폭 줄이는* 등 영업력도 위축돼 2018년 미국에 진출한 7개 은행 미국법인(지점)의 당기순이익은 전년대비 8% 포인트 하락한 694억 원을 올리는 데 그쳤다. 일부 은행들의 미국 점포 순익은 적자로 돌아섰다고도 한다.

예를 들어 2017년 말 23억 원의 순익을 기록한 IBK기업은행 뉴욕지점은 2018년 말 79억이 넘는 손실을 내며 적자 전환 했다. NH농협은행 뉴욕지점의 경우 국내은행으로서는 처음으로 뉴욕 금융감독청(DFS)으로부터 지점의 연간수익(100억 원 내외)보다 많은 1,100만 달러(130억 원)에 달하는 과태료 제재를 받은 후 적자기조를 탈피하지 못하고 있는 모양새다. 영업력 위축으로 경상적

---

\* 알려진 바로는 우리아메리카은행을 제외하고는 신한아메리카은행과 KEB하나은행 등은 사실상 송금거래를 중단한 상태라고 한다. 은행 입장에서는 이 서비스를 이용하는 고객들을 다른 메이저은행에게 뺏긴 셈이다.

수익도 줄었을 뿐 아니라 전산교체 등으로 판매·관리비도 2016년에 비해 3배 수준으로 늘어난 탓이다. 이의 여파로 농협은행 뉴욕지점의 2018년 말 기준 당기순손실은 16억 원으로 집계됐다. 지난 2017년 87억 원의 손실을 내며 적자 전환한 이후 여전히 흑자를 회복하지 못하고 있는 실정인 것이다.

최근 일부 은행은 비용 안정화를 이루고 영업이 활성화되기 시작한 반면, 나머지 은행은 여전히 시스템 재정비에 몰두하며 영업 확대에 어려움을 겪고 있는 것으로 알려졌다.[*]

2020년 4월 은행권에 따르면 2019년 신한은행 미국법인 '아메리카신한은행'은 2018년 말 25억 4,700만 원의 순손실을 기록했다가 10억 2,000만 원의 순이익을 기록하며 대폭 흑자 전환 한 것으로 알려졌다. 같은 기간 수수료 수익도 91.3% 급증한 2억 4,300만 원을 거두며 실적이 개선됐다. 앞서 신한은행은 2011년 이후 2017년까지 매년 미국법인에서 흑자를 기록해 왔었다. 하지만 2018년 미국 금융당국이 국내은행에 강도 높은 자금세탁방지 시스템 구축을 주문하자 시스템 개선, 인력 고용, 컨설팅 등 비용 발생으로 영업 활동이 위축되며 적자를 기록한 바 있다. 신한은행 관계자에 따르면 자금세탁방지 이슈가 강화된 이후 관련 인력을 확충하고, 톰슨 로이터사 자금세탁방지 교육프로그램을 실시하는 등의 노력을 통해 어느 정도 AML시스템 구축이 완성됨에 따라 2019년 비용 지출이 안정화되면서 순익이 늘고 리테일 부문의 영업이 개선되는 효과를 나타내었다고 한다.

하지만 2024년 1분기 국내은행의 미 현지법인 5곳 중 아메리카신한은행만

---

[*] 〈5대은행 미국법인, '자금세탁방지' 구축비 놓고 희비 엇갈려: 신한, 내부통제 안정화로 흑자전환·하나, 순익 감소 지속·우리, 선제적 시스템 구축 성공〉, 《CEO스코어데일리》, 2020. 04. 20.

나 홀로 적자를 냈다. 아메리카신한은행은 2024년 1분기 21.4억 원 순손실을 기록, 2023년 1분기(-0.5억 원)와 비교해 적자액이 대폭 늘어났다. 아메리카신한은행은 누적 기준 2023년 3분기~2024년 1분기 3개 분기 연속 적자를 기록했는데 이는 자금세탁방지(AML) 프로그램이 미흡한 탓에 현지 감독당국으로부터 2023년 부과받은 제재금을 낸 것이 직격탄이 된 것으로 보인다. 2024년 말 기준으로 아메리카신한은행은 49억 원의 순이익을 시현해 적자에서는 벗어났지만 시장 및 법인규모(2024년 말 기준 총자산 2조 5,627억 원)에 비해 저조한 실적이다.

아메리카신한은행은 2017년 FDIC와 AML 프로그램 개선을 위한 합의서를 체결하고, 컴플라이언스 제고, 인적·물적 인프라 개선 등에 나섰다. 하지만 FDIC 등은 개선 수준이 기대에 미치지 못했다고 판단, 아메리카신한은행에 제재금을 부과했다. 합의서 체결로부터 약 7년이 흐른 2024년 현재까지도 AML 비용이 아메리카신한은행에 부담으로 작용하고 있는 것이다. 제재금 부과 이후 자금세탁방지 관련 조직 강화, 시스템 업그레이드, 컨설팅사 협업 등 미 감독당국의 기대보다 높은 수준의 프로그램 구축을 위한 프로젝트 등이 자금세탁방지 프로그램 관련 비용으로 주로 지출되었다고 전해진다.

이렇듯 약 8년간 아메리카신한은행을 발목 잡던 FDIC 동의명령은 지난 2025년 3월 13일에야 풀렸으며 이를 계기로 신한은행은 아메리카신한은행의 영업정상화를 지원하기 위해 2025년 4월 유상증자를 통해 아메리카신한은행에 자금 5,000만 달러를 추가 투입한 것으로 알려졌다.

```
              FEDERAL DEPOSIT INSURANCE CORPORATION
                        WASHINGTON, D.C.


  _____
                                )
  In the Matter of              )
                                )      ORDER TERMINATING
  SHINHAN BANK AMERICA          )      AMENDED AND RESTATED
  NEW YORK, NEW YORK            )         CONSENT ORDER
                                )
                                )         FDIC-16-0237b
  (INSURED STATE NONMEMBER BANK))
                                )
  _____)


       IT IS HEREBY ORDERED, that the AMENDED AND RESTATED CONSENT

  ORDER issued on October 13, 2022 against Shinhan Bank America, New York, New York,

  pursuant to 12 U.S.C. § 1818(b), be, and hereby is, terminated.


  Dated at this 13th day of March, 2025.

  Pursuant to delegated authority.


                              /s/
                        _____
                        Mary A. Barry
                        Acting Deputy Regional Director
                        New York Region
                        Federal Deposit Insurance Corporation
```

아메리카신한은행에 대한 미국 연방예금보험공사의 동의명령 종료 문서 일부. (출처: 연방예금보험공사)

 

 

　국내 시중은행 가운데 가장 큰 규모의 미국법인 수익을 기록하고 있는 우리은행의 경우 2019년 미국 금융당국의 내부통제 분야 점검에서 합격점을 받았다고 알려졌다. 관련 전산시스템 구축에 대한 투자와 해당분야의 전문인력 채용 확대 등 노력을 기울인 결과라고 한다. 미국법인 '아메리카우리은행'의 순이익은 2019년의 경우 전년 대비 소폭(3.4%) 감소한 198억 2,200만 원을 거뒀지만, 영업수익은 1,094억 원으로 늘며 목표치로 잡은 8,100만 달러(약 985억 원) 이상을 달성했다.

뉴욕에 지점을 둔 KB국민은행도 자금세탁방지 부담이 커지자 2019년 초부터 송금 중개 업무를 중단한 상태다. 다만 IB(투자금융) 업무와 대출 영업에 집중한 결과 이자수익이 늘며 순이익은 전년 대비 2.9% 증가한 710만 달러(약 86억 원)를 거뒀다.

반면 미국에 법인 3개를 둔 하나은행의 경우 자금세탁방지 구축비용 증가가 지속되면서 가장 부진한 실적을 기록했다. KEB하나뉴욕파이낸셜은 56% 급감한 9억 9,400만 원의 순이익을, KEB하나로스엔젤레스파이낸셜은 35% 감소한 25억 300만 원의 순이익을 거뒀다. 하나뱅코프의 경우 전년 -37억 7,700만 원에서 -64억 100만 원으로 적자폭이 더욱 확대되며 손실을 면치 못하고 있다. 하나은행 관계자에 따르면 뉴욕 법인의 경우 지점과 합병을 시도했던 탓에 법인 자산이 소폭 줄어든 영향도 있었고, 3개 법인 공통으로 미국 금융당국의 자금세탁방지 강화에 따라 인적, 물적 인프라 확보 및 개선을 위한 비용이 증가하면서 실적이 감소했다고 한다. 현재 하나은행의 미국 지점과 법인은 뉴욕 금융감독청(DFS) 및 미국연방준비제도이사회(FRB) 감사를 대비해 매년 외부 컨설팅을 실시하는 등 노력을 기울이고 있는 것으로 알려졌으며 그 결과 2020년 현재 2등급의 양호한 컴플라이언스 등급을 유지하고 있다고 한다.

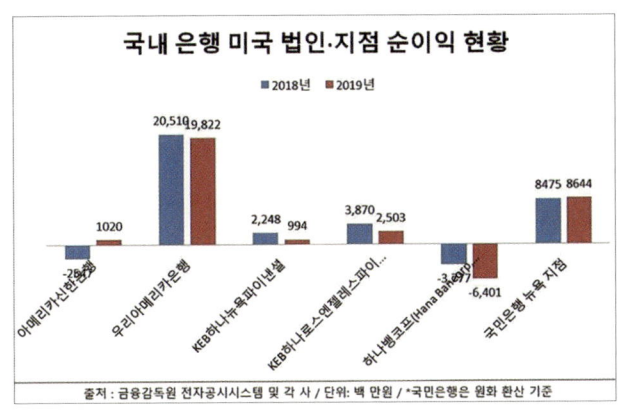

농협은행도 뉴욕지점이 2017년 말 자금세탁방지 내부통제 미흡으로 1,100만 달러(약 130억 원) 과태료 부과를 받은 이후 2019년부터 지속적으로 미국 당국의 검사를 받고 있다고 한다. 이후 송금 중개 업무를 현지 인력이 감당할 수 있는 수준으로 대폭 줄이고 AML 시스템 개선에 집중하고 있다고 전해진다.

하지만 일각에서는 국내은행 미국지점들의 일시적인 적자는 장래의 영업신장을 위해 '오히려 센 예방접종을 받은 격'이라고 보는 시각도 있다. 또한 큰 틀에서 보면 '선투자'라고 볼 수도 있다. 미국의 선진화된 자금세탁방지와 내부통제, 컴플라이언스를 경험하고 이를 국내에 적용할 수 있는 초석이라고 볼 수 있다는 것이다. 게다가 시스템 구축에 있어 비록 부담이 만만치는 않지만 과태료 제재를 받는 것보다 기회비용 측면에서 유리하다고 판단한 것으로도 해석된다.

시간과 비용을 들여 자금세탁방지와 컴플라이언스 체계를 손보면서 국내은행들은 최근 들어 미국 금융당국으로부터 나쁘지 않은 성적표를 받고 있는 것으로 알려지고 있다. 예를 들어 뉴욕 금융감독청(NYDFS)의 평가기준은 크게 6가지로 각각 1~5등급까지 매기는데 이 중 한 가지 기준에서라도 3등급 이하의 등급을 받으면 추가 지점신설이 어렵다. 그러나 최근 국내은행들은 대부분 종합등급에서 2등급을 받은 것으로 알려졌다.

2019년 10월 우리은행은 자금세탁 등의 컴플라이언스 및 리스크관리체계를 미국 금융당국이 요구하는 수준의 내부통제 요건을 갖추기 위해 관련 전산시스템 구축 및 해당분야의 전문인력 채용을 확대해 온 노력에 힘입어 당시 실시된

미국 금융당국의 종합검사를 무난하게 마칠 수 있었던 것으로 전해진다.[*]

이러한 분위기는 단지 뉴욕에 있는 한국계 금융회사 지점에만 해당하는 것이 아니라 한국 내의 금융회사도 결국 '글로벌 스탠다드'에 맞춰야 한다는 대세를 나타내는 것이라고도 할 수 있다. 결국 이제 우리나라 은행들도 AML 시스템 개선에 총력을 기울여야 하고, 자금세탁 관련 인원 확충에도 나서야 하는 상황을 맞고 있으며 차츰 국내에도 전문가가 많아져야 한다는 인식이 확산되고, 관련 일자리도 계속해서 많아질 것으로 보인다. 자금세탁방지 국제기준 강화는 거스를 수 없는 현실이고, 국제기준에 맞는 전문가 양성이 필요한 시점이 도래한 것이다. 이러한 수요가 급증하면 국내에서도 AML 컴플라이언스의 몸값은 자연스레 올라갈 것이다.

---

[*] 〈우리은행, 美 금융당국의 내부통제 분야 점검에서 '합격점'〉, 《뉴스브라이트》, 2019. 10. 06.

# 우리나라 금융회사 AML 컴플라이언스의 현주소

최근 10년간 AML/CFT 위반으로 세계 굴지의 금융회사들이 부과받은 벌금이 엄청난 규모인데다 여기에 이들이 관련 규정을 준수하기 위한 시스템의 개발과 유지, 전문 인력의 충원 등에 많은 비용과 시간을 투자한 것으로 알려지고 있다. 하지만 이와 같이 해외금융회사의 자금세탁 이슈에 대해 갖는 관심과 경각심에 비해 아직까지는 우리나라 금융계의 이해나 관심이 그에 비해 부족한 것이 현실이다.

| 은행 | 은행명 | 은행 전체 임직원 수 (명) *2020.06 반기보고서 | 자금세탁방지 담당 임직원 수 (명) *2020.09 금융정보분석원 | 전체 임직원 대비 자금세탁방지 담당 임직원 비율 (명) | | 자금세탁방지 관련최근 3년 평균 투자금액 (억원) *최근 3년(2018.~2020.09) 평균 |
|---|---|---|---|---|---|---|
| 국내 은행 | KB국민은행 | 17,563 | 73 | 0.42% | 24 | 컨설팅, IT 개발, 교육 및 홍보비용 등 |
| | 신한은행 | 14,644 | 62 | 0.42% | 33 | 컨설팅, 시스템구축, 교육 등 |
| | 우리은행 | 14,967 | 91 | 0.61% | 51 | 교육, 점검비용, 자문, 컨설팅, 프로젝트 등 |
| | 하나은행 | 13,440 | 48 | 0.36% | 49 | 시스템 구축 및 컨설팅 등 |
| | NH농협은행 | 16,402 | 62 | 0.38% | 24 | 시스템 개발 및 관리, 컨설팅, 교육 등 |
| | 평균 | 15,403 | 67 | 0.44% | 36.2 | - |
| 국책 은행 | IBK중소기업은행 | 13,453 | 80 | 0.59% | 63 | 국외 시스템 컨설팅 및 구축 (20.11.20. 오픈 예정), 교육훈련비 등 |
| | KDB산업은행 | 3,365 | 20 | 0.59% | 10.85 | 입찰 중인 컨설팅 비용 포함 |
| | 평균 | 8,409 | 50 | 0.59% | 36.9 | |
| 외국계 은행 | 한국씨티은행 | 3,503 | 138 | 3.94% | 76 | 전산구축 및 교육, 홍보비 |
| | SC제일은행 | 4,253 | 104 | 2.45% | 45 | 시스템 구축 및 개선, 교육연수 등 |
| | 평균 | 8,409 | 121 | 3.20% | 60.5 | |

출처: [홍성국 국정감사 보도자료] 해외서 1천억 벌금 맞아도 여전히 안일… 국내은행, 자금세탁방지 인력 외국계 은행 절반 수준(201009), https://blog.naver.com/hong2240/222112561351

금융정보분석원(KoFIU)이 홍성국 더불어민주당 의원에게 제출한 2020년 9월 기준 자료에 따르면 국내 시중은행들이 국제적인 규제 기준 강화 추세에도 불구하고 자금세탁방지 노력에서 외국계 은행보다 훨씬 뒤처져 있다는 우려가 제기되었다. 국내 시중은행 5곳(KB국민은행, 신한은행, 우리은행, 하나은행, NH농협은행)과 외국계 은행 2곳(한국씨티은행, 한국스탠다드차타드은행)을 비교한 결과인데 이에 따르면 국내은행의 전체 직원 수 15,403명 대비 자금세탁방지 관련 직원 수는 67명으로 전체 직원 대비 자금세탁방지 직원 비율은 0.4%에 불과한 반면 외국계 은행은 전체 직원 수 3,878명 중 자금세탁방지 관련 직원 수는 121명으로 전체 직원 대비 자금세탁방지 직원 비율이 3.2%에 이르고 있어 약 8배의 차이를 보이고 있다. 또한 국내은행들은 지난 3년간 자금세탁방지 사업에 연평균 36억 2,000만 원을 투자해 두 외국계 은행이 지출한 연평균 60억 5,000만 원에 훨씬 못 미치는 것으로 나타났다.

2022년 10월 11일 국회 정무위원회 소속 이용우 더불어민주당 의원실이 금융감독원으로부터 제출받은 자료에 따르면 국내 4대 은행(KB국민·신한·하나·우리) 내 자금세탁방지(AML) 전담 인력은 모두 280명으로 전체 임직원(5만 7,085명)의 0.49%에 불과했다. 반면 국내 외국계 은행(한국스탠다드차타드·한국씨티) 2곳의 AML 인력은 총 85명으로 전체 임직원(5,760명) 중 1.47%를 차지했다. 2년 전에 비해 그 격차가 줄어들긴 했으나 여전히 국내은행은 외국계의 3분의 1 수준에 그쳤다. 전문성도 외국계 은행이 국내은행을 앞섰다. 국내 4대 은행 AML 인력이 해당 업무만 전담으로 맡아본 평균 기간은 2.2년인 반면, 외국계 은행의 경우 평균 경력이 6.9년으로 큰 차이가 났다. 한국씨티은행이 AML 담당 직원들의 해당 업무경력이 7.7년으로 가장 길었고, 한국스탠다드차타드은행(4.2년), 신한은행(2.7년), 하나은행(2.4년), 우리은행(2.2년), KB국민은행(1.8년) 순이었다.

상기 내용은 여전히 국내은행이 외국계 은행과 비교하여 관련 전문 인력이 상당히 부족한 실정임을 보여주고 있다. 전 세계적으로 비금융 부문까지 AML/CFT를 위한 노력을 요구받고 있는 반면, 한국에서는 금융 부문에서조차 이에 대한 발전이 지지부진한 것이다.

국내은행의 AML 관련 투자 및 인력이 외국계 은행에 비해 부족한 이유는 우선 한국의 짧은 자금세탁방지 역사에서 찾을 수 있겠다.

금융선진국인 미국의 경우 1970년도에 은행보안법(BSA: Bank Secrecy Act)을 제정했으며, 1990년부터 FATF 정회원으로 활동하여 현재 50년 이상의 자금세탁방지 역사를 가지고 있다. 반면 한국의 경우 2001년 '특정금융거래 정보 및 이용 등에 관한 법률'이 국회를 통과했으며, 2009년 FATF 정회원이 되어 미국과는 약 30년의 격차를 갖게 되었다. 즉, 우리나라의 경우 해외 금융선진국에 비해 자금세탁방지 역사 자체가 수십 년 이상 짧아 관련 시스템 및 투자를 위한 시간이 절대적으로 부족했고 AML/CFT 영역에 있어 국내 금융당국 역시 시간과 경험이 충분치 않은 상황에서 금융회사를 위한 시스템 투자 및 가이드 제시에 있어 부족한 부분이 있다는 의견이 있다.

여기에 더해 우리나라와 미국의 금융정보분석체계의 차이가 존재하는데 이는 법집행기관과 금융정보분석원 간의 정보 공유 여부에 있다. 우리나라는 미국과 달리 법집행기관이 금융정보분석원의 보유 정보에 직접 접근하여 필요한 정보를 취득할 수 있는 정보공유 시스템이 부재하고 더불어 해당 법규 위반 시에 천문학적인 벌금이 부과되지 않으며, 세컨더리 보이콧과 같은 강력한 억제 정책이 없어 간접적인 제어 효과가 상대적으로 약하다.

이와 같이 현재의 국내 AML 관련 투자 부족 이유는 앞서 살펴본 역사와 환경에 기인한다. 하지만 국내 금융회사는 짧은 역사에도 불구하고 AML/CFT 관련 투자를 지속적으로 늘리고 있는 중이며, 따라서 이미 AML 환경이 성숙된 외국계 은행의 상황과 국내은행의 상황을 현시점에서 단순 비교하는 것은 시기상조라고 할 수도 있겠다.

 이제는 국내은행들도 자금세탁방지가 금융회사의 경영에 영향을 미치는 효과[*]를 심각하게 받아들이기 시작하여 관련 투자를 확대하고 있는 것으로 보인다.
 예를 들어 국민은행은 2020년 초 투자보고서에서 "AML/CFT 체계 구축이 주요 과제로 부각됐다."며 "특히 시스템 미흡으로 거액의 벌금을 맞는 사례가 늘면서 이는 심각한 경영리스크로 인식되고 있다."고 언급하며 "국내 금융회사들이 국제기준에 부합하는 내부통제체계를 확립하지 못한다면 자금세탁 규제 리스크에 선제적으로 대응하지 못할 뿐 아니라 금융회사의 건전성과 경영 안정성에도 영향을 미칠 수 있다."고 우려를 나타낸 바 있다.
 신한은행 역시 투자보고서를 통해 "최근 국제기구와 미국 금융당국 검사는 자금세탁방지체계의 형식적 준수가 아닌 실질적 운영 효과성을 중점 평가하는 추세"라며 "평가 결과는 금융업의 대외경쟁력과 직결돼 금융회사들 입장에서는 위협 요인이며, 주요국이 제재조치 강화로 자금세탁규제 금융회사의 건전성을 악화시킬 수 있다."고 평가했다.

 이러한 우려와 개선에 대한 인식을 바탕으로 국내은행은 2019년 이후 자금세탁방지 조직 및 인원을 빠르게 늘리고 있는 것으로 알려졌다. 아직 절대적인 숫자는 많지 않지만 자금세탁방지 관련 조직 확대는 은행들이 전반적으로 인터넷과 모바일 등을 중심으로 비대면 영업이 활성화하면서 직원 줄이기에 나서고 있는 와중에 포착되는 변화란 점에서 주목된다.

---

[*] 2019년 FATF 상호평가에 앞서 정부가 시행한 자금세탁 위험평가 결과에서 국내 금융권 가운데 은행이 가장 취약하다는 평가를 받으면서 업계의 위기감은 더욱 커진 상태다. 정부가 2018년 8월까지 금융정보분석원과 기획재정부, 법무부 등 12개 기관과 함께 관련 실태를 분석한 결과에 따르면 은행의 자금세탁 위험은 '중간 높음'으로 판단됐다. 이는 전 금융권에서 가장 높은 수준이다. 이는 은행이 금융권 전체 자산의 절반 이상을 차지할 정도로 규모가 크고, 여수신·외환 등 업무 분야가 방대해서다. 보험사와 상호금융, 여신전문사의 위험도는 은행보다 낮은 '중간'으로 평가됐다.

## 국내 은행 자금세탁방지부 인력 변동 현황

| 구분 | 2020년 | 2019년 | 전년비 증가율 | 전년비 증가수 |
|---|---|---|---|---|
| KB국민은행 | 64 | 55 | 16.4% | 9 |
| 신한은행 | 63 | 37 | 70.3% | 26 |
| 하나은행 | 47 | 38 | 23.7% | 9 |
| 우리은행 | 45 | 43 | 4.7% | 2 |
| 기업은행 | 27 | 26 | 3.8% | 1 |
| **합계** | **246** | **199** | **23.6%** | **47** |

*상반기 기준

출처: 금융감독원 (단위: 명)

소비자가 만드는 신문

2020년 반기보고서에 따르면 KB국민은행과 신한은행, 하나은행, 우리은행, IBK기업은행 등 주요 은행의 자금세탁방지 전담 인력은 2020년 상반기 말 기준 246명으로 전년 동기 199명에 비해 47명, 비율로는 23.6% 증가했다.

은행별 인력 규모는 KB국민은행이 64명으로 가장 많고 신한은행이 63명으로 그 뒤를 이었다. 이어 하나은행(47명), 우리은행(45명), IBK기업은행(27명) 순으로 나타났다.

은행 자금세탁방지부의 주요 활동사항으로는 △자금세탁방지 관련 업무계획 수립 및 추진 △의심스러운 거래보고(STR) 및 고액 현금거래보고(CTR) 관련 업무 △고객알기제도(KYC) 관련 업무 △자금세탁방지 등을 위한 내부통제 정책의 설계·운영 및 평가 △자금세탁방지 관련 대외기관과의 업무협조 및 정보

교환 △전사 자금세탁 및 공중협박자금조달 위험관리(RBA) △국외점포의 자금세탁방지 지원 등 다양하다.

2020년 기준 인원이 가장 많은 KB국민은행 자금세탁방지부의 경우 부장 1명, 팀장 3명, 팀원 23명, 계약인력 37명(퇴직직원 재채용 인력)으로 구성됐다. 국민은행은 자금세탁방지부와 별도로 외환업무지원부 AML 관리 인력을 2018년 말 기준 14명을 두고 있는데 이는 취약부분에 대한 특별점검, 모니터링으로 자금세탁위험을 상시 관리하면서 본점 인력 파견 등 현지 감독당국 검사에 선제적으로 대응하고 있다고 전해진다. 또한 국민은행은 2019년 본점 태스크포스(TF)를 중심으로 KB뉴욕지점의 AML/CFT 프로그램·시스템에 대한 선진화 작업을 실시한 것으로 알려졌다. 2025년 5월 13일에는 기존 자금세탁방지부를 본부급으로 격상하고 새 본부장을 상무로 신규 선임하였다.

신한은행은 2019년까지만 해도 4대 은행 중 가장 적은 자금세탁방지 전담 인력 수(37명)를 보유했다. 하지만 1년 만에 26명(70.3%)의 인원을 충원하면서 단숨에 2위로 뛰어올랐다. 하나은행과 우리은행은 각각 24%와 5%의 인력 증가율을 보였다.

신한은행은 2019년 9월24일 자금세탁방지 관련 중요 업무 중 하나인 의심거래보고(STR) 업무체계를 업그레이드했다고 발표했으며 해당 업무를 전담하는 전문팀을 구성해 그동안 각 영업점의 준법감시책임자가 수행해 왔던 해당 업무를 본점 부서로 집중시켜 의심거래 판단, 관련 보고서 작성 등 업무처리를 신속히 하고 전문성을 높이고자 하였다. 또한 2025년 4월 기존 '자금세탁방지부'를 '자금세탁방지본부'로 격상하고 본부장을 상무로 신규 선임 하여 자금세탁방지업무에 대한 독립성 및 업무 전문성을 강화하고자 노력하고 있다.

우리은행은 2019년 4월 말 '자금세탁방지부'를 '자금세탁방지센터'로 격상함과 동시에 부서장을 본부장급으로 선임해서 운영하고 있었는데 2024년 12월에는 이를 '자금세탁방지본부'로 승격*하여 상무 직급을 보고책임자로 지정한 것으로 알려졌다. 국내 금융사 중 최초로 사업그룹 내 고객알기(KYC) 승인 절차를 도입했으며 아울러 국외영업점과 국외법인의 AML 체계를 글로벌 금융회사 수준으로 강화하기 위해 글로벌 컨설팅사와 연계해 AML시스템 업그레이드를 진행한 것으로 알려졌다. 또한 자금세탁방지 관련 유관기관이나 금융당국에서 자금세탁방지 관련 업무를 5년 이상 담당한 전문 인력 영입에 나섰는데 이들에 대해선 일반직 직원보다 높은 보수가 책정된 것으로 알려졌다.

NH농협은행은 국내외적으로 AML 업무가 중요해지면서 AML 업무의 독립성과 전문성을 강화하기 위해 2019년 10월 기존 준법감시부 아래에 있던 자금세탁방지센터를 독립 및 승격시켰다. 자금세탁방지센터의 조직도 2개 팀에서 4개 팀으로 확대했고 인원도 16명에서 57명으로 늘렸다고 알려졌다.

이와 함께 국내 금융회사가 해외전문인력 채용보다는 AML 관련 자체 인력을 육성하려는 분위기도 확산되고 있다. 미국 등 선진국 시장에서 자금세탁방지 인력의 보수가 우리나라 은행장보다 많아 여러 명의 전문가를 영입하기에는 비용 부담이 큰 데다 많은 보수를 제시해도 아직 관련 체계가 미비한 한국계 은행에서 일하기를 꺼리는 분위기도 형성돼 있는 것으로 알려졌기 때문이다.

---

* 2024년 말부터 2025년 들어 우리, 하나 및 신한은행은 자금세탁방지 조직을 부점장급에서 본부장급으로 격상하는 조직개편을 단행하였고 다른 시중은행도 이를 고려 중인 것으로 알려졌는데 이는 2024년 11월 개정된'자금세탁방지 업무규정'의 2025년 5월 시행을 앞두고 필요한 요건을 이행하기 위한 조치로 보여진다. 금융위 금융정보분석원(FIU)은 그간 업무규정이 이사회, 경영진, 보고책임자의 자금세탁방지 업무 관련 역할과 책임을 규정하고 있으나 자금세탁방지의무 이행주체와 감독책임 범위가 모호하다는 문제점을 개선하기 위해 개정안을 통해 자금세탁방지 실무를 총괄하는 보고책임자의 자격요건과 직위 등 역할과 책임을 명확히 하도록 하였다. 기존 명확하지 않은 규정 탓에 업무경력이 없는 직원이 보고책임자로 임명돼 전문성과 독립성을 확보하지 못한 사례가 많다는 지적이 있어 왔기 때문이다. 개정 규정에서는 보고책임자가 주어진 역할을 적절히 수행할 수 있도록 관련 경력 2년 이상인 인사를 임명하며 또 최소직위 요건(이사 또는 업무집행책임자중 임명)을 뒀는데 이에 따른 영향으로 보여진다.

예를 들어 NH농협은행은 자금세탁방지전문가 인증(CAMS[*] : Certified Anti-Money Laundering Specialist) 자격증을 획득한 직원이 해외지점 근무나 컴플라이언스 부서를 지원할 때 가산점을 주고 있다고 한다. CAMS가 아닌 한국자금세탁방지전문가 자격증(KCAMS)[**]을 취득해도 가산점을 준다고 한다. 최근 AML 컴플라이언스의 중요성이 부각되며 전문인력 양성의 필요성을 반영하듯 국내은행권에서는 CAMS를 준비하는 직원들이 늘고 있고 자금세탁방지 자격증을 따야 한다는 분위기가 빠르게 확산되고 있는 것으로 전해진다.

국내은행들이 자금세탁방지 인력을 대폭 충원하며 그동안 문제로 지적돼 온 열악한 업무 역량이 점차 개선되고 있는 것으로 보여진다.

은행권의 자금세탁업무 활성화에 발맞추어 금융감독당국도 조직확대 및 현장실사 등 자금세탁방지 점검 강화에 나서고 있다. 금융감독원은 2018년 '자금세탁방지팀'을 '자금세탁방지실'로 격상하고 관련 모니터링 수위를 높여오고 있는 중이다.

---

[*] 자금세탁방지 전문가협회(ACAMS)가 주관하는 CAMS는 세계적으로 가장 공신력 있는 자금세탁방지 전문가 자격증으로 꼽힌다. ACAMS는 세계 최대 자금세탁방지(AML) 단체로 전 세계 6만 명 이상의 회원을 두고 있다. 미국 자금세탁방지 전문가협회(ACAMS)가 발급하는 CAMS는 공인재무분석사(CFA)와 같은 국제 전문자격증이다. ACAMS는 2001년 9·11테러 사건을 계기로 테러지원자금 차단과 자금세탁 규제 중요성이 부각되자 2002년에 설립된 단체다. 2003년부터 자금세탁방지 관련 교육 프로그램과 CAMS 자격시험을 도입해 시행하고 있다. 교육을 이수하고 일정한 자격을 갖춰 국제 공인 자격시험에 합격해야 이 자격증을 받을 수 있다. CAMS 자격증을 보유했다면 자금세탁방지에 관한 지식을 쌓았다는 것을 국제적으로 증명할 수 있다. 2019년 들어서 NH농협은행 뉴욕지점장이 현직 지점장 1호로 CAMS를 취득했고, 이후 신한은행 뉴욕지점장도 CAMS 자격증을 취득한 것으로 알려졌다. 이런 흐름을 타고 국내에도 관련 연수, 수험 준비 과정들이 생겨나고 있는 것으로 보인다. CAMS 자격증 응시료는 약 200만 원 수준이며 교육 등에 사용되는 연간 유지비용은 20만 원가량이다. 국내은행마다 차이는 있지만 대부분의 국내은행은 CAMS 응시에 필요한 비용 대부분을 지원하고 있는 것으로 알려지고 있다. 자세한 내용은 웹사이트를 참고할 것 (https://www.acams.org/anti-money-laundering-specialist-certification/).

[**] 한국금융연수원이 연수과정과 연계하여 부여하는 민간자격증으로 '자금세탁방지 핵심요원(기초)' 및 '자금세탁방지 핵심요원(전문)' 등이 있다.

또한 인력 충원과 함께 시중은행들은 자금세탁방지(AML) 시스템을 한층 고도화하고 있다. 인공지능(AI), 로봇 프로세스 자동화 기술(RPA) 등 디지털 기술을 통해 국내를 넘어 글로벌 통합 AML 시스템을 구축하는 것이다.

기업은행은 2020년 11월 19일 모든 국외 지점의 자금세탁방지 업무를 실시간으로 확인하고 관리할 수 있는 'IBK 글로벌 자금세탁방지 시스템'을 도입한다고 밝혔다. 시스템 구축에 따라 국외 지점에서 고객 위험평가, 의심거래 추출, 모니터링 등을 자동으로 실시하고, 국내 본점에서는 자금세탁방지 업무 현황을 실시간으로 확인할 수 있다. 새로 문을 여는 국외 지점에도 현지 금융 감독 체계, 자금세탁방지 법령 등에 맞춰 시스템을 도입한다는 계획이다.

우리은행도 2020년 9월 글로벌 통합 자금세탁방지(AML) 시스템을 구축했다. 우리은행 측은 글로벌 AML전문 솔루션 제공업체인 SAS사를 선정해 해외 9개 지역 지점을 대상으로 새로운 AML 시스템을 도입했다고 밝혔다. 싱가포르·시드니 지점 오픈을 시작으로 9월 14일에 동경, 런던, 홍콩, 두바이, 바레인, 다카 지점과 인도지역본부(첸나이, 구르가온, 뭄바이지점)에 시스템 도입을 완료했다.

한발 더 나아가 우리은행은 2025년 4월 국외영업점 자금세탁방지(AML) 위험평가 고도화와 시스템 개선을 추진한다는 계획을 발표했다. 22개 국외영업점을 대상으로 위험평가를 고도화하고, 일부 국가 영업점에 대해서는 'AML 시스템 제3자 검증'도 실시한다. 이는 자금세탁방지 관련 시스템이 제대로 작동하고 있는지 외부의 독립된 전문가가 객관적으로 점검·평가하는 절차다. 우리은행은 검증결과를 기반으로 국외영업점 AML 이행의 실질적 개선과 본점 관리 프로세스 강화를 실시할 계획*이라고 밝혔다.

---

\* https://www.etnews.com/20250415000245 참고.

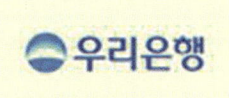

**국외 영업점 자금세탁방지 위험평가 고도화**
· 비재무적 요소까지 측정 및 관리
· 일부 국가 영업점에 대해 제3자 검증 실시
· 현지 감독 당국 규정 준수와 관리 프로세스 개선

신한은행은 2020년 AML 업무에 머신러닝(AI), 로봇프로세스자동화(RPA) 등 디지털 기술을 적용하는 '자금세탁방지 고도화 프로젝트'를 완료했다. 당초 해당 업무 전문가의 판단에 따라 자금세탁 위험거래보고 대상을 선정하던 방식에서 머신러닝을 활용한 자금세탁 위험도 측정 모델을 개발해 고위험 의심거래 탐지의 정확도를 높였다. 또 자금세탁 의심거래보고를 위한 정보수집에 RPA를 도입해 금융정보의 수집 및 정리 업무를 자동화하고 자금세탁방지 업무 현황을 한눈에 볼 수 있는 대시보드(Dash-Board)를 설계해 보고체계를 효율화했다. 2025년 2월에는 '전사적 자금세탁 위험평가(RBA) 고도화' 프로젝트에 착수했는데 시스템 전면을 점검하고 리스크를 파악해 프로세스를 업그레이드하는 목적으로 알려졌다.

NH농협은행 또한 자금세탁방지 업무에 RPA 등 디지털 기술을 적용해 자금세탁방지시스템 고도화 프로젝트를 완료했다고 밝혔다. 주요내용은 고객확인의무 이행 프로세스 혁신 및 업무절차 고도화, 효과적인 거래모니터링 체계 구현으로 업무효율화, RPA·스크래핑 등 신기술을 활용한 수기 프로세스 자동화다. 자금세탁방지시스템 UI 개편작업을 통해 모니터링 화면의 시각화, 보안성 향상, 글로벌 제재 필터링 솔루션 개선 작업을 병행했다.

KB국민은행의 경우 영업점의 자금세탁방지업무 이행 지원을 위한 '자금세탁방지 챗봇'을 개발해 2020년 7월부터 적용하고 있으며, 2025년 4월 준법·

자금세탁방지시스템 재구축에 들어간 것으로 알려졌다. 노후화한 준법지원시스템 UI(User Interface)를 바꿔 점검업무수행 효율성을 높이고 대내외적 내부통제 역할 강화를 위한 최적화된 시스템을 재구축하고자 하는데 특히 자금세탁방지(AML) 솔루션은 기존에 쓰던 SAS사 솔루션 외에 신규 제품의 도입도 추진 중인 것으로 알려졌다.

하나은행 역시 2024년 AML 위험평가모델 고도화사업을 완료해 자금세탁 위험을 평가하고 체계적으로 관리하고 있다. 특히 2023년부터 하나금융융합기술원과 함께 'AML를 위한 머신러닝 모형'을 자체 개발해 일선 업무에 적용 중인 것으로 알려졌다.

특히, 비대면 금융거래 활성화와 가상화폐 등장 등 디지털 기술 발달로 자금세탁방지를 위한 대책이 중요해진 상황에서 은행권의 국외 자금세탁방지 거래 체계 고도화는 핵심 과제로 자리 잡고 있는데 하나은행은 2022년 4월 글로벌 자금세탁방지업무 규제 강화에 선제적으로 대응하기 위해 국외 자금세탁방지 거래 모니터링 시스템(국외 AML 시스템) 고도화를 마쳤다고 알려졌다. 하나은행은 2008년 은행권 최초로 글로벌 은행 수준의 국외 AML 시스템을 도입했고, 2012년과 2017년 차례로 시스템 고도화 작업을 진행해 왔는데 이의 연장선상으로 이루어진 것이다.

상기 내용에서 본 바와 같이 글로벌 트렌드 및 자금세탁방지 국제기구 등의 권고 기준에 맞추어 국내은행 자금세탁방지 부서의 조직과 관련 모니터링 시스템은 지속적으로 확대되고 발전하고 있으며 향후에도 계속 이런 추세가 이어질 것으로 전망된다. 이러한 변화의 시기에 맞게 자금세탁방지 부서는 금융회사 내에서 직원들이 가고 싶은 부서로의 자리매김이 필요한데 안타깝게도 아직은 자금세탁방지 및 컴플라이언스 부서가 자원해서 가는 곳이라기보다는 발령을 받으면 주변에서 위로를 받는 부서로의 인식도 있는 실정이다.

하지만 경험과 능력을 겸비한 자금세탁방지 전문가는 단기간에 육성하거나 외부에서 채용하는 것이 현실적으로 매우 어렵다. 해당 부서에 대한 적절한 투자와 지속적인 교육지원을 통해 금융회사 내에 자금세탁방지 컴플라이언스의 생태계를 구축해 나가는 노력을 지속하여야 할 것이다.

> 참고

## 우리나라의 자금세탁방지 규제체계 발전 추이[*]

국제자금세탁방지기구(FATF)는 2024년 10월 파리 정기총회에서 한국의 자금세탁방지·테러자금조달금지를 위한 국제기준 이행 실적을 평가하고, 한국의 평가등급을 최고등급으로 상향(강화된 후속점검 ▶ 정규후속점검)하기로 결정하였다. 한국은 2020년 제4차 상호평가에서 정규후속점검 대상국으로 평가받은 이후 매년 FATF에 개선실적을 제출해 왔으며, 2024년 총회에서 한국의 개선노력을 인정하여 한국의 평가등급을 정규 후속점검으로 상향하는 내용의 〈제4차 "강화된 후속점검" 결과보고서〉를 채택한 것이다.

우리나라는 2001년 특정금융정보법, 범죄수익은닉규제법 시행으로 국내 AML/CFT 체계를 본격 도입한 이후, 금융회사의 고객확인 및 고액현금거래 보고의무화(2005년 1월), 테러자금금지법 시행(2008년 12월), 전자금융업·대부업자(2019년 1월)에 대한 AML/CFT 의무 부과 등 AML/CFT 제도를 꾸준히 발전시켜 왔다.

---

[*] 〈한국, FATF 국제기준 이행평가 최고등급 획득〉, 금융위원회 보도참고자료, 2024년 10월 28일 참고.

이와 함께, 2009년 FATF 정회원국 가입 이후 FATF 의장국 수임(2015년 7월 ~2016년 7월), FATF 공식교육연구기관인 TREIN(現 TRAIN) 부산유치(2016년 9월) 등 국경을 초월하여 이루어지는 자금세탁 범죄 등을 차단하기 위해 국제사회와 적극 공조해 왔다.

2020년 제4차 상호평가에서 우리나라는 FATF의 40개 국제기준(권고사항(Recommendation)) 중 32개를 이행한 것으로 평가받고 미흡한 8개 과제들[*]에 대한 개선을 권고받아 강화된 후속점검 대상국으로 결정[**]된 바 있다.

이후 비영리단체를 활용한 테러자금 조달 방지체계 강화, 가상자산사업자에 대한 AML/CFT 의무 부과 등 자금세탁방지체계 개선 노력을 기울인 결과, 이러한 성과를 토대로 2024년 총회에서 정규후속점검 대상국으로 평가받은 것이다.

2024년 등급상향은 우리나라가 자금세탁방지 체계 본격 도입 이후 23년 만에 국제사회로부터 AML/CFT 모범국으로 공인받았다는 의의가 있다 할 것이다.

---

[*] ① 비영리단체 관리·감독 강화(R.8), ② 테러자산 동결 범위 확대(R.6, 7), ③ 변호사, 회계사 등 특정비금융사업자(DNFBPs)에 자금세탁방지의무 부과(R.22, 23, 28), ④ 정치적 주요인물에 대한 강화된 고객확인 의무 등 부과(R.12), ⑤ 법인 투명성 강화(R.29)

[**] 국제자금세탁방지기구(FATF)는 2019년 1월부터 우리나라의 자금세탁방지·테러자금조달금지 제도에 대한 평가('상호평가')를 진행해 왔으며, 2020년 2월 FATF 총회에서 우리나라 상호평가 결과보고서를 논의·승인한 이후 약 6주간 평가기준이 일관되게 적용되었는지 여부 등을 확인하는 절차('Quality and Consistency')인 일관성 검토를 하여 확정. 이후 FATF는 2020년 4월 16일(목) 18시 30분(한국시각) 우리나라 상호평가 결과보고서를 FATF 홈페이지(www.fatf-gafi.org)에 발표. 자세한 내용은 금융정보분석원 보도참고자료(2020년 4월 17일) 〈국제자금세탁방지기구(FATF), 우리나라의 자금세탁방지·테러자금조달금지 제도에 대한 평가('상호평가') 결과 발표〉 참고.

핀테크(Fintech)와 금융사고 예방

핀테크 시장의 경쟁력은 컴플라이언스

[참고 1] 독일 핀테크계 희망, 와이어카드(Wirecard AG) 몰락의 교훈

[참고 2] 세계적인 핀테크 대표기업, 영국 그린실캐피탈 파산의 교훈

레그테크/섭테크와 컴플라이언스

커뮤니케이션 모니터링: 메신저, 이메일, 전화녹음

제4장

# Tech와 컴플라이언스

# 핀테크(Fintech)와 금융사고 예방

코로나바이러스가 한참 기승을 부리던 2020년 초 금융감독당국은 이와 관련한 보이스피싱(Voice Phishing) 등 금융사기의 급증을 우려하여 소비자경보를 발동하는 등 대국민 예방 홍보를 한층 강화한 바 있다. 아래는 당시 끊임없이 발표되었던 금융감독원 등의 보도자료의 일부분이다.

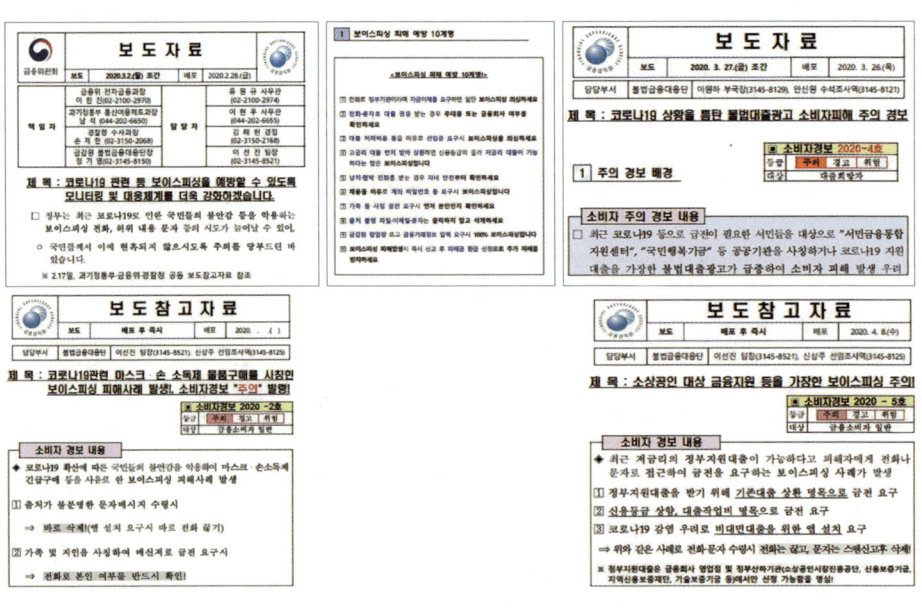

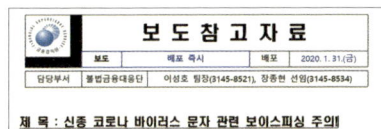

　이러한 금융감독당국의 노력과 더불어 우리나라 은행권도 IT기술을 보안 시스템에 접목해 금융사고 예방을 위한 소비자보호 체계를 한층 높이고 있는데 예를 들어 인공지능(AI) 기술을 도입해 머신러닝(Machine Learning)에 기반한 불법금융 예방/대응체계 마련 등이 그것이다. 한편 2019년 12월부터는 핀테크* 기업들과 은행결제망을 공유하게 된 일반 시중은행들의 보안 경쟁은 한층 더욱 치열해진 것이 현실이다.

　이에 따라 4대 시중은행**들은 금융사고 예방프로그램에 AI 기술을 도입하는 등 금융사기 방지를 위해 관련 기술들을 적극적으로 도입하고 있는 것으로 알려졌는데 시중은행들이 AI를 위험감지 시스템에 도입하는 이유는 해당 기술

---

\* 　금융(financial)과 기술(Technology)의 합성어로, 모바일, 빅데이터, SNS 등의 첨단 정보기술을 기반으로 한 금융서비스 및 산업의 변화를 통칭한다. 새로운 IT기술을 활용하여 기존 금융기법과 차별화된 금융서비스를 제공하는 기술기반 서비스 혁신이 대표적인 내용이며 구체적으로 모바일 등을 통한 결제·송금·자산 관리·크라우드 펀딩, 보험 등 금융과 IT가 융합된 형태를 띠고 있다.

\*\* 　국민은행은 2019년 하반기에 디지털 서비스 '리브똑똑 안티스미싱'을 도입했는데 이는 금융감독원, 아마존과 함께 개발한 스미싱(Smishing: 문자메시지 금융사기) 탐지 AI 알고리즘으로 문자메시지가 범죄인지 여부를 자동으로 판별한다고 알려졌다. 우리은행은 2019년 5월 9일 인공지능 기술을 이상금융거래탐지시스템(FDS: Fraud Detection System)에 도입했는데 로그인 기록부터 모두 딥러닝 시스템을 대입해 비정상적인 움직임을 잡아내며 실제 금융거래가 발생하지 않아도 AI가 거래패턴을 스스로 학습해 부정 거래를 속아낼 수 있다고 알려져 있다. 또한 우리은행은 2020년 1월 인공지능 기반 제재법규 심사시스템을 가동했는데 이미지 인식 기술과 인공지능 머신러닝을 기반으로 수출입 서류의 분류, 텍스트 추출, 심사 등이 이뤄지고 있으며 심사 프로세스 중 위험요소에 대한 자체 점검과 심사와 점검 결과가 데이터베이스화되도록 구현됐다고 한다. 하나은행도 2018년 11월 이상금융거래탐지시스템을 재구축하여 업무에 상용화하고 있는 것으로 알려져 있으며, 신한은행도 2017년부터 이상금융거래탐지시스템에 인공지능을 더해 금융사기에 대응하고 있는데 빅데이터 분석을 기반으로 정보보호 법규준수 여부를 점검하도록 하거나 2020년 4월 누적된 전기통신 금융사기거래 데이터와 인공지능 기술을 접목해 금융사기를 잡아내는 모니터링 시스템을 운영 중인 것으로 알려졌다.

이 스스로 위험평가 시나리오를 설계해 비정상 거래에 보다 유연하게 대응할 수 있기 때문이다. 즉, 기존의 위험감지시스템은 룰(rule) 방식에 기초해 알고리즘이 은행이 설정한 정상 여부에서만 판단하고 구분했지만 인공지능은 자체 시뮬레이션을 통해 위험평가 모델을 적용할 수 있어 '전화가로채기'[*]와 같은 신종 피싱 기법들이 늘어나도 유연하게 대응이 가능하다는 장점이 있는 것이다.

이러한 보이스피싱에 대한 대응은 시중은행뿐만이 아니라 최근에는 국내 가상자산 거래소에서도 활발하게 이루어지고 있다. 예를 들어 국내 암호화폐 거래소의 하나인 코인빗은 거래소 자체 '이상거래 탐지시스템'을 운용하면서 24시간 이상거래 및 입출금 모니터링이 이뤄지고 있다고 한다. 특히 금융당국이 요구하는 '가상통화 관련 자금세탁방지 가이드라인' 방침에 따라 가상자산 출금과 심사를 강화하고 있는데 서서히 이상거래 탐지시스템의 효과[**]가 나타나고 있는 것으로 알려지고 있다.

핀테크 발전, 인구 고령화 등 금융환경이 변화하면서 우리나라 핀테크 관련 금융사기는 2018년부터 급증세다.

금융감독원은 2018년 보이스피싱 피해액을 전년도보다 82.7% 증가한 4,400억 원으로 파악했으며 비대면 통장개설의 증가로 범죄에 이용된 대포통장도 34% 늘어난 것으로 집계했다. 경찰청에 따르면 2024년 한 해 1인당 보이스피싱 피해액은 전년 대비 73% 증가한 4,100만 원에 달했다. 전체 피해 규

---

[*] 고객이 은행 콜센터에 확인전화를 걸면 보이스피싱 조직이 전화를 가로채 받고 피해자를 속이는 형태의 신종 금융사기를 말한다.

[**] 코인빗에 따르면 2020년 5월 27일 단체가 아닌 개인이 금융회사를 사칭해 월렛 프라이빗키를 탈취하려 한 보이스피싱 시도가 발생했지만 자체 구축한 금융사고 예방 시스템에 잡히면서 범죄 시도가 무위로 돌아갔고 회원 자산의 손해로 이어지지 않았다고 밝힌 바 있다. 코인빗은 자체 구축한 금융사고 예방시스템과 평소 유기적인 업무협조를 이어간 금융회사가 코인빗의 긴급 요청에 따라 해당 계좌를 즉각 정지시켰으며 이후 보이스피싱 가해자를 상대로 법적 조치에 들어갔다고 알려졌다. 〈코인빗, 보이스피싱 시도 즉각 차단… '이상거래 탐지 시스템' 빛났다〉, 《브릿지경제》, 2020. 05. 28., 참조.

모두 8,545억 원으로 91% 늘어난 역대 최고치를 기록했는데 직전 최고치였던 2021년과 비교하면 801억 원이 더 늘어난 것이다.

2020년 6월 1,700만 명이 가입한 모바일 금융 플랫폼 '토스'에서 이용자 개인정보가 도용돼 몰래 결제가 이뤄지는 사고가 발생했다. 이에 대해 당시 토스 운영사인 비바리퍼블리카는 토스 서버에서 고객정보가 유출된 것이 아닌 개인정보 도용이라고 해명했다. 카드사의 고객정보가 POS 단말기 등을 통해 해킹당해, 90만 건의 고객정보가 불법 유통 되고 있다는 사실이 드러나기도 하였다.

또한 핀테크 업체의 플랫폼을 통한 간편결제나 송금 등 비대면 금융거래가 늘어나면서 비대면 금융사고도 크게 증가한 것으로 나타났다. 금융감독원에 따르면 2020년 전자금융거래 플랫폼의 부정결제 사고 피해액은 전년 7,742만 원보다 3.6배 증가한 2억 8,033만 원이었다. 직전 4년간 피해액을 모두 합한 1억 9,743만 원보다도 41.98%나 많은 수준으로 급증한 것이다.

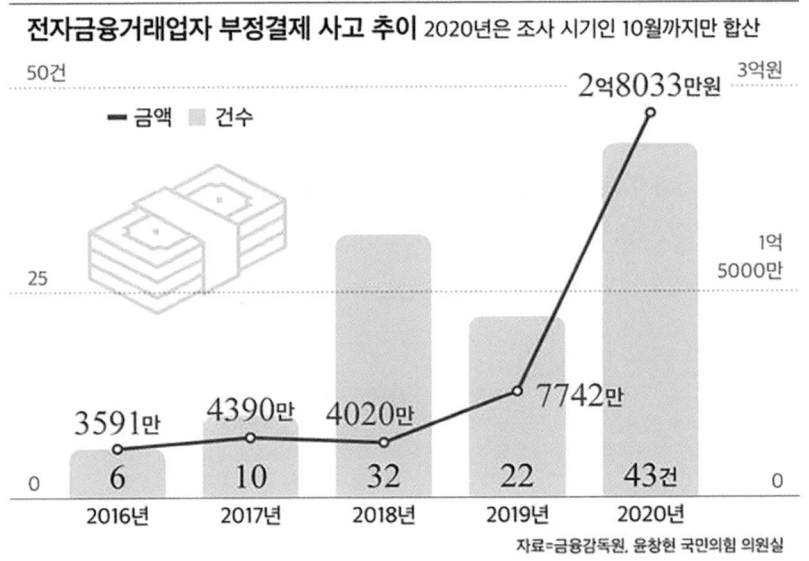

이에 대응하여 금융 플랫폼을 운영하는 일부 핀테크 업체들은 부정결제 사고 대책의 하나로 '선보상제'*를 도입하였는데 네이버페이·카카오페이·토스 등은 자사 플랫폼을 통한 명의도용·보이스피싱 고객 피해에 대해 사안 규명에 앞서 전액을 환불해 주는 제도를 시행하고 있다.

핀테크 금융사고에 대응하여 금융당국은 보이스피싱 이상거래의 속도를 늦출 '지연인출제도'를 도입하고 2019년 5월부터는 보이스피싱 예방 TV광고를 내는 등 소비자 피해 예방을 위해 노력중이다. 금융감독원은 2019년 금융IT·핀테크 감독 방향을 '보안리스크관리와 감독'으로 잡고 은행들의 소비자보호 역량 강화를 지속적으로 독려하고 있다. 금융보안원은 금융회사들이 자사 '이상금융거래탐지시스템'을 통해 탐지된 이상금융거래정보를 타 금융사와 공유하는 방식으로 '이상금융거래정보 공유시스템(FISS: Fraud Information Sharing System)'을 운영하고 있는데 107개 금융사와 정보를 공유하고 있기 때문에 추가 피해 확산을 방지하여 금융사기를 줄이는 데 도움이 되고 있다고 한다.

한편 핀테크 기업인 토스의 경우 당시 사고와 관련한 언론 보도가 있고 나서야 금융당국에 보고하는 등 규제의 사각지대가 발생했었다. 은행들은 금융당국의 정기검사를 받지만, 당시 핀테크 기업은 아직 그 대상**에 포함되지 않음에 따라 일반 금융회사들에 비해 금융업자로서의 엄격한 보안 기준을 적용받지 않아 사고 과실에 대한 책임이 부실하다는 목소리도 있었다. 한편 우리나

---

\* 핀테크 업계에서는 금융사기를 막기 위해 보안인증을 추가하면 더는 간편결제라고 부를 수 없게 된다며 해외 업체도 결제 절차를 복잡하게 하는 대신 소비자 보상제를 강화하고 있다고 설명하고 있다. 간편결제 플랫폼에 중요한 건 사용자의 편의성을 유지하면서 신뢰를 얻는 것인데 선보상제는 최소한 이 서비스에선 소비자가 억울하게 돈을 뺏길 일은 없다는 인식을 심어줄 수 있을 것이다.
\*\* 금융감독원은 2025년 2월 '디지털/IT 부문 금융감독업무 설명회'에서 네이버, 카카오 등 거대 빅테크 기업에 대해서도 금융회사에 준하는 고강도 검사를 실시하겠다고 밝힌 바 있다.

라 은행들에게 금융결제망이 은행과 핀테크 기업 모두에게 개방되는 '오픈뱅킹'이 2019년 말부터 시행됨에 따라 모든 은행들이 타행 대비 경쟁력을 갖추기 위한 소비자보호 역량 강화가 필연적으로 요구되고 있다.

금융의 기초는 신뢰이며 안전이다. 핀테크 등 금융 기술이 발달하는 동안 해킹 등의 금융사기 기술도 다양하게 발전하기 마련인 만큼 안전한 금융을 담보할 보다 강화된 기술에 대한 투자강화 등을 통해 이에 민첩하게 대응해 나가야 할 것이다.

잇단 디지털 금융사고로 인해 핀테크 산업 육성이라는 정부 정책의 보완이 필요하다는 목소리도 커지고 있다. 규제가 풀리면 이를 악용하는 사람이 나타나기 마련이지만, 그렇다고 엄격한 규제를 가하면 핀테크와 같은 혁신적인 금융서비스가 나올 수 없기에 금융혁신과 금융보안의 적정한 균형을 찾기 위한 고민이 필요할 때이다.

# 핀테크 시장의 경쟁력은 컴플라이언스

3.0
COMPLIANCE

우리나라의 핀테크 시장은 간편결제·송금, 대출비교, 로보어드바이저 등 다양한 분야에서 빠르게 성장하고 있는데 이 중 가장 활발하게 핀테크를 활용한 비즈니스 모델로는 해외송금서비스라고 할 수 있겠다. 특히 국내 외국인 거주자가 300만 명 시대로 들어섬과 더불어 개인 해외송금 시장도 함께 커진 지 오래다.

하나금융연구소가 2019년 발표한 〈국내 해외송금 시장의 변화와 전망〉 보고서에 의하면 국내 장기체류 외국인 수는 2012년부터 지속 증가해 2018년 약 125만 명까지 늘었는데, 이에 따라 개인 해외송금액 규모도 2010년 약 95억 달러(약 13조 3,000억 원)에서 2015년 87억 2,000만 달러(10조 6,471억 원), 2018년 134억 달러(약 18조 8,000억 원) 등 빠른 속도로 증가하고 있다. 업계는 최근 해외송금액 규모가 연간 20조 원을 넘어선 것으로 추산하고 있다. 향후 국내 거주 외국인은 더욱 늘어날 것으로 전망되고 있는데, 정부 차원에서도 외국인 인재 유치에 힘쓰고 있는 만큼 개인 해외송금 시장도 지속적인 성장이 기대되고 있다.

특히 소액 해외송금 시장도 급성장하고 있다. 개인 해외송금 시장 규모가 커지자 국내에선 금융권이 이 시장에 적극 뛰어드는 모양새다. 특히 기존 해외송금 시장을 주름잡았던 시중은행*과 더불어 핀테크 기업도 속속 참여 중이다. 정부는 2017년 시장 활성화를 도모하기 위해 외국환거래법 시행령 개정으로 은행 아닌 다른 업권에도 시장 진입을 허용한 바 있으며 2019년부터는 저축은행의 참여도 허용되어 치열한 경쟁의 장이 마련되었다. 해외송금 시장 규모가 성장하면서 2023년 기획재정부는 외국환거래법 개정을 통해 무증빙 해외송금 한도를 기존 연 5만 달러에서 10만 달러로 상향 조정 하기도 했다. 이에 따라 해외송금 이용자의 편의성도 커졌지만, 개정안 적용이 은행권에 한정돼 핀테크 업계선 불만이 터져 나오기도 했다. 해외송금 전문 핀테크사가 내세우는 것은 시중은행 대비 90% 이상 저렴한 수수료와 빠른 송금 속도, 또 외국인을 위한 다국어 지원 서비스 등이다. 서비스 이용 편의성을 높여 외국인 고객들을 적극 끌어들이고 있는 모습이다.

소액 해외송금업은 기존 금융회사에 한정했던 외국환거래의 자격을 일정 요건 확보하고 독자형 송금 서비스를 제공하는 핀테크 업체로 확대하기 위해 도입됐다. 시중은행과 비교해 저렴한 수수료와 신속한 송금처리를 강조하고 있는 소액해외송금업은 국내 거주중인 외국인 노동자나 국내외 유학생 등의 수요를 충족시키며 빠르게 성장했다. 제도 도입 당시 기획재정부에 '소액해외송금업자'로 등록된 업체 수는 4개에 불과했으나 2017년 12곳, 전자금융업 등 타 업무 겸영이 가능한 일반업자(16개)를 포함해 2019년 25개, 2024년 말 현재 27곳까지 확대됐다.

또 금융감독원이 집계한 2019년 1분기 소액해외송금업자의 송금 규모는 3

---

* 하나은행의 경우 2019년 외국인 전용 모바일뱅킹 애플리케이션(앱) '하나 이지(Hana EZ)'를 출시한 바 있는데, 지난 2024년 8월 기준 송금 건수는 약 223만 건에 달하며 누적 송금액은 22억 달러를 기록했다. 신한은행도 2016년 글로벌 해외송금 서비스를 운영하는 머니그램과 손잡고 '특급 송금 서비스'를 진행하고 있고 2024년 9월에는 국내에서 받은 급여소득을 해외로 송금하는 외국인들을 위해 100% 환율우대 이벤트를 진행하기도 했다. KB국민은행은 2024년 모바일뱅킹 앱 'KB스타뱅킹' 내 지원 언어를 총 11개까지 확대했고, 농협은행은 'NH-ONE 서비스'를 통해 송금 절차를 간소화하고 수수료 우대 혜택 등을 적용하고 있다.

억 6,500만 달러다. 지난 2017년 7월 외국환거래규정 일부 개정을 통해 소액 해외송금업 제도가 도입될 당시 송금규모가 1,400만 달러(2017년 4분기 말 기준)에 머물렀던 것을 고려하면 2년도 안 돼 26배나 급증한 것이다. 송금 이용 건수는 도입 초 22만 건에서 2019년 55만 건으로 급증했고 업체당 평균 송금규모도 200만 달러에서 1,800만 달러로 9배 이상 늘었다.

기존 은행의 소액해외송금은 국제결제시스템망(SWIFT)을 활용해 송금, 중개, 수취은행 등의 단계를 거치며 이뤄져 왔는데 이용자들은 송금 수수료, 전신료, 중개 수수료 등 몇 단계에 걸친 수수료 부담을 지게 되고 4~5일이 걸리는 처리시간 탓에 불편을 겪어왔다. 하지만 현지 은행과 직접 거래하는 핀테크 기업 중심의 소액 해외송금은 비용과 시간을 크게 줄일 수 있다는 점에서 새로운 해법으로 각광을 받았다. 정부도 2019년 해외 건당 송금규모를 기존 3,000달러에서 5,000달러로 확대하고 해외 소액송금업자에 대한 벤처캐피탈의 투자를 허용하는 등 소액 해외송금업의 지속적 성장을 지원하고 나섰다.

하지만 실상은 소액 해외송금 시장의 확대와 정책적 지원 노력에도 핀테크 업체들은 높아진 자금세탁 관련 법령준수요건을 넘지 못해 추가 성장의 한계는 물론 기업 존폐가 위태롭다는 입장도 있다. 소액 해외송금업체가 해외 은행으로 자금을 송금하기 위해서는 시중은행의 국제결제시스템망(SWIFT)을 활용해야 한다. 그런데 시중은행은 소액 송금업체의 '자금세탁방지법(AML)' 준수 역량을 판단할 수 없다*는 이유로 해외 송금 서비스를 제공하지 않고 있다. 이 때문에 대부분의 소액 해외송금업체들은 국내에 지사를 둔 외국은행을 통해 현지 수취지점에 자금을 송금할 수밖에 없다. 다시 말해 컴플라이언스 준수가

---

\* 소액 해외송금업체들이 해외 대형 송금업체에 미리 대규모 자금을 송금한 후 고객의 요청에 따라 현지 은행을 통해 돈을 지급하는 프리펀딩이나 고객의 송금요청을 모아 매일 한 번에 송금하는 풀링방식을 통해 단계별 수수료와 소요 시간을 크게 줄이는 것이 틈새시장 경쟁력의 핵심이다. 하지만 이는 거래건별로 스크린 및 필터링이 요구되는 자금세탁방지법 관점에서는 허용하기 어려운 점이 있다.

성장의 큰 걸림돌로 작용하고 있는 것이다.

한편 일반인들에게는 익숙하지 않지만 아마존(Amazon), 이베이(eBay) 등 해외 마켓플레이스에 입점하여 상품을 판매하는 '글로벌 셀러'에게는 매우 익숙한 기업들이 있다. 다름 아닌 월드퍼스트, 페이오니아, 페이팔과 같은 글로벌 송금 서비스 제공 기업이다.

이 기업들의 비즈니스 모델은 단순하다. 글로벌 셀러들이 해외 마켓플레이스에서 판매하고 현지 고객에게 받은 대금을 지급받을 수 있는 '가상계좌'를 만들어 주는 것이다. 글로벌 셀러는 그렇게 가상계좌로 지급받은 대금을 원화로 환전하여 한국의 은행 계좌로 지급받을 수 있다. 가상계좌를 개설하는 업체들은 셀러들에게 1~4%의 수수료를 공제한다.

누군가는 왜 굳이 이런 서비스가 필요하냐고 반문할 수 있겠다. 이유를 간단히 설명하자면 셀러들이 글로벌 마켓플레이스에서 상품을 팔기 위한 기본 조건으로 '현지계좌'가 필요한 경우가 많기 때문이다. 당장 아마존만 하더라도 현지 은행 계좌가 없으면 셀러 가입이 불가능하다. 그런데 이 계좌를 만드는 과정이 굉장히 번거롭다. 글로벌 송금 솔루션이 없었을 때 글로벌 셀러들은 현지 은행에 직접 방문하여 은행계좌를 만들어야 했다. 미국은행 계좌를 개설하기 위해 왕복 항공기 값을 지불하고 괌이나 하와이에 방문했다고 한다. 계좌를 만들어도 현지계좌에서 한국으로 돈을 송금할 때 붙는 수수료는 만만치 않다. 경우에 따라서 실제 대금을 지급받는 데까지 소요되는 기간도 오래 걸렸다.

이런 번거로움을 해결하기 위해 등장한 것이 페이오니아, 월드퍼스트 같은 글로벌 송금 서비스업체들이다. 월드퍼스트를 예로 들자면, 가상계좌로 대금을 수취한 고객이 웹사이트에 들어가서 특정 국가의 계좌로 얼마만큼 돈을 보내겠다고 입력만 하면 이체요청이 끝난다. 그렇게 요청한 금액은 수수료(월드퍼스트의 경우 한국 기준 수수료 1.1%)를 차감하여 당일, 혹은 D+1일 안에 요청한 계좌로 송금된다. 셀러가 국경을 넘지 않고도 글로벌 은행이 제공하는 서비스에 쉽게 접근하도록 하는 것이 글로벌 송금 서비스가 제공하는 공통 핵심 가치다.

글로벌 송금 서비스의 열쇠는 가상계좌를 개설해 줄 수 있는 '은행'과의 제휴에 있다. 글로벌 송금 서비스는 '플랫폼'의 역할을 하는 것이고, 실제 금융서비스를 제공하는 주체는 은행이기 때문이다. 그러면 굳이 왜 은행은 직접 송금 서비스를 제공하지 않고, 플랫폼과 협력을 선택했을까?

월드퍼스트의 창업자는 창업 전에 씨티은행에서 국제송금 업무를 담당했는데 그는 국제송금 가격이 비싸고 불편한데 꼭 이렇게 할 수밖에 없는 것일까 고민하였다고 한다. 그는 그 후 씨티은행을 나와 월드퍼스트를 창업했고, 첫 번째 제휴은행으로 씨티은행에 제안을 했는데 은행이 직접 영업하지 않고, 새롭게 영업하기에도 애매한 중소기업(SME: Small Medium Enterprise) 시장에서 월드퍼스트가 영업을 대행해 주고 시스템 측면에서도 안정적인 운영을 해준다는 것이 설득의 핵심이었다고 한다. 그렇게 월드퍼스트는 씨티은행과 제휴를 만들어 내고, 이후 씨티은행의 소개를 기반으로 바클레이즈, 도이치은행과도 협업을 넓힐 수 있었다고 알려졌다. 쉽게 말하면 글로벌 송금서비스가 기존 은행이 소홀했던 중소기업을 영입하는 영업 대행 창구가 됐다는 것이다.

글로벌 송금 시장은 확실히 커지고 있다. 월드퍼스트에 따르면 월드퍼스트 단일 업체를 통해 중개된 해외 송금액만 2018년 전 세계적으로 20조 원에 가깝다고 한다. 월드퍼스트는 2004년 영국에서 창업한 이후 누적 100조 원 이상의 해외송금을 지원했다.

성장하는 해외송금 시장의 경쟁력으로는 '안정성'이 될 것이라는 것이 대체적인 의견이다. 월드퍼스트의 전략은 "글로벌 은행 수준의 컴플라이언스를 절대적으로 준수하고 조금의 오점도 남기지 않으려고 한다."이며 "컴플라이언스에서 확실하지 않은 서비스는 지원하지 않기 때문에 시장에서 고객이 보기에는 답답한 부분이 있을 수 있지만 이것만은 확실하게 지켜가고 싶다."고 밝힌 바 있다.

해외송금 시장에서의 '컴플라이언스'란 쉽게 말해 기업이 자발적으로 관련 법규를 준수하기 위해 설계한 시스템이다. 예컨대 미국 금융당국이 요구하는 컴플라이언스 의무는 크게 2가지가 있는데, 첫 번째는 KYC(Know Your Customer, 고객알기제도) 원칙이고, 두 번째는 AML(Anti-Money Laundering, 자금세탁방지) 시스템이다. 금융업체는 모든 거래에 있어서 고객의 신분과 거래 종류를 파악할 수 있어야 하며, 차명거래 등으로 합법거래를 위장한 금융거래를 시스템으로 걸러낼 수 있어야 한다는 것이다.

일례로 월드퍼스트는 가상계좌로 받은 현지통화를 지정한 계좌로 송금받지 않고, 현지은행에서 인출하는 것을 엄금하고 있다. 이렇게 된다면 가상계좌에서 인출한 사람이 누구인지 확정할 수 없게 되기 때문이라는 설명이다. 인출한 사람이 누구인지 모른다면, 한국 국세청의 '자금 추적'이 되지 않는다. 당연히 컴플라이언스 측면에서 탈세 등 위험성이 존재하는 행위이기에 금지했다는 게 월드퍼스트 측 설명이다.

컴플라이언스 이행은 상대적으로 사업의 '속도'를 떨어뜨릴 수 있지만, 반대로 금융업체와 규제기관과의 협업을 유리하게 가져가고 신뢰를 만들 수 있다는 강점이 있다는 게 월드퍼스트의 설명이다. 대표적으로 월드퍼스트가 쟁쟁한 3개의 글로벌 거대 은행과 제휴할 수 있었던 배경에도 컴플라이언스 준수가 크게 작용했다는 설명이다. "월드퍼스트가 컴플라이언스를 준수하기 때문에 은행 입장에서 사업의 위험요소가 적고, 관리는 더 용이하다는 판단을 할 수 있다."며 "월드퍼스트가 상대적으로 빠르게 은행과 협업하여 새로운 통화를 수취할 수 있는 가상계좌를 개설할 수 있는 이유"라 밝혔다.[*]

컴플라이언스가 핀테크 업체 경쟁력의 중요한 요소로 부상하는 분위기에 맞추어 컴플라이언스 업무를 강화하는 여러 가지 시도도 국내외에서 이루어지고 있다.

예를 들어 2019년 5월 11일 세계 최대 암호화폐 거래소 바이낸스(Binance)는 사이퍼트레이스(CipherTrace)와 보안강화를 위한 업무협약을 체결했다고 발표했다. 사이퍼트레이스는 지난 2015년 설립된 디지털 보안전문업체로 사이버보안, 디지털포렌직, 결제망 구축 등 서비스를 제공하고 있다. 바이낸스는 사이퍼트레이스가 제공하는 보안솔루션을 채택해 자금세탁방지규정(AML)을 준수하고 수상한 거래를 실시간으로 모니터링하는 등 컴플라이언스를 강화하고 있다.

또한 국내 암호화폐 거래소 코인빗(Coinbit)은 2019년 5월 글로벌 금융회사 수준의 보안 및 내부통제를 구축하고 암호화폐 거래소 최초로 전문 준법감시인으로 구성된 준법감시위원회를 운영하고 있는 것으로 알려졌다. 준법감시위원회를 통해 코인빗은 관계기관과 긴밀히 협의하여 불공정거래에 대한 집중

---

[*] 〈글로벌 송금서비스의 경쟁력이 준법정신이 된 사연〉, 《바이라인 네트워크》, 2019년 5월 27일 참조.

점검 등 시장 감시를 강화하고, 불공정거래 개연성을 포착한 경우 조사하여 조치하는 등 컴플라이언스를 강화하고 있다고 한다.

우리 정부도 핀테크 산업을 국가의 주요 성장동력으로 지정하고, 비즈니스 활성화를 위한 지원센터를 운영하며, 규제 샌드박스를 통한 규제를 완화하는 등 핀테크 산업을 육성하기 위해 여러 가지 정책 및 규제 측면에서 지원책을 마련하고 직접 홍보 및 소개, 금융회사 및 핀테크의 상호만남 행사 주선 등 적극적인 지원을 추진해 오고 있다. 하지만 이때 간과하지 말아야 할 것이 핀테크 기업의 규제 준수 역량도 함께 성장시켜야 지속적인 발전이 가능하다는 것이다.

지금 시장에는 수많은 핀테크 스타트업 기업들이 자기를 그럴듯하게 포장하는 일에 과도하게 집중하는 경향이 있는데 금융과 IT기술의 결합을 상징적으로 나타내는 핀테크(FinTech)라는 신조어 자체가 어쩌면 그러한 것에 속한다고 볼 수 있겠다. 투자자들의 관심을 받고 사업모델이 그럴듯하게 보여야 투자를 유치할 수 있는 상황 속에서 핀테크 기업들이 이렇게 자기 홍보에 열을 올리는 것은 어쩌면 당연한 현상이기도 하지만 다른 한편에서는 규제를 일탈하는 과도한 거품을 걸러내야 할 필요성도 있다. 이제는 핀테크의 핵심이 기술력에서 컴플라이언스 수준으로 옮겨가고 있음에 주목해야 하겠다.

핀테크 업체가 컴플라이언스 측면에서 신뢰를 형성(Trust builder)한다면 오히려 치열한 경쟁 속에서 새로운 기회를 창출해 낼 수도 있을 것이다. 예를 들어 컴플라이언스를 중시하는 결제전문회사는 감독당국으로부터 인허가를 더 빨리 취득함에 따라 경쟁사에 비해 먼저 신상품을 출시할 수 있을 것이며, 컴플라이언스 측면에서 좋은 평판(track record)을 가진 핀테크 회사는 투자유치나 파트너십 형성에 있어 더 매력적인 유인을 줄 수 있을 것이다.

치열한 핀테크 업계의 경쟁에 있어 컴플라이언스를 통한 신뢰는 결정적인 차이로 작용할 수 있다. 고객, 투자자 및 감독당국 모두는 핀테크 회사가 투명하고 진실성 있게 운영되기를 기대하고 있으며 이러한 기대에 부응, 탄탄한 컴플라이언스 전략을 접목하여 신뢰형성에 성공한 회사만이 지속적인 비즈니스의 기회를 만들어 나갈 수 있음을 명심하여야 할 것이다.

## 독일 핀테크계 희망,
## 와이어카드(Wirecard AG) 몰락의 교훈

　미국 실리콘밸리식 디지털 기술을 도입해 독일 금융계를 선도하던 글로벌 핀테크 기업이 수조 원대 회계부정으로 몰락하면서 독일 금융계의 검증과 규제 능력까지 도마에 오르내렸다. 와이어카드(Wirecard AG)는 1999년 독일 뮌헨 인근 아쉬하임(Aschheim)에서 설립되어, 유럽뿐 아니라 중동, 동남아시아 등 전 세계에 걸쳐 전자 결제서비스를 제공한 독일의 대표적 글로벌 유니콘 핀테크 업체로서, 2005년 상장 이후 총자산이 58배가량 급성장하였다. 온라인/오프라인 결제 네트워크에서 카드 발급, 매입 프로세싱, 비즈니스까지 수행하는 디지털 결제 솔루션 기업으로 비자/마스터카드와 연계하여 카드 발급도 가능하고, 온라인/오프라인 가맹점의 결제 프로세스도 담당하여 발급에서 소비까지 전 영역에 걸쳐 지급/결제 프로세스를 지원하는 독일의 대표적 디지털 결제 솔루션 업체이다.

　Wirecard는 2002년 마커스 브라운(Markus Braun)이 CEO로 취임한 이래 공격적인 인수합병 전략을 통해 사업을 확장하였으나, 한편으로는 언론 및 주주협회 등에 의해 재무상태에 대한 의혹이 지속적으로 제기되어 왔다.

독일 핀테크 업계의 선두주자를 질주하다 최근 회계 부정으로 위기에 몰린 와이어카드의 서비스를 홍보하는 안내판. 베를린/EPA 연합뉴스

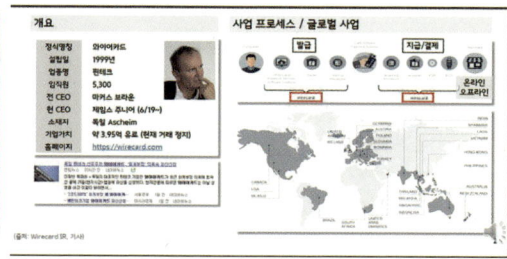
(출처: Wirecard IR, 기사)

 2019년 Wirecard가 가공거래를 통해 허위매출을 발생시켜 왔다는 싱가포르 지사의 내부고발이 공개되면서 의혹이 실체화되기 시작했으며, 결국 2020년 6월 재무제표상 19억 유로(약 2.7조 원)의 현금[*]이 존재하지 않음이 밝혀지면서 회계부정이 사실로 드러났다. Wirecard의 회계부정은 내부통제, 회계법인의 외부감사, 금융당국의 관리감독이 총체적인 난맥상을 보였던 사건으로서, 이후 핀테크 업계 및 전자금융서비스에 대한 규제가 강화되는 계기가 되었다.

## ▎ Wirecard의 성장

 Wirecard는 2018년 말 기준 총자산 58.5억 유로(약 8조 원), 매출 20억 유로(약 2.7조 원), 순이익 3.5억 유로(약 4,800억 원)의 실적을 달성하는 등 2018년 한때 독일 최대 은행인 도이체방크의 시가총액을 넘어서기도 했으며, 아시아 지역에서 매출의 절반가량을 거둘 정도로 글로벌 지급결제업체로서 위상을 다졌다. 주식시장 상장에 성공한 2005년 말 기준 Wirecard의 총자산은 1.2억 유로였으나, 2019년 9월 말에는 약 58배에 달하는 70억 유로를 기록하는 등 급격한

---

[*] 이 액수는 Wirecard의 2018년 매출액 20억 유로에 버금가는 데다가, 순이익(3억 5,000만 유로)의 5배를 넘는 거액이다.

성장세를 시현하였다. 특히, 2018년 9월 독일 30대 기업 클럽인 DAX*에 상장되며 독일 제2대 은행인 코메르쯔방크(Commerzbank)를 동 클럽에서 밀어내었으며 한때 도이체방크와 합병을 논의하기까지 할 정도의 거물로 성장하였다.

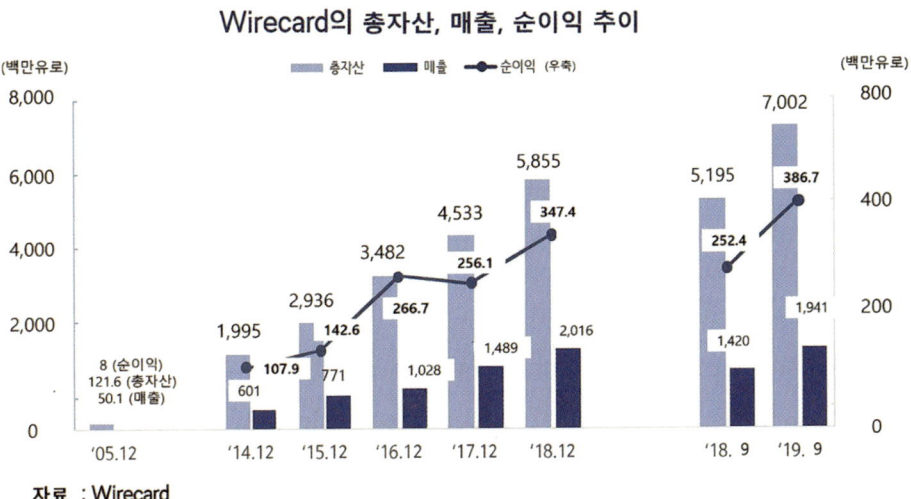

## Wirecard의 10년간 지속된 의혹

Wirecard는 2002년 Markus Braun이 CEO로 취임한 이래 공격적인 인수합병 전략으로 급격히 성장하였으나, 독일주주협회 SdK의 고발, 언론의 지속적인 의혹 보도 등으로 재무상태를 의심받고 있던 상황이었다. Wirecard는 1999년 설립 이후 포르노 사이트, 온라인 도박 등에 결제서비스를 제공하였으나, 닷컴버블의 여파로 사실상 파산 상태에 이르렀던 것으로 알려졌는

---

\* 독일 프랑크푸르트 증권거래소에 상장된 주식 중 시가총액 상위 30개 기업으로 구성된 종합주가지수로 아디다스, Bayer, BMW, 지멘스 등 우리나라에도 잘 알려진 글로벌 대기업들이 속해 있다.

데 KPMG 컨설턴트 출신으로 2002년 Wirecard의 CEO로 취임한 Markus Braun은 2005년 InfoGenie의 상장 권리 인수, 2006년 XCOM 은행 인수를 통한 신용카드 발급 권한 획득 등 공격적인 인수합병 전략을 지속하여 회사를 키워 나갔다. 사실 InfoGenie는 폐업상태의 콜센터 회사였던 것으로 알려졌는데, 이를 통한 우회상장은 IPO 절차에 따르는 기업검증을 회피하기 위한 수단이었던 것으로 평가되었다. 또한 XCOM 은행의 인수 또한 은행업과 비은행업을 혼합하여 타 유사업종 기업과의 비교를 어렵게 하고 투자자를 현혹시키는 데에 도움을 주었다는 지적도 있었다.

2008년 독일 주주보호협회(SdK: Schutzgemeinschaft der Kapitalanleger)는 Wirecard의 회계부정을 고발하였으나, 회계감사는 이를 밝혀내지 못했고, 거꾸로 독일 검찰은 주가조작을 목적으로 허위사실을 유포했다는 혐의로 SdK의 임원진을 기소하기도 하였다. 오히려 독일 규제기관은 의혹을 제기한 사람들을 처벌하고 감옥에 넣어버렸다.

2015년 Financial Times는 Wirecard의 회계장부에 2.5억 유로의 소재가 불분명하다는 내용을 중심으로 한 일련의 의혹을 보도하였는데 이 기사를 작성한 Dan McCrum이라는 기자는 이때부터 갖은 어려움에도 불구하고 포기하지 않고 지속적으로 의혹을 제기하여 마침내 밝혀낸 것이다.

Wirecard는 당시 동남아시아, 중동 등 타 지역에 소재하는 다수의 전자결제 업체를 인수하였으나 이 중 다수가 유령기업으로 의심받고 있던 상황이었다. 인수합병 과정에서 비상식적 규모의 선금을 지급하거나, 영업손실을 기록 중인 회사의 고객관계(Customer Relationships)에 대해 적절한 가치평가 없이 고가의

무형자산으로 인식하여 인수하는 등과 같은 이상거래도 다수 존재*하였다. 그러나 Wirecard는 2017년 회계법인 EY로부터 감사보고서를 승인받고, Citi의 아시아 지역 결제부문을 인수하거나 일본 손정의 회장이 이끄는 소프트뱅크의 투자**를 받기도 하는 등 외형적으로 정상적인 사업확장을 계속 이어나가게 된다.

## 의혹이 사실로 판명

2019년 Wirecard 싱가포르 지사의 내부고발이 보도되면서 의혹이 실체화되기 시작했고, 결국 2020년 6월 장부상 19억 유로(약 2.7조 원)의 현금이 존재하지 않음이 밝혀지면서 회계부정이 사실로 판명되기에 이르렀다. 2019년 1월 Financial Times는 내부고발을 인용하여 Wirecard가 싱가포르 지사를 통한 가공거래로 매출을 부풀렸다는 내용을 보도하였는데 사실 내부고발***이 최초 제기된 것은 2018년이었으나 내부감찰 후 묵살된 것으로 파악되었다.

---

\* 이때도 너무나 많은 의혹들이 있었는데 예를 들어 아시아에 있는 다수의 회사들을 인수하면서 계약금 조로 10% 미만의 계약금을 지급하는 것은 이해할 수 있으나, 와이어카드는 과도하게 선계약금을 지급했고 이러한 내역이 재무제표에 잘 명시되어 있지 않았다. 회사를 사면 인수 내역을 재무제표에 기입을 하여야 하는데, 특이하게 와이어카드는 '고객과의 관계'라는 명목으로 재무재표에 무형자산으로 기입을 하였고 회사를 샀는데 잘 쓰이지 않는 고객과의 관계라는 계정 항목을 이용한 것은 일반적인 회계원칙과는 잘 맞지 않는 방식이었다. 게다가 인수한 회사들은 상당수 부채가 자산보다 많았고 계속적으로 영업을 이어나갈지 불확실성이 있는 기업들이었으며 와이어카드 전체 자산을 볼 수 있는 연결재무제표와 자회사에서 공시하는 내역들의 불일치도 상당했다.

\** Softbank는 2019년 4월 Wirecard의 CB(전환사채)를 900M 유로 규모로 인수하며 당시 FT 보도 이후 이미 의혹을 받고 있던 Wirecard의 생명을 연장해 줬다. 이 CB는 Credit Suisse에 의해 다시 구조화되어 아부다비 국부펀드 등으로 팔려나가 Softbank의 위험 노출은 제한된 것으로 알려졌다. 그러나 독일 검찰은 Softbank가 위험을 사전에 인지하고 떠넘긴 것이 아닌지 조사를 하기도 하였다.

\*** 2018년 3월 싱가포르 본사 법무팀은 내부고발에 대한 제보를 받으며 재무팀에 대한 감사를 개시하는데 매출 부풀리기(Round Tripping)가 주요 의혹이었다. 실제로 있지도 않은 거래처와 매출이 발생한 것처럼 서류를 꾸며서 돈을 주고받고 하면 매출은 과대계상 되는 효과를 만들 수 있는데 거래를 꾸미고 수수료는 입금받고 하는 식으로 거래를 처리했던 것으로 추정된다. 이는 특히 목표를 달성한 우량한 회사라는 외형을 꾸미기 위해 이런 행동을 한 것이다.

해당 의혹이 사실이라는 증거가 지속적으로 제기되자, Wirecard는 투자자들의 압력을 거부하지 못하고 2019년 10월 KPMG에 특별감사를 의뢰하기에 이르렀고 2020년 4월 KPMG는 2016~2018년 3년간 이루어진 거래의 상당 부분에 대해 은행기록과 같은 원본서류가 존재하지 않는 등 실체를 확인할 수 없다고 밝혔고, 2020년 6월 결산을 담당했던 EY 또한 2019년 재무제표에 기록된 19억 유로의 현금을 찾을 수 없다고 발표*했으며, 결국 채권단에 35억 유로의 부채를 상환할 방법이 없자, 2020년 8월 25일 기습적으로 법원에 파산신청을 하기에 이르렀다. 이해가 안 가는 것이 2019년 3분기 말 기준으로 70억 유로(약 8~9조 원)의 총자산을 가지고 있고, 50억 달러의 유동자산을 가지고 있는 회사가 19억 달러를 찾을 수 없다니, 게다가 그 큰 금액을 필리핀 은행에 보관**을 한다니 도저히 이해할 수가 없는 일이 벌어진 것이다.

2020년 7월 Wirecard의 전 최고경영자(CEO) 등 임원 3명이 검찰에 사기 혐의로 체포되었다. 독일 뮌헨 검찰이 와이어카드의 전 최고재무책임자(CFO) 부크하르트 레이(Burkhard Ley)와 슈테판 폰 에르파(Stephan von Erffa) 전 재무회계담당 전무를 구속함에 따라 와이어카드의 회계부정 수사를 확대해 브라운 전 CEO를 또다시 체포하기에 이르렀다. 이들은 회사의 대차대조표를 조작해 독일과 일본 은행들이 32억 유로(약 4조 4,000억 원)를 투자하도록 유도한 혐의를 받고 있

---

\* 2019년 12월, 보유 현금이 실제로는 수탁계좌의 현금일 수도 있다는 의혹까지 제기되었는데 매출이 일어나서 가맹점에게 가야 할 현금은 사실 와이어카드의 자체현금이 아니기 때문에 외부에 보관되어야 하는데 이거를 자기 현금과 섞어버리면 회계 자체를 믿을 수 없게 되는 것이다.

\*\* FT는 필리핀에 있다고 하는 와이어카드의 사업장도 방문해 보았지만, 실제 찾은 것은 은퇴한 어부가 살고 있는 허름한 오두막이었다고 하며 필리핀의 은행 2곳에 보관되어 있다는 주장에 대해 벤저민 디오크노 필리핀 중앙은행 총재가 성명을 내어 "이 돈이 필리핀에 들어온 적도 없다."고 해명하기도 하였다. 돈을 보관한 은행으로 거론된 비디오유니뱅크(BDO)와 필리핀군도은행(BPI)도 와이어카드의 계좌가 자사에 존재하지 않는다고 밝혔으며 두 은행은 이 회사의 외부감사인 회계법인 EY가 받았다는 계좌 잔고 서류는 조작된 것으로 추정된다고 덧붙였다.

다.* 브라운 전 CEO는 이미 2020년 6월 22일 회계부정 혐의로 체포돼 보석으로 풀려난 바 있다.

이와 함께 독일 금융감독청도 브라운 전 CEO가 파산신청 발표 전 자사 주식 일부를 매각한 데 대해 내부자 거래 혐의로 조사를 벌이기도 하였고 와이어카드의 자회사 대표인 올리버 벨렌하우스는 뮌헨 검찰에 자수했다. 와이어카드의 2인자로 2020년부터 현재까지 5년간 행방이 묘연한 얀 마샬렉(Jan Marsalek) 전 최고운영책임자(COO)는 국제 체포 영장을 발부받아 수배 중인데 그는 러시아 스파이 의혹을 받고 있으며 현재 러시아에 거주 중인 것으로 알려져 있다.

A wanted poster issued by German police in August, appealing for information as to the whereabouts of Wirecard's former COO Jan Marsalek, who went on the run shortly after the company's collapse © AP

---

* Wirecard의 회계법인 EY는 회사 계좌에 돈이 없다는 사실조차 몰랐던 것으로 드러났는데 파이낸셜타임스(FT)는 "EY가 지난 3년간 회사 계좌에 돈이 존재하지 않는다는 사실을 직접 확인하지 않았다."며 수년 간 감사 업무가 제대로 이뤄지지 않았다고 보도했다. 이 사건을 계기로 EU 및 독일 금융감독당국은 회계감독기관의 권한 강화를 추진하였는데 예를 들어 회계법인의 감사 시 회계와 비회계 파트를 엄격하게 구분하도록 조치(영국의 경우 4대 대형회계법인(KPMG, PwC, Ernst&Young, Deloitte)에게 회계와 비회계(컨설팅 등) 부문 간 분리 운영을 지시)하였고 독일 재무부는 기업들에게 감사기관인 회계법인을 10년마다 교체하도록 의무를 부과하였다.

## Wirecard 파산에 대한 평가

   Wirecard의 몰락은 경영진의 Moral hazard(도덕적 해이)와 거짓말, 내부고발을 무시한 느슨한 내부통제, 회계법인의 태만한 외부감사, 금융당국의 관리감독 부실* 등의 총체적인 난맥상을 보여주었던 사건으로서, 이후 유럽국가들을 중심으로 핀테크 업계 및 전자금융서비스에 대한 규제가 강화되는 계기가 되었다. Wirecard의 회계부정에 대한 증거가 계속해서 드러났음에도 불구하고, 담당 회계법인이었던 EY는 이를 적발하지 못했으며, 투자 전문가들 또한 Wirecard에 대해 매수 의견을 유지하는 등 대응에 한계를 드러내었으며 내부고발이 보도된 2019년에도 Wirecard는 Softbank로부터 거액의 투자를 유치하는 데에 성공했으며, Moody's의 신용평가를 바탕으로 한 채권을 발행하는 등 사업 확장과 자금조달을 아무 문제 없이 수행하였다.

   독일 금융감독청(BaFin) 또한 경영진 측의 발표만을 믿고 Wirecard의 의혹에 면죄부를 주는 역할을 수행하였는데 FT의 보도를 비롯한 의혹제기를 주가조작 시도로 받아들였으며, 2019년 당시에도 FT 측을 주가조작 혐의로 수사하는 한편 Wirecard 주식의 공매도 금지조치를 취하는 등 자국기업에 대한 방어

---

\*   민간 중심의 자율 재무회계 감사기구인 FREP(재무보고 집행패널)의 실효성도 도마 위에 올랐다. FREP는 2001년 미국 에너지 기업인 엔론이 분식회계로 실적을 부풀렸다가 파산한 사건을 계기로 탄생한 민간 회계감독 조직이다. 독일은 FREP가 1차적으로 회계 감독을 한 뒤, 문제가 발생한 경우에만 공적 기구에 보고해 금융감독청이 조사에 착수하는 이원적 회계 감독 시스템을 운영하고 있다. 에드가 에른스트 FREP 회장은 "바핀이 2018년 상반기 와이어카드 회계에 대해 확인해달라고 요청을 해왔고, 이 일에는 딱 1명의 직원만 배정됐다."고 했다고 밝힌 바 있는데 뉴욕타임스(NYT)의 보도에 따르면 "와이어카드가 완전히 붕괴될 때까지도 FREP의 평가는 마무리되지 않았다."고 지적했다. 독일 정부도 이번 사태로 드러난 FREP의 한계를 인정하고, FREP과의 위임 계약을 취소하였다.

적 태도로 일관\*하였다. 아마 어쩌면 독일 국민들에게 우리도 핀테크 분야에서 미국 실리콘밸리의 유명 회사들만큼이나 잘할 수 있다는 자부심이 반영된 결과가 아니었을까 추측되기도 한다.

Wirecard 사건은 핀테크 업체 또한 대형은행 및 기존 금융회사 수준의 리스크관리능력을 갖춰야 한다는 압력이 강화되는 계기가 되었으며 이에 따라 영국 금융감독청(FCA)은 지급결제 및 전자화폐(e-money) 업체가 고객자금을 안전계좌(safeguarding account)하에서 명확하게 분리하여 관리하도록 조치하고, 소비자보호 관련 주요 사항을 명시한 최신 규제지침을 발표하기도 하였다.

독일판 엔론(Enron) 사태로도 불리는 Wirecard 사건은 또 글로벌 핀테크 유니콘의 첫 파산이라는 점, 그 이유가 신뢰가 가장 중요한 금융회사로서 몹시 치명적인 분식회계였다는 점, 오늘 갑자기 생긴 일이 아니라 무려 10년 전부터 낌새를 느낀 고발이 있었으나 지속되었다는 점, 독일 역사상 블루칩 종목으로 편입된 회사가 파산한 첫 케이스이자 주가가 9일 만에 96%가 빠질 수 있다는 걸 보여준 역사적 사례라는 점 등 여러모로 향후 경제 서적에 등장할 사건이 아닐까 싶다.

---

\* FT는 2019년 1월 이 내용을 주요 기사로 올렸는데, 오히려 독일 금융감독청(BaFin)은 시장 교란을 이유로 FT를 조사했다. 주가가 일시적으로 100유로 아래로 향하자 BaFin은 공매도금지 조치를 내리고 그 이유로 "독일 경제 내에서 와이어카드는 너무 중요하다, 그리고 시장에 대한 신뢰가 무너진다."라는 이유를 댔다.

참고 2

## 세계적인 핀테크 대표기업,
## 영국 그린실캐피탈 파산의 교훈*

    2019년 당시 100억 달러에 달하는 기업가치를 자랑했던 세계적 핀테크 기업인 그린실캐피탈(Greensill Capital)은 2021년 3월 초 파산신청을 하였다. 이 기업은 호주 출신으로 퀸즐랜드에서 사탕수수 및 멜론농장을 경영했던 렉스 그린실(Lex Greensill)이라는 벤처기업가가 2011년 런던에서 창업했으며 이 기업의 주요 업무는 '공급망 금융'이었다. 그린실캐피탈은 우리나라의 금융위원회에서도 해외의 유망한 혁신적 금융서비스 업체로 소개**할 정도로 소위 잘나가는 유니콘 기업이었다.

---

\*   양영빈, 〈핀테크 대표기업 그린실캐피탈은 왜 파산했나〉, 이코노미21(2021. 04. 02.)을 주로 참고하였다.
\*\* 금융위원회 보도자료 〈해외의 유망한 혁신적 금융서비스를 소개합니다〉, 2021. 1. 19., 참고.

## 공급망 금융의 의미

공급망 금융(Supply Chain Finance)라는 표현을 처음 들으면 도대체 이 기업이 어떤 업무를 담당하는지 도무지 알 수가 없을 것이다. 새로운 신조어의 등장은 새로운 시장 또는 업계 생태계의 창출을 의미한다. 이러한 점에서 공급망 금융은 2008년 금융위기 이후 본격적으로 등장한 핀테크 중의 하나라고 할 수 있다.

현대사회의 거의 모든 대기업은 여러 개의 하청 기업을 가지고 있으며 하청(중소기업)이 주로 원청에게 중간재 등을 공급하는 방식으로 거래가 이루어진다. 이때 일반적으로 원청은 하청이 공급한 중간재의 대가로 그 즉시 현금을 지급하지 않고 보통 외상의 형태로 대금을 지급한다. 이때 원청(대기업)이 발행하는 외상 증서를 흔히 어음 또는 외상매출채권이라고 부른다. 이러한 외상매출채권은 보통 만기가 30~90일 정도이다. 1~3개월 후에 현금으로 갚겠다는 이야기이다.

만성적인 현금 부족에 시달리는 하청은 이 증서 또는 채권을 1~3개월을 기다렸다가 현금으로 받는 게 아니라 주로 은행에 할인한 가격으로 되팔아 현금을 마련하곤 한다. 이러한 관행은 우리나라에만 있는 것은 아니다. 자본주의가 고도로 발전한 미국에서도 이러한 관행[*]이 여전히 존재한다.

이러한 업무를 시장의 언어로 이야기하면 '어음깡(어음할인)'이고 고상하게 이

---

[*] 월스트리트 저널에 의하면 1,000개 미국 상장사의 자료를 검토해 본 결과 2017년 외상매출채권의 기한이 평균 56.7일이었다. 현금은 그 어떤 채권보다 유동성이 가장 높기 때문에 제아무리 잘나가는 미국의 상위 상장사라 하더라도 꼭 쥐고 있고자 하기 때문이다.

야기하면 외상매출채권 할인(reverse factoring)이며, 국제무역에 적용하면 신용장 업무가 된다. 이러한 업무는 전통적으로 큰 규모의 은행이 전담해 왔는데 복잡다기한 서류 작업과 장시간의 기다림은 피할 수 없는 비용이었다.

이 업무는 은행으로서는 일종의 계륵 같은 존재였으며 2008년 금융위기는 이러한 업무 영역에 큰 변화를 주게 되는데 그것은 바로 새롭게 개정된 바젤3 협약과 큰 관계가 있다. 금융위기 이후 은행의 안전성을 추구하기 위해 이전보다 더 강력한 규제책을 내놓게 되는데 특히 은행의 자기자본비율을 높이게 되면서 이른바 '어음깡'의 영역이 수익성이 떨어져 더 이상 매력적이지 않게 되었다. 은행은 자산을 보다 효율적으로 이용할 필요가 생겼고 이 공백을 비집고 들어온 새로운 경쟁자인 핀테크가 바로 공급망 금융이었다. 냉소적으로 말한다면 공급망 금융은 '어음깡'의 핀테크 버전이라고 할 수 있다.

## 그린실캐피탈의 혁신과 레버리지

그린실캐피탈의 모토는 '보다 공정한 금융'이었다. 만성적인 현금 부족에 시달리는 중소규모의 공급자(주로 하청)에게 이전의 전통적인 은행이 제공하던 '어음깡' 업무를 기술혁신을 통해 온라인으로 간소하게 하여 부대비용과 시간을 획기적으로 줄이는 것에 성공했다.

그린실캐피탈에 따르면 2019년 총 1,000만 명의 고객을 대상으로 1,430억 달러의 금융을 제공했다고 한다. 같은 해 손정의가 주도하는 Softbank의 비전 펀드로부터 15억 달러의 투자(산정 기업가치 60억 불)를 이끌어 내는 데 성공해 세간의 주목을 한 몸에 받기도 했다.

기업이 짧은 순간에 급속도로 성장하는 데에는 기본적으로 레버리지가 필요하다. 그린실캐피탈도 예외가 아니었는데 일반적인 핀테크 기업이 하는 행태와 매우 유사하다. 초기에는 혁신의 이미지를 강조하여 시장의 관심과 투자를 받는 데 몰두한다. 초기 투자가 성공적으로 이루어지면 이를 바탕으로 레버리지를 높이는 데 치중하게 된다.

그린실캐피탈이 레버리지를 올리는 방법은 매우 간단하다. 증권화를 통해서 레버리지를 올리는 과정은 다음과 같다.

① 공급자(하청)가 원청으로부터 받은 외상매출채권을 인수한다.
② 여러 외상매출채권을 하나로 모아 새로운 증권(채권)을 통해 자산유동화증권(ABS)을 만든다.
③ 자산유동화증권을 통해 새롭게 만든 증권(ABS)을 다른 투자자(크레딧스위스)에게 판매한다.
④ ABS 판매대금을 이용하여 공급자(하청)의 또 다른 외상매출채권을 인수하여 처음부터 다시 이 과정을 꾸준히 반복한다.

이른바 그림자금융(shadow banking)의 전형적인 레버리지 확대 방식이다. 레버리지를 확대하기 위해서는 ③의 과정에서 제3의 투자자(여기서는 크레딧스위스)가 필요하다. 또한 자산유동화를 통해 새롭게 만든 증권(채권)의 안전성을 담보하기 위해서는 추가로 보험회사의 보증이 필요한데 이것은 보험을 구매하는 것으로 해결할 수 있다. 종합하면 그린실캐피탈의 수익모델은 하청으로부터 싸게 사서 크레딧스위스에게 비싸게 파는 것이다. 여기에 보험비용을 제외하면 순수익이 된다.

그린실캐피탈이 더욱 위험한 영업행태를 보인 것은 통상적으로 공급자가 물건을 공급하고 나서 발행한 외상매출채권을 할인하는 데 반해, 아직 물건이 팔리지도 않아 발행도 되지 않은 미래의 매출채권에 대해서도 예측치를 사용하여 이를 할인, 대출을 해 주었다는 것이다. 그린실캐피탈은 이를 'future accounts receivables finance'라고 불렀는데 당연히 불확실한 하청업체의 미래 매출채권을 기반으로 ABS를 발행하였으니 이를 대부분 인수한 크레딧스윗스 입장에서는 큰 손실위험을 떠안은 것이고 ABS 투자자 입장에서는 이를 사기(Fraud)라고 법정공방을 벌인 것은 어쩌면 당연한 것이라고 할 수 있겠다.

## 그린실캐피탈의 파산원인

핀테크를 이용한 그린실캐피탈의 비즈니스 모델은 처음에는 획기적이었고 매력적이었지만 시간이 지날수록 수익모델이 제대로 작동하지 않게 되었다. 그 원인으로 첫째, 지속적인 제로금리 정책을 들 수 있다. 금리가 매우 낮았기 때문에 공급자(하청)들이 다른 금융회사를 이용할 수도 있었으며 이들을 고객으로 묶어두기 위해서는 외상매출채권을 비싸게 사는 수밖에 없었기 때문이다. 둘째는 뜻하지 않은 코로나 위기를 들 수 있다. 코로나 위기로 인해 원청의 경영환경도 매우 악화되어 외상매출채권을 제때에 상환하지 못했기 때문이다. 특히 500억 달러 이상의 외상매출채권 및 관련 유동화증권이 영국의 대형 철강업체인 산지브 굽타(Sanjeev Gupta)의 GFG Alliance에 집중된 점도 정상적인 것이 아니었다.

이러한 부도상황에 대비하여 보험을 들었지만 2020년 7월 Tokio Marine 등 보험회사들이 더 이상의 보험판매 및 계약 연장을 중단한 이후 이미 상당한 레버리지 수준으로 올라와 있는 상태에서 벌어지는 원청의 부도는 회사를 금방 자본잠식의 상황으로 만들어 버리게 되었고 다급하게 회사를 매각하고자 시도하였으나 이마저도 실패로 돌아가 결국 2021년 3월 영국법원에 파산보호신청을 함으로써 짧았던 10년간의 역사를 뒤로하고 회사가 사라지게 된다. 이로 인해 많은 투자자들이 큰 손실을 보았으며 특히 그린실캐피탈이 독일 브레멘에 설립하였던 그린실은행(Greensill Bank AG)과 거래하였던 많은 독일의 중소도시와 시골마을들은 큰 손실을 보았고 그린실은행은 급기야 독일 금융감독청(BaFin)에 의해 2021년 3월 부당회계처리 등의 사유로 강제 청산되기에 이르렀다.

어마어마한 레버리지와 함께 또 다른 혐의가 가는 곳은 그린실캐피탈의 비즈니스 모델이 내부자거래의 성격을 진하게 가지고 있다는 점이다. 크레딧스위스는 펀드를 조성해서 고객으로부터 모은 자금을 그린실캐피탈의 자산유동화증권을 매입하는 데 사용한다. 그런데 소프트뱅크의 비전펀드는 그린실캐피탈에 자본투자를 하는 데 그치지 않고 크레딧스위스의 펀드를 매입한다. 또한 그린실캐피탈은 소프트뱅크가 소유한 오이오라는 호텔업을 하는 업체에 대출을 했음이 드러났다. 소프트뱅크, 오이오, 그린실캐피탈, 크레딧스위스가 내부거래를 했다는 의혹을 지우기 어렵게 한다.

과도한 레버리지와 당사자 간 내부거래가 어우러져 한때 혁신기업의 대표로 칭송받았던 기업이 무너지는 전형적인 경로라고 할 수 있다. 이번 사태를 보고 어떤 분석가들은 서브프라임 사태를 연상하기도 한다. 그런데 역설적이게도 당사자 간 내부거래의 성격이 강한 그린실캐피탈의 비즈니스 모델이 경제 시스템 전체로 위험이 전파되는 것을 최소화했다고 볼 수 있다. 당사자들이 심각한 소송을 당하는 것은 피할 수 없겠지만 위험이 경제 전체로 파급되지 않는 것은 불행 중 다행이라고 할 수 있다.

그린실캐피탈 파산에서 또 한 가지 눈에 띄는 점은 영국의 전 총리 데이비드 카메론(David Cameron)을 고문으로 영입하여 코로나 시절 영국 정부의 코로나 관련 대규모 기업지원 프로그램(Covid Corporate Financing Facility)에 참여하고자 당시 영국 재무장관 리씨 수낙(Rishi Sunak, 훗날 영국 총리) 및 재무부 고위관리에게 로비를 하였음이 드러나기도 하여 정치적으로 큰 파장을 일으키기도 하였다. 또한 설립자인 렉스 그린실 자신도 여러 대의 전용 비행기를 소유하는 등 사치스러운 행동으로 비난을 받기도 하였다.

## 핀테크라는 화려한 외면보다 비즈니스 모델과 수익모델 잘 살펴봐야

자본주의 사회에서 금융의 핵심은 첫째, 서로 다른 만기를 가진 자금을 중개하는 것이다. 원청의 만기는 1~3개월이라면 하청이 원하는 만기는 당일이라고 할 수 있다. 이를 중개하는 것이 공급망 금융의 1차적인 업무이다. 이러한 업무를 성공적으로 수행하기 위해서는 원청의 부도 위험을 제거해야 하는데 이것은 보험으로 해결할 수 있다. 즉, 자본주의 금융의 피할 수 없는 숙명인 만기 불일치와 신용 위험을 해결해야 하는데 이 2가지 문제를 해결하는 데에는 필연적으로 비용을 수반한다. 비용을 지불하고도 훌륭한 수익을 낼 수 있으려면 또한 필연적으로 레버리지를 높일 수밖에 없다. 레버리지를 높이는 행동은 무조건 나무랄 일은 아니다. 공급자 금융이 제대로 작동하여 수많은 중소기업(하청)들의 현금 부족을 해결할 수 있기 때문이다. 세상이 예상한 대로 작동한다면 핀테크는 수익을 얻고 공급자(하청)들은 제때에 현금을 공급받아 생산에 차질이 없게 된다. 그러나 좋은 때가 있으면 나쁜 때도 있기 마련이라 핀테크라는 화려한 외면에 현혹될 것이 아니라 비즈니스 모델과 수익모델을 잘 살펴보는 것이 매우 중요하다.

핀테크는 우리에게도 이미 상당히 다가와 있는 분야이다. 무조건적인 규제도 아니고 사후 약방문식의 한발 늦은 대응도 아닌 규제당국의 현명한 정책대응이 절실하다.

## 레그테크/섭테크와 컴플라이언스

2008년 글로벌 금융위기 이후 세계 각국의 금융당국은 금융회사의 자본건전성, 유동성, 파생상품 거래 등에 대한 규제가 다양화, 복잡화되고 이에 따라 금융회사의 규제이행과 금융당국의 감독 수행에 많은 비용과 시간이 소요되기에 이르렀다.

금융회사 자체적으로는 규제내용을 해석하여 컴플라이언스 준수 여부를 확인하는 데 여러 가지 한계가 존재함을 인식하게 되었다. 또한 미국, 유럽 등을 중심으로 금융규제 수준이 높아짐에 따라 금융회사의 규제이행을 위한 투자비용이 지속적으로 증가하는 추세를 보이고 있다.

국제금융협회(IIF: Institute of International Finance)의 조사에 따르면 전 세계 금융회사는 비용절감을 위해 2016년까지 약 800억 달러를 투자하고 대규모 직원을 채용하였으나 수작업 등에 의존하는 기존방식으로는 업무개선에 한계가 있음을 인식하게 되었다.

이에 따라 글로벌 금융위기 이후 세계적인 은행들이 급증할 것으로 예상되는 디지털뱅킹 application 및 결제시스템 개발을 위해 가장 인력수혈을 많이 한 분야 중 하나가 바로 IT기술 분야이기도 하다. 예를 들어 Barclays는 2014년 Yahoo에서 일했던 동 분야 최고기술자인 Usama Fayyad를 chief data officer로 영입했으며 이후 US telecom operator Verizon에서 일했던 Shadman Zafar를 chief digital officer로 영입하기도 하였다.

이미 1990년대 초반부터 미국 Wall Street의 금융회사에서는 자본시장의 국제화 진전 및 신상품의 범람에 따라 서류(paper trails)로서 이를 감독, 모니터링(monitoring)하는 것은 어렵게 되었으며 컴퓨터를 통해 시시콜콜한 점검(menial surveillance)을 하기는 하나, 이도 충분하지 않음을 인식하고 인공지능(artificial intelligence) 전문가를 영입하는 노력을 기울이기 시작한 바 있다.

Accenture의 유럽, 아프리카 및 라틴아메리카 은행담당 총괄인 Julian Skan에 따르면 "글로벌 금융규제가 은행산업이 갖추어야 할 기술적 구비요건을 한층 복잡하게 만들고 있다."라고 말하고 있다.*

한편 금융당국도 강화된 규제감독을 위해 광범위한 데이터 수집·분석, 실시간 감시 등 업무 부담이 증가함에 따라 업무효율화의 필요성이 대두되었다. 이에 따라 금융회사 및 감독당국은 규제이행·감독비용을 절감하고 규제환경의 변화에 신속하게 대응하기 위해 레그테크(RegTech)에 주목하기 시작하였다.

---

\* Yet Julian Skan, managing director at Accenture for the banking industry in Europe, Africa and Latin America, says that regulation is adding fresh layers of complexity to the technology requirements of banks. *"Top banking executives defect as image problems and regulations bite, – Demand for speakers of native languages fuels pick-up in hiring"*, April 24, 2014 by: Martin Arnold, Banking Editor, Financial Times.

## 레그테크: RegTech

2008년 금융위기 이후 경쟁적으로 늘어나고 있는 주요국 금융당국의 복잡한 규제를 효과적으로 대응하기 위한 구원투수로서 레그테크의 역할이 각광을 받고 있다.

아래 메디치 리서치의 조사에 따르면 2008년 이후 쓰나미처럼 급증하고 있는 각국 금융당국의 주요 규제조치들을 감안할 때 금융회사가 기존의 수작업 및 직원들의 노동집약적 업무처리 방식으로 수많은 감독당국 보고 및 관련 규제이행을 충족시키는 것이 거의 불가능에 가까워 보인다.

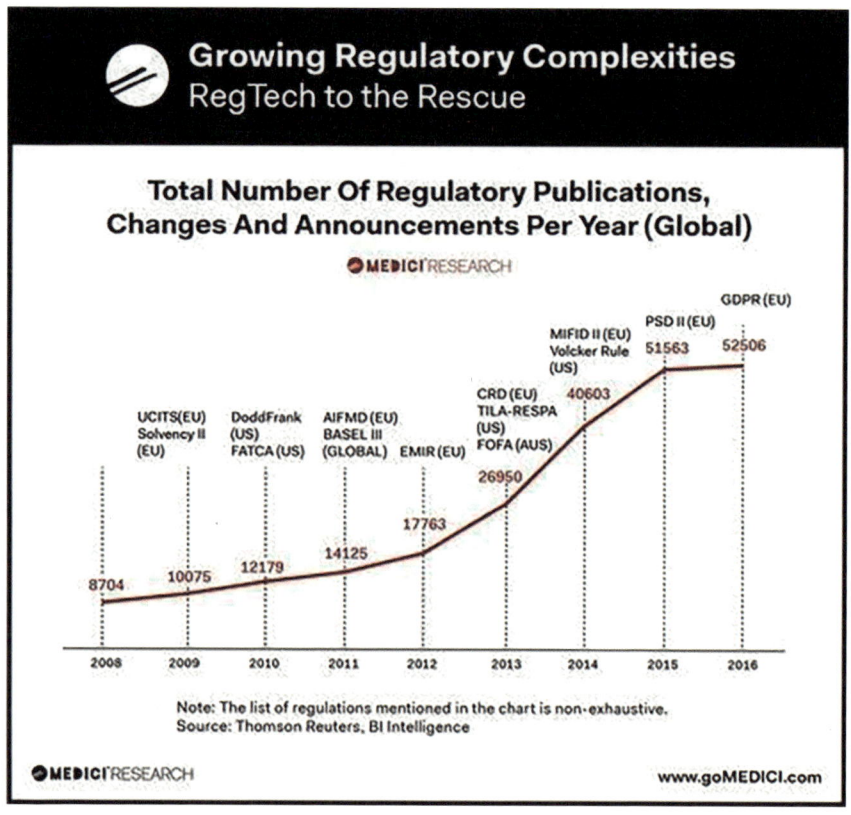

레그테크(RegTech)는 규제(Regulation)와 기술(Technology)의 합성어로서 '규제 및 컴플라이언스 요구사항을 효과적으로 해결하기 위한 새로운 기술의 사용'으로 정의[*]할 수 있으며 이는 빅데이터, 클라우드, 머신러닝 등 신기술을 활용하여 금융회사의 규제이행 및 당국의 감독을 효율적으로 수행할 수 있는 기능을 제공하는 것을 의미한다. 레그테크는 일반적으로 핀테크(FinTech)의 한 분야로 분류되며 기존 핀테크는 금융서비스의 편의성 및 보안성 개선이 목적이지만 레그테크는 금융회사의 업무처리 비용절감 및 업무효율성 개선을 목적으로 하고 있다.[**]

또한 핀테크 혁신을 통해 다양한 서비스가 출시되면서 금융과 정보통신기술(ICT)간 빅블러(Big Blur: 업종의 경계가 희미해지는 것) 현상과 같이 전통적인 금융영역의

---

[*]  Institute of International Finance, RegTech in Financial Services: Technology Solutions for Compliance and Reporting, Mar. 2016.

[**] 2015년부터 전 세계 금융당국으로는 처음으로 레그테크를 인정하고 이의 성장을 지지해 온 영국 금융감독청(FCA)에서는 이러한 관점에서 RegTech를 "A subset of Fintech that focuses on technologies that may facilitate the delivery of regulatory requirements more efficiently and effectively than existing capabilities"로 정의하고 있다.

경계\*가 허물어지는 등 패러다임 변화(Paradigm Shift)\*\*가 가속화되고 있으나 핀테크 산업이 실제 책임 있는 혁신으로 나아가기 위해서는 규제 준수 및 리스크관리를 위한 레그테크 도입이 이제는 선택이 아닌 필수로 인식되고 있는 상황이다. 이러한 흐름에 힘입어 전 세계 레그테크 투자규모는 2018년 180억 달러에서 2023년에 1,150억 달러까지 매년 평균 45% 증가할 것으로 전망\*\*\*되었다. 가장 최근인 2025년 3월, 글로벌 시장조사 기관인 Fortune Business Insights의 조사에 따르면 전 세계 레그테크 시장의 가치는 2024년 158억 달러이고

---

\* 금융위원회의 보도자료 〈금융규제 샌드박스 100일 현장 간담회 개최〉(2019. 07. 09.)에 따르면 금융규제 샌드박스를 통해 본 우리나라 금융의 미래는 아래와 같은 변화를 예상하였다.
  ① **이종산업 간 융합(Big-Blur) 현상이 가속화: 금융과 통신, 금융과 유통의 결합**
  * 은행이 알뜰폰을 이용한 금융·통신 결합서비스 제공, Drive Thru 환전 및 현금인출
  ② **금융플랫폼 경쟁의 시작: 대출상품 비교 플랫폼 서비스**
  ③ **빅데이터 · AI · 블록체인 등 신기술과 금융의 접목**
  * 통신정보 등 빅데이터 활용 신용등급 산정, AI 로보텔러 보험상품 상담 서비스, 블록체인 기술 기반의 P2P 주식대차 중개 및 디지털 신원증명 서비스 등
  ④ **사라지는 결제와 송금간 경계: Cashless & Cardless 사회로 결제환경이 변화**
  * 신용카드 · QR코드를 활용한 개인 간 송금서비스
  ⑤ **생활금융 활성화 : 신기술을 활용한 생활밀착형 서비스 제공**
  * On/Off 해외 여행자보험, 모바일 기반 계모임 플랫폼
  ⑥ **포용적 금융혁신: 금융서비스 접근이 어려운 계층의 금융접근성 개선**
  * 푸드트럭 · 노점상 등 QR을 활용한 신용카드 결제서비스
  * 신용카드 가맹점 정보 또는 중소기업 세무회계 정보를 활용한 신용평가
\*\* 글로벌 컨설팅업체 맥킨지는 2019년 9월 22일 발간한 〈글로벌 뱅킹 연차보고서(McKinsey Global Banking Annual Review 2019)〉에서 한국을 비롯한 세계 은행 3곳 중 한 곳은 사라질 위기에 처한 상태라고 분석했는데 이는 은행산업의 성장세가 둔화된 데다 디지털을 무기로 핀테크 업체가 매섭게 질주하고 있어서라고 보았다. 보고서는 "투자심리 악화, 성장세 둔화 등으로 뱅킹 산업은 업황 사이클의 후반기에 접어들고 있다."면서 "혁신을 이루지 못한다면 세계 은행의 3분의 1이 다음 사이클 전에 소멸할 것"이라고 내다봤다. 은행산업이 정체된 중요 요인으로는 디지털뱅킹의 등장을 꼽았다. 핀테크 업체가 예금과 송금, 투자관리 등에 뛰어들면서 전통적인 은행의 고객 이탈이 잇따르고 있다는 분석이다. 디지털 채널을 선호하는 고객이 늘어나면서 전통적인 은행에 대한 이용자의 신뢰가 갈수록 약해지고 있다고 진단했다. 현재 상위 은행의 40%는 다음 경기 사이클에 하위 50%로 주저앉을 가능성이 있다고 전망했다. 보고서는 또 "인공지능(AI) 기반으로 리스크관리를 강화하는 한편, 아웃소싱을 통한 비용절감, 성장동력 창출을 위한 고객 기반 파악 등으로 대응해야 한다."며 "디지털 인재 확보, 첨단 데이터 분석 인프라 구축, 인수합병(M&A) 및 파트너십 추진 등을 통해 생산성을 높일 필요도 있다."고 조언했다. 자세한 내용보도는 맥킨지 〈세계 은행 3곳 중 1곳은 소멸 위기〉, 《조선일보》, 2019. 10. 22., 〈세계 은행 3곳 중 1곳 소멸 위기〉, 《한국경제》, 2019. 10. 22., 〈Banks Must Act Now or Risk Becoming a 'Footnote,'" McKinsey Says"〉, 2019. 10. 21., Bloomberg 참조.
\*\*\* https://www.juniperresearch.com/press/press-releases/regtech-to-account-for-40-percent-of-global 참조.

2025년 196억 달러, 2032년에는 827.7억 달러로 추정되어 매년 22.8% 증가할 것으로 전망[*]하였다. 이러한 양적인 성장[**]뿐 아니라 레그테크 산업의 질적인 수준을 업그레이드하기 위한 지속적인 노력이 필요한 시점이다.

주니퍼 리서치(Juniper Research)에 따르면 레그테크는 한 방법 또는 기술 하나로 이용되는 좁은 접근방법이 아닌 이질적인 기술적 방법론의 집합체로서 그 범위가 매우 다양하고 넓은 분야임을 강조하고 있다. 이와 함께 그들은 레그테크의 기술적 생태계를 아래와 같이 분류하여 설명한 바 있다.[***]

① 인공지능(AI): 데이터처리의 자동화, 데이터 분석 및 고객알기과정(KYC) 승인 등의 레그테크 분야에서 활용이 가능하다.
② 빅데이터 분석(Big Data Analytics): 회사의 컴플라이언스 활동과 관련된 엄청난 양의 데이터처리에 유용하게 쓰일 수 있으며 특히 거래모니터링(Transaction Monitoring)에 있어 중요한 도구가 될 수 있다.
③ 생체인식정보(Biometrics): 은행 등에서 KYC/AML 준수에 있어 필수적인 고객의 실체 확인과 관련하여 활용될 가능성이 크다.
④ 블록체인(Blockchain): 블록체인은 통상 여러 분야에 걸친 다양한 종류의 문제를 해결해 주는 솔루션으로 알려져 왔는데 금융감독 분야에서도 응용이 가능한 기술이다. 예를 들어 분산원장(Distributed Ledger)의 경우 KYC/AML 데이터를 공유함으로써 금융회사가 연계방식으로 더욱 효율적인 운용이 가능하도록 해줄 수 있다.
⑤ 챗봇(Chatbots): 챗봇은 컴플라이언스가 새로운 법규내용을 획득하거나 고객으로부

---

[*] https://www.fortunebusinessinsights.com/regtech-market-108305
[**] 2019년 12월 유럽연합 집행위원회 산하 '금융혁신 규제장벽에 관한 전문가그룹(ROFIEG)'이 발표한 보고서에 따르면 글로벌 금융위기 이후인 2008~2016년 사이 500% 이상 금융 관련 규정이 바뀌어 이에 시의적절하게 대처하기 위한 레그테크 시장은 더욱 커질 전망이다.
[***] "How RegTech is Revolutionising Compliance", Whitepaper, 2018년 9월.

터 KYC 자료를 얻는 방법으로 사용이 유망하며 기존의 경험들을 자동화할 수도 있을 것으로 전망된다.

⑥ 클라우드 컴퓨팅(Cloud Computing): 다른 도구에 비해 많이 상용화되어 있는 분야이나 여전히 변천 가능성이 큰 분야이다. 특히 은행들이 감독당국의 까다로운 요구를 단순화하는 큰 틀로서 발전시켜 왔다.

Figure 2: Technological Ecosystem for Regtech

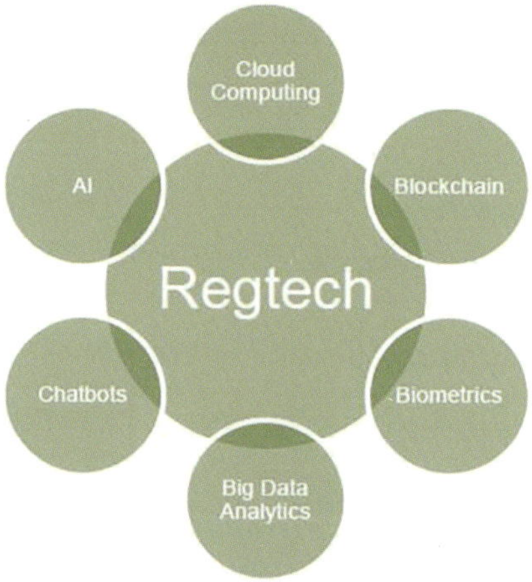

Source: Juniper Research

위에서 언급한 레그테크의 대표적인 주요 사례들은 아래와 같다.

**피델리티 내셔널 파이낸셜(Fidelity National Financial)**

피델리티 내셔널 파이낸셜 회사는 레그테크 솔루션을 통해 자금세탁방지(AML)와 KYC(고객 신원 확인) 프로세스를 자동화했다. 기존의 수작업을 대체하여 데이터 분석과 머신러닝을 통해 고객의 거래패턴을 실시간으로 모니터링하고, 의심스러운 활동을 탐지한다.

### 클라우드 컴퓨팅 기반의 규제 준수 솔루션

여러 금융회사는 클라우드 컴퓨팅을 사용하여 실시간으로 규제 변화에 대응할 수 있는 레그테크 플랫폼을 구축하고 있다. 예를 들어, 블룸버그는 금융시장 데이터를 실시간으로 분석하고, 최신 규제 요구사항에 맞춰 적합한 솔루션을 제공하는 클라우드 기반 서비스를 운용하고 있다.

### AI 기반의 금융규제 솔루션

콴타벨로(Quantavelo)라는 레그테크 스타트업은 AI를 이용하여 금융기관들이 규제 요구사항을 준수하는지 자동으로 확인해 주는 서비스를 제공한다. 이 서비스는 금융규제를 분석하고, 이를 준수하는지 여부를 실시간으로 검토하는 솔루션이다.

### 블록체인을 활용한 규제 준수

블록체인을 통해 금융거래 내역을 투명하게 기록하고, 이를 통해 자금세탁 방지나 사기 방지와 같은 규제 준수 요구를 해결하는 사례도 많다.

예를 들어, 체이널리시스(Chainalysis)는 블록체인을 활용한 거래 모니터링 도구를 제공하여 암호화폐 거래에서의 불법 활동을 탐지하는 서비스를 제공한다.

지속적인 규제환경의 변화로 금융회사에게 규제이행을 위해 요구되는 데이터가 증가함에 따라 실시간 대용량 데이터 처리, 데이터 분석 자동화 등에 대한 필요성은 나날이 증가하고 있다. 특히, 위험분석 및 내부통제 등 규제이행을 위해 문서, 음성, 이메일 등 점차 더 다양한 비정형데이터의 분석이 요구되고 있다.

컴플라이언스 측면에서도 기존의 노동집약적인 방식*으로는 빠르게 변화하는 규제환경에 맞춰 법규를 해석하고 준수 여부를 판단하기 어렵고 관련 비용 투자에도 불구하고 규제위반 및 벌금은 지속적으로 증가하고 있음에 따라 레그테크를 이용하여 세계 각국의 법규와 금융회사의 자산현황 및 투자거래의 적법성을 데이터 마이닝 기술 등을 통해 분석하고 추가 이행사항을 제시하는 등으로 활용되고 있다.

유럽 및 미국에서는 자본운영 및 투자관련 규제 준수 현황을 실시간 감시하여 규제이행 여부 등을 금융회사나 감독기관에 보고하는 레그테크 관련 솔루션이 다양하게 개발, 사용되어지고 있다. 현재 KYC나 AML 등을 위한 고객 개인정보 관리**, 신원확인과 개인정보이용 동의서 작성 및 관리서비스를 제공하는 솔루션, 내부직원의 이메일, 메신저 등을 분석·감시하여 내부규정 및 법규위반여부 등을 검토해 주는 내부통제관련 솔루션, 실시간 거래감시를 통해 투자규제 준수 여부 확인 및 이상금융거래 추적 및 식별을 용이하게 해주는 실시간 거래감시 솔루션 등이 활발하게 이용되고 있다. 특히 미국에서는 증권사를 중심으로 감독과 모니터링은 물론 고객 식별, 자금세탁방지(AML) 등 분야에서 다양한 레그테크 툴이 활용되고 있다.

금융감독원이 해외감독기구(FSB), 글로벌 컨설팅업체(KPMG, McKinsey), 해외 언

---

\* 이와 같이 이제는 컴플라이언스가 책상에 앉아 조용히 규정집을 만지작거리고 감독기관에 보내는 문서의 검토 등 paper work로 일하는 시대는 이미 지났으며 능동적으로 정보기술 발전내용을 업무에 접목시켜 나가는 것이 대세가 되어버렸다.

\*\* 통상 금융회사는 AML/CFT 전산 시스템을 갖춰야 하는데 여기에는 KYC, CDD, EDD, Sanction Screening, PEP 여부 확인이 기본으로 포함되어 있고 은행의 입장에서는 AML 구축비용, 워치리스트 구독비용, alert의 오탐(false positive)을 직원이 확인하는 비용 등의 과중한 부담을 지고 있다. 이러한 각고의 노력에도 불구하고 불의의 사고로 규제를 위반하게 될 시에는 천문학적 벌금으로 은행의 영업기반이 흔들릴 수 있는 위험이 상존하고 있다.

론(Forbes), 글로벌 리서치업체(CB-Insight) 및 금융보안원 등 국내외 주요기관 보고서를 토대로 2019년 6월 선정한 글로벌 핀테크 10대 트렌드*에 따르면 글로벌 핀테크의 트렌드로 '레그테크(RegTech) 투자 가속화'를 소개하고 있으나, 국내 금융회사의 경우 주로 자금세탁방지 및 이상거래탐지 분야를 중심으로 레그테크 적용을 시도하는 것에 머물고 있어 아직까지는 글로벌 대비 컴플라이언스 기능 강화를 위한 레그테크 적용이 다소 부진한 것으로 나타나고 있다.

한국금융연구원 이시연 박사는 "해외에서는 레그테크에 대한 활발한 솔루션 개발과 이의 적극적 활용에 비해, 국내에서는 관심과 이해 부족, 비용 등의 요인으로 레그테크를 활용하는 금융회사들이 극소수다."라고 지적하고 있다. 이 박사는 국내 금융투자업계가 집중적으로 레그테크 투자와 연구, 활용 및 확산을 적극 추진할 것을 제안하며 특히 업계가 공통으로 레그테크 구축 시 비용 대비 효익이 가장 큰 분야로서 자금세탁방지 및 금융소비자보호 관련 업무(불완전 영업행위 감시·방지 등)를 꼽은 바 있다.**

2019년 6월에는 금융감독원과 12개 국내은행이 외국환거래 시 금융소비자(개인, 기업)와 은행직원 등이 외국환거래법규를 위반하여 제재를 받는 사례를 예방하기 위하여 이르면 2019년 하반기부터 자동화된 규제 준수 기술인 레그테크를 활용한 '위규 외국환거래 방지시스템'을 단계적으로 구축할 예정이라고 밝힌 바 있다.***

---

\*    금융감독원 보도자료(2019. 06. 07.) 〈글로벌 핀테크 10대 트렌드 및 시사점〉 참조.
\*\*   한국거래소 준법감시협의회가 2019년 6월 20일 금융위원회, 금융감독원, 금융투자협회 및 증권선물회사 준법감시인 등 100여 명이 참석한 가운데 개최한 '레그테크 도입 필요성 및 구현에 대한 연구발표회' 참조.
\*\*\*  금융감독원 보도자료(2019. 06. 18.) 〈레그테크를 활용한 「위규 외국환거래 방지시스템」 구축 추진〉 참조.

국내 금융사들의 레그테크 이용이 상대적으로 가장 크게 대두되고 있는 분야는 '금융보안' 영역이다. 이는 금융사의 디지털 전환 사업에 속도가 붙음과 동시에 금융IT·보안 리스크가 확대되고 있기 때문으로 보여진다. 2019년 7월 금융보안원의 발표에 따르면 레그테크 플랫폼 참여사는 2019년 1월 정식 시행 당시 179개에서 6개월여 만에 300여 개로 증가했다. 또한 2019년 7월 2일 기준 개별 회원 수(금융회사 보안업무 담당자)는 1,200명에 달하는 것으로 알려졌다.[*]

금융보안 레그테크 플랫폼은 크게 컴플라이언스 관리 자동화, 금융보안 보고서 자동 리포팅, 인텔리전스 규제 검색 알림, 금융보안 업무지원 등 4개의 주요 서비스를 제공하고 있는데 참여사가 점차 증가하는 이유는 핀테크 활성화에 따라 금융보안 규제도 빠르게 진화하고 있는 상황 속에서 금융사가 이에 신속히 대응하기가 어려워지고 있음을 반증하는 현상으로 보여진다. 실제 금융사가 IT 보안 업무수행 시 참고해야 하는 규제나 가이드는 60여 개에 이를 정도로 복잡하고 여러 곳에 분산돼 있으며, 규제 업무처리에 큰 비용이 소요되는 것이 현실이라 이에 대한 공동대응의 필요성이 커진 것으로 해석된다.

이제는 컴플라이언스에게 기술적(technical) 부분도 잘 다루고 운용할 수 있는 업무능력(skill set)이 요구되고 있음을 피부로 체감할 수 있다.

## 섭테크: SupTech

금융감독원은 2025년 3월 17일 '금융감독 디지털 전환 선포식'을 개최하고 2027년까지 데이터와 인공지능(AI) 기반의 감독 체계 구축에 나서기로 했는데 특히 주목할 만한 부분은 패턴 인식 능력이 뛰어난 AI 기술을 활용해 불공정

---

[*] 대한금융신문(http://www.kbanker.co.kr) 보도(2019. 07. 02.) 참조.

혐의 거래패턴을 학습하고 이상거래를 자동으로 감지하는 등 섭테크(SupTech, 감독 기술) 대응체계를 구축할 방침이라고 밝혔다.

### 섭테크 기반 불공정거래 조사 시스템 개편(안)

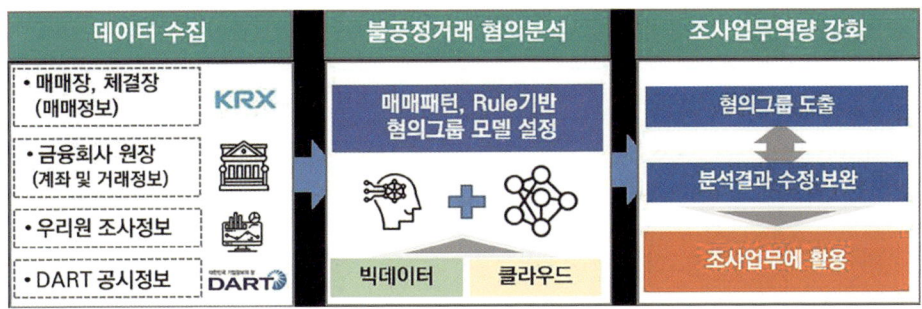

자료: 금융감독원

통상 금융감독(Supervision)에 인공지능(AI)·빅데이터 기술(Technology)을 접목해 효율성을 높이고 위험을 조기에 감지하는 기술을 섭테크(SupTech)라고 지칭하며 이는 금융감독(Supervision)과 기술(Technology)의 합성어이다. 금융회사들의 디지털 전환이 가속화됨에 따라 금융감독의 질과 효율성을 강화하기 위해 이제는 섭테크 활용이 필수가 됐다. 금융시스템의 안전성과 건전성을 유지함에 있어 기존 아날로그 금융감독 방식으로는 적시에 대응이 어려운 상황이기 때문이다.

이미 주요국 금융감독기구는 섭테크를 적극 활용하고 있다.

예를 들어 미국 연방준비제도(연준)는 인공지능과 머신러닝 기술을 활용해 금융회사의 리스크를 실시간으로 모니터링하고 이상징후를 조기에 포착한다.

미국 증권거래위원회(SEC)는 인공지능을 이용해 증권회사와 운용사의 위법행위를 효과적으로 적발한다. 미국 금융산업규제위원회(FINRA)는 클라우드 저장과 컴퓨팅, 빅데이터 분석, 머신러닝 기법 등을 도입해 감독 기능을 강화하고 있다.

영국 금융감독청(FCA)은 공공데이터, 민원기록, 판매자의 과거 기록 등 다양한 데이터를 분석해 금융상품의 불완전판매 가능성을 예측하는 데 인공지능을 활용할 계획이라고 발표했다.

싱가포르통화청(MAS)은 섭테크 플랫폼을 통해 금융회사가 제출하는 데이터의 수집과 처리를 자동화해 실시간 감독을 강화하고 있다. 특히 머신러닝과 자연어처리를 통해 비정형 및 세분화된 데이터를 분석하고 리스크 상관관계를 파악해 실시간 경고하고 있다.

유럽중앙은행(ECB)도 섭테크 솔루션으로 실시간 금융시장을 모니터링하고 있다. 일본 금융청 역시 은행의 건전성 검증을 위해 2024년부터 인공지능을 활용하는데 이를 위해 공시서류와 금융회사로부터 받은 비공개정보를 기계학습을 통해 앞으로 중소금융회사의 경우 보다 면밀히 모니터링한다는 계획이다.

섭테크는 컴플라이언스 보고와 신고업무에도 적극 활용하는데, 영국 FCA와 영란은행(Bank of England)은 금융회사의 각종 보고와 신고 등을 자동화하는 디지털규제보고플랫폼(Digital Regulatory Reporting)을 구축했다.

우리나라 금융감독원은 현재 AI(인공지능)를 이용한 보험사의 약관심사 적정성 점검, AI 앱을 통한 보이스피싱 실시간 차단과 AI 알고리즘으로 대출사기문자 방지 및 빅데이터를 이용한 감독기관보고서 적정성 여부 점검 등의 분야에서 활용하고 있는 것으로 알려지고 있다.

2020년 4월 21일 금융감독원은 윤석헌 원장 주재로 '금융감독 디지털 전환

태스크포스(TF)' 첫 회의를 열고 정보기술(IT) 기반의 감독 과제를 논의했다. 윤석헌 원장은 당시 회의에서 "섭테크(SupTech)를 통한 감독업무 혁신, 레그테크(RegTech) 가속화, 핀테크 혁신 지속 등 3가지 과제를 우선 추진해 금융감독의 디지털 기반을 다져야 한다."고 강조한 바 있다.* 이에 따라 AI 기술을 활용한 사모펀드 약관 심사지원 시스템 구축, 보험 TM(텔레마케팅) 불완전판매 식별, 인터넷 불법금융광고 감시 등에 인공지능과 빅데이터 기술을 도입했다. 심사·감시 등의 업무속도와 효율성을 높이고 민원이 많은 분야에서 활용한다는 것이다.

또한 빅데이터 기반의 민원 상담시스템 구축을 위해 2020년 중 AI 음성인식 기술을 통해 금융 민원상담(☎1332)에 녹취된 음성파일을 텍스트로 변환→축적→분석하는 1단계 사업, 2021년에는 2단계 사업으로 내부 감독 정보와 외부 정보(뉴스·SNS)를 결합해 민원 원인을 조기에 인지해 대응하는 시스템을 구축하고 있다.**

〈 섭테크 관련 금융감독시스템 현황 〉

| 시스템명 | 가동시기 | 주요 적용기술 |
|---|---|---|
| 대부업 불법추심 판별지원 | 2019년 5월 | 음성변환 |
| 보험 TM 불완전판매 식별지원 | 2020년 3월 | |
| 인터넷 불법금융광고 감시* | 2020년 7월(예정) | 빅데이터 |
| 민원분류추천 | 2019년 5월 | 인공지능(AI), 기계독해 |
| AI사모펀드 심사지원 | 2020년 2월 | |

* 2020년 3월부터 시범운영 중  (자료 : 금감원)

---

\*   자세한 내용은 금융감독원 보도자료(2020. 4. 21.) 〈「금융감독 디지털 전환 TF」Kick-off 회의 개최〉 참조.
\*\*  https://www.fntimes.com/html/view.php?ud=202006122042029451dd55077bc2_18

금융감독원은 또 불공정거래 조사, 보험 사기 등 금융감독업무 중 AI·빅데이터 기반으로 전환 가능한 시스템을 지속해서 발굴할 예정이다. 은행, 보험 등 금융권별로 관리되는 자료를 기능별로 재편하는 방안도 검토된다. 금융감독원은 사업자 휴폐업 조회, 감독통계 데이터 취합 업무 등에 RPA 기술(Robot Process Automation: 단순·반복적인 업무를 자동화하는 기술)을 적용하는 사업도 추진하는 등 금융감독의 디지털 전환을 위해 노력하고 있다. 2024년에는 '생성형 인공지능'을 활용해 금융감독업무를 개선하겠다는 계획도 발표했다.

금융감독원의 섭테크에 대한 관심과 활용이 선도국가와 비교해 늦은 편은 아니지만 그렇다고 선도하는 상황도 아니다. 섭테크 활용에는 인공지능 이용에 따른 데이터 품질, 알고리즘 편향, 보안, 개인정보 보호와 같은 문제들이 따르지만 감독업무의 질과 효율성을 높이기 위해서는 섭테크 고도화가 필요하다. 이를 통해 효율성 증대와 위험감지능력 향상, 감독의 정확성·투명성을 확보하고 새로운 기술을 활용한 규제혁신이 이뤄져야 한다.

섭테크의 발전은 궁극적으로 금융소비자에게 안전하고 투명한 금융환경을 제공하는 데 기여할 것이다.*

---

* [MT시평] '섭테크', 금융소비자보호의 필수도구, 2024년 9월 5일, 안수현 한국외대 법학전문대학원장 참고

# 커뮤니케이션 모니터링:
# 메신저, 이메일, 전화녹음

 세계 최대 금융그룹인 JP Morgan Chase는 2020년 4월 업무상 사용이 금지되어 있는 개인 메신저 도구인 WhatsApp 대화방을 만들어 시장 관련 정보를 교환함으로써 은행내부 규정을 위반한 혐의로 이를 주도한 선임 트레이더를 해고하고 10여명이 넘는 트레이더의 보너스를 삭감*한 것으로 알려졌다.

---

\* "JP Morgan takes action against traders for using WhatsApp at work", Reuters, 9 April 2020.

WhatsApp 같은 메시지는 대화의 시작부터 끝까지 암호화(encrypted)되어 있어 영업직원들의 법 위반사항을 컴플라이언스가 점검(monitoring)하는 것이 기술적으로 불가능하기 때문에 대부분의 금융회사는 이의 업무적인 사용을 금지하고 있는데 이러한 내부규정을 위반한 것이다.

Morgan Stanley도 WhatsApp을 사용했다는 이유로 34년간 재직한 commodity 업무의 최상위 임원 및 그의 후계자인 촉망받는 트레이더를 2020년 10월에 해고[*]하였다고 한다.

WhatsApp, Signal 등 대화내용이 저장되지 않는 통신수단의 사적사용은 금융회사 내부적인 이슈에서 끝나지 않고 미국 금융감독당국인 증권거래위원회(SEC) 및 상품선물거래위원회(CFTC)의 레이더에 걸리게 되어 결국 2021년 JP Morgan이 거래정보 보관의무(recordkeeping) 위반으로 2억 달러의 벌금을 부과[**]받았고 Morgan Stanley, Citi, Bank of America, Goldman Sachs, Barclays, Credit Suisse, UBS, Deutsche, Nomura 등 대형 금융회사들도 동일한 위반으로 2022년 수천만 달러에서 1억 달러 이상의 상당한 벌금을 지불[***]하였다. 이전 유사한 법 위반에 따른 벌금이 평균 20만 달러에 그친 점을 감안하면 2억 달러 벌금은 큰 충격을 주었고 이의 중요성을 인식시켜 주는 계기가 되었다고 할 수 있겠다. 이후 JP Morgan 및 Morgan Stanley는 동 행위에 연루되었거나 감독자 위치에 있는 임직원들의 보너스를 회수(clawback)하는 조치를 취한 것으로 알려졌다.

---

[*] "Morgan Stanley commodities bankers leave for WhatsApp breach", Bloomberg, 21 October 2020.

[**] "JP Morgan hit with $200 million in fines for letting employees use WhatsApp to evade regulators' reach", CNBC, 17 Dec. 2021.

[***] "CFTC Orders 11 Financial Institutions to Pay Over $710 Million for Recordkeeping and Supervision Failures for Widespread Use of Unapproved Communication Methods", September 27, 2022 참고.

통신 및 거래수단이 나날이 고도화, 발전화되고 있는 금융업무에 있어 이의 적법한 사용 및 거래 관련 기록의 유지 및 보존, 그리고 이에 대한 점검활동(Monitoring & Surveillance)은 컴플라이언스에게 있어 아주 중요하고 핵심적인 업무가 된 지 오래다. 왜냐하면 감독당국의 검사에 있어 통신기록 조회는 기본적으로 이루어지며 이를 통해 담합이나 미인가 업무행위 등 위반사항이 적발되고 추후 제재 시 증거로써 사용되기 때문에 통신 및 거래수단의 적절한 사용, 기록이 유지되지 않는 사적 통신수단의 사용금지 등은 금융회사 내부통제업무의 중요한 부분 중의 하나임은 명확하다.

10여 년 전 글로벌 금융회사들의 Libor[*] 등 이자율 또는 FX rate 담합(rigging)[**] 행위는 전 세계적으로 큰 파장을 일으켰다. 아래 표에 따르면 소위 Libor scandal에 대해 미국, 영국 및 유럽의 당국들은 Barclays, Citi, Deutsche, RBS, UBS, JP Morgan, Lloyds 등에게 총 100억 달러의 벌금을 부과하였다.

---

[*] 런던은행간금리(London inter-bank offered rate)의 약자인 LIBOR는 1986년에 시작된 제도로서 영국은행연합회(BBA: British Bankers Association)는 시중 우량은행들이 평일에 다른 은행들로부터 돈을 빌릴 경우 자금조달 금리 수준을 보고하도록 했는데 그중 상·하위 25%를 제외한 중간치 50%를 평균한 라이보 금리가 매일 변동 금리 형식으로 발표되어 왔다. 이 사건이 드러나게 된 계기는 사실은 내부고발이었다. 2008년 5월 미국 상품선물거래위원회(CFTC: Commodity Futures Trading Commission)는 내부고발로 라이보금리조작 수사에 처음으로 착수하게 되고 영국 금융당국과의 공조 등 몇 년간의 수사 끝에 10여 개의 은행이 수년간 담합해 라이보 금리를 낮춘 사실이 드러나기에 이른 것이다. 해당사건으로 인해 피해를 입은 당사자는 혐의가 드러난 10여 개의 은행뿐만이 아니며, 전 세계 금융중심지로서 굳건한 입지를 지켰던 런던시장이 신뢰를 잃었다는 점이 더욱 치명적이다. 결국 2017년 7월 27일 앤드루 베일리 영국 금융감독청장(FCA: Finacial Conduct Authority)은 "라이보가 2021년 말까지 더욱 신뢰할 만한 대안 금리로 대체될 것"이라는 중대 발표를 하게 된다. 금리조작 스캔들로 인해 런던에 있는 주요은행 간의 금리로서의 위치를 넘어 현재 전 세계 금융상품의 기준금리로 적용되어 왔던 라이보 금리가 이제는 역사 속으로 사라졌고 그 자리를 무위험금리(RFR: Risk Free Rate)로 불리는 SOFR, SONAR 등이 대체하였다.
[**] 2015년까지 미국, 영국 및 스위스 당국은 FX 담합을 한 7개 은행(BofA, Barclays, Citi, HSBC, JP Morgan, RBS, UBS)에 대해 약 100억 달러의 벌금을 부과하였으며 2019년 5월 유럽당국(European Commission)은 같은 FX 담합 건으로 7개 은행(Barclays, Citi, JP Morgan, HSBC, UBS, RBS, MUFG)에 총 12억 달러의 벌금을 부과하였다.

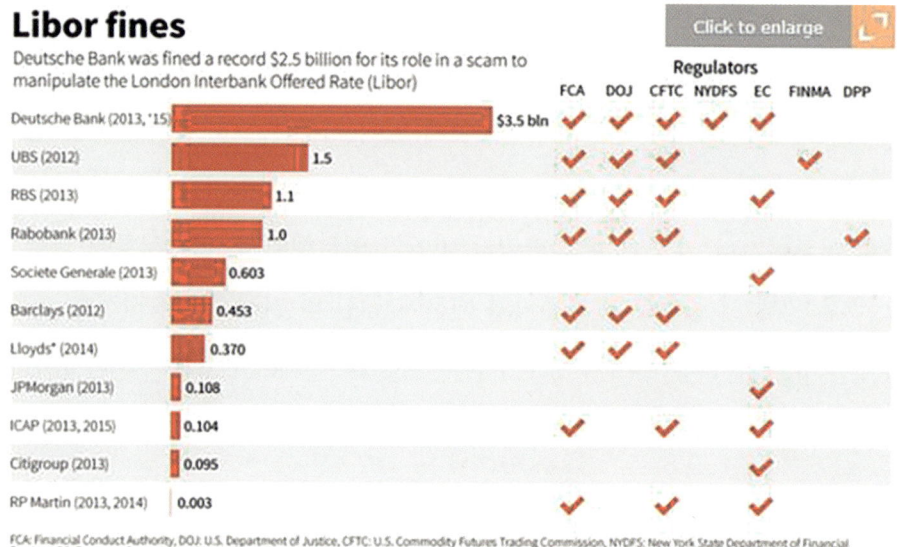

　　우리나라 공정거래위원회도 이에 착안하여 국내 금융회사 및 국내에서 영업 중인 외국계 금융회사에 대한 검사에 착수, 담합 행위가 적발된 다수 은행에

대해 벌금을 부과*하는 등 조치를 취한 사례가 있다.

담합에 대한 결정적인 증거로 사용된 trader 간의 messenger 대화내용이나 이메일 또는 녹음된 전화기록 등은 당시 감독당국의 조사 및 양형 판단에 있어 결정적인 증거물로 작용하였다. 실제 미국 상품선물거래위원회(CFTC: Commodity Futures Trading Commission)가 Barclays사에 대한 조사결과 발표문에서 인용된 몇 가지 사례를 살펴보면 그 심각성의 정도를 이해할 수 있다.

아래에 Barclays 트레이더와 금리제시 담당직원 간에 이메일 또는 메신저로 이루어진 대화의 일부를 소개**하고자 한다.

1) June 1, 2006:
- Senior Euro Swaps Trader: "Hi [Euribor Submitter], is it too late to ask for a low 3m?"

선임유로스왑트레이더: 하이. 지금 3개월물 금리를 낮추도록 요청해도 늦지 않아?

- Euribor Submitter: "Just about to put them in…. so no."

유리보금리제시 담당직원: 지금 막 하려던 참이야. 괜찮아.

---

\* 공정거래위원회는 2016년, 2017년, 2019년 및 2020년 등 총 4차례에 걸쳐 선물환거래 및 외환스왑 등 외환파생상품 거래에서 사전에 가격을 합의한 담합 행위에 대해 외국계 은행 서울지점인 도이치은행, 홍콩상하이은행, 비엔피 파리바은행, 제이피모간체이스은행, 한국스탠다드차타드은행 및 한국씨티은행 등에게 시정명령과 함께 총 22억 4,800만 원의 과징금을 부과한 바 있다.

\*\* 이종호, 〈리보(LIBOR) 금리조작사태에 대한 미국상품선물거래위원회(CFTC)의 제재와 관련한 법적 연구〉, 《은행법연구》 제9권 제1호(2016. 5.) 및 미국 CFTC의 Docket No.12-25 "United States of America Before the Commodity Futures Trading Commission Order Instituting Proceedings Pursuant to Sections 6(c) and 6(d) of the Commodity Exchange Act, As Amended, Making Finding and Imposing Remedial Sanctions"에서 발췌.

2) September 7, 2006:

- Senior Euro Swaps Trader: "i have a huge 1m fixing today and it would really help to have a low 1m tx a lot."

선임유로스왑트레이더: 오늘 엄청난 1개월물 거래가 있어. 1개월물을 많이 낮추어 주면 도움이 되겠어.

- Euribor Submitter: "I'll do my best."

유리보금리제시 담당직원: 최선을 다해보지.

- Senior Euro Swaps Trader: "because I am aware some other bank need a very high one…. if you could push it very low it would help. I have 50bn fixing."

선임유로스왑트레이더: 다른 은행에서는 아주 높은 금리가 필요한 것으로 알고 있어. 네가 그걸 아주 낮추어 주면 도움이 되겠어. 500억을 거래해야 해.

3) October 13, 2006:

- Senior Euro Swaps Trader: "I have a huge fixing on Monday…. something like 30bn 1m fixing… and I would like it to be very very very high…. Can you do something to help? I know a big clearer will be against us… and don't want to lose money on that one."

선임유로스왑트레이더: 월요일에 엄청난 거래가 있어. 1개월물 300억 정도야. 엄청나게 높은 금리가 필요해. 도와줄 수 있지? 큰 경쟁상대가 있어. 이 건을 놓치고 싶지 않아.

- Euribor Submitter forwarded the request to another Euribor submitter, advising: "We always try and do our best to help out…."

유리보금리제시 담당직원이 다른 담당직원에게 이를 전달하면서: 우리는 항상 도움을 주기 위해 최선을 다하고 있지.

- Senior Euribor Submitter to Senior Swaps Trader: "By the way [Euribor Submitter] tells me that it would be good to see a high 1mth fix on Monday, we will pay for some cash that morning so hopefully that will help."

선임유리보금리제시 담당직원이 선임 유로스왑트레이더에게: 그런데 유리보금리제시 담당직원이 월요일 1개월물을 높이는 것이 좋다고 하던데. 우리는 그날 아침 실탄을 조금 쓰면 도움이 될 것 같아.

4) January 12, 2007:

- Senior Euro Swaps Trader: "hi [Euribor Submitter], we need a low 1m in the coming days if u can…?"

선임유로스왑트레이더: 하이. 가능하면 다음 날 1개월물을 낮추는 것이 필요해.

- Senior Euribor Submitter: "hi [Senior Euro Swaps Trader], we will keep the 1mth low for a few days."

선임유리보금리제시 담당직원: 하이. 며칠 동안 1개월물을 낮게 끌고 갈게.

5) April 2, 2007:

- Euro Swaps Trader: "hello [Senior Euribor Submitter], could you please put in a high 6month euribor today?"

유로스왑트레이더: 헬로. 오늘 6개월물 euribor를 높게 제시할 수 있어?

- Senior Euribor Submitter: "will do."

선임유리보금리제시 담당직원: 그렇게 하지.

6) July 29, 2008:

- Euro Swaps Trader to Senior Euro Swaps Trader: "I was discussing the strategy[to get a high fixing] with [Senior Euribor Submitter] earlier this morning – today he will stay bid in the mkt and put a high fixing but without lifting any offer, and then he will be really paying up for cash tomorrow and Thursday which is when the big positive resets are."

유로스왑트레이더가 선임유로스왑트레이더에게: 오늘 아침 일찍 선임유리보 금리제시 담당직원과 높은 금리를 끌고 가기 위한 전략을 상의했습니다. 오늘 시장에서 bid를 계속하고 금리를 높이면서 offer를 줄이지 않는 것입니다. 그러면 내일 현물을 결제할 것이고 바라던 대로의 엄청난 반대거래를 목요일에 하면 됩니다.

또한 Barclays의 타 은행과의 협력 및 대화를 통한 Euribor 금리의 조작을 시도한 대화의 일부를 아래에서 소개해 본다.

1) August 14, 2006:
- Trader at Bank A asked Barclays' Senior Euro Swaps Trader to request a low one month and high three month and six month Euribor.

A 은행의 트레이더가 Barclays의 선임유로스왑트레이더에게 1개월물을 낮게 3개월과 6개월물은 높게 제시하여 주기를 요청.

- Barclays' Senior Euro Swaps Trader agreed to do so and promised to contact the trader at Bank B to make thje same request.

Barclays의 선임유로스왑트레이더가 그렇게 하기를 동의하고 B 은행의 트레이더와 접촉하여 동일한 요청을 할 것을 약속.

- Barclays' Senior Euro Swaps Trader emailed the Barclays' Senior

Euribor Submitter: "We have some big fixings today. Is it possible to have a very low 1m and high 3m and 6m? Thx a lot for your help."
Barclays의 선임유로스왑트레이더는 Barclays의 선임Euribor금리제시 담당직원에게 이메일로 "우린 오늘 큰 거래가 있어. 1개월물은 낮게, 3개월물과 6개월물은 높게 해줄 수 있어? 도와줘서 고마워."

- Barclays' Senior Euribor Submitter responded: "Sure, will do."
Barclays의 선임Euribor금리제시 담당직원이 답하기를 "물론이지. 그렇게 하지."


2) November 10, 2006:

- Trader at Bank A asked Barclays' Senior Euro Swaps Trader to request a low one month Euribor setting at Barclays and at Bank B.
A 은행의 트레이더가 Barclays의 선임유로스왑트레이더에게 Barclays 은행과 B 은행에서 1개월물 Eurobor를 낮게 제시하여 주기를 요청.

- Barclays' Senior Euro Swaps Trader made the request of the trader at Bank B.
Barclays의 선임유로스왑트레이더가 B 은행의 트레이더에게 이를 요청.

- Barclays' Senior Euro Swaps Trader emailed the rrquest to the Barclays' Senior Euribor Submitter: "hi [Senior Euribor Submitter]. I know you can help. On Monday we have a huge fixing on the 1m and we would like it to be low if possible. Tx for your kind help."
Barclays의 선임유로스왑트레이더는 Barclays의 선임Euribor금리제시 담당직원에게 이메일로 "하이! 넌 우릴 도와줄 수 있지. 월요일에 1개월물 큰 거래가 있어. 가능하면 1개월물을 낮게 해주면 좋겠어. 도와줘서 고마워."

- Barclays' Senior Euribor Submitter replied: "of couse we will put in a low fixing."

Barclays의 선임Euribor금리제시 담당직원이 답하기를 "물론이지. 그렇게 낮게 잡도록 할게."

3) November 13, 2006:

- Barclays' Senior Euro Swaps Trader discussed the need for low one month Euribor with the traders at Bank A and Bank B, and contacted a trader at Bank C.

Barclays의 선임유로스왑트레이더가 A 은행과 B 은행의 트레이더와 1개월물 Euribor를 낮게 잡을 필요가 있음을 논의하고 C 은행의 트레이더와 접촉.

- Barclays' Senior Euro Swaps Trader then reminded Barclays' Senior Euribor Submitter of his request from Friday: "hi [Senior Euribor Submitter]. Sorry to be a pain but just to remind you the importance of a low fixing for us today."

Barclays의 선임유로스왑트레이더가 Barclays의 선임Euribor금리제시 담당직원에게 지난 금요일의 요청사항을 상기시키면서 "하이! 귀찮게 해서 미안해. 하지만 오늘 반드시 낮게 잡아야 한다는 것을 잊지 않았으면 좋겠어."

- Barclays' Senior Euribor Submitter replied: "no problem, I had not forgotten. The [voice] brokers are going for 3.372, we will put in 36 for our contribution."

Barclays의 선임Euribor금리제시 담당직원이 답하기를 "문제없어. 잊지 않고 있어. 보이스 브로커는 3.372로 가고 있는데, 우리는 36으로 제시할 거야."

- Barclays' Senior Euro Swaps Trader's responded: "I love you."

Barclays의 선임유로스왑트레이더가 답하기를 "사랑해."

4) December 5, 2006:

- Barclays' Senior Euro Swaps Trader requested that traders at Bank A, B and C have their Euribor submitters make a high six month Euribor submission.

Barclays의 선임유로스왑트레이더가 A 은행, B 은행, C 은행의 트레이더에게 그들 은행에서 6개월물 Euribor를 높게 제시할 것을 요청.

- When the trader at Bank C stated that he needed the same submission, Barclays' Senior Euro Swaps Trader agreed to make the request of the Barclays' Euribor submitters.

C 은행의 트레이더가 같은 금리를 제출하는 것이 좋겠다고 하자 Barclays의 선임유로스왑트레이더가 Barclays의 Euribor금리제시 담당직원에게 그렇게 요청하겠다고 합의

- Barclays' Senior Euro Swaps Trader emailed the Barclays' Senior Euribor Submitter: "hi [Senior Euribor Submitter] is it possible to have a high 6m fixing? Where do you think it will fix?"

Barclays의 선임유로스왑트레이더가 Barclays의 선임Euribor금리제시 담당직원에게 메일을 보내기를 "하이! 6개월물을 높게 잡아줄 수 있어? 얼마로 될 것 같아?"

- Barclays' Senior Euribor Submitter responded: "Hi [Senior Euro Swaps Trader]. we have posted 3.73, hope that helps…. can put in higher if you like?"

Barclays의 선임Euribor금리제시 담당직원이 답하기를 "하이! 3.73으로 했는데, 그 정도면 되겠어? 원하면 더 높게 할 수도 있어."

- Barclays' Senior Euro Swaps Trader's replied: "that's fine thx a lot for your help."

Barclays의 선임유로스왑트레이더가 답하기를 "그 정도면 됐어. 정말 고마워."

또 다른 대표적인 예는 4개월간의 은행 간 협의조정 과정 중에 한번은 Barclays의 선임유로스왑트레이더가 다수의 은행의 트레이더들과 그들이 보유한 선물거래포지션에서 이득을 얻고, 2007년 3월 19일 IMM(International Money Market) 결제일에 EBF 3개월물 공식 Euribor 금리에 영향을 끼칠 목적으로 그들의 거래전략을 총지휘한 사항이다. 다음은 그들이 나눈 대화의 일부이다.

1) February 12, 2007:
- Barclays' Senior Euro Swaps Trader bragged to a trader at Bank D that he was going to "push the cash to the basement' on the next IMM March date in order to make money on trades, claiming that he will have 80,000 lots in the Euribor futures contract on it. He swore the trader at Bank D to secrecy, claiming that if they did not keep the plan secret it would not work. Barclays' Senior Euro Swaps Trader also claimed that his "treasury [or Euribor Submitter] has the power to move 3m cash to the basement.

Barclays의 선임유로스왑트레이더가 D 은행의 트레이더에게 80,000개의 Euribor 선물계약을 하겠다고 하면서 다음번 IMM 3월 결제일에 '가장 낮은 금리로 현물매도'를 해서 큰돈을 벌 것이라고 떠들어 댐. 하지만 만일 이 일이 외부에 새어 나가는 경우 모든 일이 수포로 돌아갈 것이라며 이 사실을 비밀로 해줄 것을 요청함. Barclays의 선임유로스왑트레이더는 자금부나 Euribor금리 제시담당직원은 3개월물 현금을 가장 낮은 금리로 움직일 힘이 있다고 주장함.

2) March 20, 2007:

- Barclays' Senior Euro Swaps Trader stated to trader at Bank A that they needed to have the three month Euribor fixing go up slowly to avoid drawing any attention.

Barclays의 선임유로스왑트레이더가 A 은행의 트레이더에게 외부의 시선을 피하기 위하여 3개월물 Euribor 금리를 천천히 올릴 필요가 있다고 말함.

- Barclays' Senior Euro Swaps Trader told the trader at Bank A that he believed he was able to influence five other panel member banks the day before to lower their Euribor submissions as they both desired.

Barclays의 선임유로스왑트레이더가 A 은행의 트레이더에게 말하기를 Euribor 금리를 제시하기 이전에 그들이 원하던 대로 다른 5개 패널은행에 대하여도 영향을 미칠 수 있다고 주장

또한 아래 내용은 기록적인 25억 달러 벌금을 받은 Deutsche Bank의 조사 결과를 발표하며 각국 감독당국에서 공개한 트레이더 간의 이메일 및 메신저 내용의 일부로서 그 당시 런던 금융투자업계에 팽배해 있던 부도덕한 문화의 일단*을 들여다볼 수 있다.

February 2005: One trader asks another: "Can we have a high 6mth libor today pls geezer?"

"어이 괴짜친구, 오늘 6개월물 라이보 좀 높일 수 있어?"

---

* "Libor-rigging emails lift lid on City culture", Regulators release string of embarrassing messages showing attempts to move rate used to price £3.5tn of financial contracts, 23 Apr 2015.

March 2005: "Could we please have a low 6mth fix today old bean?"
"어이 친구, 오늘 6개월물 라이보 좀 낮출 수 있어?"

March 2005: a Deutsche Bank submitter explaining how he would manipulate the rate for a trader in New York "if you need something in particular in the libors i.e. you have an interest in a high or a low fix let me know and there's a high chance i'll be able to go in a different level. Just give me a shout the day before or send an email from your blackberry first thing."
"특히 라이보 관련 무언가 필요하다면, 예를 들어 높은 금리나 낮은 금리로 fixing하는 데 관심 있다면 내게 알려줘. 내가 (시장가격과) 다른 금리로 해줄 수 있을 것 같아. 그저 하루 전 이야기해 주든지 아니면 먼저 블랙베리로 이메일 보내줘."

September 2007: A Deutsche trader asks one at Barclays: "I'm begging u, don't forget me⋯ pleasssssssssssssssseeeeeeeeee⋯ I'm on my knees⋯."
도이치은행 트레이더가 바클레이즈 트레이더에게 요청하며 "너에게 빌고 있어. 제발 날 잊지 마. 나 지금 무릎 꿇고 있어."

January 2008: "You owe me a drink!" a Tokyo manager says after a rate is left high
금리를 높여놓고 동경의 매니저가 "너 나한테 술 한잔 사야 돼."라고 말했다.

August 2008: A trader on learning the rate is unchanged: "Oh bullshit⋯. strap on a pair and jack up the 3M (month). Hahahahaha."

금리가 바뀌지 않은 것을 안 트레이더는 "이런 제기랄. 꽉 묶은 다음 3개월 라이보 금리를 쭉 끌어올리자구. 하하하하."

May 2009: An external trader asked a Deutsche Bank trader: "cld you do me a favour would you mind moving you 6m libor up a bit today, i have a gigantic fix. ….." The next day, the Deutsche Bank trader confirmed the yen Libor submission had been raised: "u happy with me yesterday?" The trader replied "thx."
외부 트레이더가 도이치은행 트레이더에게 요청하기를 "부탁이 있는데 오늘 6개월 라이보를 조금 높여줄 수 있으신지요? 내가 오늘 엄청나게 큰 fixing이 있어서요." 다음 날 도이치은행 트레이더가 엔 라이보 제출가격이 올라간 것을 확인하고는 "어제 좋았어요?" 하고 묻자 외부트레이더는 "고맙습니다." 하고 답했다.

한편 아래는 영국 가디언지에서 발표한 LIBOR 관련 벌금 부과 내용을 정리한 기사의 일부인데 이를 보면 당시 트레이더들 간에 얼마나 이러한 관행*이 뿌리 깊게 자리 잡고 있었는지 그 실상을 체감할 수 있다.

1) 바클레이즈 트레이더들은 프랑스산 고급 Bollinger 샴페인을 선물로 받으면서 "언제든지 도와줄게.", "너를 위해서는 무엇이든지.", "했어. 형씨를 위해."

Barclays was the first bank to be fined in June 2012 when it received penalties of £290m - including a record £59.5m by the UK regulators. Traders were offered bottles of Bollinger champagne and quips of "always happy to help," "for you, anything," or "done ... for you big boy".

---

\* "Libor-rigging fines: a timeline", Deutsche Bank has been fined a record $2.5bn for rigging Libor – here's a list of other banks fined for rigging Libor rates, 23 Apr 2015.

2) UBS 트레이더는 "너를 위해서 엄청난 걸 해줄게…. 뭘 네가 원하든…. 난 약속을 지키는 사람이야."

> The record fine was quickly broken in December 2012 when Swiss bank UBS was fined £940m by regulators in the UK and US and accused of collusion and corrupt brokerage payments. One trader said: "I will fucking do one humongous deal with you … whatever you want … I'm a man of my word".

3) 라보은행 Libor 금리 제출담당자는 "걱정하지 마 친구! 시장에는 우리보다 더 한 사기꾼이 많다구."

> Dutch bank Rabobank was fined £660m in October 2013 and its chairman Piet Moerland resigned earlier than planned. "Don't worry mate - there's bigger crooks in the market than us guys!" one of its Libor submitters said.

독자에 따라 다가오는 느낌이 다르겠지만 대화내용이 상당히 노골적이고 심각한 수준이다 보니 이제는 대부분의 투자은행 컴플라이언스가 정도의 차이는 있으나 정기적으로 모니터링하는 중요한 check point가 바로 Bloomberg/Reuter 등의 메신저, 이메일 및 전화녹취 등이 되었다.

실제 모니터링 차원이나 사고조사를 위해 이메일이나 메신저를 확인해 보면 정말 다양한 비즈니스의 트렌드 및 영업방식뿐만 아니라 법규위반의 회색지대를 왔다 갔다 하는 위험한 수위의 대화들이 버젓이 자행되고 있음에 놀라지 않을 수 없다. 상식적으로 친한 친구 간에 술 한잔하며 농담으로나 할 내용(locker room conversation)이 버젓이 메신저나 전화로 이루어지는 것을 확인하고 아연실색하는 경우가 종종 있다.

또한 오래전 트레이더(Trader) 간의 대화를 보면 많은 부분이 약어나 은어로 이루어지는 것이 많은데 이를 자세히 들여다보면 담합의혹이나 금융실명제, 개인정보보호법 위반 등을 비켜 가려는 부단한 노력이 근저에 있음을 알고 쓴 웃음을 짓는 경우도 있다.

재미있는 내용은 시어머니 노릇 하는 컴플라이언스에 대한 욕설을 동반한 비난 등도 종종 접할 수 있으며 부지불식간에 벌어지는 고객 또는 친구와의 선정적인 내용의 대화들, 인사담당자가 보면 화들짝 놀랄만한 근무태만 사례 등도 종종 접할 수 있다.

우리나라 금융감독당국의 검사에 있어서 메신저, 이메일, 전화녹음 등 통신 기록은 검사 전 반드시 제출해야 하는 자료이고 검사역들은 이미 동 내용이 검사포인트를 제공해 주는 중요한 원천자료임을 알고 있기 때문에 금융회사 컴플라이언스 입장에서는 전자통신수단의 사용에 대한 적절한 내부통제가 무엇보다 중요한 통제대상 업무가 되고 있다.

이제는 우리가 낮이고 밤이고 간에 말하고 글로써 대화한 내용은 감독당국과 컴플라이언스가 다 듣고 본다는 것을 언제나 명심하여야 할 것이다. 임직원의 부적절한 행동(Misconduct)은 반드시 '누군가는 지켜보고' 있으며 언젠가는 '잘못은 밝혀진다.'는 경각심을 가져야 할 것이다.

컴플라이언스도 잘릴 수 있다?
강한 노동법은 컴플라이언스의 적?
지킬 수 없는 규제는 더 위험하다
Clear 할 수 없는 규제의 한계: 감독정책의 올바른 이해
내부고발과 컴플라이언스
채용비리와 컴플라이언스
부패와의 전쟁
갈 길이 먼 우리의 준법감시인제도

제5장

# 컴플라이언스의 도전

## 컴플라이언스도 잘릴 수 있다?

3.0
COMPLIANCE

업계에서 만나는 대부분의 사람들이 정년까지 편안히 갈 수 있는 직업의 대표적인 것으로 Compliance Officer를 지칭하곤 한다. 왜냐하면 독립적 업무수행을 위해 법적, 제도적으로 준법감시인을 보호하는 장치가 있다는 것을 염두에 둔 생각일 것이다. 하지만 실제로 준법감시인이 소위 말하는 철밥통일까?

영국의 금융감독청(Financial Conduct Authority)은 2012년에서 2016년 사이 금융감독당국이 정해놓은 내부통제원칙에 대한 감독소홀을 이유로 13개 금융회사의 Compliance Officer 개인에 대해 벌금을 부과하고 몇 년간 준법감시업무를 담당하지 못하도록 조치를 취하였다. 심지어는 Alstom UK의 전 준법감시 총책임자에게 형사처벌까지 부과하는 강수를 두기까지 했다.

또한 자금세탁방지업무 위반으로 미국 당국으로부터 거액의 벌금을 받았던 H 은행의 준법감시인이나 Libor scandal 등으로 어려움을 겪었던 B 은행의 준법감시인도 감독당국의 제재는 아니지만 직간접으로 이에 책임을 물어 사직한 바 있다.

미국에서는 2012년 의심 및 사기거래에 대한 통제소홀을 이유로 자금이체회사(Money transfer company)인 MoneyGram사 준법감시인에게 벌금 100만 달러를 부과하였고 이는 소송을 거쳐 2016년 25만 달러의 벌금 및 3년간 준법감시 관련 업무 종사 금지에 합의한 사례가 있다. 또한 2017년에도 SEC는 투자중개회사인 Aegis의 의심거래보고의무 위반에 대한 책임을 물어 AML compliance officer에게 거액의 벌금을 부과하기도 하였다.

또한 미국 미국증권거래위원회(SEC)가 투자자문회사 및 투자회사의 준법감시인에게 행정처분을 내린 현황을 보면 2009년(8건), 2010년(7건), 2011년(14건), 2012년(16건), 2013년(27건) 및 2014년(8건) 등으로 결코 적은 숫자가 아님을 알 수 있다.[*]

한편 그 내용에 있어서도 수년 전까지만 하더라도 준법감시인 개인에 대한 처벌은 당사자가 범법행위에 적극적으로 관여하였거나 위반사실을 은폐하기 위해 감독당국 보고를 이행하지 않으려는 시도가 명백히 드러나는 등 심각한 사정이 있을 때에만 조치가 취해졌고 그 제재수위도 높지 않았다. 하지만 최근에는 미국증권거래위원회 등 감독당국의 입장이 준법감시인의 적절한 내부통제 실패에 대해서도 개인제재로 초점(focus)을 옮겨가는 추세로 보여진다.

한편 국내 금융회사의 경우에도 요즘 심심치 않게 준법감시인이 징계를 받아 업계를 떠나는 사례가 종종 들리고 있다.

2025년 3월 금융정보분석원(FIU)은 국내 최대 가상자산거래소 업비트에 대해 미신고 가상자산사업자와의 거래금지의무 위반을 이유로 영업 일부정지 3개월 및 대표 및 경영진에게 면직, 문책경고 등 중징계를 내렸다. 더욱 충격적인

---

[*] "The Role of Chief Compliance Officers Must be Supported", Commissioner Luis A. Aguilar, U.S. Securities and Exchange Commission, June 29, 2015.

것은 다름 아닌 준법감시인에게 면직처분을 부과하였다는 것이었다.

2018년 오류 입고된 우리사주 주식의 공매도 등과 관련하여 기관제재를 받은 S 증권의 경우에도 내부통제 실패를 이유로 준법감시인이 정직의 징계를 받아 사표를 내고 회사를 그만두었다는 소식을 접한 바 있다.

국내 외국계 금융회사에 있어서도 내부사기 또는 컴플라이언스 업무 소홀로 준법감시인이 주의 등의 조치를 받아 현직에서 물러나 일정기간 동안 준법감시인으로 선임되지 못한 사례(유럽계 A 증권사, 중국계 K 은행, 미국계 C 은행 등등) 등이 있었다. 특히 외국계 금융회사의 경우 국내 금융회사와 달리 준법감시인이 지위를 상실하면 다른 부서로의 이동이 용이하지 않아 결국 회사를 그만두어야 하는 위험이 상존하고 있어 더 이상 안전을 보장받을 수 없는 직위(position)가 되어 가고 있다.

우리나라의 경우 과거 은행법상 임명된 준법감시인의 경우 단순한 '주의' 조치만으로도 직위를 상실하도록 한 바 있어 자본시장법의 '견책' 이상의 조치가 해당 지위를 상실하는 것에 비해 형평성의 문제가 있음을 외국계 은행 준법감시인이 금융감독당국에 여러 차례 호소한 바 있었다. 당시 업계에서는 우스갯소리로 연봉협상 시 이러한 불안정한 직업 안정성(job security)에 따른 보험금을 따로 받아야 한다는 목소리도 있었다.

이제는 금융회사지배구조법(법률 제13453호, 2015. 7. 31.)에서 직원(미등기임원 포함)인 준법감시인의 자격요건을 최근 5년간 '감봉(준법감시인이 업무집행책임자를 포함한 직원인 경우)' 이상의 조치를 받은 사실이 없을 것으로 규정하여 준법감시인의 직업의 안정성을 어느 정도 제도적으로 보장해 주고 있지만 최근의 준법감시인 개개인에 대한 제재가 일상화되고 있는 사례를 보면 이것이 더 이상 안전판이 될 수만은 없을 것 같다.

# 강한 노동법은 컴플라이언스의 적?

대부분의 사람들은 크고 작은 금융사고가 발생하고 반복적으로 재발하는 것을 보고 우선적으로 떠올리는 것이 해당 금융회사의 취약한 내부통제시스템이나 준법감시인의 역할 미흡 및 컴플라이언스 문화의 정착 부족 등을 이야기하며 해당 기관에 대해 비난을 하곤 한다. 사실 그 모든 것이 결합되어 금융사고가 발생하는 것이 일반적일 것임은 자명하다. 하지만 이 부분에서 컴플라이언스 입장에서는 여러 가지 억울함을 이야기하고 싶은 부분들이 있는데 그 중에서도 특히 직원을 과도하게 보호해 주는 강한 노동법이야말로 준법문화(Compliance Culture) 정착을 저해하는 주요 요인 중의 하나라는 것이라면 너무 충격적인 이야기일까?

금융업에 있어 직원들의 자질은 비즈니스의 핵심이라고 할 수 있다. 특히 어떤 성향을 가진 구성원들이 있느냐에 따라 그 금융회사의 업무행태나 분위기는 천차만별일 것이다. 컴플라이언스에게 있어 가장 어려운 문제 중 하나가 직원들의 자세를 어떻게 효과적으로 변화시킬 수 있느냐이다. 알다시피 하루가 다르게 업무형태와 시장이 변화하고 이에 맞추어 각종 규정이나 법규가 지속적으로 진화하고 있지만 구성원들이 이를 시의적절하게 받아들이지 못한다면 이는 정말로 큰 위험요소가 아닐 수 없다.

실제 과거에는 당연한 관행으로 받아들여지던 업무방식이 현재의 기준으로는 규정의 위반뿐만 아니라 범죄행위로까지 간주되어 처벌받는 경우가 종종 발생하곤 한다. 그렇다면 이러한 규제환경 변화를 거부하고 예전의 행태를 고집하는 구성원의 경우 여러 가지 내부 교육이나 징계 조치 등을 통해 변화를 강제해 보지만, 이에는 한계가 있고 그렇다면 궁극적으로는 회사를 떠나게 만드는 것이 가장 효과적인 내부통제의 수단이 될 수 있어야 하지만 불행히도 한국의 노동법은 이를 거의 불가능하게 무력화시키는 사례가 빈번히 발생하고 있음을 알 수 있다.

많은 경우 문제가 되는 직원은 이러한 노동법의 힘을 너무나 잘 파악하고 있기 때문에 본인이 스스로 변화하고자 하는 노력보다는 기존의 타성을 버리기를 꺼리고 오히려 회사에게 많은 액수의 '조기퇴직위로금(ERP: Early Retirement Package)'을 요구하며 버티는 경우를 종종 볼 수 있다. 또한 외국계 은행 서클에는 사고를 쳐놓고도 회사를 오히려 협박하여 엄청난 금액을 보상받고 나갔다는 이야기가 대단한 무용담처럼 소문으로 전해지곤 한다. 그것이 사실이든 아니든 이러한 루머 자체가 자기책임에 따른 일벌백계를 단지 구호로만 여기게 만들고 잘못된 선례로 남게 됨은 물론 준법문화의 정착을 실제적으로 위협하는 부정적인 요소임은 두말할 나위가 없을 것이다.

근로자를 보호하고자 하는 노동법이 올바른 준법문화 정착과 조화를 이루는 것이 필요할 것이다.

## 지킬 수 없는 규제는 더 위험하다

　영업을 하는 직원의 입장에서 컴플라이언스가 내부통제업무의 일환으로 만들어 따르라고 요청하는 제반의 사전통제절차가 번거롭거나 어떤 경우엔 왜 이런 쓸데없는 절차를 만들어 놓고 지키라고 하는 것인지 불평을 늘어놓는 경우가 종종 발생한다. 컴플라이언스의 통제 및 모니터링의 과정에서 필수적으로 발생하는 직원들 행위의 제약이나 절차준수 의무 요구는 컴플라이언스 업무과정의 반드시 필요한 요소이며 이에 대해 무조건 지킬 것을 강요하는 것보다는 그 취지 및 준수의 필요성에 대한 공감대를 형성하는 것이 효율적인 내부통제의 기본이 될 것이다.

　그런데 만약 컴플라이언스가 60페이지나 되는 규정집을 주면서 읽어보고 그대로 규정을 준수하라고 한다면 당신의 첫 번째 반응은 어떠하겠는가? 더 나아가 컴플라이언스가 "나는 이를 그대들에게 전달하고 지키라고 했으니 만일 이를 어겨 문제가 생기면 이는 당신들의 책임"이라고 한다면 어떻게 받아들이겠는가?

　그래도 컴플라이언스의 지시니까 읽어보려고 노력은 하는데 도대체 무슨 말

인지 알기가 어렵고 쓰여 있는 내용 자체가 현실적으로 지키기가 거의 불가능할 정도로 복잡하다면 당신은 어떻게 행동하겠는가?

대부분의 경우 아예 규정집을 닫아버리고 내용을 무시함은 물론 이해할 수도 지킬 수도 없는 rule을 지키라고 강요하는 컴플라이언스를 비난할 것이고 결과적으로 아무도 책임을 지고 규정을 준수하려고 하지 않을 것이라는 사실이다.

이렇게 되면 오히려 그 분야에 있어서는 그러한 복잡한 통제나 규제가 없어도 상식선에서 누구나 인지하고 예견할 수 있는 잠재적 위험조차도 오히려 복잡하게 만들어 놓은 규제절차 때문에 이를 아예 무시해 버리는 바람에 금융회사 전체로는 더욱 위험이 커지는 역설적인 현상이 초래될 가능성이 크다. 이것이 바로 지킬 수 없는 규제의 위험성으로서 컴플라이언스가 반드시 피해야만 하는 함정(the traps to avoid)이다. 다시 말해 지킬 수 없는 컴플라이언스 프로그램은 모든 구성원을 무책임(irresponsible) 하게 만들어 버리는 결과를 초래할 뿐이다.

컴플라이언스 입장에서는 모든 위험을 완벽하게 사전에 통제하고자 하는 과도한 의욕에서 아주 복잡하고 세밀한 프로그램을 만들려고 하지만 이렇게 한다고 해서 금융회사 입장에서 무위험(Zero risk)을 달성할 수는 없으며 또한 Zero risk가 금융회사의 궁극적인 목표가 될 수도 없다.

효과적인 컴플라이언스 프로그램은 모든 직원들이 쉽게 이해하고 개개인이 책임감을 느낄 수 있도록 만드는 것이 되어야만 하며 이는 관련 직원이 '동 프로그램이 괜히 업무절차를 복잡하게 만든다(the procedures are not superimposed on the business to complicate it)는 생각보다는 업무의 한 부분(but are part of the business)'이라고 이해하도록 만드는 것이 중요하다. 또한 컴플라이언스의 역할은 그것이 아무리 복잡한 규정이나 절차라고 하더라도 이를 이해하기 쉽게 만들어 모든 조직 구성원이 책임감을 가지고 효율적으로 이를 따르도록 하는 것임을 항상 염두에 두어야 할 것이다.

여기에 더해 컴플라이언스 프로그램의 실행에 있어 한 가지 더 고려하여야 할 점은 반드시 필요한 부분에 적정한 수준의 통제(an adequate and appropriate program)를 수행하여야지 '보여주기식' 또는 '있으나 마나' 한 규제는 지양하여야 한다는 것이다(Don't implement a cosmetic program). 이러한 보여주기식의 컴플라이언스 프로그램은 실제 위험을 사전에 인지하는 통제의 효과는 고사하고 직원 대다수로 하여금 컴플라이언스 통제업무의 신뢰성만 약화시키는 결과를 초래할 뿐이다. 감독당국이든 아니면 내부감사든 단지 그런 절차를 가지고 있다는 것만 보여주기 위해서 내실 있고 실제 필요한 내부통제절차를 갖추어 놓지 않고 서류로만 만들어 놓은 내규(Paper Compliance)\*는 컴플라이언스 업무의 효율성 및 신뢰성을 떨어뜨리는 것은 물론 그 자체로서 리스크를 증가시키는 위험한 시도로 귀결될 가능성이 크다.

---

\* 미국 법무부에서 발표한 '맥널티 메모(Mcnulty memorandum, 2006. 12.)'에 따르면 기업범죄에 대해 검사가 기소 및 구형을 하기 위한 주요 고려요소 중 하나로 '효과적인 컴플라이언스 프로그램의 존재여부'가 있는데 이때에도 그 컴플라이언스 프로그램이 효율적으로 작동하는지를 면밀히 살펴보도록 규정하고 있다. 검사는 compliance program의 피상적인 외양보다는 컴플라이언스에 대한 회사의 진정한 의지를 검토한다. 다시 말해 paper compliance는 더 이상 인정을 받지 못하고 있는 것이다.
우리나라의 경우 2020년 초 DLF(Derivatives-Linked-Fund)의 불완전판매 논란과 관련, 내부통제 부실로 경영진에게 제재를 할 수 있느냐가 핵심 쟁점으로 떠오른 적이 있다. 감독당국 입장에서는 은행 본점 차원의 과도한 영업과 내부통제 부실이 DLF의 불완전판매로 이어졌다는 점이 내세웠던 경영진에 대한 제재 근거였다. 금융회사 지배구조법은 "금융회사는 내부통제기준을 마련해야 한다."고 나와 있고, 시행령에서 "실효성 있는 내부통제기준을 마련해야 한다."고 규정한 만큼 **효과적인 내부통제**가 작동하지 않은 것에 대해 경영진의 책임을 물을 수 있다는 논리다. 하지만 내부통제 부실에 따른 책임으로 경영진까지 제재하는 것은 법적 근거가 미약하다는 게 은행들의 방어 논리였다. 은행들은 CEO가 상품 판매를 위한 의사 결정에 직접적으로 개입하지 않았고, 사태 발생 이후 고객 피해 최소화와 재발방지책 마련에 노력을 다했다는 점 등을 부각시켰으나 결국 해당 은행의 장에게 금융감독당국은 문책 경고의 중징계를 확정하였다. 그러나 이어진 행정소송에서는 해당 은행장의 손을 들어주어 효과적인 내부통제의 의미가 모호해지는 결과로 귀결되었고 이에 금융당국은 '금융회사 지배구조법'을 개정하여 책무구조도 제도를 도입함으로써 효과적인 내부통제에 실패했을 때 금융사 최고경영자(CEO)를 제재할 수 있도록 하는 근거를 마련하기에 이르렀다.

각국의 감독당국들은 반복적으로 강조하는바 컴플라이언스 프로그램은 살아 있는 (dynamic) 것이어야 하며 조직 내의 변화에 능동적으로 대응하여 내재된 리스크를 실시간으로 효과적으로 식별하고 근본적인 원인을(root cause analysis) 잡아낼 수 있어야 한다고 요구하고 있다. 따라서 효과적인 컴플라이언스 업무를 수행하기 위해서는 기존의 통제 및 모니터링 활동이 달라진 금융환경에서 잘 작동하고 있는지 또한 불필요하게 복잡하고 과도한 절차는 없는지 끊임없이 관찰하고 개선의 노력을 기울여야 할 것이다.

# Clear 할 수 없는 규제의 한계: 감독정책의 올바른 이해

컴플라이언스의 일과 중 관심을 가져야 할 것이 감독당국으로부터 수시로 공문이나 이메일 등으로 전달되는 감독시책의 변화를 놓치지 않아야 하는 일이다. 어떻게 보면 감독규정 및 시책의 정확한 이해가 기본적인 컴플라이언스 업무의 출발점이라고 할 수 있을 것이다.

하지만 글로벌 금융위기 이후 전 세계적인 규제확산의 흐름에 따라 거의 매일 정신없이 쏟아져 나오는 규제의 홍수*는 한편으로는 컴플라이언스 업무를 더욱 어렵고 복잡하게 만드는 부담으로 작용하고 있는 것이 현실이다. 우리나라 금융감독당국도 전 세계적인 글로벌 규제개혁(Global Regulatory Reform)에 발맞추어 많은 감독규제의 변화를 모색하고 있어 조금만 신경을 쓰지 않으면 지나간 규정을 따르다 본의 아니게 실수할 위험이 상존하고 있다.

---

\* Thomson Reuters 사의 'Cost of Compliance Survey 2016'에 따르면 2015~2016년 중 전 세계적으로 매일 평균 200개 감독 관련 시책의 출간, 변경 및 발표가 이루어진 것으로 조사되었다. 또한 Boston Consulting Group(BCG)의 2017년 3월 보고서에 따르면 2011년 이후 은행들이 관심을 기울여야 하는 일별 규정개정 건수가 3배나 증가하였으며 평균 200개에 이른다고 분석하고 있다.

변화하는 규제의 양적인 면도 그렇지만 감독규정의 변화가 점점 복잡하고 세분화되어 있어 이를 정확하게 이해하는 것도 그렇게 녹록한 일은 아니다. 또한 규정이나 가이드라인 자체가 정확하고 디테일하게 갖추어져 있지 않은 경우가 많아 실제 업무 적용 시 어려움을 겪는 경우가 빈번하다. 이러한 규제의 회색지대(grey area)를 어떻게 해석하고 정리하며 정확한 가이드라인을 제시할 수 있느냐가 성공적인 컴플라이언스 업무의 핵심으로 자리 잡아가고 있다.

금융회사 직원들은 일반인들이 생각하기에는 모든 업무를 규정 및 내부지침에 근거하여 조직적이며 체계적으로 처리할 것처럼 보이지만 실상은 많은 직원들이 규정에 관심을 가지고 있지 않고 감독시책의 변화에 둔감한 것이 실상이다. 심지어는 본인의 업무와 직결되는 규정의 변화에도 이를 중요하게 인식하지 못하고 그런 것은 모두 컴플라이언스가 알아서 할 문제라고 생각하는 경우도 있다. 이러한 인식을 가지고 있는 경우 아무리 컴플라이언스가 정기적으로 규정을 업데이트해 주고 교육을 실시하여도 큰 효과를 거두기가 힘들며 규정 위반의 위험은 별로 감소되지 않고 있다.

이러한 상황하에서 감독규정의 제정 배경 및 감독당국의 규제 의도를 정확하게 분석하여 이를 개별 금융회사의 현실에 맞게 적용시키고 '해야 할 것(Do's)'과 '해서는 안 될 것(Dont's)'을 구체적으로 마련하여 이를 영업부서 및 관련 부서에게 시의적절하게 전달하는 것이 어찌 보면 가장 기본적이면서도 쉽지 않은 컴플라이언스의 업무가 되어버렸다.

특히 미세한 감독규정상의 절차변화가 영업방식과 직결되는 자본시장 등 투자은행의 업무에 있어 감독당국 정책의 정확한 이해는 금융회사의 규제 관련 위험관리와 직결되는 중요한 사안으로서 이미 이에 종사하는 컴플라이언스의 골칫거리가 되어버린지 오래다.

그런데 앞서 언급한 바와 같이 정치하지 않은 감독당국의 규정 및 가이드라인을 현실성 있게 적용하는 것이 그렇게 쉬운 일은 아니다. 모든 규정이 그렇듯이 다양한 금융회사의 영업현실에 일괄적으로 분명(clear and fit one to all)하게 적용되는 것은 거의 불가능하며 특수하고 개별적인 상황에 대한 해석이 필요한 경우가 실제는 더 많다. 규정을 만든 감독기관의 당국자도 금융회사의 영업행태를 다 알고 이에 맞게 적용한 것이 아니기 때문에 감독당국의 의도와 영업현실을 종합적으로 감안하여 최종적으로 컴플라이언스가 금융회사 나름의 가이드라인을 정해야 하는 것이 현실이다. 이때가 컴플라이언스의 역할이 정말 중요하게 부각되는 순간이기도 하다.

만일 규정이나 감독당국의 의도를 너무 확대해석하여 너그러운 방식으로 영업범위를 정해줄 경우 자칫 감독당국의 검사 시 법률 위반으로 간주되어 금융회사 및 담당자는 물론 결과적으로 가이드라인을 잘못 제시한 컴플라이언스에게도 책임을 물게 할 위험이 크기 때문에 컴플라이언스 입장에서는 가급적 보수적으로 이를 해석하려는 경향이 있다. 하지만 일선 영업부서 직원 입장에서는 엄격한 규정해석이 영업범위를 제한하고 이는 실적과도 직결되는 문제이기 때문에 여러 가지 방식<sup>*</sup>으로 컴플라이언스에게 압력을 가해오기도 한다. 간단하게 요약해 보면 분명하지 않은 규제체계에 따른 리스크를 어느 정도의 수준에서 컴플라이언스가 떠안고 갈 것인가로 집약될 수 있다.

컴플라이언스가 리스크를 가장 작게 가져가는 방법은 간단하다. 보수적으

---

\* 가장 전형적인 방식이 "다른 은행은 다 괜찮다고 하는데 유독 우리은행만 못 하게 하고 있다."라는 주장을 펼치는데 경험상 사실이 아닌 것으로 판명 나는 경우가 대부분이다.

로만 해석하여 제한을 많이 두면 되겠지만 이렇게 할 경우에는 관련 부서와의 긴장이 고조되는 것은 물론 영업실적이 좋지 않을 경우 영업부서 직원들이 그 원인을 컴플라이언스에게 돌리게 될 것이고 컴플라이언스 조직 내에서도 이를 견뎌내기가 쉬운 일이 아니다. 경영진 또는 영업부서 직원이 가장 많이 주장하는 논거로는 만일 컴플라이언스가 감독당국의 입장과 똑같이 경직적, 보수적으로 규정을 해석할 요량\*이라면 그냥 감독당국의 시책을 아무 생각 없이 따르면 되지 굳이 조직 내에 컴플라이언스를 둘 이유가 없다는 것이다. 논리의 비약이기는 하지만 이를 그냥 간과하고 넘어갈 수는 없는 것이 현실이고 얼마나 효율적으로 이러한 리스크를 잘 관리하느냐 하는 것이 현대의 컴플라이언스에게는 중요한 업무 중 하나임에는 틀림없다.

이러한 현실을 반영하여 많은 금융회사들이 컴플라이언스 조직에 감독당국 출신의 전문가를 영입하여 이러한 규제위험(regulatory risk)을 효율적으로 운영하려고 하고 있으며 실제 감독당국의 업무배경이 어느 정도 도움을 주고 있는 것이 사실이기도 하다. 이 때문에 많은 사람들이 감독당국 출신들의 인맥을 이용하면 검사도 잘 넘어가고 다른 금융회사에 비해 전관으로서 혜택(advantage)이 작용할 것이라 예상하고 있다. 하지만 2016년 김영란법의 시행 훨씬 이전부터 이러한 기대는 거의 작동하지 못하고 있는 것이 현실이라면 오히려 역설(irony)이라고 할 수 있겠다.

그러한 오해에 휘말리지 않기 위해 감독당국 입장에서는 규정을 더욱 엄격하게 적용하여 오히려 역차별을 당하는 경우도 생기곤 한다. 실상은 감독당국 출신의 컴플라이언스가 있는 금융회사가 감독원의 검사를 반드시 잘 넘어가

---

\* 이러한 시각은 우리나라에 준법감시인제도가 도입되던 초기에는 마치 Compliance Officer가 감독당국의 2중대라는 오해를 낳기도 하였다.

는 것도 아니고 큰 금융사고가 일어나지 않은 것도 아니다.

　설령 해당 기관의 내부통제가 잘 이루어져 감독당국의 검사를 잘 넘어갔다면 이는 인맥이나 전관예우를 통해서가 아니라 컴플라이언스가 감독당국에서 익힌 전문성을 활용하여 불분명한 감독당국의 시책과 가이드라인을 정확하고 현실성 있게 해석하고 이를 일상업무에 적용시킬 수 있는 능력이 있었기 때문일 것이다. 감독당국의 업무처리 방식과 관련 당국자의 의도, 규제의 효과에 대해 아무래도 논리적으로 해석을 잘해내고 이에 부합하도록 디자인하는 능력이 그러한 경험을 가지지 못한 컴플라이언스보다는 당연한 것이라면 글로벌 규제의 복잡화 경향 속에서 감독당국 재직 시 습득한 그 전문성이 더욱 빛을 발할 수 있는 것이 아닐까?

# 내부고발과 컴플라이언스

2008년 5월 미국 상품선물거래위원회(CFTC: Commodity Futures Trading Commission)는 Libor금리조작 조사에 착수하게 되고 영국 금융당국과의 공조를 통해 조사를 확대하게 된다. 몇 년간의 조사 끝에 Barclays를 비롯한 10여 개의 국제적인 투자은행들이 담합해 수년간 Libor금리를 낮춘 사실이 드러났고 이들 금융회사에 대해 천문학적인 벌금이 부과된 바 있다. 우리가 잘 알고 있는 Libor 담합 사건이 세상에 드러나게 된 계기도 사실은 내부고발이 그 시작이 되었던 것이라고 한다. 즉, 강력한 금융감독제도하에서도 몇 년간 드러나지 않았던 구조적인 담합 및 시장금리조작이라는 엄청난 사건이 내부고발로 만천하에 드러나게 됐고, 사법당국 및 금융감독당국이 끈질기게 조사를 해나갈 수 있는 단초가 되었다는 점이다. 우리가 주목할 점은 내부고발이 없었다면 이는 어쩌면 영영 드러나지 않고 지속되었을지도 모를 일[*]이라는 것이다.

---

[*] 미국 증권거래위원회(SEC)의 내부고발부서장(the chief of the SEC's Whistleblower Office)인 제인 노버그(Jane Norberg)는 "내부고발자가 사기에 맞서고 투자자를 보호하는 법집행의 병참기지에 있어 핵심적인 도구임이 입증되었다("Whistleblowers have proven to be a critical tool in the enforcement arsenal to combat fraud and protect investors")."고 말한 바 있다.

최근 우리는 예전에 비해 공익제보란 단어를 일상생활에서 자주 접하곤 한다. 통상 공익제보란 '한 조직의 구성원이 내부에서 저질러지는 부정과 비리를 외부에 알림으로써, 공공의 안전과 권익을 지키고 국민의 알권리를 보호하는 행위'를 말한다. 이러한 공익제보(whistle-blowing)란 말은 영국 경찰관이 호루라기를 불어 시민의 위법행위와 동료의 비리를 경계하던 것에서 유래되었다고 하며 따라서 공익제보자(whistle-blower)는 공익을 위해 용기 있게 정의의 호루라기를 부는 사람을 말한다고 할 수 있겠다.[*]

공익제보란 표현보다 훨씬 직접적이지만 비슷한 뜻으로 쓰여지는 용어가 바로 '내부고발'이다. 내부고발이란 '조직 또는 조직 내부 구성원이 불법, 비윤리적, 공공이익에 반하는 행위 등에 대한 정보를 조직 내부나 외부에 신고 또는 공개하는 행위'를 의미한다. 통상 비리는 소리 없이 은밀하게 벌어지는 것이 일반적이기 때문에 외부에서 알 수 없는 은밀한 조직 안의 이야기를 밖으로 퍼뜨리는 것이 내부고발인 것이다. 현대와 같이 분업화되고 복잡한 사회에서는 조직 내부에 있는 사람조차도 조직의 모든 비리를 속속들이 알 수 없는데 하물며 조직 바깥에 있는 외부인이 이를 발견하는 것은 정말 어렵기 때문에 내부고발은 세상을 바꾸는 원동력으로 받아들여지기도 한다.

금융회사도 사업확대 내지 수익증대 등의 과도한 성과주의가 불법·부정·부패 등의 비윤리적 영업행태나 그에 준하는 조직구성원의 행동으로 이어지기도 한다. 제아무리 잘 정비된 내·외부감사 시스템 및 컴플라이언스 체계 그리고 내부통제시스템을 구축하고 운영한다고 하더라도, 금융회사 모든 임직원의 비윤리적인 행동을 완벽하게 차단, 예방할 수는 없을 뿐만 아니라, 발

---

[*] [네이버 지식백과] 공익제보 'whistleblowing'(한경 경제용어사전)

생된 결과들을 모두 탐지하고 통제할 수도 없는 것이 조직경영의 현실이다. 그래서 내부고발제도는 대부분의 글로벌 금융회사에 있어서는 또 하나의 강력한 내부통제수단으로 여겨지고 있고[*], 각 국가별 금융감독당국은 필수 내부통제수단으로서 내부고발제도를 권고 내지 이행하도록 하고 있다. 내부고발이 자유롭게 보장되는 경우 조직운영의 투명성을 기할 수 있으며, 더 나아가 금융회사 내의 범죄를 사전에 예방할 수 있는 장점이 있기 때문이다.

윤리적 행동과 법규준수가 우선적 관심사인 컴플라이언스에게는 조직 내 내부고발제도가 아주 중요한 내부통제수단이 되며 이를 적극적으로 활용하기도 한다. 왜냐하면 내부고발은 사전적이고 예방적이며 더 나아가 내부고발자의 잠재 가능성은 금융회사나 기업 스스로 준법경영을 지키게 하는 동인이 될 수도 있기 때문이다. 내부고발을 활성화한다는 것은 기업의 법률 위반행위가 언제든지 외부로 알려질 수 있다는 것을 의미하며 이는 기업이 법률 위반행위를 막기 위해 스스로 노력할 수 있는 인센티브를 부여한다고도 볼 수 있겠다. 기업 스스로 법규를 준수하려는 의지가 없는 한 아무리 강력한 규제도 큰 의미를 갖기 어렵다는 점을 고려할 때 내부고발제도는 조직구성원의 자발적 준수를 이끌 수 있는 새로운 규제 패러다임으로 작용할 수 있는 것이다.[**]

컴플라이언스 입장에서는 내부고발제도를 통해 임직원의 제보가 효과적인 'early warning system'으로 작동하도록 함으로써 조직 내 문제점을 조기 시

---

[*] '국제공인부정조사관협회(ACPE)'가 2012년 세계 96개국의 기업과 정부기관 등을 상대로 부정부패사례를 조사한 결과 비윤리행위를 최초 적발한 경로로 내부고발(제보)에 의한 것이 43.3%로 가장 높았다. 그리고 내부고발제도가 갖춰진 조직의 경우는 제보에 의한 적발비율이 50.9%로 더 높게 나왔다. 출처: Fraud Survey, Report on Occupational Fraud and Abuse by ACFE.

[**] 곽관훈, 〈기업 규제 관점에서 본 내부고발자(Whistleblower) 보호의 필요성 및 방안〉, 《기업법연구》 28권 1호, 2014년.

정하는 도구로 활용하는 것이 매우 중요하다. 만일 이러한 내부적인 의사전달 창구가 제대로 작동하지 않을 경우 문제가 눈덩이처럼 불어나고 직원 입장에서는 그들이 할 수 있는 최후의 수단이 결국 조직 외부에 터뜨리는 것밖에 없다고 생각하게 되는 것이다.[*]

내부고발은 경험적으로 조직에서 이를 이용하여 문제를 해결한 전례가 많을 경우 활성화된다고 볼 수 있다. 다른 말로 내부조직원이 느끼기에 내부고발을 통해 그 조직이 올바르게 일을 처리할 것이라는 신뢰가 내부고발자를 찾아내어 징벌할 것이라는 두려움보다 크다고 한다면 부도덕하고 위법한 행위에 대한 내부고발은 고무될 것이다.[**]

따라서 컴플라이언스에게 있어서는 내부고발자의 인권보호뿐만 아니라, 내부고발자가 보호됨에 따라 내부고발이 활성화되고, 이를 통해 기업의 내부통제시스템이 효율적으로 기능할 수 있도록 하는 것이다. 즉 조직 내에 내부고발을 해결할 수 있는 내부시스템을 도입하고, 컴플라이언스 등 내부통제시스템과 연계하여 실효성을 확보하는 방안을 마련해야 하는 것이다.

## 내부고발을 바라보는 시선

그러나 현실적으로 내부고발은 배신행위이며 궁극적으로 조직에게 불이익이 된다는 인식이 여전히 강하다. 조직 내부에서는 내부고발자를 여전히 부정적인 시선으로 보는 인식이 많고 조직으로부터 따돌림과 보복을 받기도 하는

---

[*] They should motivate organizations to listen and take action when employees raise concerns internally – an effective "early warning" system – long before issues can snowball and well before an employee feels their only option is to report something externally.

[**] whistleblowers are more likely to come to the fore where their organization has a track record in rectifying problems. In other words people are encouraged to blow the whistle on unethical or unlawful behaviour if their organization can be trusted to do the right thing, rather than conducting a witch hunt to identify and punish the source.

등 자칫 본인의 경력 전체를 잃어버리는 불이익을 당하기도 한다. 조직으로부터 징계는 물론 민·형사상 책임을 묻는 경우도 발생한다. 그런 만큼 익명성에 기반을 둔 '고발자 보호제도'가 잘 정비되어야 한다는 목소리가 높고 조직 구성원들도 내부고발을 조직의 부패, 불법, 사기 또는 유해한 활동에 대하여 윤리적으로 정당한 목소리를 냄으로써 조직 및 더 나아가 공익을 위한 건전한 행위로 간주하는 인식제고가 필요한 것이다.

내부고발자는 크게 두 부류로 구분할 수 있다. 하나는 본인이 비리에 연루되지 않은 제3자의 입장에서 영국 경찰처럼 비리를 보자마자 호루라기를 부르는 경우다. 또 다른 부류는 내부고발자가 한때나마 조직 내부에서 부정부패와 비리를 눈감아 줬거나 부정한 행동의 주체인 경우가 적지 않다. 이들은 부정한 행위를 눈감아 줬고 직접 나서서 이런 행위를 하다가 더 이상은 할 수가 없어 폭로에 이르게 되는 경우다. 때로는 내부고발자가 범죄혐의가 있는 경우도 있다. 비리의 공범으로서 처벌을 피하기 위해 내부고발자가 되는 경우도 있는 것이다.*

내부고발자들을 보호해야 하는 당위성은 인정되지만 우리는 그들을 어디까지 보호해야 하는지, 내부고발자라도 범법행위가 있다면, 처벌을 피하기 위해 내부고발을 했다면 어느 선까지 처벌을 해야 하는지, 과연 내부고발자를 처벌해야 하는 것인지, 면죄부를 줘야 하는 것인지에 대한 논쟁은 여전히 현재진행형이다.

내부고발 사건이 사회변혁의 계기로 높게 평가받더라도, 내부고발자 자신은

---

\* 〈[세상을 바꾼 '내부고발자']①'강자' 아닌 그들⋯사회가 지켜줘야〉, 2018. 04. 05., 《이코노믹리뷰》 참조.

숨어 살아야 하는 것이 현실이며 더 나아가 비참한 삶도 각오해야 할 수도 있다. 체계화되지 않은 제도와 비우호적인 문화로 인해 조직 내의 따돌림을 당하기 일쑤인 것이다. 실제 조직원이 내부고발 hot-line에 전화를 건 순간 그는 이미 조직에 다시 돌아올 수 없는 루비콘강을 건넌 것이 될 가능성이 크며 그에게는 앞으로 경제적으로, 커리어상으로, 사회적으로, 신체적으로 그리고 정서적으로 엄청난 역경이 올 수 있음을 각오해야 할 수도 있다.*

또한 내부고발로 조직이 변하기도 하지만 조직의 부패는 이에 맞춰 다시 진화한다. 또한 부패가 진화될수록 내부고발자를 옥죄는 방법도 진화한다고 볼 수 있다.

그러한 만큼 제대로 된 내부고발제도를 정착시키고 부작용 없이 제대로 운영하는 것이 중요할 것인데, 이는 내부고발제도에 대한 조직 구성원의 올바른 인식을 기반으로, 건전한 조직문화를 위해 내부고발제도를 선의로 활용하는 문화를 조성하는 것이다.

내부고발자를 보는 사회의 부정적 시선은 또 다른 문제다. 내부고발자를 보호해야 한다는 당위와 이로 인한 결과에 대해 찬사를 아끼지 않으면서, 정작 자신의 조직 내에서 내부고발자는 그리 달가워하지 않는다. 특히, 연공서열이나 계급이 중시되는 조직일수록 내부고발은 배신, 항명, 하극상으로 치부되며 '조직이 마음에 들지 않으면 그만두면 될 일이지.'라며, 내부고발을 통해 조직에 분란을 일으키는 것은 내부고발자에게 문제가 있다는 주장도 나온다.

글로벌 회계·컨설팅 법인 EY(언스트앤영)가 2017년 5월 발표한 '2017 아시아

---

\* Speaking up can take an enormous toll on the person raising the issue – financially, professionally, socially, physically and emotionally.

태평양 부정부패 설문조사'에 따르면 2016년 11월부터 2017년 2월까지 한국, 중국, 일본, 호주, 말레이시아, 필리핀 등 아시아·태평양 지역 14개국에서 근무하는 기업의 임직원 1,700여 명을 대상으로 실시한 설문에서 한국 응답자의 61%가 "내부고발 핫라인(Whistle-Blowing Hotline)을 사용하지 않겠다."고 답했다. 이는 아태지역 평균인 37%를 크게 웃돌고 일본(42%), 중국(40%) 등보다도 월등히 높은 수준이다. 내부고발 핫라인을 신뢰하지 않는 이유는 자신의 제보 사실이 비밀로 유지된다는 확신이 없고, 내부고발자를 보호하기 위한 법적 장치가 불충분하다는 생각이 48%나 됐다.

1986년에 설립되어 런던에 근거지를 두고 있는 NGO단체인 기업윤리원(the Institute of Business Ethics)의 2019년 중 서베이*에 따르면 싱가포르 설문답변자의 40%가 직장 내에서 부당한 행위를 인지하였지만 이를 경영진 등에 보고하지 않은 것으로 조사되었는데, 그 주요한 이유(41%)가 어차피 내부에 알려도 시정조치가 제대로 이루어지지 않을 것으로 판단했기 때문이라는 결과가 나타났다. 여전히 내부고발 문화의 정착이 어려움을 나타내 주는 대목이다.

## 우리나라의 내부고발제도

우리나라에서 내부고발을 활성화하기 위한 제도는 크게 공공부문과 민간부문으로 나눌 수 있다. 공공부문에서는 부패방지법으로, 민간부문에서는 공익신고자보호법으로 구별하고 있다. 우리나라는 2002년 이전까지 내부고발자 보호제도가 없었다. 이 때문에 1990년대에는 내부고발자들은 구속되거나 파면되는 것이 당연시됐다. 이후 내부고발자들에 대한 보호를 시민단체가 끊임

---

* "Ethics at Work: 2018 Survey of Employees: Singapore", The Institute of Business Ethics.

없이 요구하고, 1997년 외환위기가 닥치면서 관료들의 부정부패를 방지할 필요성마저 대두됐다. 부패방지법의 제정은 그런 배경을 갖고 있다.

부패방지법은 공공부문에서의 공직자 및 공공부문에 해당하는 행위만을 규제한다. 이에 민간분야에서의 부패 및 공공부문과 민간분야의 결탁으로 인한 부패에 대해서는 규율할 수 없다는 비판이 제기됐고, 그 결과 국회는 지난 2011년 3월 민간부문에서의 공익침해행위를 규율하는 일반법인 '공익신고자 보호법'을 제정했으며 이후 동 법은 국민권익위원회*를 통해 개정되어 오고 있다.

우리나라는 각 기관별로 내부고발을 활성화하기 위한 제도가 있는데 포상금 제도가 그것이다. 현재 권익위·국세청·공정거래위원회 등이 포상금(보상금) 제도를 운영하고 있다. 국민권익위원회는 부당한 공동행위 등 부패신고에 대해 과징금 총액의 일부를 포상금으로 지급한다. 국세청에서는 탈세혐의자의 탈세혐의를 제보한 사람에 대해 포상금을 제공하고 있다. 공정거래위원회 역시 부당한 공동행위와 부당지원행위 등에 대해 신고보상금 제도를 운영하고 있다. 이외에도 서울특별시 등 지자체 중에서도 공익을 위해 기업 등의 거대 내부비리를 제보할 경우 보상금을 지급하는 제도를 운영 중이다.

---

\* 부패방지법이 새롭게 태어나면서 함께 출범한 것이 바로 국민권익위원회(권익위)다. 국민권익위원회는 공익신고 조사기관으로 공익침해행위와 관련한 행정기관이자 감독기관이다. 부패방지를 위해 내부고발을 활성화하는 데 많은 기여를 해야 하는 책임이 있다. 이곳에서는 공익신고 접수부터 불이익조치 신청접수와 조사, 구조금·포상금·보상금 지급, 과태료 부과·징수 등을 총괄 담당한다. 그러나 이런 권익위에 없는 것이 있다. 바로 '조사 권한'이다. 권익위는 조사 권한이 없기 때문에, 설령 공익신고가 들어와도 공익신고와 관련한 필요사항만을 확인하고 조사기관 및 수사기관에 넘겨주는 역할만을 할 뿐이다. 이로 인해 권익위의 수사권 취득 여부는 오랜 기간 논란의 대상이 돼왔다. 독립적인 수사권 없이 다른 기관에 신고 건을 넘기면 부작용이 생길 수 있기 때문이다. 공익침해행위자가 담당 행정기관과 결탁할 수 있는 가능성도 높아져 조사의 객관성을 확보하기가 쉽지 않다는 것이 전문가들의 의견이다. 일각에서는 미국의 특별조사국과 캐나다의 공익위원회처럼 공익신고를 전담하는 조직이나 사람을 설치하는 것도 한 방법이라고 조언한다. 〈[세상을 바꾼 '내부고발자']③내부고발…"제도 정비부터"〉, 2018. 04. 05. 《이코노믹리뷰》 참조.

하지만 여전히 국내 내부고발제도는 걸음마 수준이라는 것이 중론이다. 포상금 수준이 타 국가들보다 낮은 데다 신고자의 보호가 제대로 이뤄지지 않기 때문이다. 예를 들어 2011년 1월 국내은행이 내부자 신고제도를 도입한 이래 금융감독원을 중심으로 제도 개선을 통해 내부신고 활성화를 지속적으로 추진해 왔으나 내부직원의 묵인·순응하에 대형 금융사고가 장기간 은폐되는 사례가 발생하는 등 그간 내부자 신고제도 활용이 극히 저조했다. 최근 5년간 (2020년 1월~2024년 7월) 은행권의 부당대출, 횡령 등 부당업무처리·영업행위 관련 내부자 신고는 겨우 11건에 불과[*]한 것이 현실이다.

## 내부고발자 보호장치: 신원보장과 포상금

내부고발제도에 있어서 무엇보다 중요한 부분은 내부고발자 보호장치이다. 그런 만큼 내부고발제도에 있어 고발자에 대한 보호장치는 필수적인 의무사항이다. 그럼에도 불구하고 이에 반하는 사건으로 물의를 빚었던 금융회사 최고경영자도 있었는데 2017년 영국의 글로벌 투자은행인 바클레이즈 은행의 제스 스테일리(Jes Staley) 최고경영자(CEO)가 익명의 내부고발자를 색출하기 위해 뒷조사를 지시한 사건으로 인해 영국 감독당국의 조사를 받은 적이 있었다.

2016년 바클레이즈의 한 직원이 이사회에 한 임원의 고용과정이 부적절하다고 서신을 보냈고, 익명의 서신은 문제의 고위직 인사를 스테일리 CEO가 이전 직장에서 알고 있었다는 내용을 담고 있었다고 한다. 특히, 스테일리 CEO는 내부고발자 보호 등을 포함한 바클레이즈 은행의 윤리규정을 제정하는 데 앞장섰던 인물이어서 도덕적 비난도 거세게 받았다.

이와 관련하여 영국의 금융감독청 FCA(the Financial Conduct Authority) 및 건전성

---

[*] 보도자료, "금감원, 은행권과 함께 「준법제보 활성화 방안」 마련", 2025. 04. 03. 참조

규제감독청 PRA(the Prudential Regulation Authority)는 2018년 11월 공동으로 스테일리 CEO가 동 사안 처리에 있어 최고경영자로서 주의의무를 위반(failed to act with due skill, care and diligence)하였다는 사유로 642,430파운드의 벌금을 부과하는 한편 바클레이즈 은행에도 동행의 내부고발제도 시스템 및 통제방법에 대한 개선을 요구하였다. 이에 따라 바클레이즈 은행은 매년 내부고발제도 운용을 책임진 임원의 개인적 확인서(personal attestations)가 첨가된 내부고발제도 운용 관련 세부사항을 영국 감독당국에 보고하도록 조치한 바 있다.*

2025년 들어 NH농협금융지주, 우리은행, KB증권 등 국내 금융회사는 내부통제 강화와 금융사고·부당행위의 사전예방 및 조기발견을 위해 외부 익명제보 접수 채널인 '레드휘슬 헬프라인 시스템'을 경쟁적으로 도입했다. 이는 기존 금융권 내부에서 통합 운영하던 내부고발시스템의 제보 활성화와 비밀유지 강화를 위해 별개의 시스템으로 독립해 구축한 것이다. 동 외부 시스템은 제보내용 암호화와 IP 추적 방지 등의 시스템을 통해 신고자의 익명성이 철저히 보장되는 것으로 알려졌다. 이는 우리나라 금융회사의 내부고발시스템을 업그레이드시키려는 노력의 일환으로 볼 수 있겠다.

사실상 내부고발자를 보호하는 해외 선진국의 법적 장치는 1990년대와 2000년대 초반의 굵직한 사건을 거치면서 마련됐다. 외국의 공익제보자 보호법은 개인의 신변을 보장하는 소극적 보호에 그치지 않고 정신·신체의 피해보상과 안전 보장, 공익제보에 따른 소득 상실 등 제보자의 권익을 적극 보호해 주는 게 특징이다. 특히 공익제보자에게는 천문학적인 보상금을 주고 조직 내에서 받을 수 있는 불이익에 대한 보상 제도를 체계적으로 만들어 공익제보

---

\* FCA의 보도자료 〈FCA and PRA jointly fine Mr James Staley £642,430 and announce special requirements regarding whistleblowing systems and controls at Barclays〉, 2018. 11. 05., 참고.

를 활성화한다.

미국은 세계에서 내부고발을 가장 잘한다고 말해도 과언이 아닐 만큼 관련 제도가 잘 정비된 나라다. 미국의 내부고발보호제도를 한마디로 요약하면 '포상금'이다. 미국은 내부고발자가 설령 직장을 잃더라도 평생 생계를 유지할 수 있도록 거액의 포상금을 지급한다.

미국이 특히 내부고발제도를 강화한 것은 2008년 금융위기를 겪으면서 금융회사들의 '도덕적 해이(Moral Hazard)'가 원인 중 하나로 작용했다고 판단한 데 따른 것이다. 국제공인부정조사관협회(ACFE)에 따르면 기업 위법행위 적발의 약 42%가 제보에 의한 것이고, 제보자의 49%가 직원이었던 만큼 내부고발자 제도를 보완하는 게 미국 정부에게는 효율적인 기업 경영관리 방법으로 떠오른 것이다. 이에 따라 미국은 금융위기 재발방지를 위한 법안인 '도드 프랭크법'에 비리제보제도 강화 조항을 넣었는데 이 법이 2012년 시행되면서 내부고발자 보호에 큰 역할을 하고 있다.

미국에서 내부고발 사항을 직접 처리하는 곳은 증권거래위원회(SEC)다. SEC는 미국의 증권시장을 감독하는 독립기관으로 우리나라의 금융감독원과 유사하다. 거액의 포상제도를 가장 먼저 도입한 곳 역시 SEC다. SEC는 내부고발자의 고발로 기업이 100만 달러 이상의 벌금을 내면 총액의 10~30%를 포상금으로 지급한다. 포상금은 내부고발자가 SEC 외부제보에 앞서 내부제보를 먼저 했을 경우 더 늘어날 수 있다. 기업의 위반사항이 중대할수록 고발자는 해당 내용의 증거를 모으기 어렵고, 그 과정에서 큰 위험도 따른다. 대신 기업의 심각한 잘못이 적발되면 지불하는 벌금이 큰 만큼 고발자가 받을 수 있는 포상금도 커진다. 즉 '고위험 고수익(High Risk High Return)'인 셈이다.

미국이 내부고발제도를 대폭 강화한 이후 고발자의 숫자는 급격하게 늘었으며 SEC에 따르면 지난 2012년부터 2020년 6월 초까지 총 83명에게 5억 달러 이상을 포상금으로 지급하였다고 한다. 지난 2013년 6월에는 허위 헤지펀드 로커스트 옵쇼어 매니지먼트(Locust Offshore Management LLC)를 고발한 3명에게 약 400만 달러가 지급됐다. 같은 해 12월에는 내부고발자에게 1,400만 달러를 지급했다. 2014년에는 익명의 내부고발자가 무려 3,000만 달러 이상을 포상금으로 받았다. 2016년에도 미국의 거대 농업기업 몬산토의 분식회계를 고발한 내부고발자가 2,200만 달러의 포상금을 받기도 하였다.

2018년부터는 '역대급' 금액을 받은 이들이 나오기 시작했다. SEC는 2018년 3월 19일 내부고발자의 제보에 의해 메릴린치가 더 많은 이익을 내려고 고객의 투자금과 회사자금을 분리하지 않고 불법 운용한 사실을 적발했다고 발표했다. 이에 따라 메릴린치는 4억 1,500만 달러의 벌금을 냈고, 내부고발자 2명은 공동으로 5,000만 달러, 1명은 3,900만 달러, 총 8,900만 달러의 보상금을 받았다.

2020년 6월에는 당시 단일 개인에게 지급된 포상금 중 가장 큰 액수인 약 5,000만 달러가 뉴욕멜론은행(Bank of New York Mellon Corp.)의 전직 트레이더인 그랜트 윌슨(Mr. Grant Wilson)에게 지급된 것으로 알려졌다. 2011년 뉴욕멜론은행을 떠난 윌슨은 당시 동 은행이 사학연금, 경찰연금 등 큰손의 퇴직연금들에 시장환율에서 가장 불리한 가격(the least-favorable exchange rates)을 제시함으로써 은행이 큰 차익을 얻었음을 제보한 것으로 알려졌다. 이를 토대로 SEC의 조사가 광범위하게 이루어졌고 마침내 뉴욕멜론은행은 2015년 벌금 및 피해를 입은 연금 등에 대한 손해배상 등 총 7억 1,400만 달러를 지불하며 결말이 지어

---

\* "SEC Awards Record Payout of Nearly $50 Million to Whistleblower", – Whistleblower Program Reaches $500 Million in Total Awards, 보도자료, 2020. 12. 06., June 4, 2020 참조.

졌다.*

 이후 포상금액은 9,800만 달러(2024년 8월), 1억 400만 달러(2023년 8월), 1억 1,000만 달러(2021년 9월), 1억 1,400만 달러(2020년 10월) 등 최고를 갱신해 가다가 마침내 2023년 5월에는 2012년 SEC의 내부고발제도 도입 후 단일 개인에게 지급된 포상금 중 가장 큰 액수인 약 2억 7,900만 달러가 스웨덴 통신회사 Ericsson의 뇌물공여를 제보했던 내부고발자에게 지급되었는데 당분간 이 기록을 깨기는 쉽지 않을 것으로 보인다. 에릭슨은 2019년 5개 국가에서 입찰을 따내기 위해 뇌물을 공여한 혐의로 미국 당국과 11억 달러의 제재금에 합의한 바 있다.

 내부고발과 관련해서 한 편의 소설처럼 자주 회자되는 사건이 있다. UBS 내부고발자 브래들리 버켄펠드(Bradely Birkenfeld)**의 이야기인데, 미국 국세청의 엄청난 포상금으로도 유명세를 탔다. 2001년부터 UBS에서 근무한 버켄펠드는 2005년 은행이 미국인 고객들의 재산 은닉과 탈세를 돕는다는 것을 알고 국세청에 관련 정보를 넘겼다. 국세청은 UBS에 대해 고강도 세무조사를 벌여 결국 2009년 과징금 7억 8,000만 달러(약 8,800억 원)를 부과하게 되고 미국인 고객의 계좌정보도 받아내게 된다. 이 사건을 계기로 스위스 은행의 비밀보장이라는 오래된 평판에도 금이 갔고, 이후 전 세계 유명인사들의 역외탈세 및 비자금 조성 등과 관련된 유사한 사례들이 뉴스를 통해 상당수 나오게 된다. 한편, UBS 내부고발자 브래들리 버켄펠드는 미국의 내부고발자 보호 및 보상제도 덕분에, 본인의 탈세 연루혐의에 대해서는 형량을 감량받았고, 미국 국세청

---

\* "Whistleblower Who Revealed Currency Abuses at BNY Mellon Gets $50M", Dow Jones, 2020. 06. 05.
\*\* UBS 내부고발자 브래들리 버켄펠드는 2017년 4월 자신의 이야기를 회고록(《LUCIFER'S BANKER》)으로 출간하기도 했다.

(IRS)으로부터는 1억 400만 달러에 달하는 기록적인 포상금을 지급받았다.

미국의 '포상금' 제도를 뒷받침하는 것은 신원보장 시스템이다. SEC의 내부고발자 프로그램은 신원을 철저히 보장한다. SEC가 익명성을 보장한 덕분에 메릴린치의 부정을 제보해 거액의 포상금을 받은 3명 역시 현재 메릴린치에 그대로 일하고 있는 것으로 알려졌을 만큼 미 당국은 철저하게 고발자들의 신원을 보장한다. 메릴린치조차도 그들이 누구인지 알 수 없다고 한다.[*]

유럽권 역시 내부고발자 제도가 제법 잘 정비돼 있다. 특히 영국의 '공익신고법'은 세계에서 가장 진전된 공익제보자 보호법으로 평가받고 있다. 1998년 제정 이후 관련 법을 새롭게 마련하고 있는 국가들의 모범이 되기도 했다. 영국 '공익신고법'의 가장 큰 특징은 공익제보자가 공익신고 대상으로 믿은 것에 대해 직접 진실한 것임을 증명할 필요가 없다는 것이다. 즉 제보자는 부주의가 있었더라도 스스로의 양심과 신의에 따라 신고했다면 법의 보호를 받도록 한다.

아시아권에서는 내부고발과 관련해 빼놓을 수 없는 나라가 일본이다. 일본에서 공익제보자 보호법 논의가 활발해진 것은 2000년대 들어선 이후다. 일본은 2004년 '공익통보자 보호법'을 제정했다. 이후 3년 만인 2007년 한 해에만 4,775건의 공익신고가 접수됐고 신고자보호제도가 활성화됐다. 이 법은 종업원이 법령 위반 등 기업의 부정행위를 사내 컴플라이언스 창구나 회사가 지정한 변호사사무소에 통보하는 제도다. 하지만 일본법은 반드시 공익제보자가 실명으로 고발하도록 하고 이전에 몸담은 조직이나 회사의 비리는 신고 대상에 해당하지 않는 등 공익신고의 요건이 매우 엄격하다는 비판을 받고 있다.

---

[*] 〈[세상을 바꾼 '내부고발자']④'세계는 지금'…천문학적 보상금 정착, 美 신변보장은 기본, 英 고발자 부주의도 보호〉, 2018. 04. 05., 《이코노믹리뷰》 참조.

아직까지 우리나라에서는 내부고발제도에 대한 반감이 여전히 존재하고 내부고발자의 의도나 가담 여부, 포상금 등에 대한 논란이 끊임없이 제기되고 있는 것이 사실이다. 하지만 그것이 내부고발자의 정의감에 의해서든 그의 사적인 이익을 위해서든 은밀하고 체계적, 조직적으로 횡행해 왔던 거악이 폭로됨에 따라 그것을 척결할 수 있다면 오히려 사회 전체적으로는 그러한 내부고발이 투서든 고자질이든 어떠한 형태를 막론하고 필요한 것으로 받아들여져야 하는 것이 아닐까? 또한 컴플라이언스 측면에서는 잘못된 일은 언젠가는 누설되고 적발될 수밖에 없다는 내부고발의 사전예방적인 효과를 적극적으로 활용하여야 하지 않을까?*

2025년 4월 금융감독원은 국내은행들의 유명무실한 내부고발제도를 활성화하기 위해 은행연합회, 은행권과 함께 실행 가능성과 효과성이 높은 과제를 중심으로 '준법제보 활성화 방안'을 마련하였다.

동 방안에 따르면 부정적 어감 등으로 제보자의 신고를 위축시킬 수 있는 '내부고발'이란 단어 대신 '준법제보'라는 명칭으로 변경하고 제보자의 익명성을 보다 철저하게 보장하기 위해 독립된 회사가 운영하는 채널 또는 모바일 기반 익명 신고채널 등 다양한 접수채널을 도입하는 한편, 위법·부당행위를 하였더라도 지체 없이 제보한 경우 제보자에 대하여 징계를 감경 또는 면제할 수 있는 근거를 마련하고 준법제보자가 요청하는 경우, 제보자의 육체적·정신적 치료 비용, 신변보호 등을 위한 이사비용, 변호사 수임료 등을 지급하는 구조금 제도를 신설하는 등 은행권 내부고발 활성화를 위한 제도 개선이 이루어지고 있다. 이는 긍정적인 변화라고 할 수 있겠다.

---

\* the often overly-simplistic and fractious whistleblower debate is identifying that grey zone where heroism and self-interest can overlap. Inasmuch as whistleblowing is, or certainly ought to be, fundamentally accepted as a generally positive instrument against corruption and wrongdoing, it deserves to be more rigorously understood.

# 채용비리와 컴플라이언스

 과거 우리나라를 들썩이게 만든 금융권의 큰 사건 중에 하나로 거의 모든 국내 은행이 연루된 것으로 판명 나고 심지어는 이를 감독하는 금융감독기관까지도 그러한 의혹을 받았던 직원 채용과 관련된 특혜 시비일 것이다. 최근에도 정부기관이 오랜 기간 동안 조직적으로 자녀 등을 특혜 채용한 것이 문제가 되어 정치적 이슈가 되기도 하였다. 사실 이러한 특혜 관련 시비는 우리나라에만 있는 것이 아니라 이미 해외 유수의 글로벌 금융회사에서 고위 공무원 또는 중요 고객의 자녀들을 특혜 채용한 것이 드러나 거액의 형사벌금을 부과받았던 사실이 있다.

 2018년 6월 8일 스위스의 글로벌 투자은행인 크레딧 스위스(CS: Credit Suisse)는 미국 법무부(Department of Justice, US DOJ)와 4,700만 달러(약 500억 원)의 벌금을 내고 형사 절차를 면제받는 것에 합의하였음을 발표하였다. 이는 지난 2007년부터 2013년까지의 CS가 중국에서의 원활한 사업진행을 위해서 이른바 '태자당(Princeling)' 혹은 '관얼다이(官二代)'라고 불리는 중국 고위 공직자의 자제들을 채용하면서 발생한 비리에 대해 미국 정부의 FCPA(미국 해외부패방지법: Foreign Corrupt Practices Act) 위반 조사의 결과로서 나온 합의였다.

또 2016년 11월 17일 미국연방검찰 및 감독당국들은 JP Morgan과 동 은행의 중국 내 직원 채용에 있어 영업과 관련된 이익을 목적으로(Quid Pro Quo) 공무원 및 공공기관 종사자의 자녀들을 채용한 혐의로 약 2억 6,400만 달러의 벌금납부에 합의(settle)하였음을 발표하였다. JP Morgan Chases는 2013년 이전까지 중국에서의 원활한 비즈니스를 위해서 이른바 'Sons & Daughters'라고 부르는 '고객으로부터의 채용추천 프로그램(Client Referral Program)*'을 운영하면서 일반적인 채용 절차를 무시하고 고위 공직자들이 추천하는 그들의 자제들을 약 100여 명의 인턴과 직원으로 고용하였다가 적발된 바 있다. 이 사건은 아마 해외에서의 채용과 관련하여 FCPA 위반으로 처벌을 받은 최초의 금융회사로 기록될 것이다. 그러나 당시만 해도 미국 금융감독당국은 오히려 뇌물과 관련된 측면보다는 이러한 부적절한 채용관행을 가능하게 한 내부통제의 미비에 대해 더욱 관심을 보인 바 있다.

2000년대 들어 중국은 급속한 경제성장과 함께 소매금융 및 기업금융 수요가 급증했고 이에 따라 이를 선점하려는 글로벌 금융회사들의 경쟁도 치열했던 것 같다. 이러한 경쟁하에서 중국의 정·재계의 인맥을 중시하는 문화가 영업확장 및 수익극대화라는 금융회사들의 근시안적 영업목적과 결탁되면서 조직적이고 구조적인 부정부패의 고리가 만들어진 것으로 보여진다.

이후 2017년 2월 24일 Citigroup도 미국 증권감독위원회(SEC: Securities and Exchange Commission) 및 다른 감독당국들이 동 은행이 외국정부관리로부터 소개를 받거나 또는 관련이 되어 있는 직원들을 고용한 것과 관련하여 조사를 받고 있

---

* 미국 법무부의 형사부서장인 레슬리 콜드웰(Leslie Caldwell)은 발표문에서 "소위 Sons and Daughters Program은 단지 수뢰의 다른 이름일 뿐이다("so-called Sons and Daughters Program was nothing more than bribery by another name.")."라고 강하게 질타하였다.

음을 발표하였다. 이 사안은 사실 2013년에 시작한 JP Morgan에 대한 조사를 시작으로 2014년 Goldman Sachs, UBS, HSBC, Deutsche 및 Credit Suisse 등이 아시아 지역에서의 직원 채용관행에 대해 조사를 받은 바 있어 새로운 것은 아니지만 여전히 이 문제는 뜨거운 이슈로 남아 있는 것이 사실이다.

이와 관련 도이치은행은 2019년 8월 22일 미국 증권감독위원회에 중국 및 러시아에서의 채용청탁(referral hiring) 관련 해외부패방지법 위반으로 1,620만 달러를 납부하기로 합의하였다고 발표했다. 미국 증권감독위원회에 따르면 도이치은행의 아시아 지역본부는 2006년부터 2014년까지 중국의 국영기업(SOE: State Owned Enterprises) 고위 임원들의 요청으로 그들의 친인척을 채용하였으며 그 대가로 여러 건의 거래를 수주*하였다고 한다. 또한 러시아에서도 유사한 방식

---

\* 도이치은행이 외부로펌(Gibson, Dunn & Crutcher and Allen & Overy)을 통해 자체조사 한 내용에 따르면 2000년대 초 중국시장에서 존재가 미미했던 도이치은행이 이후 기업공개(IPO), 채권발행(DCM) 시장 등에서 기존의 강자였던 Goldman Sachs, JP Morgan Chase, Morgan Stanley 등을 제치고 급부상할 수 있었던 요인으로 크게 3가지를 이야기할 수 있겠다. 첫째는 소위 '꽌시'를 중요시하는 중국사회의 특성을 감안하여 정재계에서 영향력을 가진 인사에게 엄청난 선물공세를 펼치는 것이었다. 이에는 중국주석 장쩌민, 총리 원자바오도 포함되는데 선물의 종류도 출생년의 동물(띠)을 상징하는 크리스털 조각상, 골프클럽과 가방, 출생년도 vintage의 고가 포도주(a $4,254 bottle of French wine — Château Lafite Rothschild, vintage 1945), Bang & Olufsen sound system, 루이뷔통 핸드백, 캐시미어코트, 고급 소파, 고급 car seat, Las Vegas로의 골프여행 등 다양하며 그러한 선물로 지출된 금액이 2002년에서 2008년 중 20만 달러 이상이었다고 한다. 둘째로는 영향력 있는 인사의 자제들을 100명 이상 취업시켜 그들을 통해 각종 deal을 수주하였다는 것이다. 물론 그러한 자녀들 중에는 자질이 충분한 사람도 있었지만 직무에 합당한 qualification이 되지 않음에도 불구하고 내부반대나 compliance rule을 무시하고 채용한 경우가 상당수 있었다고 한다. 내부조사에 따르면 19명 채용을 통해 약 1억 8,900만 달러의 수익을 거둔 것으로 나타났는데 이에는 2006년 중 전 세계적으로 가장 큰 기업공개였던 중국공상은행의 IPO 수주도 포함된다. 셋째로는 중국 현지의 Consulting firm에 엄청난 자문비용을 주며 그들을 통해 유력인사와의 면담(당시 회장이었던 Josef Ackermann과 장쩌민 주석과의 면담 등)이나 현지은행 인수, deal 수주 등을 성사시켰다는 것이다. 이러한 자문비용 지출에 대해 내부적으로 경고(red flag)하는 목소리는 당시에는 받아들여지지 않았지만 2014년 도이치은행 자체조사 이후 consultant들의 사적이익 부당취득에 대한 소송이 제기되었다고 전해진다. 도이치은행은 미국 SEC 국장(Head of the S.E.C.'s enforcement division) 출신인 Mr. Walker를 법무부서장으로 영입하였는데 그는 2013년 JP Morgan의 채용관행에 대해 SEC의 조사가 시작되자 도이치은행의 관행에 대해서도 심각한 문제점을 인지하고 내부적으로 조사를 진행하여 그 결과를 자발적으로 SEC에 신고함으로써 시장에서 예상되었던 금액(2억 5,000만 달러)보다 상대적으로 작은 1,600만 달러에 합의가 이루어진 것으로 알려졌다. 보다 자세한 내용은 "Inside a Brazen Scheme to Woo China: Gifts, Golf and a $4,254 Wine", 2019. 10. 14., New York Times와 "How Deutsche Bank Hired Its Way to the Top in China", 2019. 10. 14., New York Times를 참조.

의 채용*이 2009~2012년 사이 횡행했다고 밝혔다.

2019년 9월 27일 미국 증권감독위원회(SEC)는 바클레이즈(Barclays) 은행이 2009년부터 2103년 사이 아시아퍼시픽 지역 내 투자업무를 수주하거나 좋은 업무관계를 유지하기 위해 동 지역 내 공무원이나 국영기업 임원의 가족이나 친지를 채용하는 등 해외부패방지법 위반으로 총 630만 달러를 납부하기로 합의하였다고 발표했다. 더욱 주목할 내용은 그러한 부적절한 채용관행이 2009년 4월 한국에 있는 바클레이즈 지점에서 시작하여 점차 아시아퍼시픽 지역으로 확대되었다고 하며 이러한 과정에서 채용청탁자나 청탁사유를 감추기 위해 서류위조까지 이루어졌다고 밝혀 충격을 주었다.

미국 증권감독위원회의 보고서에 따르면 2009년 4월 한국 국영기업의 채권발행과 관련하여 주간사(lead manager)로 지정되기 위해 노력 중이었던 바클레이즈 서울지점의 직원은 상급자에게 동 채권발행 업무에 있어 결정권을 가진 국영기업 임원의 아들에게 인턴십을 제공하자고 제안하였다고 한다. 당시 서울지점 직원은 "바클레이즈가 그 아들에게 인턴십의 최종 승락을 하기 전 그의 아버지를 만나 현재 채권발행 업무 수주에 대해 확답을 받으면 좋을 것 같다."고 상급자에게 설명하였다고 한다. 이에 따라 바클레이즈의 내부규정에서 거래성사를 대가로 채용하는 것이 금지되어 있음에도 불구하고 상급자는 인턴채용을 허가하였고 바클레이즈 서울지점은 인턴을 채용하였다. 채용 이후 얼마 지나지 않아 바클레이즈는 동 국영기업의 10억 달러 채권발행의 공동주간

---

* 언론에 보도된 바에 따르면 도이치은행은 러시아 정부와의 큰 거래를 놓친 후 이를 되풀이하지 않기 위해 내어놓은 해결책이 당시 임시직으로 근무하고 있던 러시아 재무차관의 딸을 정규직으로 고용하는 것이었다. 그 직후 도이치은행은 러시아정부채권 22억 달러 매매거래를 성사시켰으며 이에 대한 감사로 러시아 재무차관 및 그의 딸 그리고 도이치은행 러시아책임자가 조작된 서류를 통해 회사경비로 함께 휴가를 보내며 사냥, 낚시 및 헬기여행 등을 즐긴 것으로 드러났다. 도이치은행 인사부의 한 직원은 이러한 관행을 '전형적인 정실인사(Classic Nepotism in Russian Hires)'의 한 형태로 이야기하였다고 한다.

사(joint lead manager)로 선정되었으며 이를 통해 약 97만 달러의 수수료 수익을 얻었다.

이와 유사한 방식으로 2009년 5월 바클레이즈 서울지점은 바클레이즈 아시아퍼시픽(APAC)의 임원에게 한국 국영기업 임원이 그의 친구 자녀의 정규직 채용요청에 대한 허가를 요청하였다. 바클레이즈 서울지점의 고위 직원은 아시아퍼시픽의 임원에게 "다른 지원자들이 면접에서 훨씬 좋은 점수를 얻었지만 향후 동 고객과의 비즈니스를 잃지 않기 위해서는 그 국영기업 임원이 소개한 지원자를 채용하는 것이 중요하다."고 설명하였으며 아시아퍼시픽의 임원은 바클레이즈의 내부규정상 거쳐야 하는 준법감시인의 검토 및 사전 승인 없이 채용을 허가하였다. 2009년 6월에는 또한 같은 한국 국영기업의 다른 임원이 요청한 인턴을 채용하기도 하였다. 이후 2009년 6월 말 바클레이즈는 동 한국 국영기업의 15억 달러 채권발행을 수주하였으며 이를 통해 약 115만 달러의 수수료 수익을 획득하였다.

이외 2015년 8월에는 BNY Mellon 은행이 미국 증권감독위원회에 중동 지역의 국부펀드와 관련된 외국공무원의 가족에게 인턴십(student internships)을 제공한 것과 관련 해외부패방지법 위반으로 1,480만 달러를 납부하기로 합의하였다고 발표한 바도 있다.

이러한 일련의 사건을 계기로 대부분의 외국계 금융회사는 직원 및 인턴 채용 시 지원자(candidate)나 소개하는 직원으로 하여금 부모나 가까운 친척 등이 금융회사의 직무와 관련성이 있는지 여부의 사전공지를 의무화하는 방식으로 이해상충 여부를 걸러(screen)내고 있으며 유사한 채용비리가 발생하지 않도록 내부통제기능을 강화하여 오고 있다.

우리나라의 은행이나 기업도 FCPA로부터 마냥 자유로울 수는 없다. FCPA는 미국기업뿐만 아니라 미국 증권시장 상장사(미국예탁증서발행기업), 미국업체와 합작 내지 컨소시엄 참여업체, 미국 은행계좌를 이용하여 뇌물을 수수한 경우에 관할이 미치게 되는데* 현재 우리나라 기업 및 금융회사로는 SK텔레콤, KT, 포스코, LG디스플레이, KB금융지주, 신한금융지주, 우리금융지주 등이 이에 해당된다고 할 수 있다.

따라서 금융권 채용비리 등과 관련하여 한국의 금융회사들은 회사가 공무원 추천을 통한 채용비리가 발생하지 않도록 컴플라이언스 등 내부통제 강화에 노력을 기울일 필요가 있다. 최근 미국 정부는 FCPA 위반 여부에 대하여 매우 강조하고 있으며, 위반에 대한 수사를 미국회사뿐만 아니라, 외국계 회사로 확대하고 있는 것으로 보인다.**

---

\* FCPA가 적용되어 과거에 조치 받았던 우리 기업 관련으로는 SSI KOREA와 IBM KOREA 등의 사례가 알려지고 있다. 자세한 내용은 국민권익위원회에서 발간한 《ISO 37001(2016), 부패방지경영시스템 가이드북》 p82-83을 참조할 것.
\*\* 블로그에서 일부 인용: 美 해외부패방지법과 공무원 추천 채용비리 사건(태자당 사건), 정웅섭 사내변호사(처브라이프생명 준법감시섹터장), (입력: 2018. 07. 03.)

# 부패와의 전쟁

3.0
COMPLIANCE

비단 채용비리에 국한되는 것이 아니라 우리나라 김영란법의 제정에서 보듯이 전 세계적으로 부패와의 전쟁(The Fight against Corruption*)은 더욱 강화되고 있는 추세이다.

국제투명성기구(TI: Transparency International)가 매년 발표하는 국가별 부패인식지수(CPI: Corruption Perceptions Index) 조사결과에 따르면 한국은 2019년 59점으로 180개국 중 청렴도 39위를 차지하며 30위권에 9년 만에 재진입하였다. 하지만 OECD 국가 중에서는 상대적으로 부패도가 높은 수준**임을 알 수 있다.

---

\*   부패란 사회구성원이 부당한 이익을 제안, 공여, 요청 또는 취득함으로써 공공분야는 물론 사적영역에서의 적절한 권한 행사에 영향력을 미치는 행위로 정의할 수 있겠다. Corruption is defined as: the act of proposing, giving, soliciting or receiving an undue advantage that may affect the proper exercise of a function in the public or private sector.
\*\*  OECD 36개국 중에서는 27위(OECD 평균점수는 67.8점)로 폴란드, 체코, 이탈리아, 그리스 등이 우리나라보다 후순위에 위치.

| 구분 | | 2008 | 2009 | 2010 | 2011 | 2012 | 2013 | 2014 | 2015 | 2016 | 2017 | 2018 | 2019년 |
|---|---|---|---|---|---|---|---|---|---|---|---|---|---|
| 점수 | | 5.6 | 5.5 | 5.4 | 5.4 | 56 | 55 | 55 | 54 | 53 | 54 | 57 | 59 |
| 순위 | 전체 | 40/180 | 39/180 | 39/178 | 43/183 | 45/176 | 46/177 | 44/175 | 43/168 | 52/176 | 51/180 | 45/180 | 39/180 |
| | OECD | 22/30 | 22/30 | 25/33 | 27/34 | 27/34 | 27/34 | 27/34 | 28/34 | 29/35 | 29/35 | 30/36 | 27/36 |

※ 2012년 100점 만점으로 변경, 자료: 국민권익위원회 보도자료(2020. 01. 23.)

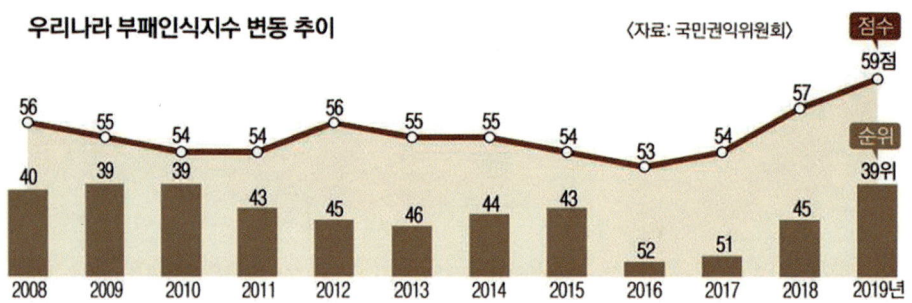

이후 청렴도는 꾸준히 개선되어 2024년에는 역대 최고점수인 64점을 기록하며 가장 높은 순위인 30위를 차지하였다.

미국 Colgate 대학 정치학과 교수인 Michael Johnston 교수는 그의 저서 《Syndromes of Corruption – Wealth, Power, and Democracy》(2005)에서 부패의 유형을 4가지*로 제시하고 있다. 독재형(Official Moguls), 족벌형(Oligarchs and Clans), 엘리트 카르텔형(Elite Cartels) 및 시장로비형(Influence Markets)이 그것인데 한국은 관료, 정치인, 군, 대통령실 등의 같은 지역, 같은 학교 출신들이 똘똘 뭉쳐 권력을 유지할 수 있는 기반을 제공하고 부패를 통한 이익을 추구하는 엘

---

\* · Influence Markets: influence for rent, decisions for sale (USA, Japan, Germany, UK)
 · Elite Cartels: how to buy friends and govern people(Italy, South Korea, Botswana)
 · Oligarchs and Clans: we are family – and you're not(Russia, Mexico, Philippines)
 · Official Moguls: reach out and squeeze someone(China, Kenya, Indonesia)

리트 카르텔형에 속한다고 Johnston 교수는 분류하고 있다.

주지하다시피 부패는 법적, 형사적 책임, 이미지나 명성, 경영실적, 금융시장의 불안정 야기, 조직체계의 불안 및 경쟁력 저하를 불러일으키는 비즈니스의 주요한 리스크이다. 세계은행(World Bank)의 추계에 따르면 전 세계적으로 매년 1조 달러의 뇌물이 오가는데, 이는 전 세계 교역량의 3%에 해당하며 주요 프로젝트 비용을 평균 10% 상승시키는 요인이라고 한다. 또한 2016년 국제통화기금(IMF) 추산에 따르면 전 세계적으로 매년 2조 달러(약 2,332조 원)의 뇌물수수가 발생해서 세계경제를 좀먹는 것으로 알려져 있다.

1997년 경제협력개발기구(OECD) 회원국들이 공무원의 뇌물수수를 범죄로 규정하고 뇌물방지협약에 서명한 지 20여 년이 지났다. 그 후 부패방지법을 제정하는 국가들이 점차 늘어나고 있다. 1977년 해외부패방지법(FCPA)을 최초로 제정한 미국이 더 이상 외로운 파수꾼이 아니다. 영국을 포함한 유럽국가들과 심지어 중국, 브라질 같은 신흥경제국도 부패방지규정을 마련해서 시행하고 있다.

2009년 12월 미국을 포함한 30개 회원국 및 8개 비회원국으로 구성된 OECD 워킹그룹에서 〈국제간 비즈니스 거래에 있어 외국공무원에 대한 수뢰와의 전쟁을 위한 제언(Recommendation for Further Combating Bribery of Foreign Public Officials in International Business Transactions)〉이라는 보고서를 발간한 바 있다. 동 보고서에서는 특히 회원국 회사로 하여금 해외수뢰를 방지하고 찾아낼 수 있는 적절한 내부통제 및 윤리/컴플라이언스 프로그램이나 조치 등을 도입, 발전시킬 것을 장려하고 있다.

그 보고서 발간 몇 달 후 OECD 워킹그룹은 〈부패방지를 위한 내부통제, 윤리 및 준법감시에 대한 모범규준(Good Practice Guidance on Internal Controls, Ethics for anti-bribery compliance programs)〉을 발표하여 컴플라이언스 프로그램에 담아야 할 구체적 내용들을 제시한 바 있다.

또한 '유엔 부패방지협약(United Nations Convention against Corruption)'은 부패방지를 위한 다자 간 조약으로서 전 세계적으로 유일하게 법적 구속력을 가지고 있는 반부패제도이다. 동 협약은 2002~2003년 사이 7차례 개최된 특별위원회에서의 중재를 통해 확정되었으며 거의 대부분 유엔 가입국들이 동 협약에 참여하고 있다. 우리나라도 2003년 12월 10일 서명하여, 2008년 3월 27일 국회에서 비준하였다.

동 협약은 총 5개 분야를 다루고 있는데 ① 예방적 조치(preventive measures), ② 법적 금지 및 강제(criminalization and law enforcement), ③ 국제협력(international cooperation), ④ 불법취득 자산의 환수(asset recovery) ⑤ 기술적 지원 및 정보교환(technical assistance and information exchange) 등이 그것이다. 유엔 부패방지협약은 수뢰, 부당한 영향력 행사(trading in influence), 권한남용 및 민간부문의 다채로운 방식 등 다양한 형태의 부패들을 포괄하고 있다.

## 미국 해외부패방지법

부정부패와 관련하여 가장 대표적인 법은 미국의 해외부패방지법(FCPA: Foreign Corruption Practices Act)일 것이다. FCPA는 미국기업이 해외 공무원에게 뇌물을 주거나 회계부정을 저지르는 것을 처벌하기 위해 미국 정부가 1977년 제정한 법이다. 뇌물금지조항에 있어 적용되는 대상은, 미국 증권시장에 증권이 상장되어 있거나 미국증권거래위원회(SEC)에 공시를 하도록 되어 있는 기업 및 미국을 주요한 사업 소재지로 하거나 미국법에 따라 설립된 기업, 그리고 미국 국적자 및 거주자 등이다. 해당 단체 및 개인이 사업을 영위하거나 유지하기 위한 목적으로 외국공무원에게 금전 등의 가치를 제공하는 것을 금지하고 있다. 1988년 일부 개정안이 시행됨에 따라 FCPA 뇌물방지 조항은 미국 영토 내에서 부패와 관련한 직·간접적인 행위에 연관된 외국 기업과 개인들에게도 적용되게 됨으로써 더 강력해졌다.

또한 FCPA는 미국에 상장된 유가증권을 가진 기업들에게 회계규정을 충족시킬 것을 요구한다. 뇌물방지규정과 병행하여 운용되도록 설계된 이러한 회계규정은 해당 법인의 거래를 정확하고 공정하게 반영하는 장부 및 기록을 만들고 보관하며, 내부 회계관리의 적절한 시스템을 고안하고 유지하도록 규정하고 있다.[*]

## 영국 뇌물방지법

미국의 FCPA와 함께 거론되는 또 하나의 대표적인 법률은 영국의 뇌물방지법(ABC: the UK Anti-Bribery and Corruption Act)이다. 2010년에 제정된 영국 뇌물방지법은 부패 관련 입법 중 가장 엄격한 것으로 알려져 있는데 부패행위와 관련된 기업의 엄중한 책임을 강조하고 한편으로는 기업 스스로 부패방지를 위한 컴플라이언스 프로그램의 운용에 따른 책임경감(defence)의 인센티브를 제시하고 있다. 이후 영국 법무부는 조직의 부패방지를 위한 효과적인 컴플라이언스 프로그램 가이드라인을 발표하기도 하였다.

그 내용을 보면, 영국에서 사업의 일부만 영위하는 기업도 법의 적용을 받게 되는데, 그 적용대상에는 영국 기업 및 자회사, 영국에서 사업을 하는 외국계 기업, 영국 기업의 해외 에이전트가 모두 포함되며, 부패·범죄 발생 지역을 불문하고 영국과 관계가 있는 기업 또는 개인을 기소할 수 있다. 또한, 외국공

---

[*] FCPA 개요에 대해서는 미법무부 아래 홈페이지 내용을 참조.
https://www.justice.gov/criminal-fraud/foreign-corrupt-practices-act

무원에 대한 뇌물의 공여, 약속, 수뢰 및 기업 간 뇌물수수 행위 모두를 범죄로 규정한다. 주목해야 할 점은 이 법은 공무원뿐 아니라 관련된 기능에 종사하는 사기업 업무담당자에게도 적용된다는 것이다. 여기에는 공적 성질을 갖는 직업에 종사하는 자 혹은 사업·무역·전문직업·고용 등과 관련된 업무 종사자나 공공기관 대리 업무 종사자 등이 포함된다. 이 법에 규정된 범죄를 범한 자에 대한 벌칙으로는 최대 10년의 징역에 처해질 수 있고, 벌금의 경우 최고한도가 없는 것이 특징이다.

또한 기업이 뇌물제공을 방지하지 못한 경우에 대해서도 책임을 묻기 때문에 가장 엄격한 법률이라고 말할 수 있겠다. 법 위반으로 인한 벌금 및 제재가 과도하다는 여론이 많지만, 한편으로는 영국 입법당국의 강력한 의지를 엿볼 수 있는 것 같다. 즉 뇌물수수를 금지하기 위한 강력한 내부통제를 선제적으로 유도하고, 법 위반 시에는 엄중한 제재를 통해 더욱 강력한 내부통제체제를 요구하는 것이다.

## 프랑스 반부패법[*]

프랑스는 기업의 부패행위에 관대한 나라였다. 뇌물수수에 쓴 비용의 세금을 공제해 줄 정도였다. 하지만 지금의 프랑스는 그 어느 나라보다 강력한 반부패법을 시행하고 있다. 지난 2021년 1월 프랑스 반부패청(AFA)은 새로운 '반부패 컴플라이언스 지침'을 발표했다. 2017년 발표한 첫 지침의 개정판인데, 프랑스 반부패법 '샤팽(Sapin)2법'을 4년간 시행한 경험을 녹였다. 부패 근절을 위해 온 힘을 쏟고 있는 나라 중 한 곳인 프랑스다운 발걸음이었다. 실제로 세계 각국도 이런 프랑스의 행보를 주목하고 있다.

---

[*] 〈'부패공화국' 프랑스는 어떻게 '부패'를 털어냈나〉, 장대현 한국컴플라이언스아카데미(주) 대표가 《더스쿠프》지에 2021년 4월 30일 기고한 글을 주로 참고하였다.

프랑스는 처음부터 반부패 의지가 강했던 건 아니다. 프랑스도 2000년 9월 경제협력개발기구(OECD) 뇌물방지협약에 서명하기 전까지는 기업의 부패행위에 관대했다. 글로벌 프로젝트를 따내기 위해 뇌물을 주는 일이 비일비재했고, 이는 공공연한 관행이었다. 예컨대 프랑스 기업 고위 임원들은 해마다 재무부에 '특별비용 리스트'를 제출했는데, 이 리스트에 따르면 프랑스 기업들이 국제 입찰에서 낙찰받기 위해 가장 많이 이용하는 수단은 뇌물이었다. 심지어 프랑스 재무부 규정에 따라 정식 등록한 특별비용은 세금을 공제해 주기까지 했다. 프랑스 정부로선 사실상 위법행위를 합법화해 준 것이나 다름없었다.

그 때문인지 그동안 미국의 해외부패방지법(FCPA)을 위반해 고액의 벌금을 지불한 기업 리스트엔 유독 프랑스 기업이 많았다. 프랑스 항공기 제조사 에어버스(Airbus)는 대표적인 예다. 에어버스는 2020년 1월 해외 뇌물 사건을 해결하기 위해 벌금을 물기로 미국 법무부(DOJ)와 합의했는데, 그 금액이 무려 20억 달러(약 2조 8,000억 원)에 달했다. 당시까지만 해도 FCPA 집행 역사상 최고 벌금액이었다.

이런 프랑스가 반부패 의지를 불태우기 시작한 건 미국과 영국 때문이다. 미국은 1977년 FCPA를 제정했다. 그러자 미국기업들의 불만이 쏟아졌다. 세계 시장에서 뇌물을 주지 못하면 외국 기업과의 경쟁에서 뒤처질 게 뻔했기 때문이었다. 이를 염려한 미국은 세계적 차원의 반부패법 제정을 추진했고, 그 결과 1997년 OECD 뇌물방지협약이 체결됐다.

OECD의 뇌물방지협약은 구속력이 있는 세계 최초의 국제 반부패 협약이다. 이 협약이 체결된 이후 프랑스처럼 외국에선 뇌물을 제공하고, 자국에선 세금을 면제해 주는 일이 법적으로 불가능해졌다. 뇌물방지협약이 전 세계에 반부패 시대의 개막을 선언한 셈이었다. 결과적으로 미국 FCPA가 OECD 뇌물방지협약과 영국 뇌물방지법(Bribery Act)에 영향을 미치고, 이런 법들이 다시 프랑스에 영향을 미치는 연쇄작용이 발생했다는 얘기다.

프랑스에서 본격적으로 반부패의 전기가 마련된 건 2016년 12월 샤팽2법이 제정되면서다. 샤팽2법의 정식 명칭은 '투명성, 부패와의 전쟁 그리고 경제활동의 현대화에 관한 법'이다. 법안 제정을 주도한 프랑스 재무부 장관 미셸 샤팽(Michel Sapin)의 성을 따서 통상 샤팽2법이라고 부른다.

법 이름에 '부패와의 전쟁'이 포함된 것이 흥미롭다. 실제로 이 법의 목적은 20여 년 전에 제정된 샤팽1법을 보완해 부정부패를 효과적으로 방지하는 데 있다. 법의 주요 특징도 ▲반부패청(AFA)의 신설 ▲내부고발자 보호 강화 ▲일정 규모 이상 기업의 컴플라이언스 프로그램 수립 의무화 ▲프랑스판 기소유예 합의제도(DPA)라 불리는 CJIP의 도입 등이다.

그중에서도 가장 획기적인 건 컴플라이언스(기업의 능동적 준법·윤리경영 활동) 프로그램 수립을 의무화했다는 점이다. 이에 따라 직원이 500명 이상이고 연간 매출액이 1억 유로(약 1,500억 원)를 넘는 기업은 부패와 권한 남용을 예방하기 위한 일련의 조치를 반드시 마련해야 한다. 이를 위반하면 법인엔 100만 유로, 개인에겐 20만 유로까지 벌금을 부과한다. 세계 어떤 나라에서도 반부패 컴플라이언스 프로그램 수립을 법적으로 요구하진 않는다. 하지만 프랑스에선 뇌물수수 의혹이 없더라도 반부패 컴플라이언스 프로그램이 없다면 그 기업은 처벌받을 수 있다.

프랑스를 보면 반부패 분야의 글로벌 트렌드를 알 수 있다. 한편으로는 기업의 형사책임을 강화하면서 다른 한편으로는 기업의 자율적인 컴플라이언스 프로그램 수립을 유도하고 있다는 거다.

■ 반부패법 글로벌 트렌드

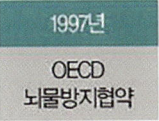
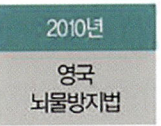
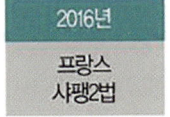

유럽의 또 다른 청렴국가인 독일의 경우 이미 1997년에 반부패법(IntBestG)*을 제정하여 시행하여 오고 있다. 법 제정 이전에는 뇌물을 주고받을 때 '부정행위 혐의'가 입증되어야만 처벌이 가능하였으나 반부패법 시행 이후에는 이유를 불문하고 뇌물을 주고받는 것만으로도 처벌할 수 있게 되었다. 법의 적용 범위도 광범위한데 연방정부, 주정부 및 공공기관을 비롯해 재단, 주식회사 등 민간단체까지 포함되며 대가 여부와 상관없이 직무수행과 관련해 금품을 수수할 경우 '이익 수수죄'로 규정하여 엄격하게 처벌하고 있다.

독일의 고위 공직자 비리에 대한 엄격한 기준을 보여주는 좋은 사례가 2가지 있다. 2010년 51세의 최연소로 독일의 제10대 대통령에 취임한 크리스티안 불프(Christian Wulff)는 취임 19개월 만에 사임하여야 했는데 그가 니더작센주 주지사 시절인 2008년 주택 구입을 위해 기업가인 지인으로부터 당시 시중금리보다 싼 4%의 이자로 50만 유로의 돈을 빌린 것이 문제가 되었다. 독일국민들의 '비리가 있는 대통령과 같이 살 수 없다.'는 사임 압력에 결국 조기 퇴진할 수밖에 없었다.

또한 2002년 7월 독일 사민당 소속 국방장관이었던 루돌프 샤핑(Rudolph

---

\* Gesetz zu dem Übereinkommen vom 17. Dezember 1997 über die Bekämpfung der Bestechung ausländischer Amtsträger im internationalen Geschäftsverkehr.

Sharping)은 미래의 자서전 및 연설문 출간과 관련하여 14만 마르크의 선금을 받았다는 것이 드러나 당시 수상이었던 게르하르트 슈뢰더로부터 경질을 당했다. 현행법상 급여 이외에 사기업으로부터 일체의 금품을 받을 수 없는 장관으로서 그는 이전에도 기업으로부터 수 차례 금품수수 의혹과 사적인 강연료 수취 문제가 제기된 바 있었고 군용기를 이용, 스페인 마요르카섬에 있는 애인을 만나러 다녔다는 의혹으로 비난을 받기도 하였다.

이와 같이 독일은 사회 깊숙이 반부패 문화가 자리 잡고 있으며 특히 고위공직자 등 사회 지도층의 비리에는 아주 엄격함을 보여주고 있다.

2016년 9월에 발효되어 2018년, 2024년 개정된 바 있는 우리나라의 '부정청탁 및 금품 등 수수의 금지에 관한 법률(일명 '김영란법')도 이러한 세계적 추세의 한 부분을 따라가고 있는 것으로 볼 수 있겠다.

한편 뇌물공여와 관련된 전 세계 당국의 심각성에 대한 인식에 따라 이에 상응하여 각국의 벌금액도 지속적으로 가파르게 증가하고 있는 추세다. 미국과 영국의 부패에 대응한 벌금액[*]은 두 국가를 넘어선 다른 국가에서의 뇌물에 대해서도 한층 강화되고 있으며 이 두 국가들은 수많은 뇌물사건에 대한 전 세

---

[*] 2006년 독일 검찰은 지멘스(Siemens AG)에서 일어난 횡령, 뇌물 수수, 자금세탁과 탈세 등 회계규정 위반을 포함한 부패 의혹과 관련된 조사를 위해 지멘스 본사와 일부 전·현직 직원들의 집을 압수 수색을 하고, 전·현직 간부를 체포했다. 당시 지멘스 전·현직 간부들은 2001~2004년 러시아, 나이지리아, 리비아 등지에서 거액의 뇌물을 뿌린 것으로 드러났으며, 2004년에는 아테네올림픽의 보안시스템 설치 계약건을 따내기 위해 그리스 내무부와 국방부 관리들에게 뇌물을 건넸다. 당시 지멘스의 한 간부는 그리스 지사에 재직할 때 지사 수입 중 무려 10%를 뇌물로 사용했다고 증언한 바 있다. 이 일로 당시 경영진은 전격 퇴진했고 지멘스의 핀란드 노키아와의 무선기기 부문 합병도 연기됐다. 그 후 약 2년이 흐른 2008년 12월. 독일 검찰은 지멘스의 전직 경영진의 경영 의무 수행 실패에 대한 소송을 종료하면서 3억 9,500만 유로의 벌금을 부과하였다. 또한 2008년 미국 워싱턴DC 연방 법원에서의 소송에서 독일 Siemens AG는 내부통제의 고의적 회피와 실패에 대한 형사적 책임과 미국의 해외부패방지법(FCPA) 위반에 대한 책임을 인정하고 미국 법무부에 4억 5,000만 달러, 미국 SEC(미국증권거래위원회)에 3억 5,000만 달러 등 총 8억 달러의 벌금을 냈다. 지멘스 주식은 뉴욕 증권거래소와 독일 DAX에 모두 상장돼 있었다. 국민권익위원회에서 발간한 《ISO 37001(2016), 부패방지경영시스템 가이드북》, p79에서 인용.

계적인 수사 및 법적 조치를 이끌어 가고 있다.

미국사법당국이 해외부패방지법에 근거해 기업들에게 천문학적인 액수의 벌금 및 제재금을 부과한 사례들은 수없이 많다. 금융회사들도 예외는 아니었다. 글로벌 금융회사들이 해당 법률에 근거해서 제재받은 엄청난 액수의 벌금과 제재 사례들은 국내 금융회사들에게 높은 경각심을 주었을 것으로 생각된다. 국내에서는 상상할 수 없는 수준의 벌금액수 및 강한 제재수준은 금융회사들이 효율적인 컴플라이언스 체계 및 내부통제를 통해 뇌물 및 반부패 행위를 방지해야 한다는 강력한 메시지가 되고 있다. 벌금액 및 몰수액을 기준으로 한 FCPA 위반 상위 10건(2024년 2월 기준)은 아래와 같다.

■ FCPA 벌금액 순위 (단위 : 달러)

| 순위 | 기업 | 벌금액 | 집행연도 |
|---|---|---|---|
| 1 | 골드만삭스 | 33억 | 2020 |
| 2 | 에어버스 | 20.9억 | 2020 |
| 3 | 페트로브라스 | 17.8억 | 2018 |
| 4 | 에릭슨 | 10.6억 | 2019 |
| 5 | 텔리아 | 10.1억 | 2017 |
| 6 | MTS | 8.5억 | 2019 |
| 7 | 지멘스 | 8억 | 2008 |
| 8 | 빔펠콤 | 7.9억 | 2016 |
| 9 | 알스톰 | 7.7억 | 2014 |
| 10 | 소시에테제네랄 | 5.8억 | 2018 |

[자료 | FCPA Blog]

미국사법당국의 경우 FCPA에 근거한 법집행이 최근 들어 더 강해지고 있는데, 자국기업이 아닌 외국기업에 대한 법집행도 많이 이루어지고 있다. 미국 법무부(DOJ)와 미국 증권거래위원회*(SEC)는 부패 관련 범죄를 저지른 다국적 기업에 대해 FCPA를 집행하는 양대 기관이다. DOJ가 형사처벌을 담당한다면 SEC는 민사·행정제재를 맡는다. DOJ는 미국 주식시장에 상장되거나 미국 금융전산망을 이용한 법인 또는 개인이 외국공무원에게 뇌물을 건넨 사실을 적발해 FCPA 위반 혐의로 기소한다. 혐의가 인정되면 해당 법인은 최대 200만 달러의 벌금, 개인은 최대 25만 달러의 벌금과 5년 이하의 징역에 처한다. 분식회계 혐의로 기소됐을 경우 법인은 2,500만 달러 이하의 벌금, 개인은 500만 달러 이하의 벌금과 20년 이하의 징역으로 더 무겁게 처벌받게 된다.**

DOJ와 SEC는 최근 피의자와 피조사자가 적극 협조하면 그 정도에 따라 처벌 수위를 낮춰주고 있는데, DOJ는 '유죄 인정 조건부 감형 협상(Plea Agreement)'이나 '기소유예(DPA: Deferred Prosecution Agreement)', '불기소(NPA: Non-Prosecution Agreement)' 등을 활용한다. 반면 SEC는 조사 종결 전 합의를 이끌어 냄으로써 벌금을 받아내는 데 주력한다고 할 수 있겠다.

부패방지제도에 대한 내부통제의 실패는 특히 금전적으로나 평판에 있어서나 글로벌 금융회사들에게 엄청난 손실을 가지고 온다. 사법당국과의 합의문들을 살펴보면, 금융회사 스스로의 자정능력, 즉 스스로의 내부통제활동에 의한 발견에서 시작된 자발적 조사 또는 자발적 신고, 그리고 당국 조사에 성실

---

\* 미국의 유가증권 및 금융에 관한 특정한 연방법을 집행하는 독립적이며 중립적인 정부의 준사법기관이다. 동 위원회는 자본시장의 질서확립과 규제를 위해 증권거래법에 따라 1937년에 설립되었다. 미국의 금융감독당국이라고 할 수 있다.

\*\* 간혹 이보다 더 큰 벌금형이 선고되기도 하는데, 이는 대체 벌금법에 따른 것으로 범죄수익의 2배 내지 벌금을 부과해 범죄를 이용한 경제적 이익을 원천적으로 막는다고 한다.

한 협조 여부가 제재수준이나 제재금에 얼마나 지대한 영향을 미치는지 알 수 있다. 그만큼 금융회사들이 스스로 선제적으로 효과적인 내부통제수단을 마련할 수밖에 없도록 유인하는 것이다. 다시 말해, 해외 사법당국 및 금융감독당국의 강력하고 확실한 Incentive & Penalty 제도는 글로벌 금융회사가 엄청난 규제 준수비용을 기꺼이 감내하도록 유도하고 있는 것이다.

# 갈 길이 먼 우리의 준법감시인제도

## | 제도 도입 배경

우리나라의 경우 외환위기 이후 2000년 금융회사를 대상으로 준법감시제도가 처음 도입되었는데, 그 배경은 크게 금융사고의 예방 및 내부통제 강화, 고객 등 금융소비자보호를 제고하기 위함이었다.

외환위기의 원인에 대한 분석 결과 금융회사에 대한 효과적인 감독체계의 중요성이 크게 부각되고, 금융 전 부문에 걸친 규제완화 및 개방화의 진전 등으로 금융회사 내부통제 강화*의 필요성이 높아지면서 선진국에서 운용되고 있는 Compliance(준법감시)제도를 국내 금융회사에 도입하여야 한다는 공감대가 형성되었다.

---

\* IMF 금융위기 이후 정부와 금융당국은 기업지배구조개선과 내부통제제도 기능의 충실화를 제고하기 위하여 은행자기자본비율기준 정비 및 적기시정조치제도의 도입, 사외이사제도 도입, 소수주주권 행사 완화, 금융감독위원회 및 통합금융감독원 설치 등 일련의 조치를 취하였으며 2001년에는 기존의 감사제도를 폐지하고 감사위원회의 설치를 의무화하였음.

이에 따라 제3의 특정인을 준법감시인으로 임명하여 법규준수 점검에 대한 책임과 권한을 부여함으로써, 조직 내의 타 부서나 위원회로부터 독립적인 위치에서 능동적인 견제역할을 수행하도록 하고자 하였다.

특히 고객의 자산을 위탁받아 이를 운용관리하는 것이 주 업무인 금융회사의 속성상 고객의 자산을 유용하거나 고객의 이익을 침해할 가능성이 여타 산업보다 높기 때문에 금융거래자 보호를 위한 법규준수의 확보가 대단히 중요하다는 인식이 높아졌으며, 금융인의 엄격한 도덕성과 신뢰성이 금융산업의 유지발전에 필수적인 요소이며, 이를 위하여 상시적인 통제감독장치로서 컴플라이언스제도 도입이 필요하였다.

## 제도 도입 경과

이에 따라 2000년 1월 은행법, 종합금융회사에 관한 법률, 상호신용금고법, 증권거래법, 증권투자회사법, 증권투자신탁업법, 선물거래법 및 보험업법 등을 개정하여 준법감시인제도의 도입을 위한 법률적 근거를 마련하였다. 은행, 보험 및 투신 영역은 2000년 6월, 종금 영역은 2000년 7월, 증권 영역은 2000년 9월 각각 해당 법률의 시행령에 '내부통제기준'에 포함되어야 할 내용과 준법감시인의 임면 및 선임자격 등과 관련된 사항을 규정[*]하였다.

---

[*] 은행, 종금, 증권, 증권투자(자산운용), 투신, 보험, 상호저축은행 및 여신전문회사는 '내부통제기준' 제정 및 준법감시인 임명을 규정하였으나 규모가 작은 상호신용금고 및 선물회사의 경우에는 '내부통제기준'은 제정하되, 준법감시인제도는 도입하지 않았다.

## 국내은행의 준법감시제도 운용경과

2001. 1월 국내은행에 준법감시인이 처음으로 임명되면서 준법감시제도가 본격적으로 시행되었다. 그러나, 국내 준법감시인 모범규준(금융감독원 제정)이 당초의 제도 도입 취지와는 달리 준법감시인의 업무범위를 법규준수 점검에 한정토록 소극적으로 규정함에 따라 준법감시제도의 활성화가 다소 제한된 감이 있었다. 아울러, 제도운영과정에서 감사위원회와의 업무분장 불명확 및 준법감시조직의 인력 부족 등으로 동 제도의 효율성도 저하됨이 나타났다.

이에, 금융감독원은 신BIS 협약 도입 등 금융환경의 변화와 제도운영과정에서 나타난 문제점 등을 반영하여 준법감시제도의 기능을 보다 활성화하는 방향으로 모범규준을 개정(2006년 2월)하였다.

당초의 모범규준은 준법감시인이 내부통제기준 준수 여부 점검 시 가급적 법규준수 관련 업무만을 담당토록 한정하였으나, 개정된 규준에서는 이를 삭제하여 보다 확대된 내부통제업무를 담당토록 하였다.

또한, 감사업무와 영역구분이 불명확한 문제에 대해서는 각 금융회사가 실정에 맞게 자율적으로 업무를 분장*토록 하되, 준법감시인의 직무는 실제 수행하는 업무를 중심으로 내규에 구체적으로 명시토록 하고 역할에 상응하는 책임을 부과토록 유도하였다.

2016년에 도입한 '금융회사의 지배구조개선에 관한 법령'에서는 기존 개개의 법령에서 규정하고 있던 사항을 통합하여 국내 금융회사의 경우 준법감시인의 지위를 이사회에서 임면하는 임원(급)으로 2년의 임기를 보장하고 대표이

---

\* 영·미계 선진은행의 경우 내부통제 점검기능을 준법감시부서와 감사부서가 함께 수행하고 잠재위험이 많은 부문은 양 부서가 공동 점검.

사, 준법감시인 등으로 구성되어 내부통제 관련 주요 의사결정을 하는 내부통제위원회를 신설하는 한편 반드시 감사위원회에 보고를 강제하지 않는 등* 선진화된 제도개선의 발판을 마련**하였다고 할 수 있겠다.

## 국내 금융회사의 준법감시제도 정착을 위한 기본조건

외환위기 이후 국내은행의 지배구조개선을 위한 획기적인 법 개정으로 경영진에 대한 감시체제의 개선 등은 어느 정도 성과를 거두었으나, 미국, 유럽 등의 준법감시제도에 비해 국내은행의 효율적인 컴플라이언스 업무 정착은 여전히 미흡한 실정이다.

2018년에 발표된 우리나라 금융회사 준법감시인제도의 운영 실태를 파악하기 위한 설문조사***에 따르면 일부 금융회사의 경우 아직도 최고경영자를 비롯하여 임직원의 준법감시인제도에 대한 인식과 지원이 부족한 것으로 나타났다. 또한 준법감시인력의 전문성이 부족하고, 준법감시인의 독립성이 다소 미흡한 것으로 나타났다. 시행 20여 년이 경과한 준법감시인제도는 금융회사 임직원의 제반 법규준수 등의 준법감시체제 구축, 운영·점검의 업무프로세스 및 준법문화 정착에 어느 정도 기여하고 있지만, 여전히 다음과 같은 문제점이 있는 것으로 파악되었다.

---

\* 우리나라의 경우 상근감사위원(감사)제도가 이미 정착된 가운데 준법감시인제도를 도입하면서 양 제도의 역할과 기능을 제대로 정비하지 않아 업무범위가 상호 중복 되는 문제가 여전히 심각하게 대두되고 있음.

\*\* 금융위 보도자료(2016. 07. 26.) 참조.

\*\*\* 〈우리나라 금융기관의 준법감시인제도의 정착방안에 관한 연구〉, 박형근, 강남대학교, 2018. 서울지역 금융회사 종사자 400명에게 준법감시 환경 및 문화, 준법감시부서 운영, 준법감시활동, 준법교육, 보고체계 등 5개 영역으로 구성된 자기기입식(self-administration) 설문조사방법으로 2016년 12월 5일부터 2017년 3월 31일까지 1차 예비조사와 2차 최종설문조사를 실시. 유효표본 310부를 확정하여 데이터 코딩(data coding)의 과정을 거쳐 SPSS 23.0 통계 패키지를 활용하여 분석.

첫째, 경영진의 내부통제 및 준법감시인제도 인식이 미흡하고, 전폭적인 지원이 부족하다. 또한 준법감시인과 감사위원회의 업무영역이 중복되거나 역할이 명확하지 않아 혼선을 초래하고 있다.

둘째, 준법감시부서의 우수인재 배치 및 인센티브 제공이 아직 충족되지 않고 있다. 이에 따라 준법감시조직 인력의 전문성 부족 및 준법감시인의 독립성이 아직 미흡하다.

셋째, 내부통제에 대한 인식부족과 기능에 대한 오해가 있다.

넷째, 내부자제보제도가 효과적으로 이용되지 못하고 있고, 준법감시매뉴얼이나 준법체크리스트의 수록 내용이 이해하기 어렵다.

설문조사에서 나타난 미흡한 준법문화 정착은 무엇보다도 컴플라이언스 실패가 서구 금융회사의 사례와 같이 몇 년 치의 영업실적과 맞먹는 천문학적인 벌금 부과 등으로 이어질 수 있다는 피부로 체감하는 조치가 이루어지지 않고 있는 데에 근본적으로 기인한다고 볼 수 있다. 글로벌 금융회사인 유럽계 H사 및 B사, 미국계 J사가 지난 수년간 엄청난 비용을 들여 컴플라이언스 체재를 정비하는 결정적인 이유는 다시는 그러한 비용을 들이지 않겠다는 각성효과에 기인한 것이지 결코 그들이 국내 금융회사에 비해 도덕적으로 더욱 고결하거나 준법정신이 뛰어나서가 아닐 것이다.

또한 준법감시인제도의 도입이 미국, 유럽처럼 금융회사나 기업의 자발적인 참여에 의해 자연스럽게 생겨났다기보다는 감독당국의 주도로 강제적으로 만들어진 것이기 때문에 그 필요성에 대한 내부적인 인식의 정도가 낮을 수밖에 없을 것이다. 즉, 많은 사람들이 우리나라의 준법감시제도에 대하여 회의를 가지고 있는 이유는 준법감시제도가 단지 법규가 요구하기 때문에 비자발적으로 형식상으로만 갖추고 있는 제도*라는 데 근본적인 원인이 있다.

이에 따라 아직도 국내 금융회사에서는 내부통제의 실질적 운영보다는 감독상 요구되는 법령상 외관을 갖추는 수준으로 준법감시제도가 운영되는 것으로 평가되고 있다. 특히, 내부통제를 비용을 유발하는 가외적 규제(cost center)로 인식**하고 있어, 실효적인 사전적·상시적 통제기능이 낮은 것이 현실이다.

일선 영업을 하는 임직원들은 성과 중심의 경영기조 및 보상체계로 인해 내부통제를 등한시하는 조직문화*** 속에서 임직원 스스로도 내부통제의 주체라는 인식이 미흡****하고 내부통제 실패 책임을 컴플라이언스에게 전가하는 경

---

\* 단기성과와 사외이사, 최고경영진의 경영목표, 나아가 기업의 생존과 관련하여 내부통제가 어떤 역할을 하는지에 대한 이해는 매우 중요하다. 하지만 아쉽게도 현재 운영되고 있는 이사회 구성 등 주요한 지배구조 내용과 준법감시인, 리스크관리 체계, 내부통제제도 등은 1997년 말 외환위기 이후 IMF 권고에 따라 2000년대 초반에 도입되었다. 그 후 제도적으로는 지배구조, 준법감시, 리스크관리 체계는 글로벌 기준에 부합하도록 변화하여 왔으나, 내부통제제도는 각 금융회사의 경영목표 달성을 위협하는 리스크에 대응하도록 경영진을 도와주는 최적의 수단이라기보다는 여전히 금융사고 예방을 위해 지켜야할 최소한의 법규로만 이해되어지고 있는 실정이다.

\*\* 이는 금융회사가 그 필요성을 먼저 깨닫기 전에 외환위기라는 예외적 상황에 닥쳐 감독기관 중심으로 내부통제제도를 구축하고 운영하였기 때문으로 내부통제의 의미가 형식적 법규준수에 그치는 것이 아니라 정확하고 신뢰받는 재무보고 체계를 유지하고, 나아가 기업의 목표달성을 위한 일상적인 업무활동을 효율적, 효과적으로 이루어지도록 보장하는 핵심적인 수단 즉, 금융회사 건전경영의 핵심적 요소라는 점을 미처 깨닫지 못했기 때문으로 보여진다.

\*\*\* 우리나라는 서구와 다른 독특한 조직문화가 있음을 부정할 수 없는데 다시 말해 기업과 개인의 동일체 의식이다. 회사의 운명이 곧 개개인의 운명과 같다는 생각은 회사에 속해 있는 직원인 준법감시인이 회사나 경영진 또는 다른 임직원의 법규위반을 적발하거나 시정을 요구하는 것이 쉽게 수용되지 않으며 지적을 받아들이고 개선하기보다는 내부적으로 덮어버리고자 하는 경향이 강하다. 이는 일본의 기업문화와도 유사한 점이 있다. 이러한 분위기에서는 준법감시인의 존재를 인정하고 그의 업무를 존중하는 풍토가 정착되기는 쉽지 않은 점이 있다. 이 때문에 우리나라에 준법감시인제도가 도입된 2000년대 초반에는 감독 관련 법령위반을 지적한 준법감시인을 감독기관의 하수인이라고 비난하며 책상을 빼버린 극단적인 경우도 있었다고 전해진다.

\*\*\*\* 이와는 대조적으로 글로벌 금융회사들은 모든 임직원들에게 내부통제 책임을 부담시키되 궁극적으로는 최고경영자에게 내부통제 책임을 지우며, 부서장, 팀장 등도 본인 담당 조직에 관한 한 궁극적인 내부통제 책임을 부담하는 것으로 인식한다. 그리고 준법감시부, 리스크관리부 등의 부서들은 내부통제체제를 구축하고 내부통제체제가 잘 작동하는지 감시·감독하는 역할을 수행하며 주어진 역할을 제대로 수행하는 한 구체적 내부통제 실패사례에 대한 책임을 부담하지 않는 경우가 일반적이다.

향<sup>*</sup>이 강하며, 준법감시인의 경우 과도한 업무·겸직 및 순환보직에 따른 잦은 교체 등 독립적 업무수행을 위한 여건이 여전히 열악하고, CEO 및 감사 등 경영진의 경우 내부통제의 최종 책임자로서의 인식 및 구체적인 역할·기능이 미비한 것이 현주소이다.

또한 여전히 준법감시부서와 감사위원회 산하 검사부서와의 업무중복 또는 준법감시기능의 감사기능에의 종속화 등의 문제가 상존해 있다. 감사부서와 준법감시부서 상호 간 업무영역 중복 또는 불명확한 역할(blurred segregation of duty) 설정<sup>**</sup>은 내부통제의 3중 방어체계(Three Lines of Defense)<sup>***</sup>의 원칙상 2선인 준법감시인과 3선인 내부감사와의 업무구분에도 혼선을 주게 되어 내부통제 체계의 글로벌 스탠다드에도 부합하지 않는 실정이다.

한편 감독당국 입장에서는 준법감시제도가 금융회사의 건전성을 제고하는 데 도움이 된다는 긍정적인 믿음을 갖고 있는 반면 현실에서는 실제 운영주체인 금융회사의 경우 불필요한 규제라며 부담으로 느낄 수 있음을 기억해야 한다. 하지만 준법감시제도가 내부통제시스템의 핵심적인 부분으로 이해한다면 역설적으로 금융회사의 자발적 준수노력이 없는 한 아무런 의미를 가지기 어렵다고 할 수 있다. 다시 말해 금융회사의 자발적 노력을 이끌어 내지 못한다면 준법감시제도는 금융회사가 느끼는 것처럼 불필요한 중복규제에 해당할

---

[*] '내부통제=금융사고 예방=법규준수'라는 관념이 국내 금융회사에서는 큰 저항 없이 받아들여지고 있고 그 결과 국내 금융회사의 경영진은 '내부통제는 준법감시인의 소관이며 경영진이 최종적으로 책임지는 것이 아니다.'라는 오해가 상존하고 있다. 또한 암묵적이든, 명시적이든 성과가 우선되는 문화에서 내부통제는 각 업무담당자가 업무처리 과정에서 당연히 지켜야 할 것이 아니라, 내부통제를 담당하는 준법감시부 등 특정 부서 또는 그 직원이 업무추진에 방해되지 않는 선에서 적정하게 검토해 줘야 하는 형식적인 행정업무 취급을 받게 되는 것이 현실이기도 하다.
[**] 이와 관련한 자세한 내용은 부록 1을 참조할 것.
[***] 국제내부감사협회에 의해 2013년 1월 발표된 후 현재 대부분의 글로벌 금융회사가 도입하여 운용하고 있는 내부통제의 근간을 이루고 있는 위험관리 모델을 지칭한다. 더 자세한 내용은 부록 1 참조.

수도 있기 때문이다.

 이러한 점을 감안하여 우리나라의 준법감시제도가 조직 내에 성공적으로 정착하기 위해서는 적어도 다음과 같은 조건들이 충족될 필요가 있을 것이다.

 첫째, 위법행위에 대하여는 관련 법규 또는 금융회사의 내규에서 정해진 바에 따라 엄격하게 제재하는 원칙을 확립하여야 한다.* 온정적인 처벌은 법규준수에 대한 인센티브를 약화시켜 윤리의식의 향상을 제약할 수 있기 때문이다.

 임직원의 위법행위 처벌에 더해 우리나라에 2024년 7월 도입된 책무구조도 제도는 금융회사의 대표이사 및 임원이 최초로 책무구조도를 제출한 이후부터 본인의 책무와 관련하여 내부통제 및 위험관리가 효과적으로 작동할 수 있도록 관리조치를 하는 등 '내부통제 관리의무'를 부담하며, 관리조치를 미이행하는 등 내부통제 관리의무를 위반한 임원 등은 신분제재를 부과받을 수 있도록 하고 있다. 위법행위 외에 관리책임까지 묻는다는 점에서 내부통제 강화에 긍정적인 효과가 있을 것으로 예상된다.

 하지만 한편으로는 내부통제기준 또는 준법감시프로그램을 잘 구비한다고 해서 모든 사고를 방지할 수는 없는 것이고 이에 따른 보상이 없이 엄격한 처벌만 존재한다면 준법감시체계를 갖추도록 함으로써 사전적인 금융사고 예방을 달성하고자 하는 목적으로는 부족할 수밖에 없다. 효율적인 제도로 정착시키기 위해서는 채찍에 당근이 결합된 형태이어야 사전예방효과를 얻을 수 있

---

* 제1장에서 살펴본 바와 같이 외국의 경우 금융회사의 불법·부당 행위에 대해 수십억 달러의 과징금이 부과되기도 하며, 이에 따라 당장 회사의 존립을 위협할 수 있는 내부통제 취약성에 대해 높은 관심을 가질 수밖에 없다. 그러나 국내에서 이러한 행위에 부과 가능한 과징금 수준은 여전히 미미하다.

을 것이다. 나름대로 내부통제에 노력하였으나 그럼에도 불가피하게 금융사고가 발생하였다면 최소한 그 노력에 대해서는 인정을 해주는 것이 실질적인 인센티브로 작용할 수 있을 것이다. 이러한 점을 감안하여,

둘째, 엄격한 징계와 더불어 컴플라이언스 프로그램의 준수가 감독 및 행정기관의 단속과 징계, 검찰의 기소와 구형, 법원의 양형, 손해배상 책임 등에서 주요 고려요소가 되도록 제도적인 뒷받침이 이루어져야 한다. 또한 준법감시제도를 잘 운영하는 금융회사에게는 감독분담금 산정 시 일정액을 감면해 주는 등 혜택을 주는 한편 미흡한 회사에는 제재와 더불어 과태료 부과 등 보상체계를 확실히 하여야 효과적인 방법이라고 할 수 있겠다.[*]

곽관훈(2012년)[**]은 미국에서 컴플라이언스 프로그램이 등장한 배경이 기업에게 형사책임을 귀속시킬 수 있는 근거를 찾기 위한 과정, 즉 컴플라이언스 프로그램을 갖춘 경우 기업의 형사책임을 면책해 주는 제도로서 발전하여 온 것을 인용하여 우리나라에서도 준법감시제도가 본래의 역할을 할 수 있도록 하

---

[*] 미국 등 해외에서는 평상시 우수한 준법감시시스템을 운영한 회사인 경우 불법행위에 대한 양형을 감경하는 혜택을 부여함으로써, 금융회사들이 평소 스스로 효과적인 내부통제시스템을 확보하도록 하는 긍정적 유인을 제공하고 있다. 우리나라도 예를 들어 금융지주회사, 은행, 여신전문회사, 보험회사 등의 경우 법규 위반행위의 방지를 위해 내부통제시스템을 구비하여 상당한 주의 및 감독을 한 것으로 인정되는 경우 기본과징금의 20%를 경감할 수 있도록 인센티브를 제공하고 있기는 하다. 그러나 이러한 인센티브를 제공받기 위한 요건으로 어떠한 내부통제시스템을 도입하여 시행하여야 하는지 그 구체적인 기준에 대한 제시는 없는 실정이다. 또한 과거 금융당국이 내부통제 평가 우수 은행에 대해 검사주기 완화, 검사대상기관 선정시 제외 또는 검사기간 축소, 경영실태평가 시 반영, 자체조치 사항의 불문 처리 및 포상 제공 등 인센티브를 부여하는 방안을 제시한 적이 있었으나 실제 제대로 활용되지 못하고 있는 실정이다. 2018. 8. 14. 윤석헌 금융감독원장이 금융감독원 검사팀장 연수에서 밝힌 검사운용방향에서는 "앞으로의 종합검사는 금융회사에 부담을 지우기보다는, 금융회사가 금융감독 목표에 부합하면 종합검사를 감면받을 수 있다는, 유인체계의 관점에서 효율적으로 활용할 방침임을 강조"한 바도 있다. 이러한 소위 유인부합적(incentive compatible) 종합검사는 금융사 스스로 취약점을 개선토록 유도, 우수한 금융사의 경우 종합검사 부담을 덜어주는 제도이다. 또 다른 인센티브 유인 방식으로는 현행 공정거래법상의 과태료 감경방식도 고려해 볼 수 있을 것이다.

[**] 〈상법상 준법지원제도의 과제 및 활용방안〉, 선문대학교, Journal 법과정책, volume 19, issue 1, 2013, pp.21-46.

기 위해서는 기업의 자발적 준수를 이끌어 낼 수 있도록 하기 위한 인센티브 규제체계로 운영되어야 할 것을 제안한 바 있다.

2024년 7월 책무구조도 도입을 법제화한 개정 금융회사 지배구조법(제35조의2)은 임원 등의 내부통제 관리의무 위반 시 신분제재를 할 수 있도록 규정하면서(제1항), 위법행위의 발생 경위·정도·결과, 임원 등의 상당한 주의 여부 등을 고려하여 제재조치를 감경 또는 면제할 수 있도록 규정(제2항)하고 있고, 금융감독당국은 이를 구체화하기 위해 내부통제 관리의무 위반 시 제재 및 감면 여부를 판단하기 위한 주요 고려요소 및 기준 등을 정한 '내부통제 관리의무 위반 관련 제재 운영지침'을 마련*하였다. 채찍에 당근이 결합된 좋은 예** 라 할 수 있겠다.

---

\* 물론 '자본시장과 금융투자업에 관한 법률' 제422조 제3항에 의하면 "금융위원회는 금융투자업자의 임직원에 대하여 조치를 하거나 이를 요구하는 경우 그 임직원에 대하여 관리·감독의 책임이 있는 임직원에 대한 조치를 함께 하거나 이를 요구할 수 있고, 다만, 관리·감독의 책임이 있는 자가 그 임직원의 관리·감독에 상당한 주의를 다한 경우에는 조치를 감면할 수 있다."고 이미 쓰여 있다. 또한 동법 제448조(양벌규정)에서는 "법인 또는 개인이 그 위반행위를 방지하기 위하여 해당 업무에 관하여 상당한 주의와 의무를 게을리하지 아니한 경우 양벌규정에서 제외될 수 있다."라고 언급하고 있다. 하지만 이때 '상당한 주의와 의무'가 구체적으로 무엇인지, 제422조에서의 관리·감독이 무엇을 의미하는지 명확하게 정의하고 있지 않다.

\*\* 유니스 김(2014)은 준법감시제도가 우리나라 현실에서 제대로 작동할 수 있게 만드는 개선방안으로 준법감시에 대한 CEO 등 경영진의 유인체계(incentive structure)에 주목하고 경영진을 포함한 임직원들의 이해와 부합되는 효과적인 준법감시제도를 만들기 위하여 미국 컴플라이언스제도의 주축이라고 평가받는 금융법상의 임직원의 개인 감독책임제도를 우리나라에 도입할 것을 제안한 바 있다. 유니스 김에 따르면 개인 감독책임제도란 금융회사가 일정 기준에 부합하는 컴플라이언스제도를 구축하고 감독책임을 가진 감독자가 컴플라이언스제도에서 감독자로서 요구되는 모든 의무를 성실하게 집행했고 내부통제 규정이 잘 지켜지고 있으며 지켜지지 않고 있다고 의심할 만한 이유가 없다는 사실을 입증할 수 있으면 그 금융회사에서 위반행위가 발생하여도 해당 금융회사와 감독자 임직원을 감독책임 미이행으로 인한 행정처벌로부터 감면시켜 주는 혜택을 부여하는 개념이다. 이 제도는 모두가 감독자인 미국 금융회사의 경영진에게 컴플라이언스제도가 아군이라는 시각을 갖게 하는 매우 강력한 유인 요소라고 소개하고 있다. 미국은 컴플라이언스제도를 의무화하지 않고도 모든 금융회사가 컴플라이언스제도를 갖추는 효과적인 동기부여를 하였고 미국의 감독당국과 법원은 컴플라이언스제도를 감독책임의 이행을 증명하는 최선의 방법으로 보고 있기 때문에 미국 금융회사의 이사회와 경영진은 컴플라이언스 제도가 법에서 요구되지 않아도 기꺼이 구축하고 집행하게 된다고 주장하였다. 〈금융회사임직원의 감독책임제도 도입에 대한 고찰 —미국법의 사례를 참고하여〉 2014. 03., 《법학논집》 18권 3호, 이화여자대학교 법학연구소 참고.

셋째, 최고경영자가 준법경영의 중요성과 필요성을 확실하게 인식(tone at the top)하고 있어야 한다.* 최고경영자의 준법경영 의지가 약하면, 준법감시인 및 관련 부서의 노력에도 불구하고 준법감시제도의 내실화를 기할 수 없음은 자명하다.

'내부통제는 준법감시인과 같은 통제부서의 소관이며 경영진이 최종적으로 책임지는 것이 아니다.'라는 잘못된 인식은 국내 금융회사가 글로벌 수준에 상응하는 준법감시제도와 내부통제 문화를 구축하는 데 가장 큰 장애요인으로 작용하고 있다. 견고한 내부통제는 비용(cost center)이 아닌 신뢰를 통한 수익과 성장의 기반이라는 인식하에, 준법감시조직의 역량 및 전문성 강화와 더불어 실질적인 내부통제 운영결과에 따른 보상 및 신상필벌 체계를 마련하여야 할 것이다. 결국 금융회사의 최고경영진이 내부통제가 자신과 회사 전체의 운명을 좌우한다는 획기적인 인식 전환이 절대적으로 필요하다.

넷째, 법규준수가 단순히 외부에서 부과된 의무로 인식되는 것이 아니라 조직 내의 문화로서 정착되어야 할 것이다. 즉, 법규 및 윤리규범의 준수가 단순히 외부로부터의 제재를 회피하기 위함이 아니라, 조직과 자신의 이익을 위하여 반드시 필요하다는 인식이 확산되고 조직의 기본적인 윤리문화로서 정착되어야 한다. 또한 컴플라이언스가 금융회사 및 기업의 지속적인 성장을 가능하게 해주는 핵심 경쟁력의 원천이며 첨예한 글로벌 경쟁 시대에 자신을 방어하는 강력한 무기가 될 것임을 명심하여야 하겠다.

---

* 그러나 아직 우리나라에서는 이러한 대표이사의 인식과 지원이 대체로 부족하다. 실제로 '준법감시협의회(올바른 준법감시문화의 확산과 자본시장의 건전한 발전을 위하여 2009년 4월 발족한 후 2018년 현재 60개 증권·선물회사의 준법감시인으로 구성된 비영리법인으로, 금융투자업계 의견수렴 및 정책건의 등 활발히 활동 중)'가 국내 40여 개 증권사, 자산운용사 등의 준법감시인들을 상대로 실시한 설문조사결과에 의하면, 이들이 외부적 요인 외에 가장 큰 내부통제 장애 요소로 꼽은 것은 'CEO의 내부통제 의지 부족'이었다(2016). 그러나 한편으로 이러한 대표이사의 의지 부족은 각각의 주체들에게 적절한 내부통제 책임을 부여하지 못하는 국내 내부통제제도의 근본적인 취약성이 기여한 측면이 크다.

내부통제 실패의 누적은 장기적으로 일반 투자자들의 정당한 수익 확보에 대한 믿음과 국내 금융회사에 대한 신뢰를 무너뜨려 시장의 성장과 금융회사의 지속가능성을 위협할 수 있다. 따라서 우리나라의 금융감독당국 및 금융회사는 위에서 지적된 취약성을 개선하여 우리나라의 준법감시제도가 글로벌 수준에 부합되게 한 단계 더 발전하고 금융회사 조직 내에 성공적으로 정착할 수 있도록 노력하여야 할 것이다.

금융사고는 컴플라이언스의 무덤

금융사고와 Compliance Culture

이제는 올바른 행동만이 살길: Conduct Risk와 컴플라이언스

[참고] Senior Managers and Certification Regime 개요

조직문화 자본(Cultural Capital)의 형성

윤리·컴플라이언스 프로그램: Ethics and Compliance Program

컴플라이언스의 핵심 요소: 윤리적인 문화의 구축

[참고] 세기의 세금사기거래: Cum–Ex

보여지는 것과 실제

# 제6장

# 금융사고와 Compliance Culture

## 금융사고는 컴플라이언스의 무덤

최근 6년간 금융권에서 발생한 횡령·배임 등 금융사고 규모가 8,500억 원에 달하는 것으로 알려졌다. 2025년 4월 28일 국회 정무위원회 소속 강민국 국민의힘 의원실이 금융감독원으로부터 제출받은 〈국내 금융업권 금융사고 발생 현황〉 자료에 따르면 2019년부터 2025년 4월까지 발생한 금융사고는 총 468건, 사고금액은 8,422억 8,400만 원에 이른다.

금융당국과 금융권이 내부통제 강화에 나섰음에도 불구하고 금융사고 건수와 사고액 모두 꾸준히 증가하는 추세다.

연도별 사고 규모는 ▲2019년 424억 4,000만 원(60건), ▲2020년 281억 5,300만 원(74건), ▲2021년 728억 3,000만 원(60건) 수준을 유지하다가 ▲2022년 1,488억 1,600만 원(60건), ▲2023년 1,423억 2,000만 원(62건)으로 급증했다. 특히, 2024년에는 3,595억 6,300만 원(112건)으로 역대 최고 수준을 기록했다.

사고 유형별로는 업무상 배임이 2,524억 9,400만 원으로 가장 많았고, 횡령·유용이 1,909억 5,700만 원(203건), 사기가 1,626억 100만 원, 도난·피탈이 13억 5,100만 원 순으로 나타났다.

업권별로는 은행권이 4,594억 9,700만 원(54.6%)으로 사고금액의 절반 이상을 차지했다. 이어 증권업권(2,505억 8,400만 원, 29.8%), 저축은행(571억 200만 원, 6.8%), 손해보험(472억 5,500만 원, 5.6%), 카드사(229억 6,600만 원, 2.7%), 생명보험(48억 8,000만 원, 0.6%) 순이었다.

이처럼 금융사고가 급증하면서 금융회사 내부통제시스템이 여전히 허술하다는 비판이 지속적으로 제기되고 있지만 금융회사 임직원의 준법의식 부족과 내부통제장치의 미비가 여전히 심각한 수준임을 드러내고 있으며 업권별 사고 특성을 분석해 보다 정교한 맞춤형 내부통제시스템의 구축이 필요함을 보여주고 있는 것이다.

## 2019~2025년 4월까지 연도별 국내 금융권 금융사고 발생 현황

(단위: 건, 100만 원)

| 업 권 명 | | 2019년 | 2020년 | 2021년 | 2022년 | 2023년 | 2024년 | 2025. 4. 14. | 합 계 |
|---|---|---|---|---|---|---|---|---|---|
| 은 행 | 건수 | 39 | 39 | 33 | 33 | 33 | 68 | 24 | 269 |
| | 금액 | 10,373 | 8,827 | 31,679 | 112,911 | 69,688 | 189,812 | 36,207 | 459,497 |
| 저축은행 | 건수 | 2 | 8 | 6 | 6 | 10 | 7 | 9 | 48 |
| | 금액 | 238 | 3,383 | 16,908 | 8,710 | 23,309 | 4,325 | 229 | 57,102 |
| 생명보험 | 건수 | 7 | 10 | 7 | 4 | 2 | 7 | 3 | 40 |
| | 금액 | 836 | 2,354 | 851 | 259 | 209 | 217 | 154 | 4,880 |
| 손해보험 | 건수 | 7 | 9 | 10 | 5 | 6 | 4 | 3 | 44 |
| | 금액 | 25,633 | 12,235 | 1,799 | 1,078 | 925 | 3,812 | 1,773 | 47,255 |
| 증 권 | 건수 | 3 | 5 | 2 | 11 | 9 | 18 | 1 | 49 |
| | 금액 | 2,752 | 328 | 21,261 | 25,848 | 37,769 | 152,826 | 9,800 | 250,584 |
| 카 드 | 건수 | 2 | 3 | 2 | 1 | 2 | 8 | – | 18 |
| | 금액 | 2,608 | 1,025 | 332 | 10 | 10,420 | 8,571 | – | 22,966 |
| 합 계 | 건수 | 60 | 74 | 60 | 60 | 62 | 112 | 40 | 468 |
| | 금액 | 42,440 | 28,152 | 72,830 | 148,816 | 142,320 | 359,563 | 48,163 | 842,284 |

출처 : 금융감독원이 국회 정무위 소속 강민국 의원에게 제출한 자료

지난 10년간 언론에도 널리 알려진 대표적인 초대형 대출금융사고로는 K은행 동경지점 부당대출(2013년 3,786억 원), KT ENS대출사기(2014년 2,684억 원), 모뉴엘 대출사기(2015년 3,162억 원, 2016년 3,070억 원), 육류담보대출 사기(2016년 3,907억 원, 2017년 555억 원) 등을 떠올릴 수 있겠다.

또한 2018년 S 증권사 배당사고(92.7억 원)[*], 라임펀드 환매중단 사태(2019년)[**] 및 주요 해외금리 연계 DLF 상품 대규모 손실 사태(2019년)[***]도 큰 파장을 일으킨 사고 중 하나라고 할 수 있겠다.

---

[*] 2018년도에 발생한 삼성증권의 우리사주 배당 착오입고 및 직원의 주식 매도행위는 직원들의 윤리의식 부재와 내부통제 미흡이 복합적으로 작용하여 발생한 것으로 자본시장의 신뢰를 심각하게 저하시킨 대형 금융사고였다. 금융감독원 검사결과 우리사주 배당시스템의 현금배당과 주식배당이 동일한 화면에서 처리되도록 구성되는 등 삼성증권의 우리사주 배당시스템의 내부통제 미비와 전산시스템 관리의 부실이 가장 큰 원인으로 지적되었다. 그리고 착오입고 주식임을 알면서도(회사의 경고메시지 및 매도 금지 요청에도 불구하고) 일부 직원들이 이를 매도하는 등 심각한 도덕적 해이도 발생하였는데, 그 결과 해당 직원들은 자본시장법 위반 등 혐의로 기소되어 형사처벌을 받게 되었다. 배당사고(04. 06) 전날인 4월 5일 오후 삼성증권의 증권관리팀 담당자는 우리사주 조합원에 대한 현금배당 업무를 하면서 전산시스템상의 주식배당 메뉴를 잘못 선택하여 주식을 입력하였고, 관리자는 담당자의 잘못된 입력 사실을 인지하지 못하고 그대로 승인하였다. 이에 4월 6일 오전 9시 30분 삼성증권 우리사주 조합원(2,018명)의 계좌에 현금배당금(1주당 1,000원, 28.1억 원)이 아닌 동사 주식 28.1억 주가 입고되는 사고가 발생하게 된 것인데 4월 6일 오전 9시 35분~10시 6분(31분간) 우리사주 조합원(직원) 중 22명이 1,208만 주를 매도주문 하였으며, 이 중 16명의 501만 주(주문수량의 41.5%)가 거래가 체결되었다. 이에 삼성증권 주가는 크게 하락(전일종가 대비 최고 11.68% 하락)하였으며, 총 7차례의 변동성 완화장치가 발생하는 등 주식시장에 큰 영향을 미치는 결과를 가져왔다. 4월 6일 오전 09시 31분 삼성증권은 사고를 인지하고도 조속히 매매주문 차단과 착오입고 주식 일괄출고를 하지 못하여 직원의 대규모 주식매도 주문을 방지하는 데 실패하였던 것이다. 동 금융사고 관련 금융위원회는 삼성증권에 대해 일부 업무정지 및 과태료 부과 조치하고, 전현직 대표이사 등 임직원에 대해서도 직무정지 등을 조치(2018. 07. 26.)하였다.

[**] 2019년 라임자산운용이 운용하는 母펀드 및 그와 母子 관계에 있는 子펀드들에서 환매연기가 발생하였다. 금융감독원의 검사결과에 따르면 라임자산운용은 고수익 추구를 위해 투명성이 낮은 비시장성 자산에 투자함에도 만기불일치 방식으로 펀드를 설계하고, 증권사 TRS(Total Return Swap: 투자금의 일정 배수를 차입하여 운용규모를 확대하는 스왑계약)를 통한 레버리지를 활용하면서 펀드의 유동성 위험이 크게 증가하였다. 또한, 투자의사결정 과정에서 적절한 내부통제장치가 구축되어 있지 않아 운용역의 독단적 의사결정에 의한 위법행위가 반복적으로 발생하였다. 한편, 금융분쟁조정위원회는 2018년 11월 이후 판매된 라임 무역금융펀드 분쟁조정 4건에 대해 금융투자상품 분쟁조정 사례 중 최초로 착오에 의한 계약취소를 결정하면서 펀드 판매계약의 상대방인 판매사가 투자원금 전액을 반환하도록 권고하였다. 그 이유는 계약체결 시점에 이미 투자원금의 상당 부분(최대 98%)에 달하는 손실이 발생한 상황에서, 운용사는 투자제안서에 수익률 및 투자위험 등 핵심정보를 허위·부실 기재하고, 판매사는 투자제안서 내용을 그대로 설명함으로써 투자자의 착오를 유발하였고, 아울러 일부 판매직원은 투자성향을 공격투자형으로 임의기재 하거나 손실보전각서를 작성하는 등 합리적인 투자판단의 기회를 원천 차단한 것으로 인정되었기 때문이다.

[***] 2019년 주요 해외금리 연계 DLF 상품 대규모 손실 사태가 크게 문제가 되었다. 이에 대한 금융당국 검사결과, DLF 설계·제조·판매 전 과정에서 금융회사들이 투자자 보호보다는 자신의 이익을 중시하여 리스크관리 소홀, 내부통제 미흡, 불완전판매 등의 문제점이 다수 발견되었다. 금융감독원의 은행 현장조사와 개별 분쟁 건에 대한 사실조사결과, DLF 출시절차 부실운영, 자체 리스크 분석 소홀, 부적절한 목표고객 선정, 판매자 교육 미흡, 과도한 수익목표 부여 및 판매독려 등 심각한 내부통제 부실이 확인되었으며, DLF 판매 시 투자자성향 임의작성, 손실위험 미설명, 고령자 보호절차 미이행 등 영업점 직원의 불완전판매 행위도 다수 발견되었다. 이에 따라, 관련 은행들에 대해 업무 일부정지 및 과태료 부과 등 기관제재와 임직원 제재조치가 이루어진 바 있다.

금융감독원이 발간한 〈금융감독용어사전〉(2011년 2월)에 따르면 '금융사고'란 "금융회사 소속 임직원이나 소속 임직원 이외의 자가 금융업무와 관련하여 스스로 또는 타인으로부터 권유, 청탁 등을 받아 위법·부당한 행위를 함으로써 당해 금융회사 또는 금융거래자에게 손실을 초래하거나 금융질서를 문란하게 하는 행위를 의미한다. 다만, 여신심사 소홀 등으로 인하여 취급여신이 부실화된 경우에는 이를 금융사고로 보지 아니한다. 금융사고는 금전사고와 금융질서 문란행위로 구분된다. 금전사고는 횡령·유용, 사기, 업무상 배임 및 도난·피탈 사고 등 금융회사 또는 금융거래자에게 금전적 손실을 초래하는 사고이며, 금융질서 문란행위는 사금융알선, 금융실명법 위반, 금품수수 등 금전적 손실은 없으나 금융관계법을 위반하는 사고이다."라고 설명하고 있다.

컴플라이언스에게 있어 금융사고는 정말이지 가장 피하고 싶은 사건 중의 하나임에는 틀림이 없다. 왜냐하면 금융사고가 발생하면 이유 여하를 막론하고 감독당국 및 외부 고객으로부터 이를 가능하게 한 느슨한 내부통제가 도마 위에 오르며 저간의 불가피한 사정을 감안하더라도 내부통제를 총괄하도록 되어 있는 준법감시인에게 책임을 묻고자 하는 것이 정해진 수순이기 때문이다.

또한 금융사고는 컴플라이언스가 많은 시간을 들여 이제까지 쌓아 놓은 금융회사의 준법문화 정착에 대한 모든 노력을 단숨에 날려버리는 강력한 한 방인 것이다. 왜냐하면 컴플라이언스 조직문화가 매우 취약한 회사라도 금융사고가 없으면 아무런 문제가 없는 것으로 간주되는 반면 어떤 회사가 감독기관으로부터 표창도 받고 모범적인 회사로 칭찬을 받다가도 금융사고가 발생하면 한순간에 준법문화가 엉망인 회사로 전락해 버리는 것이 현실인 것이다. 다시 말해 결과론적으로 금융사고가 있는 회사와 없는 회사 두 종류밖에 없는 것이 되어버리고 말 뿐이다.

일단 금융사고가 발생하면 그때부터 가장 시달리는 것이 바로 컴플라이언스다. 우선 사고발생 내역 및 경위를 감독당국에 즉시 보고하고 감독당국의 계속되는 질문 및 자료요청에 답해야 하는 한편 내부적으로는 사고 내역 파악 및 수습을 위해 많은 시간을 들여야 하기 때문이다. 경우에 따라서는 경찰서에 출두하여 신고 및 진술도 하여야 하고 변호사 등을 통하여 민사적인 조치를 위해 뛰어다녀야 하며 내부 책임소재를 가리기 위한 조사 등의 업무도 담당하여야 한다.

가장 힘든 것이 금융사고 파악을 위한 금융감독원 등 감독당국의 임점검사를 수검하는 것임은 말할 필요도 없다. 우선 자료요청의 강도가 평소의 정기검사와는 전혀 다른 차원이며 더욱 힘들게 하는 것은 어떠한 사안에도 이미 협상력을 대폭 상실하여 감독당국에 회사의 불가피한 상황 등을 설명함에 있어 많은 한계가 있을 수밖에 없기 때문이다.

통상 금융사고 발생 이후 이의 원인을 되짚어가다 보면 결과적으로 모든 업무단계에서 크든 작든 내부통제의 허점이 드러나기 마련이며 이를 하나하나 따져가다 보면 내부통제가 거의 없는 것처럼 보여지는 것이 일반적이다. 다시 말해 모든 내부통제가 완벽하게 잘 갖추어져 있는데 사고를 행한 직원이 의도적으로 또한 기술적으로 이를 모두 피해 나갔기 때문에 이를 막는 것은 불가항력이었다는 조사결과는 결코 나올 수 없는 것이다. 결국 금융사고의 원인이 부실한 내부통제에 기인했다는 결론이 나올 수밖에 없으며 이에 따라 내부통제를 총괄하는 준법감시인에게는 엄청난 부담으로 귀결될 수밖에 없음은 자명한 것이다. 이러한 처리수순을 생각하면 금융사고는 정말로 준법감시인이라는 직업을 묻어버리는 무덤 같은 것임을 부정하기 어렵다.

특히 금융사고 이후 감독기관의 검사수검 과정에서 어려운 점 중 하나는 금융사고에 연루된 많은 직원들의 책임회피성 처신으로 인해 감독당국으로부터 엄청난 수난을 받는 상황이다. 실제 금융사고의 발생 경위 및 책임소재를 확인해 나가는 과정에서 대부분의 직원들은 본능적으로 가급적이면 책임을 지지 않으려고 하거나 책임을 다른 직원에게 전가하는 태도를 보이는 경우가 적지 않게 발생하는데, 이를 감독당국과의 사이에서 중재하고 정리하는 역할을 컴플라이언스가 도맡아야 하는 것이 일반적이다. 또한 이 과정에서 해당 기관의 이익과 직원 개개인의 이해관계가 충돌하는 상황이 심심치 않게 발생하는데 이를 적절히 조정하는 것이 그렇게 녹록한 일은 아닌 것이다. 최종적으로 감독당국과 책임의 경중을 가지고 협의하는 과정에서는 소위 '죄수의 딜레마(Prisoner's dilemma)'에 빠지고 있는 듯한 느낌도 받는다.

컴플라이언스 업계에서는 종종 금융사고는 운이라고들 냉소적으로 이야기하곤 한다. 왜냐하면 도대체 어느 정도까지 컴플라이언스가 내부통제활동을 강화하여야 금융사고를 막을 수 있을지 가늠하기 어렵고 실제 아무리 많은 시간과 인력을 투입한다고 하더라도 직원이 의도적으로 사고를 계획하면 이를 사전적으로 적발한다는 것은 거의 불가능하기 때문이다. 이는 거리에 아무리 많은 경찰을 투입하여 범죄를 막으려고 해도 언제나 사건은 터지는 것과 같은 원리인 것이다. 어차피 맘먹고 저지르는 금융사고를 막을 수 없다면 현재 상황에서 나름대로 최선을 다하며 그저 금융사고가 발생하지 않기를 기도하는 도리밖에 없지 않을까?

# 금융사고와 Compliance Culture*

앞 장에서 살펴본 바와 같이 이러한 일련의 금융사고**로 인해 국내 금융회사를 바라보는 국민들의 시각은 싸늘해지고 금융권에 대한 신뢰는 추락해 가고 있는 실정이다.

특히, 우리나라의 경우 2023년 말 문제가 불거진 수조 원대 홍콩H지수연계 ELS 투자손실과 관련하여 투자자 중 높은 비중을 차지하는 노년층 투자자에 대한 국내은행의 권유가 금융투자상품의 적합성 차원에서 옳은 것이었는지, 그리고 더 나아가 금융회사가 고객보다 그들의 단기 이익을 우선시하는 잘못된 영업관행은 없었는지 여러 가지 의문을 던져주고 있다. 같은 맥락으로

---

\* 이 장은 필자가 준법감시협의회 계간지 《COMPLIANCE》 2023년 겨울호에 같은 제목으로 기고한 글을 일부 수정하여 게재하였다.

\*\* * 일반적으로 준법문화, 내부통제문화 등으로 Compliance Culture를 번역하여 사용하기도 하나 글로벌 투자은행이나 외국 금융감독당국에서 이해하는 Compliance Culture의 의미는 보다 폭 넓은 가치판단적, 윤리적, 법적, 규제적 관점을 포괄하고 있기 때문에 동 의미를 정확히 전달하기 위해 원어대로 Compliance Culture를 사용하고자 한다.
흥미롭게도 국내은행마다 금융시장 및 금융회사를 흔들 만한 대형 이슈가 10년을 주기로 반복되고 있다는 소위 금융사고 10년 주기설이 최근 설왕설래되고 있다. 자세한 내용은 《아시아경제》 2023년 12월 11일자 기사 〈다시 주목받는 은행권 대형사고 10년 주기설〉 참조.

2019년과 2020년에 발생한 소위 파생상품연계펀드(DLF), 라임, 옵티머스, 디스커버리 펀드 등의 사기 또는 불완전판매 등으로 수많은 개인투자자들이 큰 손실을 보고 분쟁조정을 신청하는 등 사회적으로 큰 문제가 되었는데 이러한 금융사고가 지속, 반복적으로 발생한 것이었다.

2008년 글로벌 금융위기가 요동쳤을 때 금융회사 직원의 욕심에 가득 찬 비도덕적 행위들에 대한 비난이 전 세계적으로 들끓었으며 이는 "월가를 점령하라(Occupy Wall Street)."라는 시민들의 항의운동으로 분출되었다. 당시 미국 대통령 당선자 신분이었던 버락 오바마(Barack Obama)도 이에 대해 강도 높은 비판을 표명*하였고 금융회사 직원의 고액 연봉과 금융사고에 책임지지 않는 무책임한 행태에 대한 시정 요구가 전 세계적으로 확산되어 간 바 있다. 이 운동은 전 세계의 소위 금융 1번지라고 일컬어지는 모든 장소에서 같은 항의집회가 봇물 터지듯 열렸다.

## ▎금융위기 이후 금융사고 예방을 위한 각국 금융당국의 조치

이에 부응하여 주요국 금융감독당국들은 금융회사 직원들의 일탈로 야기되는 금융사고를 예방하기 위한 일련의 규제를 진행하여 왔으며 구체적으로는 아래와 같은 조치들이 시행되었다.

### 1) 엄청난 규모의 민·형사상 벌금
금융위기 이후 미국을 주도로 주요국 금융감독 및 사법당국은 대형 금융사고를 일으킨 금융회사에 대해 이전과는 확연히 비교되는 엄청난 규모의 민·

---

\* "Obama: Greed led to economic crisis", FAIRFAX, Va., Jan. 8 (UPI), https://www.upi.com/Top_News/2009/01/08/Obama-Greed-led-to-economic-crisis/39941231434123/?ur3=1

형사상 벌금을 부과함으로써 소위 위하효과(Deterrence effect)를 꾀하고 있다.

예를 들어, 2013년 11월 부실모기지가 포함되어 있는 채권을 투자자가 안전한 것으로 오인하도록 판매한 사유로 JP Morgan에게 130억 달러(약 17.5조 원), 2014년 금융제재 대상 국가인 이란·쿠바 등과 외환거래를 했다는 이유로 BNP Paribas은행에게 89.7억 달러(약 12조 원), 1MDB 채권발행과 관련 횡령 및 부패스캔들로 2020년 Goldman Sachs에게 5개국 금융당국이 총 78억 달러(약 10조 원)를 부과하는 등 벌금의 규모가 엄청남을 알 수 있다.

우리나라의 경우 지난 2020년부터 2023년 9월 말까지 금융감독원의 금융회사 제재 현황을 분석한 결과[*]에 따르면, 해당 기간 608곳의 국내 금융회사가 총 730건의 제재를 받은 것으로 나타났으며 이에 대한 과태료(과징금 포함)는 총 1,604억 2,700만 원으로 집계(임직원에 대한 부분은 제외)됐다. 절대적인 벌금액 기준으로는 우리나라 금융회사에게 부과된 벌금이 글로벌 금융회사에 비해 규모가 작은 것으로 볼 수 있다.

이제는 이러한 벌금 및 관련 법률 비용은 일상적인 고정비용이 되어버린 느낌이다.

### 2) 임직원 보상체계 개편

대부분의 사람들이 동의하는 사실은 금융거래 시 당장 발생하는 예상수익에 연계된 과도한 보너스 지급이 소수 임직원에게 이루어진 반면 향후 손실은 주주 및 금융소비자가 부담하는 비대칭적인 보상체계가 금융위기를 야기한 근

---

[*] 2023년 11월 1일 발표한 기업데이터연구소 CEO스코어의 분석을 인용하였다.

본 원인 중 하나였다는 것이다. 이를 해결하고자 은행원의 보상체계를 규율하는 방법에 대한 주요 목표와 규제가 2009년 금융안정위원회(Financial Stability Board)의 '건전한 보상 관행에 대한 원칙(Principles for Sound Compensation Practices)'에 의해 처음 발표되었으며 그 이후로 많은 국가에서 이 원칙이 규정으로 시행되고 있다. 은행에서 보상 관행을 규제하는 일반적인 목적은 보상체계의 구조에서 발생할 수 있는 과도한 위험 감수를 줄이는 것이다. 예를 들어, EU와 영국에서는 보너스 한도(cap)*를 통해 보너스 대 고정급여 비율을 최대 100%로 허용하며 주주 승인을 통해서만 200%까지 높일 수 있도록 했다. 또한 보너스 중 일정 부분을 개인과 금융회사의 이익을 일치시키는 것을 목표로 주식으로 지급하며 이의 지급도 은행의 장기 위험에 대한 노출과 인센티브를 연계하여 3년에서 최대 7년까지로 분할하여 이연 지급 하도록 하였다. 미래에 상당한 손실이나 위법행위가 밝혀질 경우 이연된 보너스의 일부 또는 전부를 몰수(Malus)하거나 개인의 과실이 적발되거나 일정 기간 동안 은행이 과도한 손실을 입을 경우 지급된 보너스를 회수(Clawback)하는 제도도 도입되었다. 우리나라의 경우도 정도의 차이는 있지만 이러한 개편된 보상체계의 틀을 따르고 있다.

### 3) 금융 관련 규제 강화: 규제법령의 홍수

2008년 글로벌 금융위기 이후 과거 시장친화적으로 느슨했던 금융규제의 강화 움직임은 경쟁적으로 각국 금융당국들이 새로운 규제를 끊임없이 발표함으로써 일종의 '규제 쓰나미'를 만들어 내는 결과를 가져왔다. 보스턴컨설팅그룹의 보고서에 의하면 2011년 이후 전 세계적으로 제·개정된 법령의 수가 3배 이상 증가하였으며 매일 평균 200개의 규정이 개정되고 있는 것으로 조사

---

\* 영국 PRA(Prudential Regulation Authority)는 Brexit 이후 능력 있는 전문인력 유치를 통한 영국 금융산업의 경쟁력 제고를 목적으로 2023년 10월 31일 2배 보너스 cap 제한을 없앴다.

되었다.*

대표적으로 아래의 표(《Managing Conduct Risk》, Deloitte, 2022, p4 참조)와 같이 미국의 도드-프랭크법 제정을 시작으로 유럽의 Market Abuse Regulation, MiFID(Markets in Financial Instruments Directive) II, BIS의 FX Global Code 및 FSB의 Principles for Sound Compensation Practices 등 새로운 규제 및 기존 규제의 upgrade를 통해 각국 금융당국은 금융회사의 건전경영 및 금융사고 예방을 지속적으로 추진하여 오고 있다.

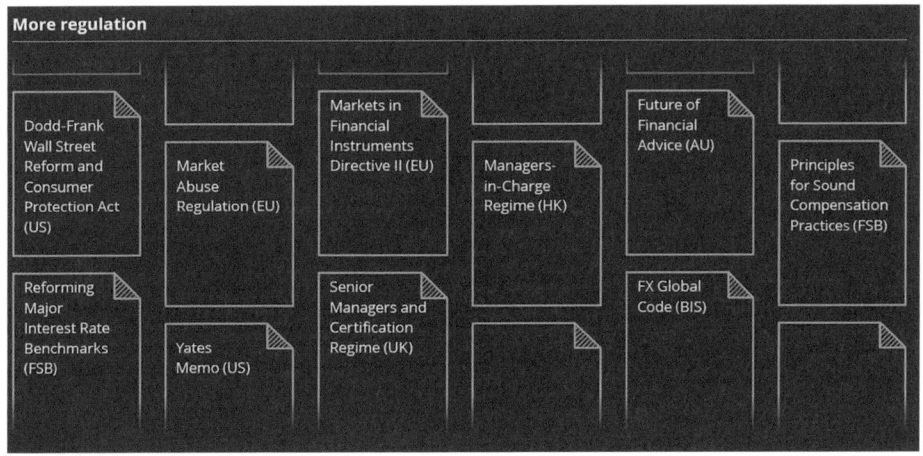

### 4) 금융회사 내부통제 강화를 위한 인력 충원

금융사고 예방을 위해 내부통제를 강화하기 위해서는 당연히 이를 담당하는 조직을 확대하고 인원을 보강하는 것이 기본일 것이다. 주요국 금융당국들은 금융회사에 내부통제 인력 충원을 명시적으로 요구하거나 규제강화 및 벌금

---

* "Global Risk 2017: Staying the Course in Banking", Boston Consulting Group, https://www.bcg.com/publications/2017/financial-institutions-growth-global-risk-2017-staying-course-banking

부과 시 시정조치 등의 방법으로 간접적으로 유도함으로써 금융위기 이후 내부통제를 담당하는 리스크 및 준법감시조직은 지속적으로 확대되어 오고 있는 실정이다.

2020년 미국의 Citigroup은 놀랍게도 그룹 전체인원의 15%인 3만 명의 직원이 리스크나 컴플라이언스 관련 업무에 종사하고 있다고 공시하였다. 이는 10년 전 4.3%에 비해 3배 이상 내부통제 및 컴플라이언스 인원이 증가하였음을 알 수 있다. Citigroup과 비슷한 추세로 미국 및 유럽은행들의 컴플라이언스 규모는 계속 확대되고 있으며 특히 자금세탁 관련 위반혐의로 벌금을 부과받은 글로벌 금융회사들은 감독기관들이 요구한 개선사항을 이행하기 위해서도 자금세탁방지 인원 확충에 대규모 지출을 하지 않을 수 없는 상황이 되고 말았다.

우리나라도 금융감독원이 2022년 우리은행에서 600억 원대의 횡령 사고가 드러나는 등 은행의 내부통제 문제가 불거지자 준법감시인력의 단계적 확충 등의 내용을 담은 내부통제 혁신방안을 발표한 바 있다. 이 방안에 따르면 일반은행은 전체 임직원 대비 준법감시인력 비율을 2023년 말에는 0.4%를 달성해야 하며 2027년까지 매년 0.1%포인트 올려 0.8% 이상이 되도록 해야 한다.* 임직원 1,500명 이하인 소규모 은행의 준법감시인력 의무 비율은 2023년 0.6%, 2027년에는 1%로 제시된 바 있다.

---

* 금융감독원은 이를 2025년 말까지로 목표시한을 2년 단축 조정할 계획임을 발표하였다. 금융감독원 보도자료 〈사고 예방을 위한 은행권 내부통제 점검결과〉, 2023년 10월 12일, p3 참조.

## 지속되는 대형 금융사고

하지만 이러한 금융당국의 금융사고 방지를 위한 강력한 조치에도 불구하고 아쉽게도 세상을 떠들썩하게 하는 금융스캔들은 국내외를 가리지 않고 지속적으로 발생, 진정될 기미를 보이지 않고 있으며 이에 따라 금융산업에 대한 일반 대중의 신뢰는 지속적으로 바닥으로 치닫고 있는 상황이다. 몇 가지 대표적인 예를 들자면 2012년 Libor의 조직적인 조작, 뒤이어 2014년 FX spot시장의 환율담합 조작, 2016/2019년 금 및 상품(commodity) 시장조작(스푸핑: spoofing[*]), 말레이시아 1MDB 채권발행과 관련된 글로벌 IB의 대규모 뇌물 및 횡령사건, 고객 자녀들의 특혜 채용을 대가로 한 유수 투자은행들의 부패사건, 주어진 실적 목표 달성에 쫓긴 미국 대형은행의 고객정보 도용과 유령계좌 무단 개설 및 사용 등등.

글로벌 금융위기 이후 각국 규제 및 금융감독당국은 금융산업의 사고 예방을 통한 안정성을 제고시키기 위해 많은 노력을 기울였지만 연이어 터져 나오며 헤드라인을 장식하는 상기 금융사고들은 이러한 노력을 무색하게 만들기에 충분한 것이었다. 이 당시 드러난 일련의 금융사고들에서 나타난 금융회사 직원들의 잘못된 행동(Misconduct)은 대다수 범죄 또는 규정 위반 등의 불법적인 것이었으며, 어떤 행동은 명백히 불법은 아니라고 하더라도 비윤리적이거나 무모한 것들임이 분명했다. 이러한 잘못된 행동은 금융위기 이전부터 시작되었고 어떤 것은 금융위기 중에도 일어났으나 놀랍게도 많은 금융스캔들은 2009년 이후에도 멈추지 않고 지속적으로 자행된 것으로 드러났다.

전 세계적으로 가장 파장을 일으켜 공분을 자아낸 금융스캔들은 LIBOR

---

[*] 트레이더가 원하는 방향으로 거래를 이끌어 갈 목적으로 실제 거래를 체결할 의사가 없는 허수 주문을 대규모로 내서 호가 창에 반영한 뒤 주문이 거래되기 전 재빨리 취소해 버리는 방식으로 가격을 조작하는 기법.

금리조작 및 환율담합(FX rigging)일 것이다. 금융산업에 있어 가장 중요한 benchmark인 두 지표 조작의 핵심은 실제 금리 및 환율이 움직이는 시장상황이 반영되지 않도록 수많은 글로벌 금융회사 트레이더들이 조직적으로 담합하여 조작해 낸 합작품이라는 데에 있다.

2015년 4월 미국 법무부의 D 은행 Libor 조작 관련 수사결과 발표[*]에 따르면 D 은행 트레이더의 행동은 당시 글로벌 금융회사 전반에 만연되어 있는 비윤리적인 행동의 좋은 예가 될 것이다. 글로벌 환율조작 담합과 관련하여서도 미국 법무부는 다수의 글로벌 금융회사가 미국의 공정거래법인 Sherman Antitrust Act를 위반하여 외환시장에서 담합을 자행하였음을 시인하였다고 발표[**]하였다. 우리는 LIBOR 금리조작과 환율담합 사건에서 금융회사 직원의 잘못된 행위가 특정 금융회사에 국한되지 않고 많은 금융회사 간의 조직적 담합이라는 시스템적인 특성을 알 수 있다.

## 변하지 않는 금융회사 조직문화: Compliance Culture의 부재

그렇다면 금융당국의 강력한 제재조치와 '월가를 점령하라(Occupy Wall Street)'를 통해 대중의 비난을 받았던 당사자들인 금융회사 직원들의 생각이나 조직문화에는 변화가 있었을까?

놀랍게도 금융위기의 여진이 어느 정도 가라앉자 금융위기 이전의 행동양식

---

[*] Press Release, U.S. Department of Justice, Deutsche Bank's London Subsidiary Agrees to Plead Guilty in connection with Long-Running Manipulation of LIBOR(Apr. 23, 2015).
https://www.justice.gov/opa/pr/deutsche-banks-london-subsidiary-agrees-plead-guilty-connection-long-running-manipulation

[**] Press Release(May 20 2015), U.S. Department of Justice, Five Major Banks Agree to Parent-Level Guilty Pleas.
https://www.justice.gov/opa/pr/five-major-banks-agree-parent-level-guilty-pleas

들은 지속되고 있으며 어떤 면에서는 이전보다 더 심해진 것이 아닌가 할 정도의 현상들이 보여지고 있다. 2015년 미국(925명) 및 영국(298명)의 금융회사에서 종사하고 있는 1,223명의 직원을 대상으로 이루어진 직장윤리문화(Workplace ethics)에 관한 설문조사에 따르면 금융산업의 윤리적인 문제에 대한 지속적인 문제제기에도 불구하고 진실된 조직문화(a culture of integrity)의 정착은 요원해 보인다는 결론이다. 여전히 뉴욕과 런던의 많은 금융회사 종사자들은 경쟁이 치열한 금융산업에서 성공하기 위해서 어느 정도 불법적이거나 비윤리적인 행동은 불가피하다는 인식을 가지고 있다는 조사결과[*]는 가히 충격적이기까지 하다.

예를 들어 47%의 설문 답변자들은 "경쟁사들이 금융시장에서 이익을 얻기 위해 비윤리적이거나 불법적인 행동을 하고 있다고 믿는다."라고 답하고 있으며 이는 같은 항목으로 조사된 2012년도 조사결과(39%)보다 2015년이 8%나 증가한 결과를 보여주고 있다. 특히 같은 답변 중 연간 50만 달러 이상을 번다고 조사된 사람들의 비율이 평균을 넘는 51%에 이르고 있다. 또한 50만 달러 이상 고소득자들의 3분의 1(34%)은 "직장에서의 잘못된 행동(wrongdoing in the workplace)을 직접 목격했거나 깊숙이 내막을 알고 있다(have first-hand knowledge)."라고 답변하였다. 설문조사자의 23%는 "동료들이 이익을 얻기 위해 불법적이거나 비윤리적인 행동에 연루된 것으로 믿고 있다."고 답변하였으며 이 수치는 2012년 조사(12%)에서보다 거의 2배 정도가 증가한 수치이다.

도대체 무엇이 잘못되었을까? 금융회사 직원이 특별히 다른 산업에 비해 품성이 악하거나 거친 성향을 보이는 것도 아닌데 금융소비자를 배려하기는커녕 위험을 전가시키는 비양심적인 행위를 거침없이 자행하는 원인은 도대체

---

[*] Labaton Sucharow, "The street, the bull and the crisis; a survey of the US and UK financial services industry,", 2015.

제6장 금융사고와 Compliance Culture

무엇일까? 우리가 알지 못하는 어떠한 근본적인 시스템 오류가 있는 것일까? 아니면 선한 사람들도 금융회사에서 일하다 보면 자신도 모르게 도덕성을 상실하게 되는 어떤 기제가 있는 것일까?

미국 하버드대학교 역사학과 교수인 니얼 퍼거슨(Niall Ferguson)은 "의사들이 하는 히포크라테스 선서(Hypocratic Oath)가 금융권에도 있어야 할 것인데 그러한 것이 없는 것이 현실이며 이는 문제이다."라고 지적한 바 있다. 그는 "금융의 세계에서 '윤리'라는 것을 전혀 기대할 수 없으며 은행원이나 헤지펀드들은 단지 돈을 벌기 위해서 어떠한 수단과 방법을 가리지 않는다."고 비판하였다.

FRB NY의 총재였던 Bill Dudley는 금융회사 직원들에게 깊숙이 자리 잡고(deep-seated) 있는 도덕적 실패 및 Compliance Culture의 부재를 이러한 금융사고를 지속시키는 주요 원인으로 진단[**]하였다. 그는 Libor scandal의 여파로 금융당국 및 수사당국의 조사가 한창 진행 중이던 상황에서도 버젓이 소위 'Cartel'이라는 비밀 메신저 채팅방을 만들어 외환거래 담합을 자행했던 대형 투자은행 트레이더들의 행태를 보고 이는 몇몇 은행의 일부 비도덕적인 직원들에 국한된 문제가 아닌 현재 전 세계 금융산업 전체에 깊게 뿌리박힌 Compliance Culture의 부재를 심각하게 제기하였다.[***]

금융사고를 일으킨 금융회사 및 임직원에게 엄청난 금전적인 부담과 민·형

---

[*] "There is absolutely nothing in the way of ethics in the financial world. The People in the banks or hedge funds are aiming focused exclusively on making money by any means possible".

[**] William C. Dudley, President & Chief Executive Officer, Federal Reserve Bank of New York, "Remarks at the Global Economic Policy Forum: Ending Too Big to Fail" (Nov. 7, 2013).

[***] "[t]here is evidence of deep-seated cultural and ethical failures at many large financial institutions. Whether there is due to size and complexity, bad incentives, or some other issues is difficult to judge, but it is another critical problem that needs to be addressed."

사상, 신분상의 불이익을 가해도, 보너스 지급을 3~7년간 이연시키고 경우에 따라 지불약속을 파기(Malus)하거나 기지불한 보너스를 환수(Clawback)하는 방향으로 보상체계를 개혁해도, 아무리 많은 준법감시 및 리스크관리 인력을 확충하여 내부통제를 시스템적으로 강화한다 해도, 금융감독당국이 하루에도 수백 개씩 규정을 제·개정하여 규제의 홍수를 이루며 금융회사의 사고 예방을 유도한다 하여도, 금융회사 스스로 Compliance Culture를 구축하고 실현해 나가고자 하는 내부로부터의 자발적인 의지가 없으면 대형 금융사고는 끊임없이 지속될 수밖에 없다는 결론인 것이다.

보너스 지급을 몇 년간 이연시키니까 오히려 이를 현재가치로 환산하여 차액만큼 고정급여를 인상해 버리거나, 유사한 금융사고가 상습적으로 발생할 때마다 거액의 벌금으로 불기소(NPA: Non-Prosecution Agreement) 또는 기소유예(DPA: Deferred Prosecution Agreement) 처분을 받아내며 동 벌금이 처벌이 아닌 영업상 불가피한 비용 정도로 인식하고, 또한 아무리 많은 준법감시 인원을 뽑아 멋진 윤리강령(Code of Conduct)을 제정하고 수많은 (소)위원회를 만들어 통제업무를 강화한다 해도, 금융회사 구성원의 mindset이 윤리강령 및 내부통제규정과 따로 움직이며 규제의 취지를 고려하지 않고 기계적으로 최소한의 형식적 요건만 갖추려고 한다면 '보이는 것과 실제(appearance and reality)'에는 큰 갭이 발생할 수밖에 없고 이러한 상황이 금융사고로 계속 이어지는 것이다.

## Compliance Culture의 중요성

금융산업에서의 Compliance Culture는 다른 어떤 분야에서보다 중요한데, 왜냐하면 금융회사 직원의 결정들이 우리 자신을 포함한 다른 사람들의 일상생활에 강력한 방식으로 영향을 미치기 때문이다.*

　예를 들어, 의사가 환자 부르기를 환자(Patient)가 아닌 거래상대방(Counterparty)이라고 부르거나 변호사가 의뢰인을 고객이라고 하지 않고 거래상대방이라고 한다면 당신의 입장에서는 걱정이 되지 않겠는가? 이제 금융권에서도 과거의 전통적인 대면 영업방식에서 고객은 진짜로 금융회사에 도움을 요청하는, 따라서 은행원이 도움을 주고 약간의 수수료를 받는 손님(Customer)이었다고 한다면, Fintech 기술의 발전과 맞물려 고객과의 비대면거래가 점점 일반화되어 가고 있는 현재의 금융환경에서 필요한 금융거래의 솔루션을 제공해 준다는 본래의 취지에서 벗어나 단순히 내가 수익을 올리기 위한 하나의 대상으로 점점 의미가 변질되어 가고 있으며 급기야는 고객 부르기를 거래상대방이라고 지칭하는 경향이 커지고 있다. 이런 상황에서 금융소비자보호가 제대로 이루어진다는 것을 기대하기는 어렵고 그 결과 평균적인 금융지식조차 없는 노년층에게 고위험의 펀드를 불완전판매 하는 등의 금융사고가 발생하는 것이다.

　법인 또는 기관을 상대로 하는 금융거래 형태를 기업금융 또는 도매금융(Wholesale Banking)이라 한다. 즉, 금융회사로부터 대기업 등 기관투자가가 차입하는, 거래단위가 큰 금융자산을 'Wholesale Money'라 하며 이러한 자산의 거래를 도매금융이라고 한다. 과거에는 소매금융과 달리 소위 wholesale market에서의 금융회사 직원의 일탈은 일반대중에게는 별다른 관심거리가 아니었다. 최근까지도 도매금융시장(wholesale financial markets)은 그들만의 리그로서 문제 된 행동은 그들 스스로에 의해 해결된다는 생각이 지배했었다. 그러나 2012년에서 2014년 사이 충격을 주었던 라이보(LIBOR) 및 현물환시장(spot FX markets)에서 벌어진 담합 및 조작사태는 도매금융시장이 더 이상 실물경제와

---

*　"Bank Culture and the Official Sector: A Spectrum of Options", Michael Held and Thomas M. Noone, Seattle University Law Review, Vol. 43:683, 2020.

분리된 것이 아닌 우리 일상에 밀접히 연결되어 있음을 새삼 일깨워 주었다.

전 세계 도매금융시장의 규모는 엄청나다. 매일 수조 달러가 24시간 내내 국제적으로 거래되고 있으며 일본에서 시작된 리스크가 유럽으로 이전되고 그곳에서 스트럭쳐링되어 미국에서 금융상품으로 판매되어진다. 신흥국가에서의 신규사업을 위한 자본금은 런던 및 뉴욕의 투자자로부터 조달되곤 한다. 이와 같이 도매금융시장에서의 리스크, 자본 및 신규사업 등은 소매금융, 보험, 자산운용 및 기타 금융시장과는 달리 국경을 넘나들며 움직이는(mobile across jurisdictional borders) 특성*을 보여주고 있다. 수백 개의 정부기관, 수백만 개의 기업 및 수십억의 개인들이 이러한 도매금융시장에서 형성되는 가격 및 유동성에 의존하여 자본을 조달하고 기업을 운용하며 리스크를 헤지하고 그들의 잉여자금을 투자하고 있는 것이다. 이렇게 글로벌 경제의 성장에 있어 중요한 역할을 담당하고 있는 도매금융시장에서 일하는 금융회사 직원들의 일탈은 실물경제에도 실제 부정적 영향을 줄 수밖에 없는 것이다.

## Compliance Culture 형성의 핵심: 최고경영진의 모범

그렇다면 금융회사의 Compliance Culture를 형성하는 데 있어 가장 중요하고 결정적인 역할을 하는 것은 무엇일까? 그것은 CEO를 비롯한 최고경영진의 Compliance Culture를 구축하고자 하는 관심과 의지, 그리고 말뿐이 아닌 직접 행동으로 모범을 보여주는 리더십일 것이다. 또한 구조적, 지속적, 반복적인 내부통제의 결함으로 큰 금융사고가 발생하면 최고경영진의 거취까지도 책임을 묻게 함으로써 최고경영진의 운명이 내부통제에 직접적으로 연결되어

---

* "Behaviour-pattern Conduct Analysis: Market misconduct through the ages", FMSB(Financial Markets Standards Board), May 2022, p3.

있다는 제도적 규율 및 사회적인 인식을 심어주는 것이다.

우리는 흔히 CEO 등 경영진의 책임을 Tone at the top이라 부르며 최고경영자는 주주총회나 기업설명회(IR) 등 중요한 이벤트마다 준법경영이나 윤리경영을 최우선으로 한다고 강조하고 있지만 이는 구호에 그칠 가능성이 상존하고 있으며 실제 현실에서도 그러한 현상이 목격되고 있다. 정말 필요한 것은 Character at the top* 또는 Action at the top이 되어야 하며 이는 경영진이 실제 행동으로 모범을 보여주어야 함을 의미한다. 경영진이 내부통제에 대한 책임감을 보여주지 않으면 이는 여타 직원들에게도 이를 경시하는 것을 암묵적으로 허용한 것이나 마찬가지라는 것이다.

조직문화는 최종적으로 경영진이 소통하는 공식적, 비공식적 메시지에 따라 정해진다고 할 수 있는데 그들이 이야기하는 것과 행동하는 것이 불일치할 경우 그 조직에 있어 경영진이 요구하는 문화와 반하는 하위문화(subculture)가 팽배하게 될 가능성이 크다. 이렇게 되면 최고경영진의 의사(tone at the top)와 중간관리자의 전달(mood in the middle) 및 하위직원의 반응(echo from bottom)에 실제적으로 큰 괴리가 발생할 위험이 크다.

## Compliance Culture와 중간관리층의 역할

또한 최고경영진의 인식이 중요한 만큼 중간관리층의 행동도 금융회사의 Compliance Culture 형성에 있어 동등한 중요성을 가지고 있다고 할 수 있겠다(The tone from the middle is as important as the tone from the top). 전사적인 Compliance

---

\* "The rewards of an ethical culture", Thomas C Baxter, FRB NY, speech at the Bank of England, 20 Jan. 2015.

Culture 형성을 위해서는 단순히 경영진의 의지뿐만 아니라 그러한 최고경영층의 메시지가 중간관리자층을 통해 일반 직원들에게까지 적절히 전달되어야 할 것이다. 중간관리자들이 금융회사의 조직윤리 및 가치(stated ethics and values)를 존중한다면 동 가치가 자연스럽게 하부조직으로 전파되어 갈 것이다.*

일반 직원들의 대부분은 일상업무에서 최고경영진보다는 주로 중간관리층과 밀접하게 접촉하기 때문에 특정상황에 대해 중간관리층이 어떤 식으로 대처하는지를 보고 힌트를 얻는 경우가 일반적일 것이다. 또한 업무상의 문제나 걱정거리에 대해 중간관리층이 이를 경청하여야 하며 비록 그들이 문제를 직접 해결해 줄 수 있는 힘이 없다고 하더라도 일반직원들이 최소한 그러한 문제를 표현할 수 있는 배출수단이 되어주는 것이 중요할 것이다. 특히 사고나 규정 위반사항 발생 시 중간관리층이 해당 직원을 대함이나 사안의 처리에 있어 조직 내 정의와 절차적 공평성이 있다는 인식을 심어줄 수 있어야 궁극적으로 일반직원이 본인이 싫거나 동의하지 않는 결정에 대해서도 이를 받아들일 수 있는 것이다.

## 금융회사 임직원 책임의 제도화

2023년 6월 우리나라 금융감독당국은 금융사고 예방을 위해 금융회사의 내부통제제도를 개선하는 '금융회사의 지배구조에 관한 법률' 개정안을 발표하고 12월 8일 동 개정법안이 국회 본회의를 통과하였다. 개정법률은 공포 6개월 후인 2024년 6월부터 시행되어 시행 6개월부터인 2025년부터 은행 및 금

---

\* "Tone in the middle of an organization", Tom Fox, COMPLIANCE WEEK, Jan 29, 2018.

융지주회사를 시작으로 순차적으로 적용*되고 있다.

개정안의 핵심 내용은 앞서 영국 등 주요 금융선진국에서 이미 시행 중인 금융업에 종사하고 있는 최고경영자 등 금융회사 주요 임원들의 내부통제 실패에 대한 책임을 명확하게 묻고자 하는 것인데 임원의 직책별로 책무를 문서화한 '책무구조도(responsibility map)' 도입, 임원에 대한 내부통제 관리의무 부여 및 내부통제 전반의 책임자인 CEO의 내부통제 총괄관리 의무도 명확히 하고 이사회의 내부통제 및 위험관리에 관한 심의·의결사항 추가, 이사회 내 소위원회로 내부통제위원회 신설 등 내부통제에 대한 이사회의 책임을 구체화하는 등 내부통제에 대한 관심과 책임감을 제고하기 위한 방안이 담겨 있다. Compliance Culture를 형성하는 데 있어 가장 중요한 CEO를 비롯한 최고경영진의 책무(commitment)를 구체화했다는 점에서 바람직하고 환영할 만한 일이다.

일부 금융회사 경영진들은 감독당국이 '책무구조도' 도입 등 금융회사 임직원의 책임을 강조할 때 이를 '금융판 중대재해처벌법'으로 부르며 1차적으로 그들에게 가해질 금전적 징벌과 신분상 제재로만 받아들이고 두려워한다. 또한 모든 금융사고에 대한 책임을 경영진의 책임으로 한다면, 사실상 금융회사의 적극적이고 창의적인 영업활동은 필연적으로 위축받을 수밖에 없으며 실제 업무를 직접 수행하지 않는 경영진의 입장에서 모든 직원들의 행동을 하나하나 살펴봐야 한다는 것은 현실적으로 불가능하다고 불평할 수도 있다. 하지만 이미 책무구조도를 감독당국에 제출하여 제도가 시행되고 있는 상황에서는 제도 도입의 취지를 적극적으로 받아들여 자신들의 비즈니스 모델과 전략에 부합되는 고유의 내부통제 조직문화를 수립하고 발전시켜 나가는 것이 바람직한 방향일 것이다.

---

\* 자세한 내용은 금융위원회 보도자료를 참고할 것. 〈내년 말부터 금융회사 임원별로 소관업무에 대한 내부통제 관리책임을 부여받게 됩니다〉, 2023년 12월 8일.

김주현 금융위원장은 2023년 11월 27일 17개 은행장과의 간담회에서 은행이 단지 안정적인 직장이라는 이미지를 넘어 국민들에게 은행 임직원들의 정직성을 믿을 수 있다는 인식을 심어줌으로써 스스로가 은행산업에 있다는 것을 자랑스러워할 수 있는 산업이 되기를 희망한다고 피력한 바 있다. 다름 아닌 금융회사 Compliance Culture의 또 다른 표현이라고 할 것이다.

## 주요국 금융감독당국의 정책적 시도

금융회사의 올바른 Compliance Culture 여건을 조성하고 정착시키고자 주요국 금융감독당국들은 이미 다양한 방식으로 노력을 해오고 있는데 우리나라도 이를 참고할 필요가 있겠다.

가장 적극적인 New York Fed는 2014년부터 매년 주요국 감독당국 및 중앙은행, 시장참가자 등을 초청하여 Compliance Culture를 주제로 각종 회의, 강연, 출판 등을 통해 사회적 분위기 조성에 적극 노력하고 있으며 금융산업 전반에 대한 조직문화 서베이, 임직원 보너스를 최대한 10년까지 이연시키는 방안(performance bond) 등 정책적 제안도 해오고 있고 금융사고자에 대한 데이터베이스 구축과 함께 금융권 재진입을 영구적으로 제한하는 방법 등을 추진해 오고 있다.

홍콩 HKMA는 2017년 3월 발표한 'Bank Culture Reform'에서 ① 조직운용체계(Governance), ② 보상체계(Incentive Systems) ③ 평가 및 피드백 기제(Assessment and Feedback mechanisms)에 대한 가이드라인을 제시한 바 있으며, 네덜란드 중앙은행인 DNB는 심리학자까지 고용하여 행동과학의 감독정책 접목(Behavioral Science and Supervision)에 힘써오고 있다. 영국 FCA도 5 Conduct

Questions Programme를 통해 금융회사의 자가평가를 유도(Mandatory Self-Assessment)하고 있다.

또한 호주 건전성감독청(APRA)은 경영실태평가제도(PAIRS)의 평가항목에 해당 금융회사의 리스크 문화(Risk Culture) 및 Compliance Culture를 포함하고 있고 싱가포르 MAS는 금융회사의 리스크 문화에 대한 지속적인 모니터링과 평가를 진행하여 오고 있다.

## 우리나라 금융감독당국의 역할

우리나라 금융감독당국도 선진 금융국가들처럼 Compliance Culture 형성에 필수적인 최고경영자 등 금융회사 주요 임원들의 내부통제 실패에 대한 책임을 명확히 하는 제도적인 틀을 마련한 만큼 이를 금융감독정책에 접목하여 지속적으로 금융회사 스스로의 Compliance Culture 조성 및 정착이 이루어지도록 유도해 나가야 할 것이다. 과거 사회적으로 파장을 일으킨 금융사고가 발생하면 2014년, 2018년 및 2022년 마치 올림픽을 치르듯 4년마다 내부통제 T/F를 구성하여 거의 비슷한 내용의 내부통제 혁신방안을 마련하였다고 홍보하였지만 대형 금융사고를 막지 못한 전철을 밟지 않기를 희망한다.

또한 금융감독정책을 보완하기 위해 금융당국이 주도하는 hard law뿐만 아니라 관련 협회나 시장의 전문가들이 자체적으로 생산해 낼 수 있는 soft law의 필요성을 인식하여(예를 들어 영국의 Financial Markets Standards Board(FMSB)나 금융서비스문화 위원회(FSCB), 아일랜드 은행업 문화위원회(IBCB) 등) 시장전문가들에 의해 Compliance Culture를 보완하는 것도 유용한 방법이 될 것이다.

이 외에도 금융감독기관(특히 하급직원)에서 민간 금융회사로 이동 시 제척기간 등의 탄력적 운용, 양방향 mobility에 있어 걸림돌 제거 등을 통해 감독기관과 민간 금융회사와의 인적교류를 활성화하고 감독당국의 금융회사 파견 또는 상주 감독을 확대하여 탁상감독이 아닌 현장에서의 Compliance Culture 운영 실태를 파악하고 이를 적기에 금융감독정책에 반영하는 것이 필요할 것이다.

## Compliance Culture의 정착: 단거리 달리기가 아닌 마라톤

Compliance Culture가 금융사고를 예방하기 위한 근본적인 방안이라는 주장에 대해, 가시적으로 측정도 되지 않는데 무슨 뜬구름 잡는 소리냐고 회의적인 시각을 가진 사람들이 종종 이를 증명해 보이라고 요구할 수도 있다. 당연히 이는 쉬운 문제가 아니다. 하지만 반어적으로 우리는 금융사고를 일으킨 수많은 금융회사 임직원의 일탈이 윤리적이지 못한 조직문화에 기인하고 있다는 증거만큼은 자신 있게 이야기할 수 있을 것이다. 더 나아가 Compliance Culture가 금융사고를 예방한다는 강력한 증거의 하나로 조직원의 일탈행위 감소를 들 수 있겠다. Fed NY 前총재 Bill Dudley는 "금융회사가 Compliance Culture 형성에 있어 실질적인 진전이 있음을 보여주는 지표로서 금융범죄로 사법당국에 피소되는 횟수나 벌금 규모의 감소가 시작점이 될 수 있을 것"이라는 의견[*]을 제시한 바 있다.

Compliance Culture 정착에 있어 금융회사, 금융감독당국 및 금융소비자 모두가 공통적으로 동의하여야 할 중요한 사실은 Compliance Culture 구축이 단

---

[*] William C. Dudley, "Enhancing Financial Stability by Improving Culture in the Financial Services Industry", Remarks at the Workshop on Reforming Culture and Behavior in the Financial Services Industry, Oct. 20, 2014.

시일 내에 이루어질 수 없고 지속적으로 꾸준히 이루어져야 하는 변화라는 것을 인식하는 것이다. 어떤 조직이든지 고유문화의 형성은 점진적으로 충분한 시간을 가지고 긴 호흡으로 추진되어야 함을 또한 잊어서는 안 될 것이다.

단거리 경주(sprint)처럼 당장 가시적인 효과를 보여주거나 이를 기대해서는 제대로 된 Compliance Culture의 형성은 불가능하고 가는 도중에 크고 작은 금융사고가 발생한다 해도 한층 더 성숙한 금융산업 전반의 Compliance Culture 형성을 뚝심 있게 추진하는 마라톤이 되어야 할 것이다.

# 이제는 올바른 행동만이 살길: Conduct Risk와 컴플라이언스

우리는 흔히 금융업을 '사람이 하는 장사'란 표현을 쓰곤 한다. 이 말은 얼마나 많은 능력 있고 창의적인 인재를 영입하여 비즈니스를 하는가에 금융업의 성패가 달려 있다는 판단이 깔려 있는 대목이다. 실제로 지난 몇 세기 동안 많은 글로벌 금융회사가 경쟁적으로 많은 보수와 가외적인 우대혜택(fringe benefit)으로 똑똑한 직원을 영입하여 소위 복잡하고 참신한 금융상품을 개발, 출시함으로써 금융시장의 발전을 이끌고 더불어 금융회사도 상상을 뛰어넘는 실적으로 급성장해 왔던 것이 사실이다.

그런데 이러한 똑똑한 직원이 반드시 진실하거나 도덕적으로 제대로 갖추어져 있다고 볼 수는 없다는 사실이 지난 글로벌 금융위기를 겪으며 일반 대중에게 각인되어 버렸다. 수많은 금융스캔들과 사기, 담합 등으로 금융소비자는 자기도 모르는 사이에 엄청난 손해를 보게 되었고 이로 인하여 금융산업은 신뢰를 상실하기에 이르게 된 것이다. 어떻게 보면 실적이 최우선적 성과지표로 이를 강하게 밀어붙이는(drive) 회사의 분위기라면 부도덕한 똑똑한 직원들이 금융소비자에 대한 최소한의 배려 없이 만들어 낸 숱한 금융상품들이 창출해 낸 수익이 우대받는 것은 어쩌면 당연한 결과라고 할 수 있을 것이다.

그러나 이러한 부도덕한 직원과 이를 모른체하거나 등한시한 경영진이 만들어 낸 금융소비자에 대한 피해는 더 이상 방치할 수 없는 상태가 되어버렸고 최근 몇 년간 전 세계 금융감독당국은 금융회사 및 임직원들의 행위에 대한 리스크, 즉 소위 말하는 Conduct Risk*에 더욱 주목하는 계기가 되었다. 이는 직원 및 경영층 개개인의 잘못된 행동(Misconduct)과 판단이 궁극적으로 금융회사의 다양한 업무로 연결되어 금융소비자의 피해로 전가된다는 판단에서다.

몇 년 전 UBS에서는 세일즈를 담당하는 팀원 4명 전원을 한꺼번에 해고한 적이 있었다. 그 해고 사유는 다름 아닌 회사에서 임직원이 반드시 수료하여야 하는 온라인강의(E-Learning)를 귀찮다고 하급직원을 시켜 나머지 팀원 3명의 접속 비밀번호를 이용, 대신해서 on-line 교육을 수강하도록 하였다가 적발된 것이었다. 혹자는 뭐 그런 걸 가지고 해고까지 할 필요까지 있었느냐라고 반문할 수도 있고 대리수강은 가까운 우리나라 직장 내에서도 종종 이루어

---

* Conduct Risk에 관한 정의가 정확히 설명되어 있는 규정 등은 찾을 수 없으나 통상 협의의 정의로는 '금융회사 경영층 및 직원의 잘못된 판단으로 야기되어지는 조직의 손실위험(The threat of financial loss to an organization caused by the poor judgment of managers and employees)'으로 이야기할 수 있다. 한편 영국의 금융당국인 Financial Conduct Authority(FCA)는 모든 기관에 일률적으로 적용되는 Conduct Risk가 존재할 수 없다는 이유로 전략적으로 이를 매우 넓게 해석하고 있으나 전신인 Financial Services Authority(FSA)가 2011년 언급한 내용을 따른다면 Conduct Risk는 '금융회사의 행위가 고객들에게 잘못된 결과로 나타날 수 있는 위험(the risk that firm behaviour will result in poor outcomes for customers)'을 말한다. 2002년 9월 영국은행연합회(British Bankers Association) 주최 Conduct Risk Seminar에서 발표했던 당시 FCA Retail Banking Supervision 부서의 Manager Philip Cooper의 정의에 따르면 Conduct risk는 '개별은행이나 또는 금융회사들의 행위가 고객의 손실로 이어지거나 시장안정에 부정적으로 작용하게 하는 위험(any action of an individual bank [or any other financial institution] that leads to customer detriment or negatively impacts market stability)'이라고 할 수 있다. 마지막으로 영국 KPMG의 2017년 9월 보고서(Conduct risk: delivering an effective framework)에 따르면 Conduct risk는 '금융회사나 직원의 활동, 행동 및 오류가 (개인고객 또는 기업고객)에게 잘못되거나 부당한 결과를 초래하거나 시장의 투명성에 반하는 효과를 미치게 되는 위험(the risk that the conduct, acts or omissions of the firm, or individuals within the firm, will: a) deliver poor or unfair outcomes for the customer (retail or wholesale), or b) adversely affect market integrity)'으로 광의로 정의하고 있다.

지는 현상인데 너무 과한 것 아닌가 하는 생각을 가질 수도 있을 것이다. 하지만 UBS의 입장은 '사소하다고 할 수 있는 회사의 온라인강의 출석까지도 속이는 영업직원이라면 실제 고객과의 영업(business)에서는 얼마나 많은 거짓과 사기를 저지를 것인가.'라고 생각해 이러한 위험한 직원들과는 함께 갈 수 없다는 것이었다.

2020년 초 씨티은행 런던지점의 연봉 100만 파운드 이상을 받는 잘 나가는 채권트레이딩 책임자가 잘못된 행동으로 정직을 받고 결국 회사를 떠났다고 알려졌다. 해고에까지 이른 사유는 아이러니하게도 회사 구내식당(canteen)에 있는 음식물을 상습적으로 훔쳤다는 이유였다.[*] 알려진 바에 의하면 런던 씨티은행의 또 다른 직원은 통근기차 정기권에 본인 사진을 붙여 2년간 부정 승차하다가 적발되어 동 사실이 은행에 알려짐에 따라 해고되었다고도 한다.

2016년에는 런던 소재 Mizuho은행 직원이 5파운드밖에 안 하는 동료의 자전거 체인가드(chain guard)를 가져갔다가 적발되어 해고를 당했는데 이후 그는 부당해고라고 소송했지만 패소했다고 한다. 이에 대해 Mizuho은행의 법무부서장은 은행원이 필요로 하는 높은 도덕적 잣대(moral compass)를 감안하면 해고는 당연한 것임을 강조했다고 전해진다.

한편 길게는 334년, 짧게는 143년간 마치 전통처럼 이어져 내려온 로이드 보험시장(Lloyd's of London)과 런던금속거래소(LME: London Metal Exchange) 트레이더들의 대낮 음주관행을 금지하는 조치가 2019년 잇달아 발표되었는데, 이는 음주에 따른 성희롱 및 괴롭힘(bullying), 선정적인 업소 출입과 연계된 이해상충 문제가 계속 불거짐에 따른 불가피한 조치로 알려졌다. 동 조치의 일환으로

---

[*] "Banker accused of stealing food from office canteen, Senior Citigroup trader who earns as much as £1m a year faces losing his job after allegations of theft", The Telegraph, 04-Feb-2020. 참조.

그동안 거래소 내에서 오랫동안 영업해 온 주점이 커피숍으로 다 바뀌었다고 전해진다.*

위에서 언급된 일련의 모든 사건이 개개인의 올바른 행동을 강조하는 최근 컴플라이언스의 흐름을 반영하고 있는 것들이라고 할 수 있겠다.

이러한 Conduct Risk의 강조는 전 세계적으로 금융회사의 최고경영진 즉, Top management의 거취에도 직접적으로 영향을 미치고 있는 큰 흐름을 읽을 수 있다. 특히 영국 금융감독당국인 Financial Conduct Authority(FCA)가 소비자보호 임무를 부여받은 2013년 이후 Conduct Risk는 가장 큰 어젠다가 되었으며 이러한 선상에서 2016년 3월에 도입한 Senior Managers and Certification Regime(SMCR)은 금융업에 종사하고 있는 최고경영자 등 금융회사 주요 임직원들의 책임(Accountability)을 명확히 하는 구체적인 조치로 볼 수 있다.

영국의 경우 2008년 금융위기 당시 감독당국이 천명했던 기존 Approved Persons Regime(APER)만으로는 금융회사 경영진의 잘못된 의사결정에 대한 효과적 견제와 감독에서 결과적으로 실패했을 뿐만 아니라 Libor 담합과 같은 엄청난 금융사고가 발생한 경우에도 고액연봉을 받고 있는 경영층에게 금융감독당국이 제대로 된 책임조차 물을 수 없었던 무기력한 상황에 대해 영국 국민들의 공분(公憤)이 이러한 제도를 도입하게 된 결정적인 계기가 되었다고 볼 수 있다. 또한 금융사고에 연루된 경영진의 잘못된 행동을 공표(disclose)하는 공식적인 체계조차 제대로 마련되어 있지 않아 소위 썩은 사과(bad apples)임에

---

\* "Lloyd's of London bans drink and drugs in the workplace", 2019년 4월 8일, INDEPENDENT, "No More Daytime Drinking for Metals Traders as LME Bans Alcohol", 2019-06-14, Bloomberg, "City of London Goes to War on Drunken Traders" 2019-06-16, Bloomberg Opinion 참조.

도 불구하고 그들의 과거 금융회사 부실 경영의 전력이 드러나지 않음을 기화로 금융회사들을 전전하는 것이 가능하다는 사실에 대한 영국 국민의 우려를 시정하기 위한 조치이기 때문이다.

 영국 FCA는 Senior Managers and Certification Regime 도입 이후 실제 금융회사의 CEO를 비롯한 핵심 임직원의 업무적합성 신청에 대해 엄격한 기준을 적용하여 처리하여 오고 있다. FCA의 통계에 따르면 2024년 중 총 7,184건의 업무적합성평가(fit and proper test) 신청 중 6,598건(조건부 승인 4건 포함)이 승인*되어 91.8%의 승인율을 나타내었다. 다시 말해 약 8% 이상 금융사 고위임원이 적합성 심사에서 탈락**하고 있음을 실감 나게 보여주고 있는 것이다.

 최근 몇 년간 개인의 행위책임에 대한 감독당국의 초점은 비단 영국뿐 아니라 전 세계 금융당국의 주된 관심사가 되어 왔다. 예를 들어 호주(BEAR: The

---

\* 자세한 내용은 https://www.fca.org.uk/freedom-information/information-individuals-approved-smf-february-2025 참조.

\*\* Senior Managers and Certification Regime 도입 이전에도 FCA가 업무와 직접 연관이 없지만 진실성(Integrity)의 문제로 금융회사 고위층을 영국의 금융산업에서 영구적으로 퇴출시킨 경우도 존재한다. 예를 들어 2014년 FCA는 BlackRock Asset Management Investor Services의 managing director였던 Jonathan Burrows의 고위직(senior roles) 임명을 불허했는데 그 이유는 그가 수년간 통근기차를 타며 정상요금(21.5£)보다 적은 금액(7.2£)을 지불하여 오다 적발이 되어 교통당국과 £43,000 금액 정산에 합의했다는 사실이 드러났기 때문이었다("FCA bans £43,000 fare dodger from working in financial services, Financial Conduct Authority says conduct of former Blackrock MD Jonathan Paul Burrows fell short of the standards expected in the City", The Guardian, 15 Dec 2014). 참조.
또 다른 경우는 2012년 국제적인 자금중개회사인 BGC의 영국 내 2인자였던 Tony Verrier는 전 직장인 경쟁 중개회사 Tullett Prebon사로부터 13명의 브로커를 채용하는 데 관여하였는데 그는 이와 관련된 불편한 내용들을 숨기기 위해 의도적으로 회사에서 제공한 Blackberry 8개를 없애버리고 분실했다고 위증을 한 것이 들통이 난 것이다. FCA는 여타 직원의 모범이 되어야 하는 그의 부정직한 행동은 영국 금융산업 내 고위직으로 적합하지 않다고 판단하여 그를 퇴출하기에 이르렀다("City broker Tony Verrier drops opposition to lifetime FCA ban, Financial Conduct Authority bans Verrier after court rules he was involved in attempting to hire 13 brokers from Tullett Prebon", The Guardian, 29 Jan 2014). 참조.

Banking Executive Accountability Regime, 2018[*]), 홍콩(MIC: The Manager-in-Charge regime, 2017[**]), 싱가포르(IACR: Guidelines on Individual Accountability and Conduct, 2021), 아일랜드(SEAR: Proposal on the Senior Executive Accountability Regime, 2022), 미국의 'The latest guidance on the management of business lines and risk management' 및 FSB(Financial Stability Board)의 'Work on Governance and Misconduct' 등이 그것이다.

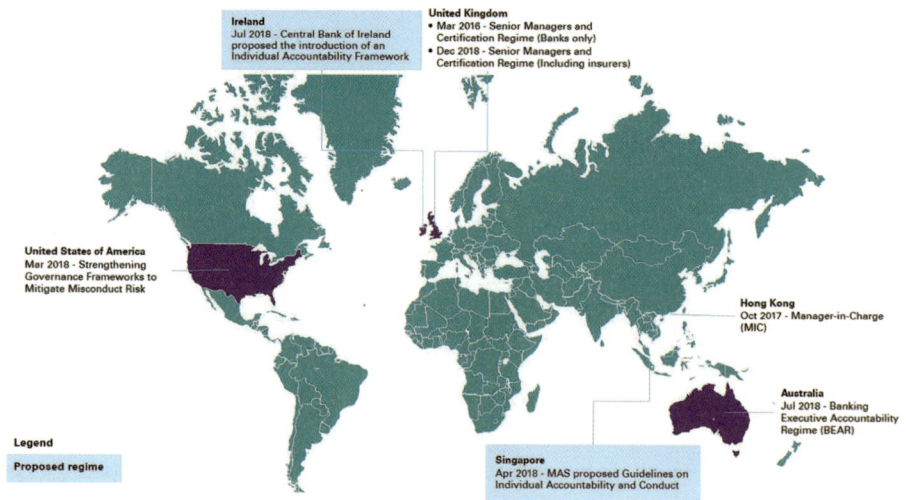

참고: 임직원의 행위책임에 초점을 맞춘 각국 금융당국의 감독정책
Source: "Individual accountability and conduct", July 2019, KPMG Singapore

미국 중앙은행인 연방준비제도(Fed 연준)는 개인의 잘못된 행동에 대한 책임을 물어 2020년 2월 말레이시아 '1MDB 부패 스캔들'에 연루된 골드만삭스 아태

---

[*] ■ (시행시기) 2018년 7월(대형은행) 및 2019년 7월(全 은행)
■ (주요내용) 금융회사는 사업부문별로 전체 경영진의 '책무조직도(accountability maps)'와 경영진별 '책무진술서(accountability statements)'를 당국에 제출

[**] 예금수취기관에 대해 영국 제도와 유사한 방식으로 2018년 3월 도입(증권회사는 2017년 10월 도입).

지역 투자은행 전 공동 책임자 안드레아 벨라를 금융업계에서 영구 퇴출* 하기도 하였다. 연준은 벨라가 1MDB의 대규모 채권발행**을 대행하는 과정에서 위험인물로 이미 알려져 있던 말레이시아 사업가 조 로우의 개입 사실을 알고도 이를 숨겼고, 복잡한 금융거래를 검토하고 거래를 수행하는 금융 담당자를 적절히 감독해야 하는 골드만삭스 위원회에 완전하고 정확한 정보를 제공할 책임이 있는데도 이를 이행하지 않았다고 그 조치의 이유를 설명했다.

한편 미국 법무부는 기업의 부정과 비리를 척결하는 가장 효과적인 방법이 기업을 구성하는 개인의 형사, 민사책임을 강화하는 것이라는 원칙*** 하에 2015년 9월 소위 '예이츠 메모(Yates Memo)'를 발표한 바 있다. 이후 회사의 위법에 대한 개인의 책임 강조는 법령 위반사항의 처리뿐 아니라 미국 내 기업의 평상시 컴플라이언스 프로그램에도 큰 영향을 미쳐왔다. 미국 법무부는 2018년 11월 말, 이 예이츠 메모의 내용을 일부 수정하는 지침을 발표하며 개인의 행위책임을 지속적으로 강조하고 있다.

---

\* 〈글로벌-Biz 24〉 미 연준, '1MDB스캔들' 연루 골드만삭스 임원 금융업계서 영구 퇴출〉, 2020. 02. 06.

\*\* 1MDB는 나집 라작 전 말레이시아 총리가 2009년 설립한 국영펀드기업으로, 이 회사를 통해 나집과 측근들은 45억 달러(5조 2,000억 원)를 유용한 혐의를 받고 있다. 이 과정에서 1MDB는 2012~2013년 3차례에 걸쳐 65억 달러 어치 채권을 발행했고, 채권 발행을 대행한 골드만삭스는 자금 유용 가능성을 알면서도 투자자를 오도했다는 혐의를 받고 있다. 조 로우는 화교 출신 금융가로 1MDB를 통해 나집 전 총리의 비자금 조성과 돈세탁 실무를 맡으며 2억 5,000만 달러를 횡령한 혐의를 받고 있다. 월스트리트저널(WSJ)은 2018년 12월 골드만삭스가 1MDB 비자금 스캔들과 관련, 20억 달러(2조 3,000억 원) 상당의 벌금을 미 법무부에 낼 것으로 보인다고 보도했으며 말레이시아 검찰도 이 스캔들과 관련해 골드만삭스 3개 자회사 전·현직 임원 17명을 기소한 상태다. 'Ex-Goldman Banker Says He Warned Bosses About Jho Low, 1MDB', Bloomberg, 24/Nov/2020.

\*\*\* "One of the most effective ways to combat corporate misconduct is by seeking accountability from the individuals who perpetrated the wrongdoing. Such accountability is important for several reasons: it deters future illegal activity, it incentivizes changes in corporate behavior, it ensures that the proper parties are held responsible for their actions, and it promotes the public's confidence in our justice system.", "Individual Accountability for Corporate Wrongdoing", Sally Quillian Yates, Deputy Attorney General of U.S. Department of Justice, September 9, 2015.

참고

# Senior Managers and Certification Regime 개요

## | 도입 배경

　2008년 금융위기와 Libor 금리조작 등 심각한 금융산업의 내부통제 실패를 겪으며 영국의회는 '은행업 기준 마련을 위한 위원회'(PCBS: the Parliamentary Commission for Banking Standards)를 설치하여 기존의 UK Approved Persons Regime(APER)을 대체하는 금융회사의 임원 및 직원의 책임에 더욱 주안점을 둔 새로운 감독체계를 마련하고자 하였다. 여기에 더해 금융회사가 임직원의 업무적합성에 대해 더욱 많은 책임을 지며 금융회사 직원의 올바른 행동 기준을 정하여 운용하도록 권고하고자 하였다. 이러한 결과가 새로운 Senior Managers and Certification Regime(SMCR)의 탄생으로 나타났다.

　영국의회가 2013년 12월 관련 법안을 통과시킴으로써 SMCR은 2016년 3월 900여 개의 은행 및 예금기관에 적용되기 시작하였다. 이후 2016년 5월 법 개정을 통해 2019년 12월 9일 영국 FCA가 독자적으로 관장하는 모든 금융서비스 기관으로 그 적용범위가 확대됨에 따라 사실상 기존의 APER을 완전히 대체하기에 이르렀고 2021년 3월까지 전 감독대상기관으로 적용이 완료되었다.

## SMCR 개요

SMCR이 추구하는 목표는 금융회사 임직원들이 그들의 행위와 직무수행능력에 대해 전보다 많은 책임을 지게 함으로써 금융소비자 피해를 최소화하고 시장의 진실성(market integrity)을 강화하는 것이다. 이는 금융서비스업에 종사하는 모두의 행위 수준(the standards of conduct)을 높이고 경영층이 그들의 행동과 조치 및 업무수행능력에 책임(responsible)과 의무(accountable)를 가지게 하는 방식으로 달성될 수 있다고 보고 있다.

요약건대 SMCR은 기존의 금융회사 전체의 책임을 경영진과 비등기 임원진에게로 그 중심을 옮겨가는 것으로 볼 수 있다. 이를 통해 궁극적으로 금융회사의 건전한 기업문화와 효과적인 지배구조를 달성하고자 하며 금융회사는 모든 임직원들의 책임의식*을 고양하고 직원들이 그들 스스로의 책무를 정확히 이해하고 이를 실천에 옮길 수 있도록 하여야 한다는 것이다.

## SMCR 내용

SMCR에서는 금융회사의 크기 및 업무범위에 따라 Core, Enhanced 및 Limited Scope 회사 등 3개의 종류로 나뉘어 차별화된 규제를 하고 있다.

---

\* 거액의 벌금 등 징벌만으로는 금융회사 및 임직원의 잘못된 행동을 억제할 수 있다고 생각할 수는 없다. 왜냐하면 여기에는 개인적인 책임이 수반되어 있지 않기 때문이다. 하지만 회사 임직원에게 그의 일에 있어 개인적 책임을 강화하였더니 긍정적인 효과가 나타남을 볼 수 있는 연구결과가 주목을 받고 있다. 예를 들어 회사의 결산업무를 책임진 경영진에게 최종 결산보고서의 서명을 기존같이 회사이름이 아닌 개인 명의로 하도록 조치하였더니 이전보다 결산의 질이 높아지고 회계조작 관행이 줄어들었다는 사실이다.

SMCR은 3가지의 핵심 pillar로 구성되어 있는데

첫째는 The Senior Managers Regime(SMR)으로 핵심업무를 담당하는 최상위 직원(Senior Management Function)에 대해 FCA가 적합성(fit & proper) 여부를 허가하는 것이다. 최상위 직원들은 그들이 책임이 있고 지킬 의무가 있는 구체적인 일들을 문서화*해 놓아야 한다(Statements of Responsibility).

둘째는 The Certification Regime(CR)으로 회사는 최상위 직원은 아니지만 그 직무가 회사와 고객에게 큰 피해(significant harm)를 줄 수 있는 직원들이 그들의 직무를 수행하는 데 있어 적합한지 여부(the fitness and propriety)를 매년 평가하고 확인(certify)하여야 한다.

셋째는 a set of Conduct Rules로서 회사는 고위직원뿐만 아니라 전 직원에게 적용되는 새로운 행동강령을 수립, 운용하여야 한다. 동 행동강령은 세분하여 전 직원에게 적용되는 일반적인 규칙(Individual Conduct Rules)**과 최상위 직원

---

\*  FCA가 제시하는 금융·투자자문(Financial or investment advice), 개인 투자상품 판매(Retail sales), 고객계정 거래(Trading for clients) 등 27개의 사업부문별 책무를 고위 경영진에게 배분하고, 고위 경영진별로 '책무진술서(Statements of responsibilities)'를 당국에 제출토록 하고 있다.

\*\*  FCA는 개개인의 행동에 적용되는 기본적인 기준(a set of minimum standards for every individual's behaviours)으로 다음의 5가지를 제시하고 있다.

**Industry-wide: FCA Conduct Rules**
Act with integrity
Act with due skill, care and diligence
Be open and cooperative with regulators
Treat customers fairly
Observe proper standards of market conduct

- You must act with integrity
- You must act with due care, skill and diligence
- You must be open and cooperative with the FCA, the PRA and other regulators
- You must pay due regard to the interests of customers and treat them fairly
- You must observe proper standards of market conduct

에게 적용되는 규칙(Senior Manager Conduct Rules)으로 나뉘어 운용되어야 한다. 회사는 행동강령이 직원들 개개인의 역할과 어떻게 부합되는지에 대해 교육을 할 의무가 있으며 최상위 직원은 이러한 교육의무 준수가 잘 이루어질 수 있도록 할 책임이 있다.

# 조직문화 자본(Cultural Capital)의 형성

금융회사 직원의 잘못된 행위(Misconduct)는 그 폐해가 단지 개개인에게만 미치는 것이 아니라 금융회사 및 더 넓게는 금융시장과 경제 전체에 부정적인 영향을 미칠 수 있다. 개인의 잘못된 행동으로 해당 금융회사는 이를 해결하기 위해 경영진이 필요로 하지 않는 신경을 써야 하고 영업에 악영향을 미치며 인력 재배치를 유발하고 급기야는 벌금 등으로 자기자본을 감소시키는 등 결국 금융회사의 명성에 부정적인 영향을 끼치게 되는 것이다.

금융시장 및 경제 전체에 있어서도 금융회사 구성원의 잘못된 행위(Misconduct)는 직접적으로 금융소비자에게 해를 끼치게 되며 장기적으로 금융시장 참가자가 시장에서 신뢰를 상실함에 따라 금융중개라는 중요한 기능 수행에 부정적으로 작용하게 만든다.

특히, 시장으로부터의 신뢰를 잃어버리는 것은 금융회사의 존립을 흔드는 결정적인 요소이다. 갤럽(Gallup)의 2024년 조사[*]에 따르면 미국민의 금융 분야

---

[*] https://news.gallup.com/poll/1597/Confidence-Institutions.aspx

에 대한 신뢰도는 지난 20년간 지속적으로 추락하여 왔으며 2012년의 경우 2004년에 비해 절반 이상 신뢰도가 떨어진 것으로 나타나고 있다.

**Banks**

Page 1 of 2

| | Great deal | Quite a lot | Some | Very little | None (vol.) | No opinion | Great deal/ Quite a lot |
|---|---|---|---|---|---|---|---|
| | % | % | % | % | % | % | % |
| 2024 | 12 | 15 | 47 | 25 | 1 | 1 | 27 |
| 2023 | 9 | 17 | 48 | 25 | 1 | * | 26 |
| 2022 | 9 | 18 | 50 | 22 | 1 | * | 27 |
| 2021 | 12 | 21 | 42 | 23 | 1 | 1 | 33 |
| 2020 | 17 | 21 | 43 | 18 | 1 | * | 38 |
| 2019 | 13 | 17 | 43 | 25 | 1 | 1 | 30 |
| 2018 | 13 | 17 | 46 | 21 | 1 | 1 | 30 |
| 2017 | 14 | 18 | 39 | 27 | 1 | 1 | 32 |
| 2016 | 11 | 16 | 47 | 25 | 1 | 1 | 27 |
| 2015 | 12 | 16 | 45 | 24 | 2 | 1 | 28 |
| 2014 | 10 | 16 | 43 | 28 | 2 | * | 26 |
| 2013 | 10 | 16 | 45 | 26 | 2 | 1 | 26 |
| 2012 | 9 | 12 | 42 | 33 | 2 | 1 | 21 |
| 2011 | 10 | 13 | 40 | 33 | 3 | 1 | 23 |
| 2010 | 9 | 14 | 45 | 28 | 2 | 1 | 23 |
| 2009 | 8 | 14 | 49 | 26 | 3 | 1 | 22 |
| 2008 | 11 | 21 | 45 | 21 | 1 | 1 | 32 |
| 2007 | 15 | 26 | 44 | 13 | 1 | 1 | 41 |
| 2006 | 18 | 31 | 39 | 10 | * | 1 | 49 |
| 2005 | 22 | 27 | 39 | 11 | 1 | * | 49 |
| 2004 | 17 | 36 | 36 | 10 | * | 1 | 53 |
| 2003 | 19 | 31 | 38 | 11 | 1 | * | 50 |
| 2002 | 17 | 30 | 39 | 12 | 1 | 1 | 47 |

금융회사의 행위 및 조직문화 개선을 위한 노력이 진행되고 있지만 전 세계

적으로도 은행산업은 여전히 부정적인 시각으로 보여지고 있고 금융소비자로부터의 신뢰회복이 여전히 미진한 것으로 나타나고 있다. 에델만 신뢰지수(Edelman Trust Barometer)의 조사에 따르면 은행산업은 2차세계대전 이후 다른 여타 산업군에 비해 가장 신뢰받는 분야였으나 글로벌 금융위기 이후 신뢰도가 급격히 추락하여 현재까지 다른 산업군에 비해 상대적으로 낮은 신뢰도가 지속되고 있으며 금융위기 이전 수준으로의 회복은 요원해 보인다.[*]

**FIGURE 2. Edelman Trust Barometer results by industry sector, 2006-2018**

*Note:* Trust level results are distinguished between two populations: "Informed public" (ages 25-64, college-educated, in top 25 percent of household income per age group/country), and "general population" (all population ages 18+). Due to differences in publicly disclosed results by Edelman, years 2006-2011 of this figure show informed public results; years 2012-2015 show a blend of informed public and general population results; and years 2016-2018 show general population results.

*Source:* Edelman Trust Barometer Archive.

금융시장에서의 신뢰를 회복하기 위한 조직문화 형성에 있어, 미국 뉴욕연준(FRB New York)은 2017년 기업이 생산하는 제품과 운영 방식에 영향을 미치는 일종의 무형 자산인 '조직문화 자본(Cultural Capital)'이라는 개념을 도입[**]하였다. 이는 기계장치, 건물 등과 같은 물리적 자본이나 근로자의 축적된 지식과 기술과 같은 인적 자본, 프랜차이즈 가치나 브랜드 인지도와 같은 평판 자본과

---

[*]   "Banking Conduct and Culture; A Permanent Mindset Change", Group of Thirty, 2018. p3 참조.
[**]  Federal Reserve Bank of New York, "Misconduct Risk, Culture, and Supervision", Dec. 2017.

유사한 개념*으로 볼 수 있겠다.

 예를 들어, 조직문화 자본 수준이 높은 회사에서는 직원의 위법행위 위험이 낮으며 관찰된 구조, 프로세스, 공식적인 인센티브 및 원하는 영업의 결과가 회사가 천명한 가치 및 위험 성향과 일치한다. 무언의 행동 패턴은 이러한 현상을 강화하며 직원들은 언제나 문제를 제기할 수 있는 권한을 갖고 자신의 문제 제기 노력이 의미 있는 응답을 가져올 것이라고 믿기 때문에 업무상 문제는 정기적으로 고위 관리자에게 보고(escalation)된다.
 고위 관리자는 좋은 영업 성과 외에도 회사의 가치와 일치하는 행동을 모델링하여 위에서부터 신뢰할 수 있는 분위기를 설정하기 때문에 조직을 통해 자신 또한 발전한다.

 이와는 대조적으로, 조직문화 자본 수준이 낮은 기업에서는 공식 정책과 절차가 '실제 업무수행 방식'을 반영하지 않고 있다. 구성원의 위법행위는 개인이 이사회와 고위 경영층이 설정한 가치, 영업전략 및 위험 선호도에 부합하지 않는 결정을 내리도록 유도하는 규범과 압력에서 비롯된다. 직원들은 우려사항이 있을 때 자유롭게 발언하지 못하며, 고위 경영층은 당국에 적발될 때까지 부적절한 행위에 대해 알지 못하는 경우가 대부분이다. 직원들은 규칙을 문자 그대로 따르기는 하지만 그 규칙의 의도한 바를 따르지 않는다. 이 모든 것은 위법행위의 위험을 증가시키고 시간이 지남에 따라 회사와 업계에 잠재적으로 피해를 줄 수 있다.

---

\* The concept of a firm's **"cultural capital,"** which is a type of intangible asset that impacts what a firm produces and how it operates. It is analogous to physical capital, like equipment, buildings and property, or to human capital, like the accumulated knowledge and skills of workers, or to reputational capital, like the franchise value or brand recognition.

또 다른 학자들의 연구*에 따르면 회사의 조직문화라 할 수 있는 '잘못된 행동과 이에 대처하는 리스크관리 풍토(Misconduct and Risk Climate)'는 은행이 선언한 원칙과 가치, 의사결정 및 실제 행동 간의 조직적 일관성(Organizational Coherence)과 위법행위에 대한 무관용 정책(Zero-tolerance policy to misconduct)과 주로 연관되어 있는 것으로 나타났다.

일관성(Coherence)은 조직 내 잘못된 행위 처리와 관련된 분위기 형성에 있어 가장 큰 비중을 차지하고 있으며 그다음은 이에 대해 조직 내에서 어느 정도 관용(Tolerance)을 보여주고 있느냐 하는 점이었다. 학자들은 회사에서 거창하게 선언된 가치(proclaimed value)는 조직 내 리스크 문화 형성에 큰 의미가 없으며 오히려 직원들이 최고 관리자를 신뢰할 수 있고 또 그들이 윤리적이라고 인식할 때 회사의 성과는 더욱 강력해진다고 주장하고 있다.

또한 부적절한 행위에 대한 관용(Tolerence)이 잘 작동하기 위해서는 모든 유형의 위법행위 위험(any type of misconduct risk)이나 과도한 리스크 감수(excessive risk-taking)를 적절하게 인식, 보고가 가능한 조직 내 메커니즘 구축과 그러한 개별 상황에 대한 조직의 대응을 모두 고려할 수 있어야 한다고 밝히고 있다.

따라서 바람직한 조직문화를 형성하기 위해서는 아래 5가지 요소가 제대로 정착되어야 한다고 제안하고 있다.

① 조직 내 경영진이 규범 준수, 고객 이익에 대한 관심 및 위험 감수에 대한 신중함들에 부여한 우선순위(the priority accorded by the organization's organs of government and management in compliance with norms, attention to the interests of the customers, and prudence in the

---

* "Misconduct and Risk Climate in Banking: Development of a Multidimensional Measurement Scale,"Beatriz Fernández Muñiz, José Manuel Montes Peón, Camilo José Vázquez Ordás. First published: 22 January 2020, https://doi.org/10.1111/1758-5899.12752

assumption of risks) (Tone)

② 해당 우선순위와 관련된 조직 행동의 일관성(coherence in the organization's behaviour regarding said priority) (Coherence)

③ 잘못된 행위를 통제하고 위험을 관리하는 것과 관련된 직원의 직접적인 책임의식(the direct responsibility of employees as regards controlling misconduct and managing the risk) (Accountability)

④ 법률, 규정, 내부 규범, 윤리강령, 위험 한도 등을 준수하지 않거나 잘못된 영업 관행/자문 등에 가담할 가능성이 있는 직원의 부적절하거나 불규칙한 행동에 대한 조직의 대응(the organization's response to inadequate or irregular conduct by an employee involving possible non-compliance with laws, regulations, internal norms, ethical codes, risk limits, or inadequate commercial practice or consultation) (Tolerance)

⑤ 조직이 효과적인 소통과 구성원들의 도전적인 행동에 부여하는 중요성(the importance that the organization affords to effective communication and the challenging behaviours of its members) (Communication)

# 윤리·컴플라이언스 프로그램:
# Ethics and Compliance Program

많은 사람들은 컴플라이언스(compliance)를 통상 법규준수/준법감시/내부통제 등의 의미로, 컴플라이언스 프로그램(compliance program)을 '업무추진 과정에서 금융회사나 기업이 자발적으로 관련 법규를 준수하도록 하기 위한 일련의 시스템'을 의미하는 것으로 이해하고 있다.

이와 같이 '컴플라이언스(compliance)'를 '법규준수'로 해석하는 것이 일반적인데 이때 '법규준수'로만 이해한다면, '법에서 정하고 있는 것'만 지키면 된다는 식으로 암묵적인 범위를 형성하기 쉽다. 이러한 소극적 생각은 기업이 지향하려는 컴플라이언스 가치(compliance values)보다는 영업활동을 위한 컴플라이언스 기술(compliance skills)을 강조하는 경향이 클 수 있다. 왜냐하면 법의 특성상, 빠져나갈 길이 있는 '회색지대(grey area)'는 언제나 존재할 수밖에 없기 때문이다. 따라서 법규준수로 이해한 컴플라이언스는 법규의 회색지대로 인해 '윤리의 가치'보다는 '우회의 기술'을 실무적으로 강조하기 쉬운 함정이 있다고 하겠다.

반면, 컴플라이언스를 '규범준수'로 이해하면, 컴플라이언스 가치를 윤리적인 측면에서 고민하게 만든다. 법 조항이 아니라 규범준수를 외치는 임직원들은 기업의 윤리 및 컴플라이언스 가치(Ethics & Compliance Values)를 강조하고 법규의 회색지대에서도 기업가치와 기업윤리(Business Ethics)를 지키기 위한 현실적인 고민을 하게 된다. 이 경우 앞서 언급한 컴플라이언스 기술과는 다른 차원의 기술에 대한 고민이라고 할 수 있겠다.[*]

이러한 맥락에서 최근에는 컴플라이언스 프로그램을 기업윤리까지 포괄하는 의미로 이해하는 경우가 많고, 이러한 의미에서 'Ethics and Compliance Program'이라는 표현이 사용되기도 한다.

미국의 법무부(DOJ: Departmemt of Justice)는 2019년 4월 29일 '기업 컴플라이언스 프로그램에 대한 평가'를 개정하면서 회사가 준법 및 윤리문화를 만들고 장려하는 것의 중요성을 다시 한번 강조하였다. 이러한 윤리적 컴플라이언스 문화를 강조한 것은 이번이 처음이 아니었으며 특히 2004년 미국의 연방양형기준 개정 시에 이러한 윤리의 개념(the notion of ethics)이 효과적인 준법감시프로그램(effective program)의 정의에 추가[**]된 바 있다.

이후 미국 당국들은 범죄의 예방 및 적발에 있어 윤리적인 행동의 역할을 강조해 왔으며 "강력한 기업윤리문화는 직접적으로 강한 컴플라이언스 프로그램을 지원[***]"한다고 언명한 바 있다. 미국 검찰 및 규제당국은 전통적 법령에서 정한 시행규칙(the traditional law enforcement toolkit)이 복잡한 인간의 행동을 다루는

---

[*] 〈Ethics & Compliance 가치를 추구하는 교육〉, 박영석 서강대학교 경영학부 교수, 2016 기업윤리 브리프스 | 39.

[**] in addition to having compliance standards and procedures, the organizations are expected to "otherwise promote an organizational culture that encourages ethical conduct and a commitment to compliance with the law".

[***] the DOJ/SEC Resource Guide to FCPA states that "A strong ethical culture directly supports a strong compliance program.".

제6장 금융사고와 Compliance Culture

데에는 한계가 있음을 인식하고 이를 뛰어넘는 그 무엇을 보고자 하여 왔으며 이러한 관점은 기업윤리의 문제가 컴플라이언스 프로그램이 '효과적'인지를 평가하는 데 있어 전제조건(prerequisite)이 되어버렸음이 분명해졌다.*

기업윤리문화**라는 것은 컴플라이언스 프로그램의 구성에 있어 어떻게 보면 측정하기 곤란한 요소***일 수밖에 없다. 그도 그럴 것이 기업문화라는 것은 회사마다 다양하게 변화할 것이며 모든 회사의 독특함을 다 아우를 수 있는 기업윤리문화를 구성하는 요소가 무엇인지에 대한 종합적인 이해가 필요하기 때문이다. 조직문화란 속해 있는 직원이 무엇을 해야 할지 생각할 필요도 없

---

\*   Caterina Bulgarella(2019)가 Fortune지 등재 1,000개 회사 중 외부에 공표된 174개 회사의 윤리강령(Codes of Conduct)을 분석해 본 결과에 따르면 그들 중 93%가 2011년에서 2017년 사이 발표된 것으로 나타났는데 이는 미국 법무부의 구체적인 평가에 앞서 기업 스스로 윤리적인 문화를 중시하는 최근의 흐름을 반영한 것으로 보여진다.

\**   Compliance Culture는 조직의 평판을 사려 깊게 관리하는 태도로 요약된다. 이는 조직의 가치를 매일, 어디서나 실천하겠다는 공동의 헌신을 통해 육성, 보호 및 유지된다. "**A culture of compliance** is epitomized by the thoughtful custodianship of an organisation's reputation, that is nurtured, protected and sustained through a COLLECTIVE commitment to live its values, every day, everywhere.""What is 'compliance' and what is 'compliance culture' – GR3C", www.gr3c.com

\***   영국 FCA의 개인고객금융감독 담당 국장(Director of Supervision – Retail and Authorisations at the FCA)인 Jonathan Davidson은 조직문화는 측정할 수는 없지만 인센티브나 지배구조 등을 통해 관리가 가능하다(Culture may not be measurable, but it is manageable, for example through incentives and governance)고 주장한 바 있다. 그에 따르면 영국 금융당국인 FCA는 금융회사 경영진이 그들 회사의 조직문화를 관리하는 방식을 평가하는 데 다음의 4가지 기준(lever)을 잣대로 이용한다고 한다. 첫 번째는 금융회사가 무엇을 어떻게 할 것인지 그 목적과 접근방식에 대해 투명하게 의사소통을 하는지 여부다. 여기서 한 가지 고려하여야 할 부분은 단지 의사소통을 위한 목적으로만 일방적으로 전달되고 왜 이를 하여야 하는지에 대한 공감을 이끌어 내지 못할 위험이다. 많은 회사의 경우 회사의 공식적인 전략과 미션에 대해 회사 임직원이 실제 공감을 하지 못하는 경우가 상당한 것이 사실인 것이다. 두 번째는 직원이 경영층으로부터 듣고 보는 소위 위로부터의 모범(tone from the top)이다. 즉, 경영진의 행동이 그들 직원의 롤모델로 보여지는 것인가이다. 세 번째는 공식적인 지배구조 절차와 구조 및 예상되는 개개인의 행동과 결정사항을 담고 있는 내부규정과 시스템을 갖추고 있는가 여부이다. 회사의 행동문화 측면에서는 conduct risk에 대한 분명한 정의와 이를 완화하는 통제시스템 및 모니터링하는 indicator 등이 포함된 conduct risk framework가 있는지가 핵심이다. 마지막으로, 직원에 대한 동기부여, 능력개발, 보수 및 승진 등을 포함한 인사제도인데 회사의 보상체계가 잘못된 행동에 대해 금전적으로 지원하는지 또는 실적 위주의 압력으로 임직원이 금융소비자의 이익에 반하여 행동하도록 내몰고 있지는 않는가이다. 또한 금융회사 임직원의 능력은 제대로 된 조직문화 형성에 있어 그 중요성이 높아지고 있다. 그러므로 단지 새로운 방식으로 행동하도록 유인하는 것만으로는 부족하고 개개인이 새로운 행동방식으로 어떻게 성공할 수 있는지 이해가 필요하다는 것이다. 자세한 내용은 "Culture and conduct – extending the accountability regime", Speeches delivered on 20/09/2017 at City and Financial Summit, London 참조.

이 자연스럽게 일들이 되어가는 것을 말하며 누가 지켜보지 않아도 알아서 행동하는 방식이라고 할 수 있겠다. 그러므로 조직문화가 어떤지에 대한 연구가 없었던 조직이라고 하더라도 이미 조직 내에 구축되어 있는 행동규범이 보이지 않게 매일매일 조직원의 행동과 가치판단을 규제하고 있는 것이다.

Vera Cherepanova에 따르면 조직원의 공통적인 행동패턴을 피상적으로 나열하는 것보다는 그 조직문화 근저에 있는 아래의 6가지 핵심요소들을 관찰함으로써 기업윤리문화가 어느 정도 정착되어 있는지를 측정할 수 있다고 주장[*]하였다.

### 1. 목표 및 주어진 업무의 성취 가능성
(Achievability of targets, goals, and tasks)

목표를 설정하는 방식은 사람의 행동에 영향을 미친다. 그러므로 한 회사의 목표설정 및 동기부여 구조는 아마도 컴플라이언스를 심각하게 고려하고 있는지를 알려주는 대표적인 지표라고 할 수 있겠다. 연구결과에 따르면 유해한 조직문화의 요소로 비현실적인 영업목표나 성장에 대한 과신은 조직원에게 엄청난 압력과 스트레스를 조장하는 문화를 형성한다고 한다. 그러한 중압감에서 벗어나기 위해 조직원들은 법과 내부절차 등을 위반하는 것으로 반응한다는 것이다.

---

[*] "Yes, 'ethical culture' can be measured", by Vera Cherepanova, July 22, 2019. FCPA blog., Whitepaper "Measuring Ethical Culture, STUDIO ETICA, 2019.

## 2. 의사소통(Communication)

Muel Kaptein에 따르면 조직원이 도덕적 문제에 대해 이야기하여야만 하는 여지가 많을수록 더욱 도덕적이 되고 타인으로부터 더욱 많이 배우게 된다고 주장*한 바 있다. 비단, 윤리규범 위반에 대해 이야기하는 차원을 넘어 관점, 주어진 일, 정서 및 딜레마 등에 대해 편안하게 이야기할 수 있는 열린 의사소통이 그 조직의 윤리적 초점을 나타내어 주는 자명한 지표(a prima facie indicator)가 될 수 있을 것이다. 임직원이 이야기해 봤자 아무런 응답이 없거나 최악의 경우 보복을 두려워해야 하는 의사소통의 방해는 윤리적인 조직추구와는 전혀 양립할 수 없는 침묵의 문화만을 조장할 뿐이다.

## 3. 지도력(Leadership)

조직의 지도력은 전통적으로 조직원에게 영향을 미치고 이들에게 동기를 부여하는 능력과 연계되어 있으며 따라서 조직문화에 있어 중요한 역할을 미치는 것이다. 윤리적 롤모델은 지속적으로 윤리적인 행동을 필요로 하도록 만들지만 이에 그쳐서는 안 되고 조직원으로 하여금 그들 자신 전체를 직무에 투입시킬 수 있도록 하며 윤리적인 이슈에 대해 양방향으로 의사소통을 하게 함으로써 임직원에게 심리적인 안정감을 조성해 줄 수 있다. 이와는 반대로 부패한 조직에 있어서의 리더십은 자기만족적이며 권위적인 것으로 조사되고 있다. 직원에 대해 소리 지르고 모욕을 주며 뒤통수를 치는 식의 학대행동은 유해한 조직문화와 일터에서의 무례함을 조장하여 결국에는 심각한 컴플라이언스 위반으로 이어질 수 있다.

---

* 저서인 《Why Good People Sometimes Do Bad Things》 참조.

## 4. 조직 내의 정의(Organizational justice)

통상 조직 내의 정의는 주로 개개인과 관련된 결정들(급여, 성과급, 업무평가, 승진, 부서배치 및 해고 등)과 연계되어 있지만 직원들이 공정하게 대우를 받고 있느냐는 윤리적인 조직문화를 보여주는 큰 척도가 될 수 있다. 조직 내 정의는 직원들의 업무만족 및 성과향상으로 이어지는 긍정적인 자세를 북돋아 주는 동시에 직원 간의 상호신뢰 및 '옳은 일을 하여야 한다.'라는 큰 의지를 부여해 주는 문화를 조성할 수 있다. 만약 조직 내의 이중잣대가 일상적인 관행으로 자리 잡고 있다면 동 조직은 위선과 조직의 인지부조화(cognitive dissonance)를 경험할 가능성이 크며 이는 결국 냉소적 태도를 야기시키고 비윤리적인 행동으로 이어질 것이다. 이와는 반대로 경영층이 함께 참여하고 윤리규범 위반에 대해서는 공정하고 일관되게 처리한다면 '당신이 가지고 있는 회사가 공정하기에 대한 기대를 경영층이 심각하게 고려하고 있다.'는 강한 시그널을 전파해 주는 것이 될 것이다. 이는 조직원들이 합의된 원칙과 절차를 준수하게 만드는 효과적인 동기부여 요소가 된다.

## 5. 책임의식(Accountability)

자발적인 책임의식과 함께 그 직무에 필요한 행동들에 대한 분명한 설정은 특히 무엇인가 일이 잘못되었을 경우 그 조직의 윤리문화를 가늠할 수 있는 중요한 '구별자(qualifier)'가 될 수 있다. 회사가 조직원에게 기대하는 바가 분명할수록 임직원들은 그들이 무엇을 하여야 하는지를 잘 알게 되며 그것들을 하게 될 가능성이 크다. 고위직부터 중간관리자와 말단 조직원들에까지 공유된 가치의 준수는 윤리적인 실수를 개개인의 책임으로 몰아가는 경향을 감소시키게 될 것이다. 그러한 기업문화는 잘못된 행동을 바로잡고 기업의 윤리적

포커스를 강화시키는 요소로 작용할 수 있다.

## 6. 도덕적 상상력(Moral Imagination)

윤리적 문제에 대한 인식은 윤리적 의사결정의 필수적인 전제조건이다. 도덕적으로 행동하려면 단순히 강한 성격 이상의 것이 필요한데, 사람들은 윤리적 문제를 해결할 때 자신의 행동을 고려하기 위해 행동의 윤리적 측면을 볼 필요가 있다. 도덕적 상상력이 부족하면 직원이 특정 문제의 윤리적 성격을 분별할 수 없을 정도의 윤리적 깜깜이(blindness)로 이어질 수 있으며 낮은 도덕적 인식은 윤리성이 부족한 조직문화를 나타내 주는 지표가 된다.

한편 마리엔 제닝스(Marianne Jennings)는 2006년 《윤리붕괴에 대한 7가지 징후(The Seven Signs of Ethical Collapse: How to Spot Moral Meltdowns in Companies… Before It's Too Late)》라는 저서에서 윤리적 문제 발생에 대한 잠재적 조짐들로 사용될 수 있는 다음의 7가지 징후를 설명하였다.

① 비즈니스 실적 유지에 대한 압력(pressure to maintain numbers)
② 공포와 침묵의 문화(Fear and Silence)
③ 경외감에 빠진 '제왕적' CEO 및 상사의 뜻을 거스르지 않으려는 직속 부하들
  (young'uns and a bigger-than-life CEO(i.e., loyalty to the boss))
④ 허약한 이사회(weak board of directors)
⑤ 이해상충 관행(conflicts of interest overlooked or unaddressed)
⑥ 조직이 법 위에 있다는 믿음(A belief that the organization is above the law)
⑦ 회사의 기부 등 '어느 분야에서의 선'이 '다른 분야에서의 악'을 용서해 준다는 믿

음(goodness in some areas atones for evil in others)이 그것이다.[*]

### 징후#1: 비즈니스 실적 유지에 대한 압력

수익, 주당 순이익(EPS), 비용 등을 위조하고, 주가를 조작하고, 다른 이해관계자의 비용으로 특정 이해관계자에게 서비스를 제공하는 방향으로 숫자를 변경하는 등 회계 관행을 왜곡한다. 회계장부를 조작하는 이러한 관행은 다음의 결과일 수 있다. 양적 목표 달성에 대한 비합리적이고 비현실적인 집착은 기업, 비영리 단체, 교육 기관, 심지어는 정부기관의 윤리적 붕괴로 이어질 수 있다. 특히 수익성과 주가가 위협받는 경기 침체나 치열한 경쟁 기간에는 더욱 그런데 일부 관행이 합법적일지라도 윤리적이지는 않다.

### 징후#2: 공포와 침묵의 문화

"진실에 침묵하는 사람은 벙어리 악마이다(He who keeps silent of the truth is a mute devil)."라는 아랍어 속담이 있다. "윤리적 붕괴의 문화는 반대나 토론조차 장려되지 않는 문화이다(Jennings, 2006, p59)." 급여, 지위, 리더십 포지션, 재정적 안녕, 비자 상태를 잃을 것이라는 두려움… 회사와 조직에 아첨꾼을 만든다. 조직의 장기적인 건강을 희생하면서 즉각적인 경제적 이익을 보호하려는 근시안적인 태도는 인간의 일반적인 특성이다. 부하 직원을 협박해 숫자를 조작하고, 회계사를 괴롭혀 내부 사기에 대해 침묵을 강요하는 것은 공포 문화를 지속시키는 방법이다.

---

[*] 한글번역은 《윤리 준법 경영의 성공전략: 컴플라이언스(Building A World-Class Compliance Program)》, 마틴 비겔만/노동래 역(2013) 53면을 인용하였음.

### 징후#3: 경외감에 빠진 '제왕적' CEO 및 상사의 뜻을 거스르지 않으려는 직속 부하들

"대부분의 대리인보다 리더에게는 도덕성 요구사항에 얽매이지 않는다고 믿을 만한 이유가 있다." "두려움과 침묵, 그리고 엄청난 압박감을 불러일으키는 구조적 구성 요소는 커뮤니티, 미디어, 그리고 멀리 있는 모든 사람의 사랑을 받는 상징적인 CEO의 존재이다. 상징적인 CEO가 반드시 직원들의 사랑을 받는 것은 아니다(Jennings, 2006, p98)." 직원과 젊고 경험이 부족한 관리자는 종종 자신의 '왕'과 '아이콘'을 맹목적으로 따르는 아첨꾼처럼 행동한다. 이들의 자존심은 리더십 기술, 능력 및 윤리에 비해 불균형적으로 커지는 경우가 많다.

### 징후#4: 허약한 이사회

진정한 인재들로 구성된 이사회가 회사전략에 대한 상담, 위험 신호 경계, 단순한 법규준수를 넘어 조직을 이끌어 나가는 역할을 할 텐데, 이사회 구성원이 약할 경우 회사와 거래를 통한 이해상충, 참여도 및 출석률이 낮고 의사 결정의 편중, 이사회의 의무를 침해하는 경영진 허용 및 관심 부족 등의 특징이 나타난다.

### 징후#5: 이해상충 관행

갈등이 문제가 되는 것이 아니라 내부 분석가와의 본질적인 갈등과 내부감사자와 분석가, 투자 중개인, 인수 신디케이트, 뮤추얼 펀드 매니저, 투자자 간의 복잡한 관계, 특히 보상 문제에서 문제가 발생한다. 그중 다수는 수수료나 거래되는 주식의 가치를 기반으로 하고 있다.

Arthur Andersen의 컨설팅 및 감사 서비스는 이해상충의 좋은 예다. Arthur Andersen은 Enron에게 올바른 일을 하라고 조언하는 동시에 규정 위반 여부를 찾기 위해 Enron을 감사하고 있었다. 감사인은 엔론에서 특정 금융거래를 관리하는 재무 담당자의 개인적인 친구였고 두 사람은 함께 여행도 하고, 골프도 치고, 회계장부도 함께 요리(조작)했다.

### 징후#6: 조직이 법 위에 있다는 믿음

일부 창립자와 CEO는 무슨 수를 써서라도 '승리'해야 하며 '패배'는 선택 사항이 아니라고 믿는다. 어떤 사람들은 자신이 '왕'이라고 믿으며 속임수, 사기, 거짓말 등으로 인해 잡히지 않을 것이라고 생각한다. 그들의 회사 중 다수는 훌륭한 혁신을 바탕으로 설립되었는데 빠른 속도로 성공적인 비즈니스를 성장시키는 과제는 '창의적인' 마음을 불러일으켜 '지름길'을 찾거나 심지어 생존하고 성장하기 위한 새로운 방법으로 시스템을 속일 수도 있다.

"윤리적 붕괴를 향해 질주하는 기업은 스스로가 위협의 대상이 되지 않고, 레이더 아래에 있으며, 일반적으로 경제 법칙이나 중력 법칙의 적용을 받지 않는다고 생각한다(Jennings, 2006, p203)." 조직은 브랜드 본질과 가치를 기반으로 확고히 자리 잡고, 장기적으로 건전하고 성장하기 위한 올바른 방향을 유지하기 위해 정직과 솔직함의 문화를 구현해야 하는 것이다.

### 징후#7: 회사의 기부 등 '어느 분야에서의 선'이 '다른 분야에서의 악'을 용서해 준다.'는 믿음

회계부정, 사기, 내부자 거래를 하는 회사는 윤리적 붕괴를 위해 내부 활동과 일치하지 않는 자선 및 사회적 선의의 외관을 유지하는 경우가 많다. Enron의 CEO인 Mr. Fastow는 휴스턴 홀로코스트 박물관의 기금 모금 활동을 주도하면서 현지 유대인 공동체의 활동적인 회원이었다. "엔론은 글로벌 기업 시민으로서의 사회적 책임과 기업윤리 커뮤니티에서 인정을 받았다. Enron은 상까지 받은 54페이지 분량의 윤리강령을 갖고 있었다(Jennings, 2006, p239)."

좋은 일을 한다고 해서 사업이 다 잘될 수는 없다. 정직성과 조직을 건강하게 보호하기 위해 윤리를 바탕으로 경제, 재무, 회계 및 비즈니스 원칙을 준수해야 하는 것이다.

최근 미국을 비롯한 각국의 금융당국들은 금융회사로 하여금 윤리 및 준법문화를 사전적으로 측정하고 관리할 수 있기를 기대하는 추세이다. 이러한 환경하에서 위에서 언급한 6가지 측정기준이나 7가지의 징후는 개개 조직에 적합한 윤리 및 준법문화를 가늠해 보는 데 시사점을 줄 수 있을 것이다. 무엇보다 이때 중요한 것은 기업의 윤리문화 측정이 피상적으로 일반적인 패턴만을 훑는 것이 아니라 이를 구성하는 핵심요소가 무엇인지를 파악할 때만이 의미 있는 유용한 통찰력을 제시해 줄 수 있을 것임을 잊지 말아야 할 것이다.

Caterina Bulgarella(2019)는 기업의 최고경영진(C-Suite or Board of Director)과 일반직원에게 다르게 적용되는 윤리강령의 문제(Double Standard), 차별(Discrimination)과 괴롭힘(Harrassment)의 금지만을 강조하고 오히려 더욱 필요한 다양성(Diversity)과 포용성(Inclusion)을 장려하지 않아 윤리강령을 마치 위반 시 직원을 징벌하기 위한 도구(Compliance Toolkit)로 사용하려는 의도나, 직원에게 내부고발을 요구하면서 내부고발자에 대한 신변보장 등에 대한 구체적인 절차 미흡 등을 예로 들며 윤리강령의 작성 및 운용에 있어 정제되지 않고 구체적인 실행기준이 결여된 윤리강령은 단지 보여주기식으로만 그치고 실제 기업문화로서의 정착을 저해할 수 있음을 강조[*]한 바 있다.

그녀는 윤리강령은 단지 구성원에게 윤리적인 행동을 설득하는 것을 넘어 편견과 도덕적 이탈을 제어할 수 있도록 설계되어야 하며 그러한 윤리강령만

---

[*] "Warning: Flawed Codes of Conduct can create ethical complacency", By Caterina Bulgarella, Aug 12, 2019, FCPA blog.

이 조직구성원의 도덕적인 행동역량과 조직의 윤리적인 성과를 보여줄 수 있는 의미 있는 것이 될 수 있음[*]을 주장하고 있다.

윤리적인 문화의 구축이 필요하다는 인식과 함께 대부분의 감독당국들은 그러한 조직문화로의 변천이 하루아침에 일어날 수 없다는 것 또한 잘 알고 있다. FCA의 Jonathan Davidson 국장은 이를 이렇게 표현한 바 있다. "살을 빼는 것과는 다르게 조직문화의 변화는 8주짜리 집중 다이어트가 아니다. 어쩌면 전 생애를 통해 이루어져야 하는 지속적인 업무의 최우선 과제일 것이다 (Like losing weight, culture change is not an eight-week crash diet… but a whole lifestyle change — an ongoing business priority)."

---

[*] When business discounts the ripple effects of culture, risk inevitably accelerates. When it underestimates the costs of a bad or weak culture, risk grows exponentially. Today's ethical failures reveal both unawareness and erroneous calculus. This is why a Code of Conduct that shapes context, not just in terms of ethos, but by curbing bias and moral disengagement can have a meaningful effect on employees' ethical competence and an organization's ethical performance. Caterina Bulgarella(2019), 전게서.

# 컴플라이언스의 핵심 요소: 윤리적인 문화의 구축

가장 효과적인 컴플라이언스 제도는 내부통제와 관련한 법규준수가 단순히 외부에서 부과된 불필요한 의무로 인식되는 것이 아니라 조직 내의 문화로서 정착되어지는 것이다. 즉, 법규 및 윤리규범의 준수가 단순히 외부로부터의 제재를 회피*하기 위함이 아니라, 조직과 자신의 이익을 위하여 반드시 필요하다는 인식이 확산되고 조직의 기본적인 윤리문화로서 정착되어야 함을 의미한다. 또한 컴플라이언스 이행은 감독기관 및 금융소비자로부터 회사가 신뢰를 쌓을 수 있는 이점이 있음을 인식하여야 할 것이다. 이에 더하여 이제는 강력한 컴플라이언스가 금융회사 및 기업의 지속적인 성장을 가능하게 해주는 핵심 경쟁력의 원천이며 첨예한 글로벌 경쟁 시대에 자신을 방어하는 강력한 무기가 될 것임을 명심하여야 하겠다.

---

* 금융감독당국 입장에서는 일견 법 위반 시 강력한 금전적, 개인적 제재를 가하는 것이 금융회사들의 부당행위를 제어하는 강력한 수단으로 작용할 수 있으나 이러한 제재에 대한 두려움만으로는 지속적인 준법 및 윤리적인 문화구축을 기대하기는 어렵다. 이를 뛰어넘은 조직문화, 즉 '올바른 일을 하는 것이 비즈니스 및 개개인에게도 유익한 것이다(being good could be good for business).'라는 생각이 내재되어야만이 진정한 효과적인 준법문화 정착을 이룰 수 있을 것이다.

영국 FCA의 금융범죄 및 제재를 담당하는 국장인 Tracey McDermott는 컴플라이언스와 내부통제에 대해 감독당국이 해야 할 역할이 있겠지만 궁극적으로 그 답은 더 많은 규칙과 절차에 달려 있지 않다고 말한다. 그녀는 컴플라이언스는 모든 당사자들이 책임을 지는 것에 달려 있다고 이야기하고 있다. 여기서 책임이란 그들의 업무를 제대로 이해하는 책임, 시장에서 벌어진 결과에 대한 책임, 그리고 그들 및 다른 직원들의 행동에 대한 책임을 말한다.

그녀는 금융산업 종사자는 어떤 역할을 하든지 올바른 일을 해야 한다는 생각이 그들의 DNA에 상존하여야 하며 컴플라이언스가 다른 부서를 대신해 이러한 내부통제를 챙길 것이라는 기대는 이미 불완전한 모델일 수밖에 없음을 강조하고 있다.[*]

많은 금융회사 직원들은 감독당국이 금융회사 임직원의 책임을 강조할 때 이를 그들에게 가해질 금전적 징벌과 신분상 제재로만 받아들이고 두려워한다. 어쩌면 그러한 감독당국과 그들의 제재에 대한 두려움이 금융회사의 급격하고 빠른 변화를 촉진하게 하는 효과적인 동인이 될 수 있을 것이다. 하지만 두려움에 근거한 변화는 장기적으로 지속성을 가지기가 어려우며 두려움이 변화를 일으키는 유일한 동기일 수만은 없다.

어떤 실험에 의하면 조직원들에게 "남에게 사기 치지 마시오(please don't

---

[*] "The regulator has a role to play but ultimately the answer is not more rules and procedures. It lies in people taking responsibility. Responsibility for understanding their business, responsibility for market outcomes and responsibility for their behaviours and for those of others. Doing the right thing should be part and parcel of the DNA of any role within the financial services industry – within any industry. The expectation that Compliance's function is to police other parts of the business is an imperfect model. Compliance cannot be omnipresent, and neither can the regulator – no matter how much we would like to be". Speech by Tracey McDermott, Director of Enforcement and Financial Crime at the Financial Conduct Authority(FCA), delivered at the Best of British Conference hosted by JP Morgan, London, 14/11/2014. https://www.fca.org.uk/news/speeches/best-british-conference.

cheat)."라고 했을 때보다 "사기꾼이 되지 마시오(please don't be a cheater)."라고 교육했을 때 실제 속이는 비율이 반으로 줄어 들었다고 한다. 이는 사람들이 스스로를 선량한 사람으로 보여지기를 갈구하도록 만드는 조직문화가 일탈이 있을 때 징벌만 하는 준법문화에 비해 더 효과적임을 보여주는 예가 될 수 있겠다.

모든 컴플라이언스가 희망하듯이 다운로드받아 당신의 비즈니스에 설치하기만 하면 되는 금융감독당국으로부터 허가받은 맞춤형 윤리조직문화 package(off-the-shelf approved culture package)란 세상에 있을 수 없다. 왜냐하면 모든 회사는 제각기 다른 기업문화를 가지고 있으며 따라서 자신들의 비즈니스 모델과 전략에 부합되는 고유의 조직문화를 수립하고 발전시켜야 하기 때문이다. 하지만 이때에도 공통적으로 윤리적인 문화가 건전한 비즈니스의 기본 명제가 되어야 할 것이다. 다시 말해 단지 징벌의 두려움에 근거한 것이 아닌 올바른 행동이 궁극적으로 비즈니스에도 좋은 영향을 미친다는 생각을 바탕으로 한층 더 성숙한 금융산업 전반의 윤리적 문화를 구축하는 데 노력하여야 할 것이다.

아래 10가지 포인트는 호주 크리켓대표팀이 볼의 재질을 변화시켜 경기에 영향을 미치고자 집단적으로 부정행위를 한 사건*과 관련, 이를 통해 금융회사의 윤리적인 조직문화 형성에 고려하여야 할 시사점을 정리한 것이다.

---

* 2018년 3월 24일 South Africa와의 경기에서 호주 선수가 나중에 sand paper로 밝혀진 노란색 물체로 크리켓 공을 문질러 재질을 변화시키려는 tampering이 적발되어 주장 및 관련 선수들이 벌금과 함께 1년 경기출장이 금지되었고 호주 국가대표 크리켓 감독도 사임한 스캔들이다.

# 크리켓 볼 템퍼링이 금융회사에게 주는 10가지 교훈<sup>*</sup>

① Managers who still act like players create risk for the team(여전히 선수처럼 행동하는 지도자는 오히려 팀에 리스크를 생산한다).

② Fostering a superstar culture is dangerous(슈퍼스타를 양성하는 문화는 위험하다).

③ The tone from the middle is as important as the tone from the top(중간관리층의 역할이 경영진의 역할만큼 중요하다).

④ Do not tolerate a "win at all costs" culture(승자독식의 문화는 절대로 허용해서는 안 된다).

⑤ People don't always feel able to blow the whistle(직원들은 언제든지 내부고발을 할 수 있다고 느끼지 않는다).

⑥ Senior Management may be unaware of the prevailing culture(최고경영진은 조직에 팽배해 있는 문화에 대해 잘 모른다).

⑦ Monitoring is best done by the right people(모니터링은 자격과 능력이 있는 제대로 된 사람이 해야지 최선의 결과를 가져온다).

⑧ Don't take explanations of misconduct at face value(잘못된 행위에 대한 설명을 액면 그대로 받아들이지 말라).

⑨ People do the stupidest things(사람들은 종종 아주 멍청한 짓을 저지른다).

⑩ Beware of teams focused on the rules, not the principles(조직원은 룰에 집중해야지 제멋대로 해석한 원칙을 따르는 것이 아니다).

 최근 전 세계 금융감독당국은 금융회사 및 임직원들의 행위에 대한 리스크, 즉 소위 말하는 Conduct Risk에 더욱 주목하고 있다. 그리고 금융회사 및 임

---

\* "Cricket's Ball-Tampering Scandal: 10 Lessons for Financial Services", Client Alert Commentary, LATHAM & WATKINS, 2018년 4월 20일, number 2307.

직원들의 행위와 관련된 리스크는 개개인의 행동(Behaviour), 고객(Customers), 시장(Markets), 금융범죄(Financial Crime) 및 이해상충(Conflicts of Interest) 등 금융회사 전 분야에 걸쳐 상호 밀접하게 관련되어 있다. 그리고 한층 더 강화된 자금세탁방지 의무 등으로 인해 개별 금융회사의 입장에서는 고객의 고객(Customers' customers)인 제3자에 대한 리스크(Third Party Risk)까지 신경 쓰지 않을 수 없는 상황이다.

이에 따라 각국의 감독당국은 금융회사들의 기본적인 내부통제 문화(Risk Culture)의 제고를 촉구하고 있으며 구체적으로 개별 금융회사의 윤리기준(Ethical Standards), 성과보상 관련 관행(Compensation Practices) 및 최고경영진과 이사회의 윤리적 행동 장려(Promotion of ethical behaviour by the Board of Directors and the senior management) 등을 감독의 중요 관심 분야로 중점적으로 주시하고 있다. 여기서 한 가지 주목할 점은 기업의 사회적 책임(Corporate Social Responsibility)에 대한 요구가 커지는 상황에서 소비자인 고객이 금융회사에 갖는 기대도 점점 금융회사들이 좀 더 윤리적일 것을 요구하고 있다는 점이다. 과거와 같이 법상 문제가 없다면 상관하지 않는다는 편협한 방식으로는 더 이상 고객으로부터 신뢰를 받을 수 없으며 이제 금융회사는 자신들의 행위가 윤리적으로도 정당한 것인지 여부까지도 함께 따져보아야 한다(legal & ethical).

이와 관련하여 아래 요약내용은 2020년 1월 29일 호주의 경제지인 《Australian Financial Review》가 호주 맥쿼리은행과 관련하여 발표한 칼럼(Macquarie's dilemma: profits vs ethics)*의 내용 중 일부를 발췌, 번역한 것인데 금융회사 경영진의 입장에서 윤리적으로 옳은지 여부를 판단하지 않고 '남들도 다 하

---

\* "Macquarie's dilemma: profits v ethics", Australian Financial Review, 29-Jan-2020.

는 일인 데다 법적으로 문제가 없다고 하면 괜찮다.'는 식으로 돈을 버는 방식은 이제는 더 이상 받아들여지지 않는다는 것을 잘 보여주고 있다.

2000년대 중반 당시 맥쿼리그룹의 CEO였던 Allan Moss는 맥쿼리를 호주 지역금융회사가 아닌 글로벌한 금융회사로 발돋움시키기를 원하고 있었는데 소위 'Cum-Ex' 거래가 이의 발판이 되어준 것으로 보여진다. 2007년 맥쿼리의 주식거래 수익은 45%나 급성장하여 5.25억 달러에 달하였는데 이는 Cum-Ex 거래를 담당하는 부서의 엄청난 수익에 기인한 것이었으며 2009년에도 유럽의 구조화 주식 금융부서의 수익이 그룹 전체 주식 트레이딩 수익의 73%를 차지하였다고 한다.[*]

독일 Bonn 법원의 심리에 따르면 맥쿼리는 대부분 Cum-Ex 거래의 핵심요소인 공매도(short-seller) 거래를 담당하였고 이를 위해 내부적으로 13개 부서의 허가를 받았으며 매년 그 허가를 갱신하였다고 알려졌다. 현재 독일 쾰른 주 정부 검찰은 2011년 맥쿼리가 연루된 것으로 의심되는 배당거래세 관련 거래를 수사하는 것으로 보도되었는데 수사대상에는 당시 자산운용그룹장이자 현 맥쿼리그룹의 회장인 Shemara Wikramanayake와 맥쿼리의 성장에 일익을 담당하였던 전 회장 Nicholas Moore도 포함되어 있는 것으로 알려져 있다.[*****]

---

[*] "A Banker Drew Macquarie Into a German Tax Scandal. It Became a Costly Bargain, Bloomberg, 20-Dec-2019.

[**] "60 Mitarbeiter von Macquarie in Cum-Ex-Geschäfte verwickelt", Reuters News, 23-Jan-2020.

[***] "Macquarie says 60 staff are suspects in German tax scam probe", Reuters News (Sydney), 23-Jan-2020.

딜레마입니다. 돈을 벌기 쉬운 방법이고 유명한 투자은행들은 이 방법을 쓰고 있습니다. 당신의 변호사 역시 이것이 사실상 법에 어긋나지 않는 행위라고 합니다. 그러나 이 방법은 세법의 허점을 교묘히 이용하여 같은 주식에 대해(혹은 한 번의 배당소득세를 내고) 두 번 이상 배당소득세를 환급받음으로써 유럽 납세자의 약 550억 유로에 상당하는 세금을 훔치는 행위입니다. 당신은 이러한 행위를 하시겠습니까?

만약 당신이 호주에서 가장 유명한 투자은행인 맥쿼리(Macquarie)가 그랬듯이 "예." 라고 대답했다면, 어떤 행위가 수익성이 있고 엄밀히 따져 법에 위배되지 않는다는 이유만으로 그 행위가 옳다고 생각한 것은 아닌지 반성해야 합니다.

지난(2019년 9월) 독일 Bonn에서는 2006년에서 2011년 사이에 4억 5천만 유로에 가까운 배당과세 부정 환급을 성사시키기 위한 33개의 거래들을 구조화한 혐의로 2명의 영국인 은행원의 재판이 시작되었습니다. Bonn에서의 재판은 배당과세 부정환급 스캔들의 첫 번째 기소이며, 프랑스 신문사인 Le Monde는 "세기의 강탈"이라며 비판했습니다.

맥쿼리는 지난주 호주 증권거래소에 독일 당국으로부터 "역사적으로 기록될만한 공매도거래 사건과 관련하여 대략 60명의 전·현직 맥쿼리 직원이 용의자로 지목됐다."고 공시했습니다. 수사 용의자 중 1명은 맥쿼리(Macquarie) 그룹의 현 CEO Shemara Wikramanayake입니다.

문제가 되는 것이 맥쿼리뿐만은 아닙니다. 미국의 주요 투자은행인 JP Morgan Chase, Morgan Stanley, Bank of America Merrill Lynch 또한 이 스캔들에 연루되어 있으며 이들은 규제가 많은 자국의 시장에서 실행하기보다 비교적 규제가 적은 유럽에서 이 수법을 활용하였습니다. 더욱 놀라운 것은, 납세자가 지원하는 구제금융의 혜택을 받은 수십 개의 독일 은행과 유럽은행들이 이 수법을 사용했다는 것입니다.

로펌들과 변호사들 또한 명시적으로 Cum-Ex를 금지하는 법이 존재하지 않기 때문에 이 수법이 합법적이라는 의견서를 써주며 많은 돈을 받은 것으로 조사를 받고 있습니다. 하지만 독일 당국은 이와는 다른 견해를 가지고 있습니다. 독일 당국은 해당 수법이 너무나도 명백한 범법행위이기 때문에 그것을 위법이라고 칭하는 법이 없을 뿐 도둑질과 다름없다고 했습니다.

맥쿼리의 부회장인 Greg Ward 또한 지난 11월 열린 호주 하원경제위원회에서 동행의 Cum-Ex 거래에 관하여 비슷한 심정을 내비쳤습니다.

그는 "우리는 이 관행이 법에 어긋나지 않는다는 외부 자문을 받았으며, 이는 또한 전 세계 수십 개 금융회사에 의해 행해졌던 것이었다."라고 증언하였습니다. 하지만, 그는 이 행위는 여전히 정당화될 수 없는 것이라고 실토했습니다.

Ward는 "이 행위는 정당화될 수 없습니다. 그렇기에 그 당시 법의 준수 여부뿐만 아니라 우리가 이 일을 해야만 하는지에 대한 신중한 고려가 이루어졌고, 그때 당시의 결론은 이 행위를 해도 괜찮다는 것이었습니다."라고 증언했습니다.

하지만 그는 덧붙여 말하기를, "이 Cum-Ex 거래가 논란으로 종결됐다는 점에 굉장히 실망했으며, 관련 수사당국이 조사를 수행하는 데 필요한 모든 정보를 제공하기 위해 협력하고 있다."고 밝혔습니다.

한편, 전 세계 은행가들은 Bonn에서 열리는 재판의 판결을 숨죽이며 지켜보고 있습니다. 대부분의 은행은 Cum-Ex로 얻은 수익을 반환하거나 큰 규모의 벌금을 내는 등 독일 당국이 어떠한 조건을 내걸더라도 이를 통해 합의를 볼 수 있다면 기뻐할 것입니다. 은행들이 절대 원하지 않는 것은 프랑스의 신문사인 Le Monde가 '공적 자금을 약탈할 수 있는 금융시스템의 능력'으로 그들의 개입을 조명하는 것입니다.

> 참고

# 세기의 세금사기거래: Cum-Ex

'화이트칼라 범죄의 전형', '세기의 강탈(the robbery of the century)', '유럽 역사상 가장 큰 규모의 세금 강도(the biggest tax theft in the history of Europe)'라 명명된 Cum-Ex Trading(배당과세 부정환급 거래)은 대략 2006년부터 2011년 사이에 독일을 비롯하여 프랑스, 스페인, 이탈리아, 네덜란드, 벨기에, 오스트리아, 노르웨이, 핀란드, 폴란드, 덴마크를 포함한 유럽 전역에서 약 600억 달러(550억 유로)[*]의 배당소득세가 부정 환급된 세금사기 사건을 지칭한다.[**]

특히 독일이 300억 달러로 가장 큰 손실을 보았고, 그 뒤로 약 170억 달러 손실이 프랑스 국고에서 빼돌려졌다. 독일은 유럽 최대 경제 강국이자 수십 개의 우량 기업들이 포진되어 있어, 수백만 달러 규모의 세금환급이 눈에 띄지 않는 배당과세 환급 사기에 최적화되어 있는 시장이었다.

'Cum-Ex'는 라틴어로 영어의 'with-without'을 뜻하는데 다시 말해 배당

---

[*] 2021년 10월 독일의 비영리 탐사보도기관인 'CORRECTIV'와 독일 Mannheim 대학의 Christoph Spengel 조세전문교수가 추산한 바에 따르면 전 세계적으로 2000년에서 2020년까지 20년간 Cum-Ex를 포함하여 다양한 방식으로 약 1,500억 유로의 세금환급사기가 이루어진 것으로 추산되었다.

[**] 이러한 유럽 전역에 광범위했던 세금사기거래는 독일의 비영리 탐사보도기관인 'CORRECTIV'의 주도로 유럽각국 탐사보도기자들 연합체의 끈질긴 취재 끝에 2018년 10월 18일 본격적으로 폭로되기에 이르렀다. "European Parliament resolution of 29 November 2018 on the cum-ex scandal: financial crime and loopholes in the current legal framework" 및 "It May Be the Biggest Tax Heist Ever. And Europe Wants Justice," New York Times, Jan. 23, 2020. 참조.

금이 수반되어 있는 주식거래와 배당이 이미 이루어져 배당금이 수반되지 않는 거래의 합성을 의미한다. 배당기준일 전후의 신중한 타이밍과 공매도를 포함한 평균 12개의 다양한 거래의 조합을 통해 Cum-Ex Trading은 실제 배당금에 대한 과세가 한 번만 이루어졌음에도 소유권이 여러 번 변동된 것처럼 가장하여 여러 번의 세금환급을 가능케 하는 것이다. 혹자는 이를 자녀가 1명인데 국가에 자녀가 3명인 것처럼 꾸며 자녀보조금을 몇 배 더 받아낸 사기와 같다고 설명하기도 하였다.

정확히 누가 언제 Cum-Ex 거래를 고안하여 시작하였는지는 알기가 어렵지만 세기의 강탈의 시작은 2004년 Merrill Lynch 런던지점에서 고객들의 세금을 줄여주는 배당 차익 거래(dividend arbitrage)를 통한 절세를 담당하는 직원들이 기존에도 금융회사에서 음성적으로 조금씩 행해졌던 Cum-Ex Trading 수법을 본격적으로 업무로서 적극 활용을 시작했다는 것이 정설이다.

기본적인 Cum-Ex는 세무당국의 시스템을 피해 2명의 투자자들이 한 번의 배당소득세를 지급하고 두 번의 세금환급을 받는 것이 목표였다. 이를 위해서는 주식소유자, 브로커, 고객 관리자, 회계사, 자산 관리자 등 수많은 인력이 필요했으며, 주로 유럽회사의 주식을 많이 가진 미국 주주들로부터 조달되는 막대한 양의 주식이 수반되어야 했다.[*]

Cum-Ex Trading은 2011년 독일 Bonn 연방 세무서의 직원이 수상해 보이는 세금환급 신청서들을 우연히 발견[**]하면서 그동안의 행각이 드러나게 되었다. 그 신청서들에 나타난 거래는 미국의 한 연기금에서 독일회사 주식을 매

---

[*] "Cum-Ex Trading—Challenges for Regulators: Tax Insight", Bloomberg, 2020-03-26.
[**] 독일 언론에 따르면 2009년 독일연방세무당국은 펀드, 은행, 재단 및 여타 금융회사들이 Cum-Ex 거래에 연루되었다는 정보를 입수하였으나 이에 대한 추가적인 조사에 실패하였다고 보도한 바 있음. "German Tax Unit Got Wind of Cum-Ex Activities as Early as 2009", Bloomberg, 2020-06-29 참조.

수하고 재빠르게 동일한 주식을 70억 달러 상당의 달러를 받고 재매도한 것이었다. 동 거래 후 총 6,000만 달러의 배당소득세 환급이 여러 신청서들에 의해 이루어졌는데 따져보니 이의 최종 수혜자는 단 1명, 즉 미국연기금 뿐이었다. 직원은 환급 절차를 진행하는 대신 신청자에게 의문사항을 질의하였고, 곧 독일 로펌으로부터 이 일을 처리하지 않을 경우 민형사상 법적책임을 받게 될 것이라는 협박성 편지를 받기에 이르렀다. 세무서 직원은 이 사건을 독일 검찰에 넘겼으며, 이것이 2019년부터 독일 Bonn에서 진행된 재판의 시초가 되었다.

Cum-Ex 거래가 2012년 독일에서 금지된 후 그때까지 이에 대한 규제가 없었던 덴마크에서 유사한 수법으로 20억 달러에 달하는 거액의 부당수익을 빼돌렸던 런던의 trader Sanjay Shah의 뻔뻔함을 보면 씁쓸함을 감출 수가 없다. 그는 2020년 10월 6일 Bloomberg TV와의 인터뷰에서 당당히 이렇게 말했다. "은행원에게 윤리라는 것은 없다. Hedge-fund 매니저 등등, 그들에게도 도덕이라는 것은 없다. 나는 합법적으로 돈을 벌었다.", "내가 어떤 법을 위반했는지 증명해 보라.", "사기가 있었다는 것을 증명해 보라. 당시 법체계가 이를 허용했다."* 라고 항변했다.

현재 독일에서는 검찰이 전담 수사부를 설치하여 Cum-Ex 거래에 연루된 금융회사, 로펌 및 회계법인 등과 1,800명에 이르는 피의자에 대하여 수사 및 재판이 진행 중이며 덴마크, 프랑스, 영국 등에서도 수사 및 재판이 계속 이어지고 있다.

---

\* "Bankers don't have morals," the 50-year-old said on a video call. "Hedge-fund managers, and so on, they don't have morals. I made the money legally." "Prove that any law was broken," Shah said. "Prove that there was fraud. The legal system allowed it.", "The Unemployed Trader Who Became a $700 Million Cum-Ex Exile", Bloomberg, 2020-10-06.

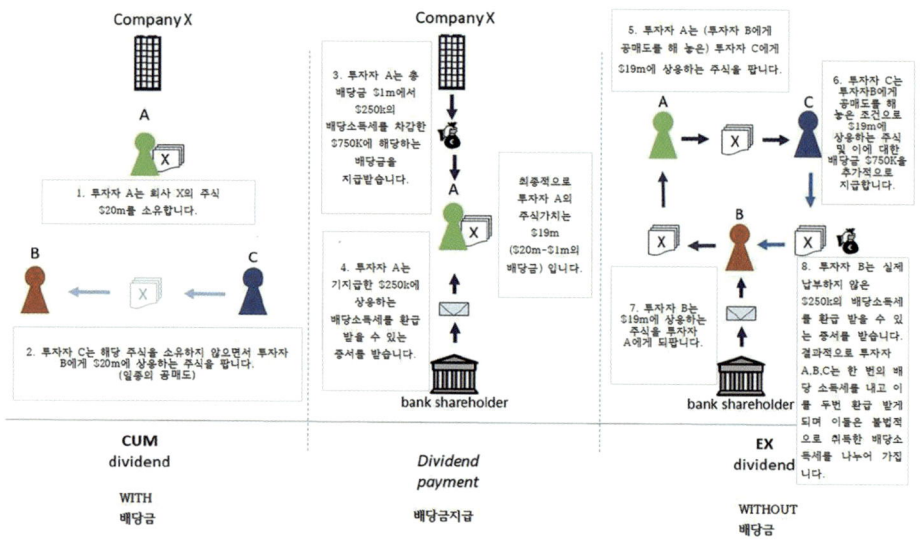

Cum-Ex 거래 절차
출처: Information paper by European Parliament on 26 Nov. 2018

  Cum-Ex 거래는 유럽국가들의 주식거래에 대한 배당소득세 원천징수 환급의 허점을 이용하여 자행된 세기의 사기극으로서 가장 단순한 거래 형태는 아래와 같다.

  동 거래를 위해서는 최소한 3명의 거래당사자가 필요한데 우리는 이를 투자자 A, 투자자 B 및 미국계 투자은행 C로 구분하자.

1. 투자자 A(예를 들어 자산운용사)는 2,000만 달러 상당의 독일상장회사 X 주식을 소유하고 있다.

2. 한편 미국계 투자은행 C는 투자자 B에게 (자신이 소유하고 있지 않은) 독일회사 X 주식 2,000만 달러 상당을 공매도하는 계약을 체결하였다. 이러한 공매도는 주식의 배당기준일(T1) 전에 실행되고 이의 결제는 배당기준일 후(T2)에 이루어지

도록 설계되었다.

3. 독일회사 X는 주식배당을 결정하고 이에 따라 투자자 A는 독일회사 X로부터 배당금 75만 달러를 수령한다.

4. 또한 투자자 A는 주식거래를 담당한 금융회사로부터 원천징수 된 배당소득세(25%, 25만 달러)를 환급받을 수 있는 세무증서(Tax Certificate)도 수령한다.

5. 배당기준일 전/후 사이에 투자자 A는 미국계 투자은행 C에게 해당 주식을 매도한다.

6. 미국계 투자은행 C는 이후 투자자 B에게 주식을 양도하여 공매도 거래를 청산하며 이때 미국계 투자은행 C는 투자자 B에게 독일회사 X 주식(배당이 이루어짐에 따라 실제가치는 1,900만 달러 상당) 이외에 배당금에 상응하는 금액(75만 달러)을 추가적으로 지급한다(이는 사실상 투자자 A가 투자자 B에게 주식을 양도하는 거래를 중간에 broker로서 역할을 해주는 것이다).

7. 이후 투자자 B는 투자자 A에게 배당이 이루어진 동일한 독일회사 X 주식 1,900만 달러 상당)을 매도한다.

8. 이때 투자자 B 또한 주식소유권을 인정받아 원천징수 된 배당소득세(25만 달러)를 환급받을 수 있는 세무증서(Tax Certificate)를 주식거래를 담당한 금융회사로부터 수령하게 된다.

9. 거래의 최종 결과를 보면 투자자 A는 동일한 독일회사 X 주식을 소유하고 세무증서(Tax Certificate)를 획득하고 있는 것은 변함이 없으며 단지 미국계 투자은행 C를 통한 주식 배당기준일 전/후 사이의 공매도 거래로 투자자 B는 원천징수된 배당소득세(25만 달러)를 환급받을 수 있는 세무증서(Tax Certificate)를 추가적으로 획득하는 성과가 나타났다.

10. 이와 같이 투자자 A와 투자자 B는 주식 배당기준일 전/후 사이의 복잡한 주식거래를 통해 실제 소유권을 파악하기 어려운 맹점을 이용하여 실제는 독일 세무당국에 한번만 납부된 배당소득세를 각각 환급받음으로써 동 사기거래가 이루어지게 된 것이다.

11. 이러한 거래를 통해 추가적으로 얻은 부당 이익 25만 달러를 투자자 A와 투자자 B 및 핵심거래인 공매도 등을 가능하게 해준 미국계 투자은행 C가 일정 부분씩 나누어 가짐으로써 동 세금사기거래는 종료된다.

# 보여지는 것과 실제

독일어 표현으로 'Schein und Sein'이란 말이 있다. 이는 보여지는 것 (apperance)과 실제(reality)는 다르다는 뜻이며 우리는 이러한 현상을 주변에서 쉽게 볼 수 있다.

쉬운 예를 하나 들어보자.

H 금융그룹 홈페이지 CEO 인사말의 첫대목은 아래와 같이 시작하고 있다.

금융업의 본질은 신뢰입니다. ■■금융그룹은 손님의 행복을 최우선으로 하고 있습니다. 손님이 진정으로 만족할 때 금융회사의 신뢰가 만들어진다는 것을 잘 알기 때문입니다.
■■금융그룹은 사회, 이웃, 공동체를 포함한 모든 이해관계자와 견고한 신뢰를 쌓을 것입니다.

또한 우리나라 금융회사 대부분은 나름대로 윤리경영을 실천하고 있고 이를 홈페이지에 거의 예외 없이 소개하고 있다. 예를 들어 H 은행의 경우 홈페이지에 독립적인 윤리경영 site를 만들어 아래와 같이 윤리강령을 소개하고 있다.

### ▨▨은행 윤리강령

HOME > 윤리경영 > 윤리경영 > ▨▨은행 윤리강령

▨▨은행은 ▨▨금융그룹 윤리헌장과 윤리강령을 준수하며, 도덕성·인간 존중의 정신·책임감을 바탕으로 함께 성장하며 행복을 나누는 금융을 실천하기 위해 윤리적 가치를 최우선으로 한다.

**▶ 제1장 총론**
제1조 [기본원칙] ▨▨은행의 임직원은 투철한 사명감과 책임 의식을 가지고 업무를 수행하며 모든 생각과 행동이 정직하고 신뢰를 줄 수 있어야 한다.
제2조 [적용대상자 및 방법] 본 윤리강령은 은행 및 임직원에게 적용되며, 임직원의 모든 의사결정과 행동은 윤리강령의 정신에 부합하여야 한다.

**▶ 제2장 손님에 대한 의무**
제3조 [정직과 공정함] 손님과 관련된 모든 영업활동은 관련법률 및 규정에 따라야 함은 물론 항상 정직하고 공정하게 이루어져야 한다.
제4조 [의견과 제안의 존중] 손님의 의견과 제안은 항상 존중되고 업무에 반영되어야 하며, 손님과의 약속은 반드시 지켜져야 한다.

**▶ 제3장 은행 및 주주에 대한 의무**
제5조 [자산의 관리] 은행은 손님이 맡긴 자금이나 유형 자산을 선량한 관리자의 주의의무로 부정이나 손실의 위험으로부터 보호하여야 하며, 손님의 거래현황 또는 개인정보도 동일한 선량한 관리자의 주의의무로 관리하여야 한다.
제6조 [영업시 유의사항] 임직원은 은행의 상품이나 서비스를 판매하기 위하여 손님에게 과다한 선물이나 혜택 또는 향응 등을 제공하지 아니한다. 또한 손님 스스로 자산에게 가장 알맞은 서비스를 선택할 수 있도록 정확하고 진실된 정보를 제공하며, 오해를 유발할 수 있는 불필요한 언행은 하지 않는다. 손님에 대하여 직·간접적으로 투기행위를 조장하거나, 자금을 알선 또는 중개하지 않는다.
제7조 [은행 자산의 보호] 은행의 자산은 유·무형의 자산을 불문하고 오로지 은행을 위해서만 사용하고 보호하여야 하며 사적으로 사용해서는 안된다. 은행의 자산은 공적인 것으로 소중히 다루어야 하며 은행 자산이 파손되거나 낭비되지 않도록 주의를 기울여 사용해야 한다. 또한 은행의 예산을 사용하여 발생하는 모든 직·간접적 이득(법인카드 사용에 따라 적립된 포인트, 항공 마일리지 등 부가적 서비스)은 은행을 위해 재사용해야 하며 은행의 정보를 이용해 개인적 이익을 추구해서는 안된다.

동행의 공정거래 실천지침 제4조(고객에 대한 불공정행위 금지)에 따르면 은행과 임직원은 고객과의 거래에 있어 다음 각호의 불공정행위를 하여서는 아니 된다고 명시되어 있다.

1. 부당하게 거래를 거절하거나 차별하는 행위
2. 부당하게 고객에게 불이익을 제공하는 행위
3. 부당하게 거래를 유인하거나 강제하는 행위
4. 부당한 내용의 광고를 통하여 고객을 속이거나 잘못 알게 할 우려가 있는 행위

또한 동행의 인권선언문에 따르면 '손님에 대한 인권'에 있어 '손님이 신뢰하고 만족할 수 있는 최상의 상품과 서비스의 개발 및 제공을 위하여 노력한다.'고 적시하고 있다.

W 은행은 홈페이지 윤리경영 SECTION에서 윤리경영의 필요성을 아래와 같이 설명하고 있다.

**윤리경영이 기업의 경쟁력 향상**

비윤리적 기업행위는 반드시 엄청난 위험과 비용을 수반합니다.

기업은 윤리적 경영을 유지함으로써 비윤리적 기업행위를 예방하고, 조직원의 도덕적 인격을 강화하며, 윤리적 경영 문화 정착으로 내부 구성원의 근무태도에 영향을 미쳐 생산성 향상 및 고객의 신뢰 향상을 가능케 함으로서 기업의 경쟁력이 향상됩니다.

**윤리경영의 표준화 시도**

글로벌 경쟁시대의 생존을 위한 필수 요건이란 인식 확산

국제표준화기구(ISO)와 미국 및 선진국에 의해 윤리경영 표준화, 의무화 작업이 진행되고 있는 등 '윤리경영의 표준화'가 급진전되고 있습니다.
특히 엔론, 월드컵 등의 회계부정사건, OECD 부패방지협약체결 등 윤리경영이 글로벌 경쟁시대의 생존을 위한 필수 요건이란 인식이 확산되면서, 국내에서도 윤리경영의 확산 및 정착을 위하여 한국의 기업문화에 적합한 '윤리경영 평가모델 및 평가지표'를 개발하였습니다.

**윤리경영과 성과간의 관계**

새로운 윤리경영의 글로벌 스탠다드를 갖춘 기업만이 생존

미국의 포춘지(誌)가 선정한 미국 500대 기업 중에 90% 이상이 윤리시스템을 구축하였으며, 그 중 84%는 윤리교육 프로그램을 시행하고 있습니다.
기업경영에 있어서 새로운 윤리경영의 글로벌 스탠다드를 갖춘 기업만이 생존하고 성장할 수 있습니다.

또한 홈페이지 W 은행 행동강령을 보면 아래와 같이 고객지향적 업무처리를 최우선으로 적시하여 놓고 있다.

| ✓ 행동강령 | 행동기준 | | |
|---|---|---|---|
| ✓ 제1장 고객지향적 업무처리 | 제2장 주주의 권익보호 | 제3장 임직원에 대한 존중 | 제4장 국가와 사회에 대한 책임 |

**제1장 고객지향적 업무처리**

1. 고객 중심

우리는 고객의 의견과 제안사항을 경청하고 수용하며, 고객의 입장에서 생각하고 행동한다. 항상 고객의 Needs를 파악하고 이에 부응하는 최상의 상품과 서비스를 제공하기 위해 노력한다.

2. 고객 이익 보호

우리는 고객의 정당한 이익을 최우선 행동기준으로 하며, 항상 고객의 자산, 지적재산권, 영업비밀 등 고객의 재산이 보호될 수 있도록 선량한 관리자의 주의의무를 다한다.

3. 고객의 정보보호 및 비밀보장

우리는 고객의 금융거래정보, 신용정보 등 개인정보를 고객 본인의 동의 없이 수집·조회·이용·제공 등을 하여서는 아니되며, 본인의 동의 또는 법령에 의한 정당한 절차에 의한 경우를 제외하고 외부에 유출하거나 사적인 목적으로 이용하여서는 아니된다.

이러한 윤리경영을 강조하고 있는 두 은행의 모습과 2019년 중 크게 문제가 되었던 DLF 사태에서 드러난 불완전판매 등의 현실과는 너무나 큰 괴리가 느껴지는 것은 곧 우리나라 준법문화의 현주소를 알려주고 있다고 볼 수 있다.

왜일까? 각행이 홈페이지에 게시하며 윤리경영이 글로벌스탠다드라고 강조하고 있지만 실상 은행창구에서 고객의 의사에 반하여 또는 이를 무시하고 이루어진 불완전판매 행위는 고객의 입장에서 생각하고 항상 고객의 필요(needs)에 부응하는 최상의 상품과 서비스를 지향한다는 윤리행동강령과는 도저히 설명될 수 없는 이유는 무엇일까?

이는 윤리강령 제정이 단지 최고경영진이 대내외 의사소통을 위한 목적으로만 일방적으로 직원에게 전달되고 왜 이를 하여야 하는지에 대한 공감을 이끌어 내지 못하였기 때문일 것이다. 많은 국내외 금융회사의 경우 회사의 공식적인 전략과 미션에 대해 회사 임직원이 실제 공감을 하지 못하는 경우가 상당히 많은 것이 사실이다. 윤리강령이나 행동강령이 실제 윤리적인 가치를 존중하지 않으면서 대외적으로 고객 등에게 보여주기 위한 구호로만 역할을 한다면 결코 윤리경영은 달성될 수 없을 것이다.

우리나라의 금융회사 대부분은 나름대로의 내부통제절차와 윤리강령 및 이를 전담하는 부서 등 외관상으로는 국제적인 기준을 충족시키는 시스템 및 절차를 가지고 있는 것으로 보여진다. 하지만 그러한 내부통제시스템의 실제 운용은 이와는 별개로 움직이고 있어 둘 사이에 분명한 차이(gap)가 존재함을 다시 한번 일깨워 주고 있다고 할 수 있다.

이러한 현상은 비단 우리나라 금융회사만의 문제는 아니다. 오히려 우리가 많이 들어왔던 유명한 글로벌 금융회사에서도 똑같이 나타나는 현상이다.

2007년 글로벌 투자은행 G사는 헤지펀드 폴슨(Paulson and Company)의 제안에 따라 Bond Trader인 파브리스 투르(Fabrice Tourre) 주도 아래 아바쿠스(2007-AC1

Mortgage-backed Securities)라는 이름의 부채담보부증권(CDO) 판매를 중개했는데, 이 증권은 그 뒤 가격이 폭락해서 휴지조각이 되었다.

이 증권을 투자한 독일 IBK은행 등 투자자들은 10억 달러의 손실을 본 반면 당시 미국의 주택붐이 거의 끝나가고 있음을 감지한 헤지펀드 폴슨은 고객들과는 반대로 이 증권의 가격 하락 쪽에 돈을 버는 일종의 보험상품(CDS)을 구매하여 10억 달러의 이익을 챙겼다. G사는 이 거래를 중개한 수수료로 1,500만 달러를 벌었다.

만일 헤지펀드 폴슨이 이 상품의 배후에 있고 가격 하락 쪽에 돈을 걸었다는 사실을 G사가 고객들에게 공지했더라면 투자자들은 이 증권을 사지 않았을 것이라며 미국 증권거래위원회(SEC)는 G사와 파브리스 투르를 사기혐의로 제소했다. 또한 G사의 일부 주주들도 부채담보부증권의 판매과정에서 신의성실의 의무를 위반하여 G사의 명성을 훼손하였다며 전/현 경영진을 상대로 소송을 제기하기도 하였다.

2010년 7월 15일, G사는 아바쿠스 부채담보부 CDS 관련 당시 최고의 벌금액인 5.5억 달러를 납부하기로 SEC와 합의(settlement)하였고 헤지펀드 폴슨이 담보부증권 선정에 개입하였던 역할을 고객에게 투명하게 알리지 못하였음을 사실상 사과하였다.

여기에서 가장 문제가 되는 것은 G사의 행위가 영업을 함에 있어 고객 및 직원 등에게 공식적으로 약속하여 자신들의 홈페이지에 자랑스럽게 게시하고 있던 소위 13개 영업원칙 중 7개를 위반하였다는 사실[*]이다.

13개 영업원칙의 시작과 마지막은 아래와 같다.

---

[*] Importantly, Goldman's actions in this case violated 7 of Goldman's 13 business principles as they are published on Goldman's web site.44 Note these principles are formally Goldman's word to its clients, employees and others.

- 고객의 이익이 언제나 우선이다.
- 우리의 경험은 우리가 고객을 잘 섬기면 우리 자신의 성공도 따라온다.
- 진실성과 정직은 우리 영업의 핵심이다.*

   보여지는 것과 실제가 일치하는 금융회사의 행태는 금융소비자의 신뢰를 형성하는 데 있어 가장 중요한 요소 중의 하나임은 명백하다고 할 수 있다. 이를 위해서는 조직가치가 윤리에 근거하고 이를 지속적으로 강화시키는 금융회사 내의 동기부여가 궁극적으로 효과적인 컴플라이언스를 작동하게 만들어 냄으로써, 보여지는 것이 곧 실제 영업방식과 일치하는 살아 있는 조직문화를 창출해 낼 수 있음을 명심해야겠다.

---

\*   [in] the statement of its "Business Principles and Standards: Goldman Sachs Business Principles". The first and last of Goldman's 13 business principles state: Our clients' interests always come first. Our experience shows that if we serve our clients well, our own success will follow. Integrity and honesty are at the heart of our business.

글로벌 금융감독 환경의 변화와 컴플라이언스
컴플라이언스가 실패하는 이유
성공적인 컴플라이언스가 되려면?
이제는 컴플라이언스 3.0의 시대

제7장

# 컴플라이언스 3.0

# 글로벌 금융감독 환경의 변화와 컴플라이언스

현대적 개념의 컴플라이언스 제도가 정착된 지가 그렇게 오래되지 않았지만 그 역할 변화의 속도는 엄청 빨라진 것 같다. 1980년대에만 하더라도 컴플라이언스가 사무실 구석 골방에 틀어박혀서 감독당국의 규정들을 해석하고 재무제표를 들여다보며 연수(Training) 계획이나 짜고 있었다면 현재의 컴플라이언스는 그 역할이 비즈니스와 파트너가 되어 영업전략 수립의 초기단계에서부터 관련된 리스크를 인식하고 이를 완화하는 방법을 제시하는 등 조직의 마케터이며 치어리더(cheerleader)로서의 역할을 기대하는 것으로 바뀌고 있다. 다시 말해 컴플라이언스가 그냥 책상머리에 앉아 시시콜콜히 책장에 꽂아둔 준법감시규정과 법령을 따지는 역할(Paper Compliance)이나 비즈니스에 대한 종합적인 이해 및 내재된 위험에 대한 인식이 부족한 채로 수동적으로 미리 정해놓은 컨트롤 범위만 보려는(Check-the-box approach) 역할을 벗어나 비즈니스에 대한 실제 쓸모 있는 지식(exhibit greater business savvy)과 종합적인 시각(take a holistic view of the business)을 가지고 회사 전반의 영업과 조직문화에 영향을 미치는 적극적인 행동가(Doers)로서의 역할을 기대하는 시대가 되었다.

이제는 소위 말하는 '체크박스 채우기(Check-the-box approach)'가 내부통제의 적정성을 담보해 주거나 신뢰받을 수 있는 내부통제수준을 충족해 줄 것이라는 기대는 더 이상 할 수 없는 시대가 되어버렸다. 비록 컴플라이언스 입장에서는 모든 체크리스트를 채운 것으로 할 일을 다 하였다는 위안을 느낄지는 몰라도 실상은 취약성이 여전히 그리고 언제나 존재하고 있는 것이다. 다시 말해 당신이 어떤 통제요건을 충족시키고 있기 때문에 그러한 리스크로부터 보호받고 있다고 여기는 것은 마치 당신이 쥬라기공원을 관광하며 나는 안전벨트를 매고 있기 때문에 어떤 위험에서도 안전하다고 선언(It's like visiting Jurassic Park and announcing you'll be safe no matter what because you're wearing your seatbelt during a park tour)하는 것이나 다름없는 어리석은 생각인 것이다.

영국 금융감독청인 FCA는 금융회사가 탈피해야 할 행동 중 하나로 이러한 박스채우기(Tick-box) 및 과도한 법률적 접근(overly legalistic approach to compliance)을 들고 있다.

2008년 9월 글로벌 금융위기는 현재 및 미래 컴플라이언스에 대한 중요성과 경영진이 컴플라이언스 업무의 필요성을 인지하고 새로운 각도에서 준법감시기능이 원활하게 작동되도록 조직을 만들어야 할 책임이 있음을 다시 한 번 각인시키는 계기가 되었다고 할 수 있다. 금융위기 직후 당시 SEC의 의장(Chairman)이었던 Christopher Cox는 "오늘날같이 미래가 불확실하고 시장이 불안정하며 투자자의 신뢰가 흔들린 때에야말로 과거 어느 때보다 컴플라이언스의 힘 있는 음성을 필요로 하는 시기이다."[*]라고 강조한 바 있다.

---

[*] "Today, when the future is uncertain, when markets are unstable, when investor confidence is shaken, this is the time —more than ever —when we need a powerful voice for compliance.", Christopher Cox, Chairman, U.S. Securities and Exchange Commission, Address to the 2008 CCO Outreach National Seminar(Nov. 13, 2008).

2013년 미국의 SIFMA(Securities Industry and Financial Markets Association)는 2005년 이의 전신인 Securities Industry Association이 발간한 《'컴플라이언스의 역할'에 대한 백서(White Paper on The Role of Compliance)》를 전면적으로 개정한 《진화하는 컴플라이언스의 역할(The Evolving Role of Compliance)》을 발간하였다. 이는 2008년의 글로벌 금융위기, 국제화의 진전, 새로운 기술들의 진보 및 복잡하고 다양해진 감독당국의 규제 등이 현대 컴플라이언스의 역할에 엄청난 영향을 끼쳤음에 따라 이를 반영한 새로운 역할 정립이 필요함의 반증이기도 하였다.[*]

우리는 글로벌 금융위기 이후 최근까지 컴플라이언스가 피부로 체감하는 금융감독 환경의 주요 변화를 아래와 같이 요약해 볼 수 있겠다.

① 규제의 양과 복잡성의 증가(Increase in volume and complexity of regulation)
② 규정 위반에 따른 비용의 증가(increasing cost of non-compliance)
③ 점점 복잡해지는 감독체계(More complex regulatory structures)
④ 감독의 초점과 고객의 기대 변화(Change in supervisory focus & Client expectations)

또한 금융감독당국의 감독방식도 예전처럼 규정집에 주로 얽매인 규제방식(Rule based)에서 감독의 원래 목적을 따져보는 원칙중심(Principles based)으로 변해가고 있다. 원칙중심은 금융회사에게 많은 유연성을 부여해 주지만 반대로 회사 자체의 판단이 매우 중요하고 잘못 해석할 경우 이를 변명할 수 있는 여지가 별로 없다는 위험이 있다. 아래 표는 2가지 감독방식의 장단점을 비교[**]해 본 것이다.

---

[*] 동 보고서에서는 Compliance가 제도적, 규제적인 요구라기보다는 역사적인 '진화의 산물'이기 때문에 준법감시기능은 시장운영, 업무관행의 변화 및 신규 규제의 출현 등에 대응하여 시간의 흐름에 따라 지속적으로 발전할 수밖에 없음을 기술하고 있기도 하다.
[**] GRC Summit 2017 참조.

| Rule based(규칙 중심) | Principles based(원칙 중심) |
|---|---|
| 장점: Pros | 장점: Pros |
| · 업무처리의 명확성(규범적): clarity for firms(prescriptive)<br>· 해석의 여지가 별로 없음: little room for interpretation allows<br>· 회사별 차별적 적용여지가 별로 없음: little room for different application by different firms | · 회사에게 많은 신축성 부여: allows more flexibility<br>· 새로운 시도를 장려: encourages innovation |
| 단점: Cons | 단점: Cons |
| · 피상적 규정 준수 위험: may lead to tick box approach<br>· 모든 것을 아우를 수 없는 규정상 한계: the rule book cannot cover every eventuality<br>· 운용 및 변경의 번거로움: cumbersome to administer/update | · 해석 오류 시의 위험이 가중: interpretation may prove to be more challenging<br>· 판단을 필요로 함: requires judgement |

이렇게 달라지고 있는 금융규제의 변화에 따라 요구되고 있는 컴플라이언스의 역할을 아래의 표로 정리해 볼 수 있겠다.

### 변화하는 컴플라이언스의 역할*

| 과 거 | 미 래 |
|---|---|
| (1) 규정 전문가(Regulation Expert)<br>(2) 사내 경찰(Policeman)<br>(3) 규정 신봉자(Rules lover/box ticker)<br>(4) 영업방해꾼(Business Opportunities 'killer')<br>(5) 수동적/방어적/후행적(Re-active/defensive/hindsight)<br>(6) 절차에만 집착(Operational compliance)<br>(7) 나무만 보고 숲을 보지 않음(Reporting data, not information)<br>(8) 매력적이지 않은 직업(Not an attractive career) | (1) 전략적 동반자(The strategic Partner)<br>(2) 자문가 및 조력자(The advisor & facilitator)<br>(3) 가르쳐 주는 사람(The educator)<br>(4) 준법위험관리자(Compliance Risk Manager)<br>(5) 고객관리자(The relationship manager)<br>(6) 튼튼한 준법문화 발전의 공헌자(The contributor to the development of a robust compliance culture) |

금융회사의 경우 이제 컴플라이언스는 다양한 임무를 동시에(multiple

---

\* GRC Summit 2017 presentation 참조.

responsibilities) 수행해 주기를 기대하고 있다; 예를 들어 고유의 컴플라이언스 업무 이외의 후선업무(operational), 법률지원(legal), 사내 조사업무(investigator), 사내 경찰업무(policeman), 경제학자(Economist), 회계전문가(financier), 심지어는 철학자(Philosopher)의 역할까지도. 요컨대 그 요구하는 전문기술(skill set) 및 지식의 범위가 넓고 깊어지고 있음이다. 이러한 경향은 진화하고 다양화, 전문화되어야 하는 컴플라이언스의 역할에 대한 요구를 반영하는 것이라고 볼 수 있다.

상황이 이렇다 보니 전통적 컴플라이언스 업무경험 외에 새로운 분야의 skill을 가진 경쟁력 있는 컴플라이언스 담당직원을 채용하고 관리하는 것이 마치 '전쟁'이라는 표현을 쓸 정도로 중요한 부분이 되어버렸다.

얼마 전까지 컴플라이언스 업계(compliance industry)에서 이상적인 지원자는 5년은 감독당국에서 또 다른 5년은 민간 금융회사에서 일한 경력자를 꼽았었다. 하지만 이제는 시장에서 그러한 경력자는 이미 다 충원되어 상위(senior) 지위에 올라가 있어 찾기가 쉽지 않게 되었다. 특히 우리나라와 같이 이해상충을 방지한다는 목적으로 감독당국에서 민간 금융회사의 준법감시인으로 전직하기 위해서는 최소 3년에서 5년간의 제척기간(cooling period)을 두고 있는 상황에서는 2가지 분야를 두루 경험한 컴플라이언스를 찾기가 점점 어려워지고 있다.

이에 따라 대안으로 대두되는 주요 경력자로는 내부감사(audit), 업무지원부서(operations), 영업부서(front office), 외부컨설팅 또는 로펌의 배경(external consulting and law firm backgrounds)을 가진 인물들이 대두되고 있다.

그러나 한편으로는 많은 금융회사들이 컴플라이언스가 여러 문제를 해결(fix)해 주기를 원하는(all things to all people) 경향에 발맞추어 때로는 이러한 요구가 컴플라이언스가 해야 할 역할 및 책임의 범위를 넘어서는 경우가 심심치 않게 발생하고 있다. 회사에서 생겨나는 문제 해결에 있어 통상의 컴플라이언스 업무보다는 그 범위가 훨씬 광범위하게 정의되고 있으며 이것을 무리하게 요구하는 경향이 늘어나고 있는 것이다.

이러한 시대적 요구에 부응하여 컴플라이언스의 역할변화는 당연히 필요하겠지만 여기에서 조심해야 할 것은 그 역할이 그가 수행할 수 있는 범위를 벗어나서는 안 되며 회사 내에서의 기대가 현실적이고 실행 가능한 것이어야 한다는 점이다. 또한 컴플라이언스가 '해야 할 일'과 '해서는 안 되는 일'에 대한 명확한 기준을 아는 것은 대단히 중요한 일일 것이다. 다시 말해 컴플라이언스의 역할은 변화하여야 하지만 그것이 달성 불가능한 것 또는 컴플라이언스의 독립적인 업무를 방해하는 것을 요구받아서는 안 된다는 것이다.

특히 컴플라이언스가 각종 경영 관련 위원회의 구성원으로 참가하여 적극적으로 의견을 개진하고 어드바이스를 제공하고 있지만 이는 독립적인 컴플라이언스 활동의 한 부분이지 결코 경영진으로서의 책임(management liability)을 공유하는 것이 아닌 것이다. 또한 컴플라이언스 업무수행 중 발생하는 폭 넓은 각종 통제활동 및 이에 따른 제재 요구 등의 행위가 자칫 관리자로서의 역할(Supervisory role)로 잘못 인식되어 사고발생 시 연대책임을 지게 되는 경우도 발생할 수 있는데 이는 컴플라이언스의 역할에 대한 오해에서 비롯된 것이라고 할 수 있다. 즉, 관리책임은 해당 업무라인의 책임자에게 귀속되는 것이 맞다고 할 수 있겠다.

SIFMA의 2103년 White Paper에서도 이러한 경영관리(manage) 및 감독(Supervise) 관련 사항은 통상 이야기하는 소위 내부통제의 3중 방어체계(Three

Lines of Defense)* 별 측면에서도 영업부서 및 경영진인 1차 라인에서 담당하여야 함을 명시**하고 있다.

한편 이러한 역할의 변천에 대응하여 컴플라이언스 입장에서도 회사내 조직체계 및 업무절차(Governance Structure and Operations)의 변화가 있을 때마다 컴플라이언스가 독립적인지(independence), 적정한 인적·물적자원을 확보(adequate resource)하고 있는지, 그리고 필요한 권한(Authority)을 보유하고 있는지에 대해 지속적인 자가평가(self-assessment)를 수행하여야 할 것이다.

---

\*    이에 관한 자세한 내용은 부록 1을 참고할 것.

\*\*   In a commonly applied framework of risk governance, there are three "critical lines of defense": (i) the business and senior management, which manage and supervise risk; (ii) Compliance and other support functions(i.e., Ethics and Risk), which implement programs to monitor, test and escalate risks; and (iii) Internal Audit, which provides independent verification and assures that effective controls are in place.

# 컴플라이언스가 실패하는 이유

완벽한 내부통제를 갖추고 있어 모든 금융사고를 방지하는 컴플라이언스는 실제 존재하지 않을 것이다. 그러나 이제까지 수많은 컴플라이언스 실패 사례를 보며 그 원인이 무엇인가 대해서는 개별사안별로 많은 분석이 있어왔다. 그러한 실패 원인은 개개 금융회사 및 기업이 처한 상황의 특수성도 있을 수 있지만 대체로 공통적인 요인을 찾을 수 있을 것이다.

2019년 발표된 《컴플라이언스 실패의 10가지 이유(Ten reasons why compliance fails)》*라는 책에서는 다양한 컴플라이언스 실패의 일반적이고 공통적인 이유를 잘 설명하고 있어 이를 소개하고자 한다.

우선 10가지 이유 중 가장 주목을 끄는 주제(category)는 최고경영진의 태도 및 자세에 관한 것이어서 눈길을 끈다.

---

* "Ten reasons why compliance fails", Andrew Hayward and Tony Osborn, September, 2019.

즉 실패의 첫 번째 이유로 **리더십의 부재**(When there is lack of leadership)를 꼽고 있다. 최고경영진이 말로만 떠들지 실제 내부통제 및 조직 내 윤리적 준법문화 정착에 관심과 모범을 보이지 않을 때 컴플라이언스가 실패하고 있음을 지적하고 있다.

두 번째로 **경영진의 책임전가**(When management are not held accountable for compliance – they see it as "the compliance function's responsibility")이다. 경영진이 컴플라이언스에 대한 책임감(ownership)을 보여주지 않으면 이는 암묵적으로 여타 직원들이 이를 무시하거나 경시하는 것을 허가한 것이나 마찬가지라는 것이다.

또한 조직 내 준법문화 정착의 중요성에 관한 부분이 크게 다루어지고 있다.

예를 들어 세 번째 실패이유로는 **최소한의 내부통제**(When "we only need to do the legal minimum")를 지적하고 있다. 법규 위반에 대해 단지 방어적인 내부통제(defensible compliance)에만 초점을 둔다고 한다면 컴플라이언스 실패는 불가피하다는 진단이다.

네 번째로는 **복종과 규칙에 너무 의존하는 것이다**(When it over-relies on 'obedience' or "rules for everything"). 규칙과 복종에만 근거한 컴플라이언스 프로그램은 사람들의 심리를 이해할 수 없고 이러한 방식은 조직원들이 규칙을 따르도록 동기부여를 하는 것에 대해 너무나 적은 시간과 노력을 투여한다. 그 결과 종종 조직 내에 '그들'과 '우리들' 의식이 팽배하고 개개인의 참여보다는 함께 공범이 되는 것을 추구하도록 만든다. 이러한 문화는 조직에 있어 규칙이 반드시 필요한 상황조차 기대할 수 없게 되어버린다. 세상에는 규칙보다 그 규칙을 우회할 수 있는 방법들이 더 많으며 사람들은 단순히 그 모든 규칙들을 받아들일 만한 능력(bandwidth)을 가지고 있지 않기 때문이다.

다섯째로는 **회사의 컴플라이언스 프로그램이 '윤리적이고 가치에 기반한' 것이 아닌 경우이다**(When the program isn't "ethics-and values-driven"). 컴플라이언스 프로그램은 개개 조직의 고유한 이야기를 하고 그 목표를 표현하며 그 조직 가치를 반영하는 데 있어 핵심적인 역할을 할 수 있어야 하고 또 하여야만 한다. 따라서 '윤리적이고 가치에 기반한' 컴플라이언스 프로그램만이 사람들의 마음을 얻을 수 있고 성공의 가능성이 높아진다고 할 수 있겠다.

여섯째로는 **조직 내 소수의 악의적인 부정행위를 종종 획책하는 무리가 있는 경우이다**(When there is wilful dishonesty, often for self-enrichment, by a small minority). 회사 내 부정직한 직원은 언제나 조직 내 위협이 되는 것이지만 효과적인 윤리에 기초한 컴플라이언스 프로그램이 잘 살아 있고 다수의 조직원이 책임감을 가지고 그 프로그램을 지켜낸다면 그 소수의 부정직한 무리를 몰아낼 수 있을 것이다.

다음으로 컴플라이언스 조직의 적극적인 역할 변화가 필요하며 소통의 중요성이 강조되고 있다.

예를 들어 실패의 일곱째 이유로는 **컴플라이언스가 비즈니스의 실상을 전혀 모르고 뒤떨어져 있으며 판을 깨거나 영업을 방해하는 것으로 보여질 때이다**(When compliance is seen as out of touch and uncool, dead hand, sales prevention). 컴플라이언스가 일상생활 및 업무에서 쉽게 접할 수 있는 것이 아닌, 암호화되어 있는 그들만의 용어만 사용한다면 일반 직원의 일상이나 영업전략과 괴리되어 그 유용성이 전혀 나타내어지지 않을 것이다. 이러한 상황은 조직 내 불만을 생산해 낼 것이 자명하다.

여덟째로는 **조직원 사이에 컴플라이언스에 대한 의도적인 회의감이 만연해 있을 때이다**(When there is deliberate scepticism). 어떤 조직이든 컴플라이언스의 중요성을 깔보고 약화시키는 소수의 사람들은 항상 있기 마련이다. 그러나 그러한 회의감이 제어되지 않고 조직의 상부로 확장이 된다면 이는 정말로 컴플라이언스 프로그램의 가장 큰 도전이 될 것이다. 이러한 상황은 특히 컴플라이언스가 그저 주어진 일만 체크하고 컴플라이언스 프로그램을 실행하거나 개선할 수 있는 예산이나 권한이 없는 경우 더욱 문제가 될 것이다.

아홉째로는 **컴플라이언스가 비즈니스의 동반자라기 보다는 내부감사나 경찰처럼 기능할 때이다**(When the compliance function acts as an auditor or "the police" rather than as a business partner). 그러한 경우에는 이슈들이 수면 아래로 감추어지고 이는 결국 컴플라이언스가 조직원들로부터 문제가 있는 영역을 찾아내고 해결책을 제시하는 데 도움을 줄 것이라는 충분한 신뢰를 받지 못하게 될 것이다.

마지막으로 컴플라이언스가 단지 보여주기 위한 구호에 그치지 않고 조직원 개개인에게 내면화되어 있어야 한다는 것이다.

즉, 열 번째 실패이유로는 **조직의 동기부여가 컴플라이언스 목표와 부합하지 않을 경우이다**(When the organization's incentives are not aligned with its compliance objectives). 이는 확실히 컴플라이언스가 실패하는 가장 큰 원인이라고 할 수 있으며 상기 언급한 요소들을 해결하고자 하는 조직의 노력 중 가장 으뜸이 되는 문제라고 할 수 있다. 어떤 동기부여는 때때로 암묵적으로 의도치 않게, 때로는 대 놓고 의도적으로 잘못된 행동을 부추기기도 한다. 또 다른 측면에서는 조직 가치와 윤리에 근거하거나 이를 강화시키는 동기부여는 효과적인 컴플라이언스가 작동하는 살아 있는 조직문화를 창출해 낼 수 있게 만드는 것이다.

개별 금융회사의 입장에서는 직접적으로 해당되지 않는다고 느낄 수도 있겠지만 앞에서 기술한 컴플라이언스 실패의 10가지 이유는 거의 대부분의 조직에 해당할 수 있는 일반적인 것으로 보여진다. 우리 한번 실패원인을 하나하나 따져가며 현재 내가 속해 있는 조직이 처해 있는 상황에 대입하여 보면 어떨까?

# 성공적인 컴플라이언스가 되려면?

만약에 당신이 속해 있는 금융회사의 준법감시인(Compliance Officer)이 성공적으로 그의 직무를 수행하고 있는지 여부를 판단해 보려면 영업부서나 여타 직원들이 얼마나 자주 그의 사무실을 찾는지, 또 어려운 문제를 풀기 위해 얼마나 선제적으로 (proactively) 그에게 자문을 구하는지를 살펴보면 알 수 있다. 만약 그가 언제나 도움이 되는 자문과 해결책을 제시한다는 신뢰를 영업부서 직원이 가지게 된다면 그는 성공한 컴플라이언스임에 틀림이 없다. 다른 어떤 직무보다도 컴플라이언스에게 있어서는 직원들로부터 신뢰를 얻고 컴플라이언스가 자신들의 업무과정에 반드시 필요한 기능(integral function to its operations)으로 인식된다는 것이 무엇보다도 중요하다고 할 수 있다.

한편으로는 세계화 및 경쟁심화, 또 한편으로는 끊임없이 복잡하고 고도화되어가고 있는 국제적인 규제* 및 업무 스탠다드의 한가운데에서 규칙준수의 문제 (the issue of non-compliance)는 금융회사 업무의 절대적인 것이 되어버렸다. 다시 말해 아주 자그마한 행동이나 사고가 금융회사의 명성에 흠이 되게 하고 잠재적으로 업무수행능력에 문제를 야기시킬 수 있으며 궁극적으로 이의 존립을 위협하기까지 하는 세상이 되어버렸다. 이러한 환경 속에서 금융회사 업무의 전략적 중심으로 부상한 기능(function)이 컴플라이언스라고 할 수 있겠다.

어떤 이는 컴플라이언스의 역할이 금융회사의 업무가 전문적인 기준 및 국제적으로 널리 받아들여진 모범기준(Best Practice)에 맞게 수행되도록 하는 것이라고 하고 또 다른 이는 금융회사 업무가 부지런히, 충성스럽게 그리고 윤리적으로(diligently, loyally, and ethically) 수행되도록 이끄는 것이라고 이야기한다. 최종적으로는 컴플라이언스의 역할은 법률 및 평판리스크를 인식하고 관리하는 것이라고도 한다. 대부분의 사람들은 컴플라이언스의 사명(mission) 중 아주 핵심적인 요소가 임직원들의 규제위험에 대한 인식수준을 높이고 교육하며 조언을 하는 것이라는 데 이의가 없다.

따라서 소위 잘나가는 성공적인 컴플라이언스는 위에 열거한 힘들고 (demanding) 복잡한 일들을 잘 수행해 나가는 사람이며 이를 위해서는 금융회사 업무 전반에 대한 이해와 유연한(flexible) 열린 사고 및 지속적으로 변화하는 규

---

* 흔히 이를 Global financial regulatory reform이라고 부르는데 2008년 글로벌 금융위기 이후 금융산업의 건전성 유지를 위해 G20, BIS, FSB(Financial Stability Board) 및 각국 정부가 중심이 되어 추진하여 오고 있는 각종 금융 관련 규제를 의미한다. 대표적인 것으로 장외파생상품거래 규제가 있는데 장외파생거래 중앙청산소(CCP), 거래저장소(Trade Repository), 비청산 장외파생상품에 대한 증거금제도, 거래 시 각종 의무를 규정한 MIFID II/MIFIR 등을 들 수 있겠다. 이외에도 2018년에는 신뢰성 있는 금융거래지표를 관리하기 위한 European Benchmark regulation도 도입되었고 2022년부터 Libor를 대신할 무위험지표(Risk Free Rate)가 개발되어 이미 Libor를 대체하고 있다. 또한 은행이 보유하고 있는 모든 종류의 손실발생 위험에 대비하여 평상시 충분한 자기자본을 확보토록 요구하는 바젤(BIS) 규제는 1988년 7월부터 꾸준히 규제의 강도 및 범위가 확대되어 현재 Basel III의 확대개편 내용을 2022년부터 도입·시행하는 것으로 바젤위원회에서 합의되었고 우리나라도 이를 순차적으로 도입·시행 중이다.

제환경을 읽어내는 감각을 필요로 한다고 말하고 있다.

그동안 많은 전문가들이 이야기해 오고 있는 성공적인 컴플라이언스가 되기 위한 소양 들을 나름의 시각에서 아래와 같이 정리해 보았다.

**1) 업무에 대한 전문적 지식 및 비즈니스적 감각(Business acumen)**
컴플라이언스가 갖추어야 할 가장 중요한 자질은 무엇보다도 자신이 속해 있는 업무영역(business)에 대한 전문지식과 심도 있는 이해가 있어야 한다는 것이다. 이를 위해서는 끊임없이 달라지는 환경에 부응하여 알고자 하는 노력이 수반되어야만 가능할 것이다. 전문지식 및 이해를 바탕으로 실제 업무수행에 있어서는 비즈니스적인 감각을 가져야 한다. 다시 말해 법률적·규제적 측면에서 합법적인 동시에 성공적인 비즈니스가 이루어질 수 있도록 순발력 있게 가이드할 수 있는 소양이 무엇보다 요구된다.

**2) 핵심포인트 파악과 설득력 있는 의사전달**
컴플라이언스는 이해당사자의 입장을 잘 경청하고 이를 통해 비즈니스가 원하는 바와 관련 규정이 충돌하는 포인트(pressure points)를 정확하게 파악하고 잡아낼 수 있어야 한다. 이때 기본적으로 할 수 있다는 자세(can-do attitude)를 가지고 적극적으로 비즈니스의 이야기를 경청하는 것이 중요하다. 실제 업무에서는 적지 않은 경우 "NO"라고 의견을 줄 수밖에 없는 경우가 생기는데 이때에도 비즈니스의 입장을 이해함을 기초로 왜 가능하지 않은지를 논리적으로 이해시키는 것이 중요한 덕목이라고 할 수 있다. 영업부서 직원이 힘들어하는 경우의 대부분은 컴플라이언스가 "NO"라고 해서라기보다는 왜 안 되는지에 대한 충분한 설명이 이루어지지 않아 납득이 되지 않는 상황이기 때문이다. 같은 말이라도 어떤 방식으로 이를 전달하느냐에 따라 관련 당사자들이 이를 받아들이는 느낌은 천차만별일 수 있고 대부분 싫은 소리 내지는 하지 말라는 것이 대부분인 컴플라이언스의 조언(advice)은 더더욱 오해를 불러일으킬 수 있는 소지가 많기 때문에 상대방의 입장을 고려한 설득력 있는 의사전달능력(assertive but also sensitive to people's feelings)은 중요한 자질이 아닐 수 없다. 이러한 의사전달 능력은 또한 모든 직원들이 컴플라이언스와 편안하게 터놓고 이야기 할 수 있는 분위기를 조성하는 것도 포함된다. 컴플라이언스는 일에 있어서는 권위와 존중함을 필요로 하지만 지나치게 직원들로부터 두려움과 불편한 대상으로 인식되지 않도록 관계형성(networking)에도 신경 써야 할 것이다.

**3) 디테일에 강하나 종합적 시각 견지(Attention to detail and a global vision)**

컴플라이언스는 관련 법 및 규정에 대해 분석적이어야 하며 변화하는 규제 환경에 대응하여 개별 사안 및 규정 등에 대한 디테일(detail)이 강하여야 한다. 일상의 규제내용은 매우 기술적이고 촘촘히 짜여 있는 경우가 많기 때문에 어느 하나의 규제내용도 대충 넘어갈 수 없다. 이를 통해 아무리 복잡한 규제내용도 단순하고 이해하기 쉽게 규정화하여 직원들로 하여금 일상업무에서 발생 가능한 이슈를 인지하고 리스크를 줄일 수 있도록 만드는 것이다. 하지만 이때 조심하여야 할 부분이 너무 기술적인 디테일에 사로잡혀 숲을 보지 못하는 상황을 지양하여야 할 것이다. 여러 가지 디테일 분석 후에는 반드시 규제의 취지 및 목적에 대한 근본적이고 큰 시각에서 다시 한번 이해해 보려고 시도함으로써 나무에만 빠져 있는 우를 범하지 않도록 노력하여야 한다.

**4) 강인함과 용기(Internal Fortitude and Courage)**

일을 함에 있어 가장 어려운 점 중 하나가 참석자 모두가 찬성하는데 나 홀로 반대하는 것임을 경험해 본 사람이 있을 것이다. 하지만 컴플라이언스는 그러한 상황에도 남들이 보지 못하는 위험을 경영진 및 관련 당사자에게 알리고(raising red flags) 예상되는 문제가 해결되지 않는 한 실행할 수 없음을 요청하는 용기가 있어야 할 것이다. 하지만 종종 이러한 컴플라이언스의 반대의견이 관련 당사자의 이해와는 상반된 것으로 간주될 경우가 발생한다. 그렇기 때문에 이러한 자질은 컴플라이언스에게 있어서는 아주 중요한 특성으로 실제 업무수행 시에는 관련 당사자로부터 수많은 대항(challenge)과 유무형의 압력 및 협박까지도 감수하여야 하며 심각한 경우는 직업을 잃을 수 있다는 위기감도 느껴야 하는 경우가 있다. 그렇기 때문에 더더욱 부당한 압력을 이겨낼 수 있는 내적 강인함이 절대적으로 필요한 것이다. 만약 컴플라이언스가 관련된 리스크를 분명히 설명하고 이에 대한 해결책을 제시한다면 대부분의 현업부서 직원들은 싫어도 이를 존중하고 따를 것이다.

현실적으로 이러한 내부적인 압력과 복잡다기한 규제내용을 놓치지 않으려는 업무부담 속에서 일을 하여야 하는 것은 엄청난 스트레스를 안고 지내는 것이라고 할 수 있으며 적절히 이러한 부담과 스트레스를 이겨내는 능력도 아울러 겸비하여야 할 것이다.

### 5) 스스로에게 준법/윤리의식 철저

컴플라이언스의 기본적인 역할은 모든 직원이 외부/내부 규칙을 준수하며 바르게 행동하도록 이끄는 것(tell others what right thing to do and setting the tone for corporate integrity)이기 때문에 본인 스스로가 이러한 규칙을 준수하지 않고 이중적인 행동을 한다면 쉽게 말해 어떤 말도 먹히지 않을 것이다. 더 나아가 컴플라이언스는 말과 행동에 있어 더욱 높은 수준의 도덕성과 준법성 그리고 진실성을 갖추어야 할 것이다. 이러한 높은 도덕적 토대 위에서만 어려운 결정을 내리는 데 있어 주저함이 없고 업무처리(특히 사고 등의 조사)에 있어 친소관계에 좌우되지 않고 오직 옳고 그름의 잣대로만 판단할 수 있을 것이다.

톰슨로이터사의 서베이 결과에 따르면 재능 있고 우수한 컴플라이언스 조직을 만드는 데에는 많은 비용이 들어가지만, 이는 회사 및 경영진의 입장에서는 가장 잘한 투자결정이 될 것이라는 조사결과를 발표한 바 있다.* 이러한 경향에 따라 회사들이 컴플라이언스 조직에 많은 인원을 충원하여 왔으나 제대로 된 재능 있는 높은 수준의 컴플라이언스 직원에 대한 수요는 여전히 높은 것이 사실이다. 또한 막상 높은 연봉을 주고 그런 능력 있는 직원을 고용하려고 찾으면 실제 그만한 능력과 경험을 겸비한 직원을 찾기가 쉽지 않은 것이 사실이기도 하다.

그렇다면 컴플라이언스 직원들이 가져야 할 자질과 역량은 어떤 것일까? 유럽의 한 은행이 보스턴컨설팅그룹과 함께 컴플라이언스 부서 직원들을 대상으로 한 아래 서베이 결과를 보면 대충 이를 가늠해 볼 수 있을 것 같다.

동 서베이** 결과에 따르면 컴플라이언스 부서 직원들 스스로가 생각하는 자신들이 갖추어야 할 가장 필요한 자질은 비판적 사고(Critical Thinking, 27%) 및 업무지식(Business Knowledge, 23%)인 것으로 조사되었다. 그 뒤를 이어 법률지식(Legal, 13%), 위험관리경험(Risk Management, 12%) 및 내부감사 경험(Auditing, 11%) 등의 순으로 나타나고 있다.

이러한 결과를 좀 더 일반화시켜 본다면 컴플라이언스 직원이 갖추어야 할 기술적인 지식과 업무스킬(Technical Knowledge and skills)은 ① 해당 업권의 업무에 대한 제대로 된 지식과 이해(Sound Knowledge and Understanding of the business), ② 영업에 대한 실용적 마인드(Business Awareness and Pragmatism), ③ 비판적 사고(Critical Thinking), ④ 법률 및 규정에 대한 지식(Knowledge of laws and regulations), ⑤ 분석적,

---

\* "Thomson Reuters Annual Cost of Compliance Survey 2015" 참조.
\*\* EUROBANK 및 BCG가 총 129명의 컴플라이언스 부서 직원들로부터 383문항의 답변을 얻은 결과이다. GRC Summit 2017 발표자료에서 발췌.

탐구적 및 조사를 수행할 능력(Analytical, investigative and research skills)이라고 할 수 있겠다.

또한 이에 더해 컴플라이언스 직원이 갖추어야 할 개인적인 품성 및 자질(Key personal skills and qualities)로는 ① 진실성 및 높은 윤리적 기준(Integrity & high ethical values), ② 리더십과 영향력(Leadership & Influence), ③ 대화를 끌어가는 능력(Communication skills), ④ 발표 및 교습능력(Presentation & training skills), ⑤ 조직경영능력(Management skills) 및 ⑥ 상대방에 대한 경청능력(Listening skills) 등을 들 수 있겠다.

미국에서는 연방검찰이 기업이나 금융회사에 대한 형사소추를 결정할 때 검사는 그 회사에 구비되어 있는 컴플라이언스 프로그램의 전반적인 수준 및 효율성을 감안하도록 미 법무부의 정책(mandated by DOJ policy)과 연방양형가이드라인(Federal Sentencing Guidelines)에서 규정하고 있다. 즉 금융회사의 성공적인 컴플라이언스 프로그램은 준법감시인의 능력과 자질에 크게 연동될 수밖에 없으며 훌륭한 컴플라이언스 프로그램을 만들고 실행하는 준법감시인은 금융회사 자체가 잘 굴러가도록 해줄 뿐 아니라 민사 및 형사적 책임으로부터도 금융회사를 보호해 준다는 사실을 잊지 말아야 할 것이다.

# 이제는 컴플라이언스 3.0의 시대

컴플라이언스 조직에 있어 2008년 글로벌 금융위기는 엄청난 위상변화를 가져온 아주 중요한 전환점이었다. 그런 면에서 글로벌 금융위기 전과 후의 컴플라이언스는 완전히 새로운 조직으로 탈바꿈했다고 해도 과언이 아닐 것이다.

우리는 다음과 같이 컴플라이언스 조직의 변천상황을 정리해 볼 수 있겠다.

우선 법무부서 내에 속한 집행부서로서의 역할로부터 분리되어 현대적 의미에서의 독립적인 컴플라이언스가 생겨난 1960년대 이후 70년대 및 80년대를 거치며 증가하는 비즈니스 및 감독규제 준수에 발맞추어 성장세를 보이다가 1991년 미국에서 연방양형가이드라인이 도입되고 이어 수정 가이드라인과 사베인-옥슬리법의 제정 등으로 그 틀을 잡아간 2000년대 중반까지를 컴플라이언스 발전의 제1단계인 **컴플라이언스 1.0의 시기**로 정의할 수 있겠다. 하지만 이 당시의 컴플라이언스의 역할은 아직까지는 체크리스트에 박스를 채워 넣는 수준(just box ticking)에 머물러 있었고 조직 내에서 보는 시각은 비즈니스에는 도움이 되지 않고 최악의 경우에는 방해가 되는 존재(at best adds no business value, and at worst destroys it)로서 평가받은 시기였다고 할 수 있다.

2008년 글로벌 금융위기는 그전까지의 컴플라이언스의 역할과는 규모 및 위상 면에서 큰 발전과 도약을 하게 만든 전환점이었으며 컴플라이언스 조직의 비약적인 성장과 모니터링 및 통제활동(Monitoring and Surveillance)에 대한 대규모 투자가 이루어지도록 한 계기가 되었다. 글로벌 금융위기는 모든 금융회사 및 금융소비자에게 컴플라이언스의 중요성을 크게 부각시킨 분수령이었으며 대부분의 글로벌 대형 금융회사들의 컴플라이언스 조직은 금융위기 이후 엄청난 확장을 경험하게 된다. 이는 글로벌 금융위기 이후 지속적으로 추진되어 온 규제환경의 변화(regulatory reform)를 반영한 현상으로 전과는 격이 다른 집중적이고 간섭적인 감독방식이 글로벌 금융회사에게 적용된 것이 촉매제가 되었다고 볼 수 있다. 이러한 위상의 변화와 조직의 확대가 이루어진 글로벌 금융위기 이후의 컴플라이언스를 **컴플라이언스 2.0 시대**라고 구분할 수 있겠다. 이 단계의 컴플라이언스는 무엇보다 외부 규제에 대응하여 내부 규정 및 프로세스를 정비하고 컨트롤을 강화하는 등 리스크를 완화하는 것에 초점을 맞춘 체계적(systematic)이고 예방적인 방식(preventive approach)이 특징이라고 할 수 있겠다. 조직 내에서는 컴플라이언스를 보는 시각이 '비즈니스를 위해서는 꼭 있어야 하는 필요악(Compliance is a necessary evil)' 정도로 정립되었다고 볼 수 있다.

하지만 컴플라이언스 조직과 기능의 이러한 성장세는 2010년대 중반 이후 급격하고 복잡해진 규제 및 영업환경의 변화와 엄청난 속도의 거래자동화 물결, 그리고 예산제약 등의 도전에 직면하게 되었으며 컴플라이언스 조직의 역할 및 책임에 대해 근본적인 변화를 요구하는 새로운 도전에 직면하게 되었다. 여기에 더해 2020년 시작한 코로나 사태는 원격/재택혼합근무(remote/hybrid working)라는 전혀 새로운 근무환경을 만들어 냄으로써 컴플라이언스 활동의 전면적인 변화 필요성을 더욱 가속화시키는 계기가 되었다.

글로벌 금융회사의 엄청난 비용압박(cost pressure)과 더불어 이제는 글로벌 금융위기 후 높아진 컴플라이언스 위상이 예전의 방식으로는 더 이상 유지하기 힘들며 새로운 환경에 부응하는 효과적, 효율적이며 부가가치를 창출(creation of added value)하는 조직으로서의 탈바꿈이 요구되고 있다. 또한 여전히 위험회피적이고 보수적이며 과거 문제 해결에 매달리는 컴플라이언스 조직의 자세(mindset)로는 급변하는 영업환경 변화를 지원하는 데 있어 한계를 보여주고 있으며 미래지향적인 관점을 추구하는 컴플라이언스 자체의 혁신이 요구되는 새로운 국면을 맞이하게 될 것이다. 이렇게 과거와는 확연히 구분되는 새롭게 업그레이드된 **컴플라이언스 3.0의 시대**가 요구되고 있는 것이다.

이제는 컴플라이언스가 전통적인 규정 준수 지원 및 통제의 역할에서 경영층에게 진일보한 전략적 조언을 제공하는 역할, 1차 방어선에 대한 제어 기능 및 2차 방어선으로서의 검증 기능 강화, 급변하는 영업환경의 위험과 통제에 있어 고위 경영진에게 통찰력을 제공하기 위해 비즈니스 데이터의 활용 확대 및 분석 등 금융회사의 전반적인 규제 위험 체계 관리에 이전보다 더 큰 영향력을 행사할 것을 요구받고 있다.

특히, 기술적인 측면에서는 핀테크 등과 결합된 금융서비스 산업이 전례 없는 발전을 하고 있으며, 최근 몇 년간 엄청난 사회적 수요 변화, 혁신적인 새로운 플레이어의 진입을 통해 진정한 판도를 바꾸는 혁신 기술이 금융권에도 계속 등장하고 있다. 원클릭 구매부터 비접촉식 결제까지, 소위 임베디드 금융\*을 통한 편리성과 사용 용이성은 이제는 우리의 일상생활에도 막대한 영향을 미치고 있다.

한편 이렇게 빠른 속도로 움직이는 핀테크 부문에서의 복잡한 규제 준수는 최근 금융회사 경영진 사이에서 가장 큰 관심사가 되고 있다. 이제는 '자동화된 규제 인텔리전스(Automated Regulatory Intelligence)' 등 기술적인 발전을 통해 법규 준수 등에 빠르게 대처하는 금융회사 및 기업만이 지속 가능한 성장이 가능한 컴플라이언스의 새로운 시대를 열고 있으며 그런 의미에서 이미 우리는 컴플라이언스 3.0 시대에 접어들었다고 할 수 있을 것이다.\*\*

오늘날 발효되는 글로벌 규제의 양, 속도 및 복잡성이 너무 확대됨에 따라 이에 대처하는 컴플라이언스의 임무와 범위가 예전과는 완전히 다른 모습으로 변화되고 있다. 컴플라이언스 담당자에게 부과되는 책임과 압력이 예전과는 비교가 되지 않을 만큼 커지고 있음을 실감하고 있으며, 이러한 추세의 완화 조짐은 전혀 느껴지지 않고 있는 실정이다. 또한 수동적 감독이나 기초적인 자동화의 적용, 그리고 규제 관련 이슈의 사후 대응적 조정을 통해 규정 준수를 유지할 수 있었던 전환점은 이미 오래전에 지났다고 보여진다. 자금세탁, 기록 보관, 시장 남용, 소비자보호 및 데이터 처리를 둘러싼 규정들은 더욱 엄격해지고 있으며, 사이버 보안, 금융회사 및 기업의 지배구조(Governance) 등은 점점 더 컴플라이언스 환경을 지배하고 있다.

---

\* 임베디드(Embedded) 금융이란 비금융기업이 자사 플랫폼 내에 금융기능을 탑재하여 금융상품과 서비스를 제공하는 형태의 금융을 의미한다. 코로나19 이후 전 산업군의 디지털 전환이 가속화되고 금융과 비금융의 경계가 모호해진 빅블러(Big Blur) 현상이 심화된 가운데 임베디드 금융은 이제는 선택이 아닌 필수로 자리 잡고 있다. 우리가 가장 흔하게 볼 수 있는 임베디드 금융의 한 종류로 ○○페이라는 이름으로 제공되고 있는 결제시스템을 예로 들 수 있는데 온라인 주문 시 매번 정보를 입력해야 했던 과거와 달리 카드 또는 계좌를 등록하면 원터치로 물건을 구매할 수 있게 만들어 준 대표적인 임베디드 금융서비스이다.

\*\* "Compliance 3.0: The Automated Regulatory Intelligence era", Mark Taylor, 2024년 4월 10일.

이제는 컴플라이언스 2.0의 단순한 자동화 솔루션을 넘어 규제 문제의 미묘한 차이를 이해하고 이를 통해 경영진이 전략을 수립하는 데 도움을 줄 수 있어야 하는 시대가 도래하였다. 일상적인 프로세스를 자동화하면 컴플라이언스 담당자에게 귀중한 시간을 확보할 수 있다는 것은 오래전부터 알려져 왔다. 오늘날 경영진은 자동화를 통해 확보된 시간을 통해 컴플라이언스 조직이 중요한 규정 변경의 영향을 분석하는 데 집중함으로써 변화와 불확실성의 시기에 진정한 비즈니스 조력자 및 동반자가 되기를 기대하고 있다.

치솟는 디지털 거래 속도와 끊임없이 변화하는 규제환경으로 인해 우리는 명실상부한 컴플라이언스 3.0 시대로 접어들고 있다. 이는 운영 효율성을 향상하고 금융회사 및 기업이 규제의 복잡성을 자신 있게 헤쳐나갈 수 있도록 지원하는 데이터 중심, 위험 기반 컴플라이언스 틀(risk-based compliance framework)로의 전환을 나타낸다.

컴플라이언스 3.0 시대는 인간의 전문 지식과 기계 지능 간의 공생 파트너십을 예고하고 있다. 예를 들어 AI를 이용한 '자동화된 규제 인텔리전스(Automated Regulatory Intelligence)'는 인간의 전문성과 판단을 대체하는 것이 아니라 오히려 증강 도구로 보아야 할 것이다. 이러한 기술은 금융회사 및 기업이 민첩성과 정확성을 가지고 규제환경의 복잡성을 탐색할 수 있도록 하여 아무리 격동적인 환경에도 변화를 예측하고 준비하는 동시에 기존 규정을 확고히 준수하도록 도와준다. 하지만 아무리 기계지능에의 의존도가 커진다 하여도 여전히 컴플라이언스 조직은 규정을 해석하고, 복잡한 결정을 내리고, 윤리적 규정 준수 관행을 보장하는 데 있어 계속해서 중요한 역할을 수행할 것이다.

요약하자면 **컴플라이언스 3.0 시대는 컴플라이언스의 업무가 실질적인 결**

과를 달성하고 비즈니스의 가치를 창출(achieving outcomes and creating value for the business)하는 것에 초점을 둔 통합적(integrated)이고 적응적(adaptive)인 접근방식이 되어야 하며 비즈니스 파트너 또는 비즈니스와 긴밀하게 협력하여 새로운 것을 가능하게 만드는(increasingly seen as a partner or an enabler that works closely with the business) **존재로서의 역할**을 요구받고 있다.

유럽금융시장협회(AFME: Association for Financial Markets in Europe)가 글로벌 컨설팅회사인 E&Y와 함께 2018년 10월 발표한 〈컴플라이언스의 범위 및 진화: The Scope and Evolution of Compliance〉 보고서[*]에 따르면 현재 컴플라이언스가 그 직무를 수행하는 데 있어

① 조직 내 위치 및 역할: 전략적 동반자로서의 역할(position and role in the organization) 요구
② 새롭고 변화하는 컴플라이언스 조직역량(skill set)의 필요성
③ 급변하고 있는 비즈니스 모델(영업 및 트레이딩 업무모델의 변화하는 속성)
④ 업무처리 프로세스의 속도 및 자동화
⑤ 고위 경영진에 대해 증가하고 있는 감독당국의 책임 요구

등의 동인으로 인해 다양한 도전에 직면해 있다고 기술하고 있다.

늘어난 업무량 및 복잡화와 속도감 있는 답변이 필요한 상황에서 상기 도전

---

[*] "Compliance currently faces a number of challenges to deliver on its responsibilities, driven by: its position and role in the organisation; the need for new and changing skill sets; the changing nature of sales and trading business models; the speed and automation of processes; and the increased accountability demands on senior managers. This all inevitably leads to a debate on the optimum resource model for compliance given the increased workload and the added complexity and speed of response required". page 10, "The Scope and Evolution of Compliance" Oct. 2018. Association for Financial Markets in Europe.

은 불가피하게 컴플라이언스 조직의 적정인력모델에 대한 논의로 이끌어질 수밖에 없는 상황임을 동 보고서에서는 기술하고 있다. 또한 향후 전 세계적으로 컴플라이언스 조직이 예산의 제약 및 운영의 효율성 문제로 혁신적인 구조변화를 지향하는 결과 점점 데이터 및 기술의존적이 될 것이라고 예상하고 있다.

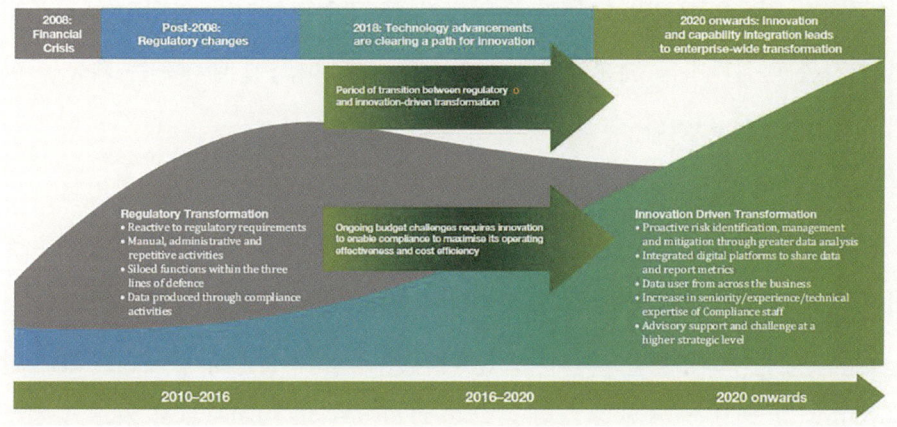

출처: 'The Scope and Evolution of Compliance', AFME & EY, 2018, p12

다시 말해 위에 언급된 모든 부분이 필연적으로 컴플라이언스 조직에 대한 최적자원모델(Optimum Resource Model)의 필요성을 증폭시키고 있는 것이다.

진정으로 컴플라이언스 3.0이 되기 위해서는 다음과 같은 변화가 필요한 시기이다.

1. **변화하는 비즈니스 여건에 적극적으로 대응**(fully integrated throughout the business)**하여 지원 및 조언을 하되 더욱 전략적이고 예측 가능한 방식이 필요**하다. 기존과 같이 급한 불을 끄는 데(fire-fighting) 치중하기보다는 위험식별에 있

어 선제적(procative) 접근을 위한 전략적 투자가 긴요해진 것이다. 특히, 개별적인 사안에 대해 집중하기보다는 전체적인 맥락에서 전반적인 리스크에 대한 균형 잡힌 위험 분석 및 조언이 필요하며 이를 통해 경영진 및 구성원으로부터 신망을 받아야 할 것이다. 이를 달성하기 위해서는 신규 비즈니스 개발 및 도입 초기부터 컴플라이언스가 적극적으로 참여하여 독립적인 시각에서 의견 개진이 필요하며 전문가적인 입장에서 당연히 비즈니스의 영업적 측면에 대한 고려가 필요하겠지만 아무리 수익성이 큰 영업활동이라 하더라도 금융회사의 기본 핵심가치를 훼손할 가능성이 있는 비즈니스에 대해서는 제동 또한 걸 수 있어야 할 것이다.

2. 컴플라이언스 조직원의 역량, skill set 및 경험 등에 대한 정기적인 평가를 통해 컴플라이언스 업무의 효율적 수행에 있어 요구되는 수준과의 격차(gap)를 줄이는 노력이 필요하다. 또한 다양한 경험과 전문지식/기술을 보유한 직원의 신규 채용을 통해 조직의 역량을 강화하는 등 **명실상부한 전문가 집단(centre of excellence)으로 발돋움**하여야 할 것이다. 컴플라이언스 조직원은 해당 업무에 대한 전문성을 바탕으로 영업부서와 맞설 수 있어야 하며 사안에 대해 보다 넓고 사전적인 접근을 할 수 있는 자질 및 지속적으로 확대되고 복잡해지는 규정의 디테일에 강해야 한다.[*]

3. 여전히 수작업(manual)에 많이 의존[**]하여 상대적으로 인력과 시간이 요구(resource-heavy and time-consuming)되는 컴플라이언스 리포팅 및 분석을 지양하고

---

[*] Expertise about the business, ability to face off with the business, ability to take a broader and more proactive approach, expertise about the ever-expanding scope and detail of regulation.

[**] MetricsStream의 최근 조사에 따르면 76%에 달하는 컴플라이언스 인력이 여전히 수작업에 의존, 감독당국의 웹사이트를 검색하는 방식으로 규정 등의 변화를 추적하고 있는 것으로 조사되었다. "Compliance 3.0 - AI's Transformative Role", CodeNinja Inc., 2024년 8월 27일 참조.

**진보하는 기술 및 자료수집 과정의 자동화 및 최적화를 통해 효율성 증대를 도모**하여야 한다. 특히, 엄청난 속도로 발전하고 있는 자동화된 트레이딩 플랫폼, algo trading, 다양한 통신수단 및 날로 복잡화되고 있는 거래 등을 따라잡기 위해서는 거의 실시간에 가까운(close to real-time) 모니터링과 점검 및 분석이 가능한 **자동화된 컴플라이언스 시스템 구현**이 반드시 필요할 것이다.

컴플라이언스를 둘러싼 대내외의 변화는 사후적(reactive)이고 규칙 기반(rule-based)의 접근방식에서 선제적(proactive)이며 위험기반(risk-based)의 접근방식으로 전환*을 시작한 지 오래되었고 많은 법률과 규정, 그리고 기술이 이미 그러한 방향으로 계속 발전되어 가고 있다.

컴플라이언스 또한 이에 발맞추어 나아가야 할 것인바 이제 컴플라이언스 3.0은 우리가 선택하고 피할 수 있는 옵션(option)이 아니라 변화하지 않으면 생존을 위협받는 필수(must)가 되어가고 있음을 심각하게 받아들여야 할 시점이다.

---

* "Compliance 3.0: Taking care of Business", Dan C., 2023년 8월 4일.

# 부록

[부록 1] 내부통제의 3중 방어체계(Three Lines of Defence)
[부록 2] 내부통제 및 준법감시제도

**부록 1**

# 내부통제의 3중 방어체계
## (Three Lines of Defence)*

---

* "Leveraging COSO Across the Three Lines of Defense", Institute of Internal Auditors, July 2015 한글번역 본에서 일부 내용을 참고하였음.

## 도입 배경

우리가 통상 '3중 방어모형'이라고 말하는 위험관리 방식이 기업 등에서 적용되기 시작한 것은 2000년대 초반으로 알려져 있다. 그러다 2008년 글로벌 금융위기 이후 이를 야기한 원인 중의 하나로 금융회사의 '지배구조 실패(substantial failures in corporate governance)'에 대한 공감대가 형성되었다. 이에 따라 기업지배구조에 대한 개혁이 금융위기 재발위험을 줄여주는 선결과제라는 인식이 높아졌다. 이뿐만 아니라 금융회사의 비효율적인 내부통제시스템(ineffective internal control systems in financial institutions)이 끊이지 않고 지속되는 대형 금융사고의 주요 요인 중의 하나로 부각되기에 이르렀다.

연이은 금융사고에 따른 금융시장의 신뢰 실추 및 시장의 투명성에 대한 대중의 우려를 불식시키기 위해 각국의 금융당국들은 구조적인 문제에 초점을 맞춘 금융회사들의 내부지배구조 형태에 주목하기 시작하였다. 그 결과 금융회사 내부통제시스템의 효율성 이슈가 기업지배구조의 필수적인 구성요소로 부각되었으며 이는 궁극적으로 내부통제시스템 틀 내에 속해 있는 개별참가자들의 역할을 명시적으로 규정하는 방향으로 발전하게 되었다.

이러한 배경하에 업권 내 많은 토론을 거쳐 마침내 '3중 방어체계 모델(three-lines-of-defence model)'이 국제내부감사협회에 의해 2013년 1월 발표되기에 이르렀다.* 이후 동 모델은 조직 내 개별 업무단위의 내부통제 및 위험관리 역할 설정에 있어 가장 국제적으로 인정받는 표준(benchmark)으로 발돋움하게 되었다.

동 모델의 장점은 구성원의 내부통제에 대한 역할 설정을 효과적 및 효율적

---

\* IIA(Institute of Internal Auditors), Position Paper, "The three lines of defense in effective risk management and control", January 2013.

인 방식으로 가능하게 한다는 데 있을 것이다. 동 모델에서는 내부통제활동에 참여하는 구성원의 역할(roles and responsibilities)이 분명하게 설정되고 개별 그룹의 구성원들이 자신의 업무범위 및 그들의 역할이 다른 그룹의 업무와 어떤 방식으로 연관되어지는 것인지를 분명히 이해하도록 해주는 장점이 있다.

## 각 방어선의 개념과 역할: 다층적 통제 체계의 주요내용

국제내부감사협회가 제시하는 3중 방어선 모형은 효과적인 리스크관리와 내부통제를 위해서는 고위경영진과 이사회의 감독과 지시하에, 조직 내의 3가지 분리된 그룹(또는 '방어선')이 필요하다는 것을 기본전제로 한다. 각 방어선의 책임은 다음과 같다. ① 리스크 및 통제에 대한 직접적인 책임과 관리(현업), ② 경영진을 지원하여 리스크와 통제를 모니터링(리스크, 법률, 회계통제, 준법감시 등), ③ 리스크관리와 내부통제의 효과성에 대해 이사회와 고위경영진에게 독립적인 확신을 제공(내부감사)하는 것이다.

각 방어선은 조직의 거버넌스 체계하에서 구분된 역할을 담당하며, 각 방어선이 주어진 역할을 효과적으로 이행할 때, 조직 전체의 목표를 달성할 가능성이 높아진다. 조직의 모든 구성원은 내부통제에 일정 부분 책임을 지며 그들의 참여를 통해 리스크관리와 내부통제를 이해할 수 있게 된다.

효과적인 내부통제를 달성하기 위해서는 우선 리스크와 통제를 관리하는 각각의 그룹이 맡아야 할 역할과 책임은 무엇이며 조직 내 타 그룹과 어떻게 조화를 이룰 것인지가 명확하게 정의되어야 한다. 다시 말해 누락된 리스크와 통제가 존재해서는 안 되고, 불필요하거나 의도하지 않은 중복업무도 없어야 한다. 이러한 관점에서 3중 방어선 모형은 리스크 및 통제와 관련된 특정한 직무를, 조직의 크기나 복잡성과 상관없이, 조직 내에서 할당하고 조율할 수 있는 방안을 제시해 준다. 이때 이사회와 경영진은 이러한 직무들 간의 역할과 책임의 중요한 차이를 이해하고, 조직이 목적을 달성할 수 있도록 조직에 가장 적합한 방법으로 이를 배분하여야 한다. 한편, 3중 방어선 모형에는 다음과 같은 몇 가지 중요한 원칙이 있다.

① 1차 방어선은 조직의 목표달성을 촉진 또는 저해할 수 있는 리스크를 생성하거나 관리하는 활동을 수행하는 현업의 업무담당자에게 존재하며, 적절한 리스크를 수용하는 것을 포함한다. 1차 방어선은 리스크에 대한 직접적인 책임이 있으며, 리스크에 대응하기 위한 통제를 설계하고 실행한다.

② 2차 방어선은 전문성을 바탕으로 1차 방어선을 모니터링함으로써, 경영진이 리스크가 효과적으로 관리되고 있다는 믿음을 얻을 수 있도록 지원하는 역할을 한다. 2차 방어선은 1차 방어선과 분리되어 있지만 여전히 경영진의 관리하에 있으며 일반적으로 관리기능을 일부 수행한다. 2차 방어선은 기본적으로 리스크관리에서 많은 역할을 담당하는 관리 및 감독 기능이다.

③ 3차 방어선은 1차 및 2차 방어선의 활동이 경영진과 이사회의 기대에 부합되는지에 대한 확신(Assurance)을 제공한다. 3차 방어선은 객관성과 조직 내에서의 독립성을 확보하기 위해 일반적으로 관리기능을 수행하지 않는다. 또한 3차 방어선은 이사회의 주요 보고라인이 된다. 따라서 3차 방어선은 관리기능이 아닌 확신을 제공하는 기능으로서, 이는 2차 방어선과 구분된다.

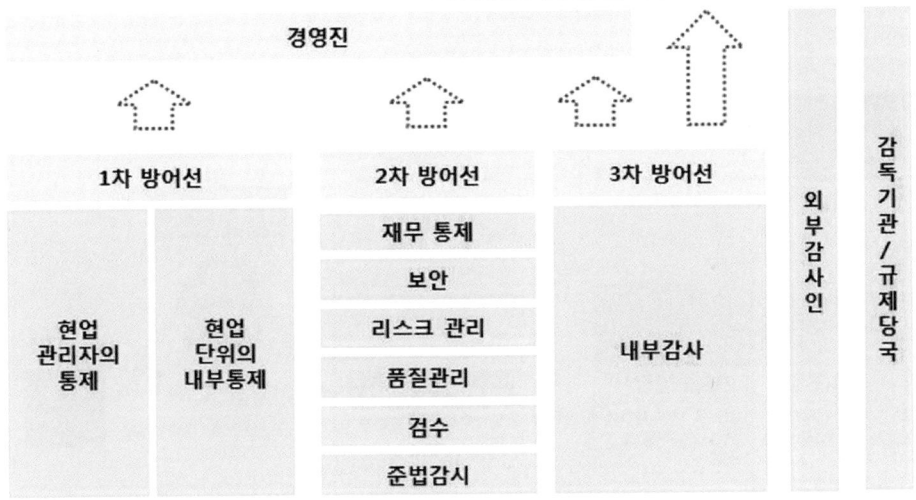

IIA가 제시한 효과적인 리스크관리와 내부통제를 위한 3차 방어선 모형, 2013년 1월
출처: "Leveraging COSO Across the Three Lines of Defense"(2015), p3에서 발췌

한편 BIS(Bank for International Settlements)는 2015년 금융회사의 내부통제 강화를 위해 감독당국, 외부감사인이 참여하는 4선 방어체계(Four Lines of Defence) 구축을 권고한 바 있다. 기존 금융회사 내부의 3선 방어체계에 더해 외부감사인 및 감독당국을 4선 방어체계로 추가, 독립적인 감독당국과 외부감사인의 감시 역할을 강화함으로써 금융회사 내부감사와 상호보완적인 3각(금융회사 내부감사+외부감사인+감독당국) 감시체계 마련을 제안*하였다.

---

* 자세한 내용은 Isabella Arndorfer and Andrea Minto, "The four lines of defence model for financial institutions", December 2015, Bank for International Settlements 참조.

## 내부통제의 4線 방어체계 적용도

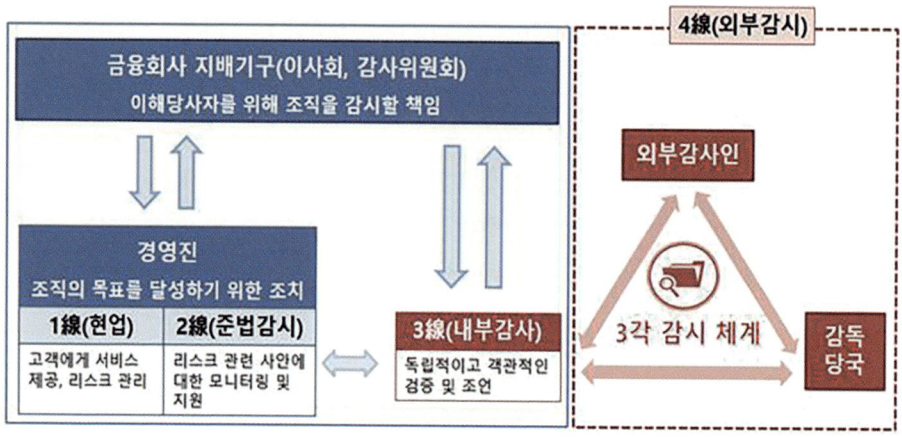

    2020년 7월 국제내부감사협회는 관련 업계와의 협의 등을 거쳐 '방어(Defence)'라는 명칭을 없애고 더욱 원칙중심 접근법(a more principle-based approach)을 강조하는 개정된 '3선 모형(3 Lines Model)'을 소개하였다. 개정 모형에서는 지배기구인 이사회의 역할과 3선 모형구조에 대한 참여 및 3선 모형의 효율적인 운용에 있어 지배기구가 근본적인 책임을 져야 함을 강조하고 있다. 또한 분명한 기업운용 목표를 추구함에 있어 각 라인 간의 협조 및 소통을 강조한다. 개정모델에 외부감사인 및 감독당국을 4선으로 새롭게 추가하려는 논의가 있었으나 업계의 지지를 받지 못해 정식으로 추가할 수는 없었다고 한다. 아래는 개정모델의 주요 변경 내용이다.

    ① **지배기구의 역할 및 책임에 대한 강조**(Greater emphasis on the role of governance and importance of accountability and clarity of roles and responsibilities)

② 모델 내 지배기구의 도입(The introduction of a Governing Body)

③ 3선 모형이 반드시 조직구조로 실행될 필요는 없음을 확인(Clarification that the three lines does not necessarily translate to organizational structure)

④ 1선과 2선에 걸쳐 리스크관리에 책임이 있는 경영진의 경우 1선 및 2선은 구분되지 않고 혼합되어 운용될 수 있음을 설명(Presentation of the idea that first and second lines may be blended with management straddling risk responsibilities across first and second line)

⑤ 지배기구, 경영진 및 내부감사 간의 의사소통 흐름의 개선(Updates to the flow of communication across the Governing Body, Management, and Internal Audit)

⑥ 각 라인의 역할 및 책임과 상호 간 관계에 대한 추가적 설명(Additional clarity on roles and responsibilities of each line and their relationship to one another)

상기 주요 변경 이외에도 새로운 모델에서는 개별 조직이 3선 모델을 해석하는 데 있어 고려하여야 할 6가지 원칙*을 도입하였는데 이는 COSO에서 제시하는 전사적 위험관리(COSO ERM Framework)와 유사하게 원칙중심 3선 모델이 궁극적으로 조직의 가치를 창출하고 보존하는 것을 추구하고 있음을 보여준다.

---

\* 원칙 1: 거버넌스(Governance)
원칙 2: 지배 기구의 역할(Governing body roles)
원칙 3: 경영진과 제1선 및 제2선 역할(Management and first and second line roles)
원칙 4: 제3선의 역할(Third line roles)
원칙 5: 제3선의 독립성(Third line independence)
원칙 6: 가치의 창출과 보호(Creating and protecting value)

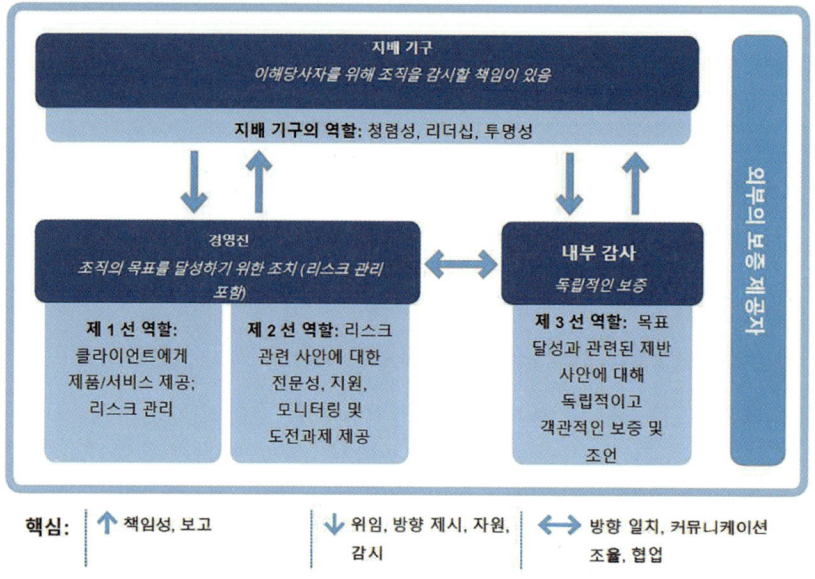

IIA의 3선 모형: 3차 방어선 모형의 update, 2020년 7월
출처: "THE IIA'S THREE LINES MODEL, An update of the Three Lines of Defense"(2020), p4에서 발췌

## | 1차 방어선: 현업 차원의 관리

1차 방어선은 통상적으로 일선에서 돈을 버는 부서(the revenue-generating business units)를 지칭한다고 할 수 있다. 금융회사의 경우에는 직접적으로 고객에게 금융서비스를 제공하는 sales, trader, client relationship manager 등의 front 업무부서를 의미한다. 어떤 금융회사의 경우에는 현업부서 이외에 돈을 버는 부서는 아니지만 Treasury, Operations and Technology 부서를 1차 방어선에 포함시키기도 한다.

3중 방어선 모형에서는 통상 현업에서 돈을 버는 이들 부서의 직원 및 관리자에게 기본적이고 1차적인 통제 및 리스크관리의 책임을 부과하고 있다. 왜냐하면 1차 방어선은 상당히 세밀하고(granular), 일상에서 매일 발생하는 개별 거래에 기초하며, 직접 거래를 담당하는 직원 및 관리자들이 거래흐름에 익숙하고 통제 측면에서 취약한 부분에 대해 쉽게 인지할 수 있기 때문이다.

이에 따라 이들 현업부서원들이 1차적으로 세세한 절차에 대한 통제 및 위험을 조기에 감지하고 이를 관리자에게 즉각 보고함으로써 필요 조치를 제때에 취할 수 있게 해준다. 최근에는 자동화된 통제시스템의 도입으로 가능한 모든 필요정보를 포착하여 종합적이며 세분화된 통제업무가 가능하게 되었으며 예외적인 상황에 대해서만 즉각적인 관리자의 검토를 받게 하는 수준으로까지 발전되었다.

1차 방어선의 통제의무는 또한 조직 내 영업을 수행함과 동시에 그와 관련된 리스크와 통제에 대해서도 인지하여야 하는 이중의 책임(dual responsibility)을 강조하고 있다. 왜냐하면 국제금융위기를 겪으며 위험을 떠안는 현업부서가 관련된 리스크 및 통제절차에 대해서는 너무 무지하였다는 것이 하나의 교훈으로 대두되었기 때문이다. 1차 방어선의 현업관리자는 조직의 내부통제와 리스크관리 프로세스를 개발하고 실행한다.

이는 주요 리스크를 식별하고 평가하며, 경영진이 의도한 대로 업무를 수행하고, 부적절한 프로세스를 보고하고 통제상의 결함을 처리하며, 통제의 운영에 대해 주요 이해관계자들과 의사소통하는 활동을 포함한다. 당연히 현업관리자들은 맡은 영역에 있어서 이러한 업무들을 수행할 수 있는 역량을 보유하여야 한다. 경영진은 1차 방어선 활동에 대해 전반적인 책임을 가진다. 또한 특정한 고위험 영역에서는 경영진이 1차 방어선의 역할을 직접 수행하는 등 1

차 방어선의 관리를 직접 감독하기도 한다.

## | 2차 방어선: 내부 모니터링 및 감독 기능

통상 2차 방어선은 후선부서의 다양한 위험관리 및 준법감시조직으로 구성되는데 예를 들어 회계부, 법무, 준법감시 및 신용·시장·운영리스크관리부, 모형감리부, 후선업무부서(back office) 등을 들 수 있겠다. 이들 2차 방어선의 주요업무는 위험을 모니터링하고 관련된 업무방식 및 정보를 보고하며 모든 종류의 준법 및 회계통제 이슈를 관장하는 것이라고 할 수 있다.

지난 20여년 간 금융회사에 있어 이들 2차 방어선에 해당하는 부서들이 크게 진화하였는데 이는 middle office의 도입과 함께 금융회사에 요구되는 준법의무들이 엄청나게(exponentially) 늘어난 데 그 원인을 찾을 수 있겠다. 강화되는 감독 관련 규제 및 점점 복잡해지는 금융상품과 절차에 대응하여 금융회사는 2차 방어선에 추가적인 인원과 조직을 충원해 왔다. 대표적인 2차 방어선의 작동실패 사례로는 2008년에 발생한 Société Générale의 대형 사기 trading 사고(rogue trading scandal) 및 2007년 중 UBS를 거의 망할 뻔하게 만들었던 미국 모기지시장 붕괴에 따른 투자손실을 들 수 있겠다.

이와 같이 2차 방어선은 예방적이며 감지가 가능한 통제요건을 정의하며 그러한 통제의무가 1차 방어선 업무의 규정 및 절차에 적절히 스며들도록 만들어 주어야 한다. 또한 2차 방어선은 1차 방어선에 대해 독립적이어야 하며 일상적 또는 주기적 통제와 모니터링을 실시하여야 한다. 또한 이들의 통제활동은 분명한 리스크 평가기준에 기초하여야 하는데 예를 들어 통상적이 아닌 잦은 직원의 변동이나 이상하게 급증하는 거래의 착오 및 수정 등 일선부서의 이상거래에 대한 세부적인 분석 등을 의미한다.

2차 방어선은 1차 방어선에서 실행하고 있는 내부통제와 리스크관리 과정이 적절하게 설계되고 의도한 대로 운영되는지를 확인하기 위한 관리기능으로써 1차 방어선의 현업관리와는 분리되지만 여전히 경영진의 통제와 지시하에 있다. 2차 방어선은 이행전략을 정의하고, 내부통제 및 리스크 분야의 전문성을 제공하며, 정책과 절차를 실행하고, 관련된 정보를 수집하여 리스크와 내부통제에 대한 전사적인 시각을 형성할 수 있도록 지원하며, 현업 차원의 관리와 밀접하게 협업한다. 경영진의 감독하에 2차 방어선은 특정한 통제를 모니터링* 하여 설계된 대로 작동하는지를 판단한다. 2차 방어선의 책임은 다양하지만 일반적으로 아래 사항을 포함한다.

· 리스크관리를 위한 프로세스와 내부통제를 경영진이 설계하고 개선하는 것을 지원
· 모니터링 대상이 되는 활동과 경영진이 의도한 대로 작동되는지를 평가할 수 있는 지표를 정의
· 내부통제활동의 적절성 및 효과성을 모니터링
· 중요한 이슈나 신규 리스크, 예외사항 등을 보고
· 리스크관리 틀(Framework) 제공
· 조직의 리스크관리와 통제에 영향을 미치는, 이미 알려진 이슈나 신규 이슈들을 식별하고 모니터링

---

\* 2차 방어선이 수행하는 모니터링활동은 일반적으로 COSO 프레임워크에서 제시하는 내부통제의 3가지 목적(운영, 보고, 법규준수) 모두를 다룬다.

- 리스크 선호도와 리스크 허용한도의 잠재적인 변화를 파악
- 리스크관리와 내부통제 프로세스와 관련된 지침과 교육훈련 제공

강력하고 효과적인 2차 방어선 기능은 매우 중요하다. 이들은 적절한 수준의 객관성을 유지하면서 1차 방어선이 수행하는 리스크관리와 내부통제에 대한 중요하고 유용한 정보를 경영진과 이사회에 제공할 수 있어야 한다. 또한 1차 방어선에서 다루지 않은 전사적인 관점의 리스크와 통제에 대한 정보를 경영진과 이사회에 제공할 수도 있다. 또한 효과적인 방어선이 되기 위해서는 2차 방어선에 대해 조직 내부에서 충분한 위상이 보장되어야 한다. 이를 위해 경영진에 대한 직접 보고가 가능하여야 할 것이다.

## 3차 방어선: 내부감사

3차 방어선은 내부감사부서를 의미하는데 동 부서는 최고경영진 및 이사회에게 영업의 효율성, 자산의 안정성 및 보고체계의 신뢰성/투명성과 법률 및 규정 준수 여부 등 광범위한 경영목표에 대한 독립적인 인증(assurance)을 제공하는 역할을 한다. 이러한 내부감사 기능이 효과적이기 위해서는 높은 수준의 독립성 및 객관성이 보장되어야 한다.

일반적으로 3차 방어선이 수행하는 통제업무는 효과적인 리스크 평가방법에 기초하여야 하는데 실무적으로는 최소 1년에 한 번씩 조직 및 업무단위와 업무방법의 residual risk를 측정하여야 한다. 여기서 residual 리스크란 내부통제환경을 감안한 이후의 잔여 위험을 의미한다. 이와 같이 내부감사인 3차 방어선은 1차 방어선에서 담당하는 세밀하고 일상적인 통제업무가 아닌 주기적인 위험기반 평가를 수행하는 것이다.

여러 역할들 중에서, 내부감사*는 거버넌스, 리스크관리 및 내부통제의 효율성과 효과성에 관한 확신을 제공한다. 내부감사 업무의 범위는 조직운영 및 활동에 관한 모든 분야를 포괄한다. 내부감사의 높은 조직적 독립성과 객관성은 1차 및 2차 방어선과 구분되는 특성이다. 내부통제를 설계하거나 이행하는 것은 내부감사의 일상적인 책임이 아니며, 내부감사는 조직의 운영에도 책임을 지지 않는다. 이러한 높은 조직적 독립성 때문에, 내부감사는 거버넌스와 리스크 그리고 내부통제와 관련하여 신뢰할 수 있고 객관적인 확신을 이사회와 경영진에게 제공할 수 있는 최적의 위치에 있다.

## | 외부감사인, 감독기관 및 기타 외부기관

3중 방어체계 이외에도 이들을 보완해 주는 외부의 통제장치가 있을 수 있는데 외부감사인이 가장 대표적인 것으로 거의 모든 금융회사에게 외부감사인 선임이 법으로 규정되어 있을 것이다. 또한 금융회사들에게는 여기에 더해 감독당국들의 사후 검증을 필요로 하기도 한다. 비록 외부감사인이나 감독당국은 금융회사의 조직에 속해 있지 않지만 이러한 외부 통제기구들은 조직의 전반적인 지배형태나 통제구조에 있어 중요한 역할을 담당하는데 왜냐하면 이들 외부기구가 필요한 기준과 규정을 정하며 금융회사가 이를 제대로 준수하였는지를 궁극적으로 평가하는 주체이기 때문이다. 이러한 이유로 규제 관련 이슈가 금융회사의 지배구조 및 절차를 규정하는 핵심 사안이 되는 상황이 자주 발생하곤 한다.

---

\* IIA는 내부감사를 "조직에 가치를 창출하고 조직의 운영을 개선하기 위해 고안된 독립적이고 객관적인 인증(assurance) 및 컨설팅 활동으로, 리스크관리와 내부통제 및 거버넌스 프로세스의 효과성을 평가하고 개선할 수 있는 체계적인 접근방식을 통해 조직의 목표달성을 지원한다."고 정의한다.

이러한 외부기관은 조직 내 3차 방어선의 일부분으로 공식적으로 고려되지는 않지만, 외부감사인이나 규제기관은 조직의 전반적인 거버넌스와 통제구조와 관련하여 중요한 역할을 하기도 한다. 감독기관은 거버넌스와 통제를 강화하기 위한 요구사항을 설정하고 해당 기관들이 이를 준수하는지를 활발하게 검토하고 그 결과를 보고 받는다. 이와 유사하게 외부감사인들은 조직의 재무보고에 대한 내부통제 관련 리스크에 대해 중요한 발견사항과 평가결과를 제시할 수도 있다.

외부감사인과 규제기관, 기타 조직 외부의 그룹들을 효과적으로 조율하면, 이사회나 경영진 등 조직의 이해관계자들에게 중요한 정보를 제공하는 추가적인 방어선의 역할을 할 수도 있다. 하지만, 이러한 그룹들의 결과물은 목적이 다르거나 좁은 영역에 집중하는 특성이 있어서 조직의 내부방어선에서 평가한 것보다 그 범위가 제한적일 수 있다. 예를 들면, 3단계 방어선이 조직이 직면하고 있는 운영, 보고 및 법규준수의 모든 영역을 다루는 반면에 외부기관에 의한 감사는 특정한 영역의 법규준수 등 매우 제한적인 영역에 국한될 수 있다. 리스크를 관리하는 것은 외부기관이 아닌 조직의 책임이기 때문에, 외부감사인이나 규제기관이 가치 있는 정보를 제공하더라도 이들을 방어선을 대체하는 것으로 고려해서는 안 된다.

## 3중 방어선 모형에서 경영진과 이사회의 역할

경영진과 이사회는 3중 방어선 모형에서 핵심적인 역할을 한다. 경영진은 이사회의 감독하에 내부통제시스템을 선택하고 개발하며 평가할 책임이 있다. 경영진이나 이사회는 3중 방어선 모형의 일부분으로 고려되지는 않지만,

이들은 조직의 목표를 수립하고, 목표를 달성하기 위한 전략을 수립하며, 최적의 리스크관리를 위한 거버넌스 구조를 수립할 책임을 진다. 이들은 또한 리스크관리와 내부통제에 관련된 역할과 책임을 배분하기에 최적화된 조직구조를 구성할 수 있는 위치에 있다.

경영진은 강력한 지배구조와 리스크관리 및 내부통제를 전적으로 지원하여야 하며, 1차 방어선 및 2차 방어선의 활동에 대하여 궁극적인 책임을 진다. 3중방어선 모형의 성공적인 이행을 위해서는 경영진의 참여가 필수적이다. 3중방어선 모형에 있어 전반적인 거버넌스와 통제환경은 3가지 방어선이 명확하게 분리되어 있을 때 가장 강력하게 작동할 수 있다. 조직은 그 규모나 복잡성과 관계없이, 3가지 방어선이 어떤 형태로건 존재하도록, 3차 방어선 모형과 일치하는 거버넌스 구조를 시행하도록 노력하여야 한다. 이 '방어선'은 분리된 역할과 책임을 통해 구분되고, 조직의 적절한 정책과 절차에 동 내용이 명확하게 정의되어야 하며, 경영진의 일관된 메시지(tone at the top)를 통해 실행되어야 한다.

## 3가지 방어선 간의 협업

3중 방어선 모형의 각 방어선들은 '효과적인 리스크관리를 통해 조직의 목표 달성을 지원한다.'는 궁극적으로 동일한 목표를 가지고 있다. 경영진과 이사회는 3가지 방어선이 상호 간에 정보를 공유하고 활동을 조율하여야 한다는 요구사항과 함께, 정보 공유가 다른 부서를 평가하기 위한 목적이 아닌 조직 전반에 걸쳐 효과적인 리스크관리를 가능케 하려는 목적임을 명확하게 전달하여야 한다. 그러나 협력과 소통을 조직구조와 혼동하여서는 안 된다. 각 방어선들이 동일한 목적을 가지고 있지만 각자의 고유한 역할과 책임이 있다. 각 방어선은 분리되어 있지만 따로 놀아서는 안 되며 정보를 공유하고 리스크, 내부통제 및 거버넌스와 관련한 제반 노력들을 조율하여야 한다. 즉, 중요한 리스크를 누락하지 않으면서 불필요하게 중복된 노력을 투입하지 않기 위해서는 각 방어선 간의 협업이 필수적이다. 동시에 3중 방어선 각각은 조직의 거버넌스 틀(Framework) 내에서 구분되는 역할을 가지며 또한 각 방어선에서 맡은 역할을 효과적으로 수행할 때 중요한 통제가 실패할 가능성은 줄어든다. 이러한 구조를 통해 이사회는 조직의 가장 중요한 리스크에 대해, 그리고 경영진이 이러한 리스크에 어떻게 대응하고 있는지에 대한 공정한 정보를 제공받을 수 있다.

## 글로벌 금융회사의 도입 현황

내부통제의 3중 방어체계 모델이 소개된 이후 많은 글로벌 금융회사들이 이를 그들의 위험관리 모델에 도입하고 있다. 아래 내용은 세계 유수의 글로벌 금융회사 중 하나인 홍콩상하이은행(HSBC Banking Corporation)이 동사의 글로벌 hompage에서 그룹의 위험관리(Risk Management)를 설명하며 소위 '3중 방어체제'를 채택하고 있음을 설명하고 있는 예 및 이외에도 씨티(Citi), 골드만삭스(Goldman Sachs) 등의 정례 보고서에서 3중 방어체계가 효율적인 내부통제의 틀로서 운용되고 있음을 보여주고 있다. 그리고 벨기에 소재 대형 금융회사인 KBC Group의 위험관리전략이 3중 방어체계에 기초하고 있음을 홈페이지에서 설명하고 있기도 하다.

한편 프랑스계 금융회사의 경우 상시통제(Permanent Control)와 주기적 통제(Periodic Control)라는 2가지 통제라인의 개념으로 3차 방어선 모형과 유사한 내부통제체계를 형성하고 있다. 상시통제는 1차 통제와 2차 통제로 구성되어 있으며 통상 1차 통제는 거래시작 및 거래의 승인절차 과정에서 거래당사자 및 부서책임자 또는 거래처리시스템에 의해서 이루어지는 1선의 통제절차를 의미한다. 2차 통제는 준법감시, 리스크관리 및 회계부서 등에서 이루어지는 확인 및 모니터링 등으로서 2선의 통제절차[*]를 형성하고 있다. 마지막으로 3선의 통제라고 할 수 있는 주기적인 통제는 그룹 내부감사팀에 의한 금융회사 활동 전반에 대한 수시점검과 지점 내부감사팀에 의한 주기적 점검을 의미한다.

---

(1) HSBC

(Risk Management) As part of the Operational Risk Management Framework, HSBC has adopted the Three Lines of Defence model to underpin our approach to strong risk management. The Three Lines of Defence model defines who is responsible to do what to identify, assess, measure, manage, monitor, and mitigate operational risks, encouraging collaboration and enabling efficient coordination of risk and control activities. First Line of Defence comprising the majority of employees, identifies the risks and ensures that the right controls are in place to prevent, manage, and reduce the risks.,Second Line of Defence sets policy and guidelines for managing operational risks, and provides advice and guidance to support these policies. Third Line of Defence is Global Internal Audit which independently assures that the Group is managing operational risk effectively.

(Financial Crime Risk Management) Over recent years HSBC has transformed its ability to manage financial crime risk.. (중략) We have put in place a robust three lines of defence model. Frontline employees are supported by the Financial Crime Risk function as the second line of defence to provide oversight and challenge. The third line of defence is Internal Audit, which acts independently to assure the effectiveness of our controls and risk management.

(2) Citi Group[**]

(Risk Management Objectives and Policies) While the management of risk is the collective responsibility of all employees, Citi assigns accountability into three lines of defence: First line of defence: the business owns all of its risks, and is responsible for the management of those risks. second line of defence: Citi's control functions (e.g., risk, finance, compliance, etc.) establish and monitors standards for the management of risks and effectiveness of controls; and third line of defence: Citi's internal audit function independently provides assurance, based on a risk-based audit plan, that processes are reliable and governance and controls are effective.

---

[*] 2선의 통제는 다시 2.1차 통제와 2.2차 통제로 세분화할 수 있다. 첫 번째 1차 통제인 2.1차 통제는 거래를 개시한 당사자가 아닌 다른 부서책임자 또는 다른 업무담당자에 의해 이루어지는 확인 및 모니터링 과정을 의미한다. 그리고 2.2차 통제는 현업업무에 대하여 의사결정권이 없는 상시통제에 특화되어 있는 준법감시부, 법무, 신용·시장·운영리스크관리, 회계통제업무 등의 모니터링 업무를 의미한다. 2.1차 통제 및 2.2차 통제업무를 통틀어 2선 방어라인이라고 할 수 있을 것이다.

[**] Citigroup Global Markets Limited, Pillar 3 Disclosures, 31 December 2016.

(3) Goldman Sachs Group*

(Risk Management) The three lines of defence structure promotes the accountability of first line risk takers, provides a framework for effective challenge by the second line and empowers independent review from the third line.

The firm maintains strong communication about risk and it has a culture of collaboration in decision-making among the first and second lines of defence, committees and senior management. While the first line of defence is responsible for management of their risk, the firm dedicates extensive resources to the second line of defence in order to ensure a strong oversight structure and an appropriate segregation of duties. The firm regularly reinforces its strong culture of escalation and accountability across all functions.

The firm's revenue-producing units, as well as Treasury, Operations and Technology, are the first line of defence and are accountable for the outcomes of the risk-generating activities, as well as for assessing and managing those risks within the firm's risk appetite. The independent risk oversight and control functions are considered the second line of defence and provide independent assessment, oversight and challenge of the risks taken by the first line of defence, as well as lead and participate in risk-oriented committees. Independent risk oversight and control functions include Compliance, Conflicts Resolution, Controllers, Credit Risk Management, Enterprise Risk Management, Human Capital Management, Legal, Liquidity Risk Management, Market Risk Management, Model Risk Management, Operational Risk Management and Tax.

Internal Audit is considered the third line of defence and reports to the chief executive officer and the Audit Committee of the Board. Internal Audit includes professionals with a broad range of audit and industry experience, including risk management expertise. Internal Audit is responsible for independently assessing and validating the effectiveness of key controls, including those within the risk management framework, and providing timely reporting to the Audit Committee of the Board, senior management and regulators.

(4) KBC Group in Belgium

1. The business itself. The business operations side is fully responsible for all the risks in its area of activity and has to ensure that effective controls are in place. In so doing, it ensures that the right controls are performed in the right way, that self-assessment of the business side is of a sufficiently high standard, that there is adequate awareness of risk and that sufficient priority/capacity is allocated to risk themes.

2. The Risk function, Compliance, and – for certain matters – Finance, Legal and Tax, and Information Risk Security. Independent of the business side, the second-line risk and control functions formulate their own opinion regarding the risks confronting KBC. In this way, they provide an adequate degree of certainty that the first-line control function is keeping these risks under control, without taking over primary responsibility from the first line. In this regard, the second-line functions are tasked to identify, measure and report risks. The risk function has a veto right to ensure that it is respected. The second-line risk and control f unctions also support the consistent implementation of the risk policy, the risk framework, etc., throughout the group, and supervise how they are applied. Compliance is an independent function that aims to prevent KBC from being exposed to compliance risk or suffering harm through non-compliance with the prevailing laws, regulations or internal rules. It pays particular attention in this regard to compliance with the Integrity Policy.

---

\*   Goldman Sachs Group UK Limited, Pillar 3 Disclosures, For the period ended November 30, 2018.

3. Internal audit. As the independent third-line of control, Internal Audit is responsible for the quality control of the existing business processes. It performs risk-based and general audits to ensure that the internal control and risk management system, including Risk Policy, are effective and efficient, and to ensure that policy measures and processes are in place and consistently applied within the group to guarantee the continuity of operations. Our risk management is based on a 'Three Lines of Defence' model, to shield us against risks that might threaten the achievement of our goals.

(5) Societe Generale Group*

The internal control system is organised according to the "three lines of defence" model in accordance with the texts of the Basel Committee:

(1) The first line of defence comprises all Group employees and operational management, both within the businesses and in corporate divisions (in the latter case, with respect to their own operations). Operational management is responsible for risks, their prevention and their management – by putting in place first-level permanent control measures, among other things – as well as for implementing corrective or remedial actions in response to any failures identified by controls and/or process steering.

(2) The second line of defence is provided by the compliance, finance and risk functions. Within the internal control framework, these functions are tasked with continuously verifying that the security and management of risks affecting operations are ensured, under the responsibility of operational management, through the effective application of established standards, defined procedures, methods and controls as instructed. Accordingly, these functions must provide the necessary expertise to define, within their respective fields, the controls and other means of risk management to be implemented by the first line of defence, and to ensure that they are effectively implemented; they conduct second-level permanent control over all of the Group's risks, employing the controls they have established, where appropriate with other expert functions (e.g. sourcing, legal, tax, human resources, information system security, etc.) and by the businesses.

(3) The third line of defence is provided by the Internal Audit Division, which encompasses the Internal Audit and General Inspection functions. This division carries out internal audits that are strictly independent of the business lines and the permanent control function.

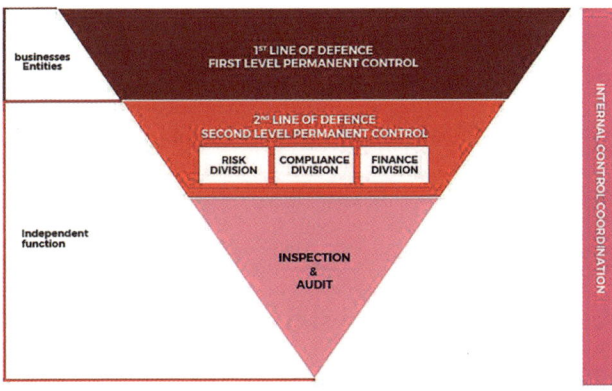

---

\*   Societe Generale Group, Risk Report 2019(Pillar 3 2018).

## 3중 방어체계와 국내 금융회사의 실정

국내 금융회사의 경우 내부통제를 담당하고 있는 직원들에게조차 3중 방어선이라는 개념이 들어본 적도 없는 생소한 용어라는 것이 현실이다. 혹자는 국내 금융회사가 비록 외관상으로는 명확하게 내부통제의 3중 방어선이 구분되어 있지는 않지만 실제 운용에 있어 상당 부분 이러한 3중 방어선의 내부통제체계를 따르고 있다고 주장할 수 있겠으나 이러한 불분명하고 느슨한 방식으로는 효율적 내부통제라는 목표달성에는 크게 미흡한 것이 현실이다. 왜냐하면 구성원 각자에게 내부통제의 3중 방어선에 대한 명확한 개념 정립과 이에 기초한 책임과 권한이 조직 차원에서 분명히 이루어지지 않을 경우 효율적인 3중 방어선 내부통제의 장점을 기대할 수 없으며 사고발생시 이에 대한 책임소재의 구명도 어려워질 수 있기 때문이다.

또한 앞서 언급했듯이 내부통제의 3중 방어체계(Three Lines of Defense) 관점에서 볼 때 현재 국내은행 등의 조직체계에 있어 준법감시인(2선)과 내부감사 또는 감사위원회(3선) 간 업무영역 중복 또는 불명확한 역할 설정도 동 기능이 엄격히 분리되어 있는 글로벌 금융회사와 확연한 차이가 있는 것이며 이것이 가장 눈에 띄는 취약점이다.

특히, 준법감시부서와 감사위원회 산하 검사부서 간에는 업무중복 등의 문제가 상존해 있다. 예를 들어, 국내은행의 경우 준법감시인제도가 도입되기 이전 감독기관의 검사 수검을 준비하고 대응하는 부서가 감사 아래에 있는 검사부서였는데, 준법감시인제도가 도입된 이후로도 여전히 내부역학관계 등으로 인해 감독원 검사 대응 업무를 검사부서에서 수행하고 있는 실정으로, 이 점은 감독기관 관련 업무가 명확히 준법감시부서에 부여되어 있고 감사위원회 소속 검사부서의 업무는 내부감사에 국한되도록 정해져 있는 글로벌 금융회사와는 큰 차이가 있는 것이라고 할 수 있다. 감독기관과의 Relationship 관리를 포함, 현장검사 수검 등 감독규제 관련 업무가 명확히 준법감시부서에 부여되어 있고 내부감사는 금융회사 내부경영과 관련된 통제업무에 국한되도록 정해져 있는 것이 글로벌 금융회사의 일반적인 조직체계로서 앞으로 우리나라가 나아가야 할 방향에 시사점을 주고 있다.

또한, 최근 준법감시인 또는 위험관리책임자가 각종 경영 관련 위원회의 구성원으로 참여하여 적극적으로 의견을 개진하거나 자문을 제공하고 있지만, 이는 독립적인 준법감시나 위험관리의 한 부분이지 결코 경영진으로서의 책임을 공유하는 것이 아님에도 불구하고 자칫 관리자로서의 역할로 잘못 인식되어 사고발생 시 연대책임을 지게 되는 경우도 발생할 수 있는데 이는 2선 방어선의 역할에 대한 오해에서 비롯된 것이라고 할 수 있다. 즉, 관리책임은 해당 현업 업무라인의 책임자에게 귀속되는 것이 바람직하다고 할 수 있을 것이다. SIFMA의 2013년 White Paper에서도 이러한 경영관리 및 감독 관련 사항은 내부통제의 3중 방어선 중 영업부서 및 경영진인 1차 방어선에서 담당하여야 함을 명시하고 있다.

내부통제의 3중 방어체계는 글로벌 금융위기 이후 효율적인 내부통제체계를 가능하게 하는 기업지배구조의 설정에 있어 국제적으로 가장 널리 인정받고 있는 모형이며 글로벌 금융회사의 대다수가 채택하고 있는 일종의 글로벌 스탠다드로 여겨지고 있는 기준이다. 우리나라의 금융회사도 일정 부분 개념적으로 이러한 방식을 적용하려고 노력하고는 있으나 아직은 초기단계에 머물고 있는 실정으로 보여진다. 이제는 선진적인 내부통제 체계 및 지배구조의 구축을 위해 우리나라 금융회사도 이의 적극적인 도입을 심각하게 고민하여야 할 시점이다.

부록 2

# 내부통제 및 준법감시제도*

---

\* 이 부분은 한국은행의 내부업무 참고자료 〈준법감시제도의 이해〉(2006)에서 내용 일부를 발췌하였음.

# Ⅰ. 내부통제제도

준법감시는 통상 내부통제활동의 일부라고 이해되기 때문에 먼저 내부통제제도에 관하여 간략히 살펴보면 다음과 같다.

## | 내부통제의 의의

내부통제의 정의와 포괄내용 등에 대하여는 지금까지 많은 논의가 있어왔는데, 현재 가장 보편적으로 받아들여지는 국제적인 표준정의는 COSO(Committee of Sponsoring Organization)* 보고서의 Internal Control Integrated Framework에서 찾을 수 있다.

동 보고서에 의하면 내부통제(Internal Control)란 다음의 3가지 통제 목적을 달성하기 위하여 기업의 이사회, 경영진 및 여타 구성원 등이 지속적으로 관련 업무를 실행하는 과정(process)을 의미한다.

① 효과적이고 효율적인 업무수행(Effectiveness and Efficiency Operation): 기업이 업무를 수행함에 있어 자원을 효과적이고 효율적으로 투입하고 있는지, 불필요한 비용의

---

\* 1985년 출범한 Treadway Commission을 바탕으로 설립된 민간기구로서 미국의 AICPA, AAA(미국회계연합), IIA(내부감사기구) 등이 합동으로 참여하였고 Internal Control Integrated Framework라는 보고서를 1992년에 발표.

부담은 없는지, 또는 조직의 이익이 항상 최우선시되는지에 대한 통제(업무성과 측면의 통제로서 넓은 의미의 내부통제)

② 재무정보의 신뢰성(Reliability of Financial Reporting) 확보: 경영진, 이사회, 주주, 감독기관, 기타 투자자 및 이해관계자 등에 제공되는 재무 정보의 정확성 및 적시성 확보를 위한 통제

③ 법규의 준수(Compliance with Applicable Laws and Regulations): 법률, 규정, 감독기준 및 업무처리 절차 등의 준수를 위한 통제(준법감시의 일반적인 역할과 관련된 협의의 내부통제)

즉, 내부통제란 조직 관리의 핵심요소로서 ① 효과적이고 효율적인 업무 운용, ② 정확하고 신뢰성 높은 재무정보 보고체제의 유지, ③ 법규 및 절차의 준수 등의 목적 달성을 통하여 기업이 건전하고 안정적으로 운영될 수 있도록 조직의 이사회, 경영진 및 여타 구성원들이 지속적으로 실행하는 일련의 통제 과정을 의미한다고 정의할 수 있겠다.

## | 내부통제의 필요성

### 1) 효과적인 감시 가능

조직의 최고경영진이 세부적인 하부 업무까지 직접 감시할 수는 없으므로, 내부통제를 통해 조직 내의 업무처리와 정보의 흐름 등을 체계적으로 파악·관리함으로써 효과적인 조직 감시가 가능해진다.

### 2) 사고 및 손해 등의 사전방지

부실공시, 분식회계 등 위법행위에 따른 금전적 손해 및 사고 등을 사전에 예방해 줄 수 있다.

## 내부통제의 구성요소

조직의 규모나 경영환경 등에 따라 다소의 차이가 있을 수 있겠으나, 내부통제의 목적을 효과적으로 달성하기 위해서는 대체로 ① 통제환경 ② 리스크의 평가 ③ 통제활동 ④ 의사소통 및 ⑤ 모니터링 등 5가지 요소를 갖추어야 한다.

### 내부통제의 구성요소

| 구성요소 | 주요 예 |
| --- | --- |
| ① 통제환경(Control Environment) | - 조직구조<br>- 상벌 체계<br>- 인력운용정책, 교육정책<br>- 관리자의 철학, 윤리, 리더십 |
| ② 위험평가(Risk Assessment) | - 위험의 식별<br>- 위험의 분석 및 대응<br>- 위험의 지속적 관리 |
| ③ 통제활동(Control Activities) | - 업무의 분리, 문서화, 승인·결제체계<br>- 감독체계, 자산의 보호체계 |
| ④ 정보 및 의사소통<br>(Information & Communication) | - 정보의 생성·집계·보고 체계<br>- 의사소통 체계 |
| ⑤ 모니터링(Monitoring) | - 기업 또는 업무 단위의 자체평가<br>- 자체감사의 모니터링 및 사후관리 |

## 내부통제의 운영주체

### 1) 현업부서

내부통제의 운영주체(Ownership)는 1차적으로 현업부서이다. 대부분 사람들이 내부통제는 리스크관리부서의 직무로 파악하기 쉬우나 내부감사부서, 리스크관리부서 등은 내부통제의 주체가 아니라 내부통제제도가 현업부서에서 제대로 운영되고 있는지 모니터링하는 한편, 객관적이고 전문적인 시각으로 현업부서가 올바른 내부통제체제를 갖추도록 돕는 기관이다.

### 2) 경영진(이사회)

경영진은 내부통제의 궁극적인 책임을 지며 적절한 통제환경을 조성하는 역할을 한다. 한편, 구체적인 내부통제의 내용 및 절차는 각 부문의 책임자에게 위임할 수 있다.

이사회는 올바른 지배구조(Governance)를 제공함으로써 경영 상태를 지도·감독하는 한편, 경영진의 허위정보 제공 가능성 등에 대비하여 재무, 법무 및 업무에 관한 감사기능을 갖추어야 한다.

### 3) 감독기관

감독기관은 피감독기관이 영업활동의 성격이나 외부환경의 변화에 대응할 수 있도록 적절한 내부통제제도를 갖추고 있는지 감독하는 기능을 수행한다.

## 내부통제와 관련한 여타 통제기능

### 1) 준법감시

내부통제의 목적 가운데 하나인 '법규의 준수'를 달성하기 위한 전문화된 내부통제기능이다. BIS는 준법감시를 은행의 법규준수 리스크를 평가, 조언, 보고하는 독립된 전문기능으로 정의하고 있다.

## 2) 법률상의 내부통제(회계제도법 등)

내부통제의 두 번째 목적인 '재무정보의 신뢰성 확보'를 위한 보다 전문화된 회계통제기능을 뜻한다.

예를 들어 엔론 등 대형 회계부정사건을 계기로 제정된 미국의 Sarbanes-Oxley Act는 외부감사인의 독립성을 강화하고 재무보고에 관한 기업의 책임을 강화하기 위하여 재무보고서 등에 대한 CEO/CFO의 인증 등을 규정하고 있다.

또한, 경영진의 내부통제제도에 대한 평가가 의무화되고 평가결과 및 취약점 등을 담은 내용을 이사회(감사위원회) 및 외부감사인에 보고하고 이를 연차보고서에 포함토록 하고 있다.

## 3) 전사적 위험관리(ERM: Enterprise Risk Management)

보다 거시적 관점에서 접근하는 기업의 위험관리 프로세스[*]로서, 기업이 당면한 각종 리스크를 고려하여 최적의 목표와 전략을 수립하고 이를 바탕으로 보유 자원을 효율적으로 활용함으로써 기업가치의 극대화를 추구하는 경영방법을 가리킨다.

ERM은 기업이 지닌 각종 리스크에 보다 체계적으로 대응함으로써 기업의 목표 달성과 지배구조 향상을 도모하는 프로그램으로서 다양한 내부통제의 내용을 전부 포괄하는 광의의 내부통제 프로세스라고 할 수 있으나 시장 및 신용리스크와 운영리스크를 통합적으로 관리하는 종합리스크관리와는 다른 개념이다.

---

[*] 2004년 COSO(Committee of Sponsoring Organization)는 내부통제제도보다 진일보한 개념으로 전 기업적 위험관리 프로세스(ERM)를 발표.

# Ⅱ. 준법감시제도

## 1. 개요

### | 준법감시의 의의

'준법감시'란 조직의 임·직원 모두가 업무수행과 관련한 제반 법령 및 규정과 절차 등을 철저히 준수하도록 필요한 시스템을 구축하고 이를 운영·점검하는 활동을 의미한다.

미국 등 선진국의 경우 준법감시는 내부통제(Internal Control)의 전부 또는 일부를 대상으로 하는 업무로서 업종별·회사별로 다소의 차이가 있으나, 일반적으로 협의의 준법감시제도는 법령 및 윤리규범의 준수를 유도하기 위한 시스템을 말하며, 광의의 준법감시제도는 법규준수와 함께 여타 리스크관리를 포괄하는 내부통제시스템을 지칭한다고 할 수 있다.

### | 준법감시제도의 구성요소

준법감시제도의 핵심적인 구성요소는 다음과 같이 요약할 수 있다.

① 법규준수 정책 및 기본방침

② 준법감시 기준 및 절차

③ 준법감시조직(부서)

④ 준법감시 매뉴얼

⑤ 임직원 행동규범(Code of conduct)

⑥ 준법이행 여부 점검(모니터링 및 조사)

⑦ 연수 및 교육

⑧ 제재 및 개선 등

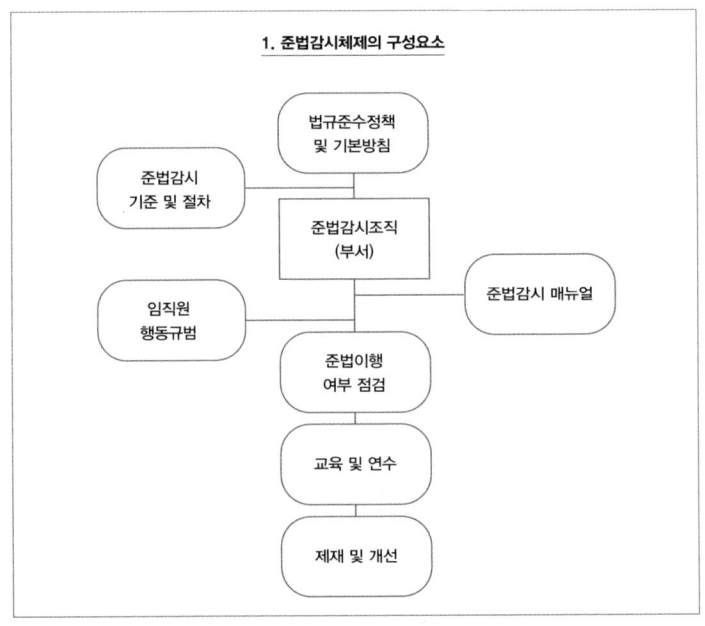

## 2. 준법감시제도의 단계별 실행

준법감시제도는 ① 준법감시인, 준법감시부서, 준법감시매뉴얼 등 기본적인 시스템을 구축하고, ② 임직원에 대한 준법교육 및 연수, 상담 등을 통하여 위법행위를 사전적으로 예방하고, ③ 법규 및 행동규범의 준수 여부를 일상적으로 점검하여 위반시 제재를 가하는 3가지 단계를 거쳐 실행된다.

하지만 준법감시제도가 구체적으로 실행에 옮겨지는 모습은 각 기관의 성격이나 규모 등에 따라서 다를 수밖에 없으며, 기관의 최고경영층의 판단에 따라 가장 적합한 준법감시시스템을 구축하는 것이 바람직하다.

### 준법감시제도의 실행 단계

**기본적인 시스템 구축**
(준법감시인) - 법규준수상황 관리 및 책임
(준법감시조직) - 준법감시인 보좌 부서
(직원윤리강령) - 법규 도덕상의 행동규범
(준법감시매뉴얼) - 내부통제를 위한 절차 등

**사전적 예방**
(준법교육) - 법률 및 규정 변경시, 감독결과 등
(연수) - 준법감시 관련 쟁점사항 및 지도사항 등
(상담) - 원활한 의사소통 및 환경조성
(정보수집) - 암행감찰, 내부고발제도 운영 등

**점검실행 및 사후조치**
(점검실행) - 법규준수 여부 점검 및 보고
(제재) - 법규 위반 시 조사 및 조치
(프로그램의 개선) - 프로그램 수시 평가 및 개선

## 제1단계(기본적인 시스템의 구축)

### 준법감시인

준법감시인은 법규준수 확인, 리스크관리 등 준법감시시스템 전반에 대한 감독의 책임을 지며, 조직원의 직무수행과 관련한 기본적인 업무처리 절차와 기준을 정하고 이의 준수 여부를 점검하는 한편, 위반 사례가 발생할 경우 이를 조사하여 이사회 또는 감사위원회 등에 보고하는 기능을 수행한다.

### 준법감시부서

준법감시인의 직무수행을 보좌하고 준법감시담당자 및 준법감시 관련 부서의 업무수행과 관련한 협의 및 자문을 총괄하기 위한 조직으로, 부서 근무직원은 내부통제와 관련한 문제점을 파악하고 이를 해결할 능력이 있어야 할 것이다.

### 직원 윤리강령

준법감시인의 직무 중에는 윤리강령의 제정과 세부 실천방안의 마련이 포함되어 있다. 윤리강령(code of ethics/conduct)은 임직원이 업무수행 시 지켜야 할 최소한의 윤리적 행동규범으로, 미국의 경우 적어도 1년에 한 번 모든 임직원이 윤리강령의 준수를 서약하는 것이 관행으로 되어 있다.

### 준법감시 매뉴얼

준법감시 매뉴얼은 내부통제정책을 실행하기 위한 구체적인 절차와 준수하여야 할 법령·규정·지시·내규 등을 명시하고 위규행위 발견 시 대처방법 등을 구체적으로 제시함으로써 준법감시제도의 실효성을 확보하기 위한 구체적인 실천지침을 제공한다.

## 제2단계(사전적 예방)

### 준법교육 및 연수

조직의 최고경영자는 자신의 준법감시 의지와 이를 구현하기 위한 구체적인 절차를 모든 임직원에게 충분히 주지시켜야 한다. 준법감시인은 연 1회 이상 준법 관련 교육 및 연수를 실시하고 특히, 중요한 법률이나 내부통제정책의 변경 등이 있을 경우에는 수시로 추가교육 및 연수를 실시하여야 한다.

### 상담

준법감시활동이 소기의 목적을 달성하기 위해서는 조직 내부의 의사소통이 원활하여야 하며, 이 같은 준법환경과 문화(Compliance Culture)가 조성될 수 있도록 제도적인 뒷받침이 필요하다. 일상적인 업무과정에서 불명확한 규제 내용을 스스럼없이 사전적으로 준법감시인과 대화가 이루어지는 의사소통이 바람직할 것이다.

### 정보수집 및 Whistleblowing제도 운용

준법감시부서는 다양한 방법으로 준법 관련 정보를 수집하여야 하는데 ① 현장 방문확인, ② 직원과의 직접 의사소통, ③ 암행감찰, ④ 이메일, 전화녹음 등 통신수단 확인 등을 활용할 수 있다.

아울러, 일상적인 업무수행과 관련하여 법규위반을 강요당하였을 경우 개별적으로 이를 고발하는 비밀상담을 실시하고, 필요하다고 판단되면 상담결과를 일반 자료화하여 조직 내에 정보제공 차원에서 주지시킬 필요가 있다. 또한 위법행위를 인지한 임직원들이 이를 용이하게 제보할 수 있는 내부 환경조성이 긴요하다. 예를 들어 'hot line' 설치, 내부고발자 보호제도(Whistleblowing) 운영 등이 대표적인 것이라고 할 수 있겠다.

### 기타 예방조치

준법감시제도에 관한 임직원의 관심과 참여를 제고할 수 있는 방안으로는 ① 전 직원에 대한 주기적 준법서약서 징구, ② 준법감시프로그램 우수 참여 직원에 대한 인센티브 부여, ③ 내부정보 제보자에 대한 보호조치 및 포상 등을 고려할 수 있겠다.

## 제3단계(점검실행 및 사후조치)

### 점검: Monitoring

준법감시인은 내부통제 관련 부서에서 수행하고 있는 업무의 적정성을 전산시스템 또는 서면확인 등을 통해 상시 점검하는 한편, 준법이행 실태를 주기적으로 종합 점검하여 미비한 사항에 대하여는 경영진과 관련 부서에 개선 권고 또는 시정을 요구하고, 주요 위반사항에 대하여는 이사회 또는 감사위원회 등에 보고한다.

주요 점검항목으로는 ① 내부통제규정 준수상태, ② 준법이행 태세(책임자 관심도, 교육, 상담, 보고, 준수법령 숙지도 등), ③ 위법 및 내규위반 사례에 대한 모니터링, ④ 민원처리내용 및 경영공시내용의 적정성, ⑤ 약정서 등의 준수와 내부통제 측면에서의 검토, ⑥ 법령 개폐에 따른 내규 및 매뉴얼 정비 상태, ⑦ 제 법규 및 내부규정 위반에 대한 의사소통(상담, 보고)라인 가동 여부 등이 기본적인 항목이라고 할 수 있다.

### 조사 및 제재

법규위반의 발견 시에는 신속한 조사(investigation/inspection)와 적절한 조치가 뒤따라야 하는데, 조사란 준법감시인이 내부통제 관련 사항에 대하여 문제점을 파악하고 이를 시정하기 위해 사실관계를 확인하는 작업을 의미한다.

또한, 임직원의 법규위반 등에 대한 정보수집을 위하여 내부통제전용 이메일주소를 설치하거나 암행점검도 병행할 수 있으며, 위반행위에 대하여는 철저한 사실조사를 바탕으로 제재를 요청하는 동시에 관련 당사자에게 충분한 이의제기 기회도 제공하여야 한다.

### 준법감시프로그램의 평가 및 개선

시간의 흐름에 따른 내·외부 경영 및 규제환경의 변화로 기존의 준법감시프로그램이 시대에 뒤떨어져 부적합하게 될 가능성도 있으므로, 필요시 외부 전문가의 도움을 받아 기존의 프로그램을 평가하여 새로운 환경에 맞게 지속적으로 개선할 필요가 있겠다.

## 4. 준법감시인과 여타 부서의 기능 비교

준법감시기능과 여타 부서의 내부통제기능을 명확히 구분하는 데는 사실상 어느 정도 한계가 있으며, 경우에 따라서는 혼선을 보이고 있는 것이 사실이다. 준법감시인의 기능과 여타 내부통제조직의 기능을 비교하면 다음과 같다.

**감사실과 준법감시인**

감사실은 준법감시인과 가장 많은 혼선을 불러일으키는 부서로서, 주로 조직의 이익을 침해하는 임직원의 부정행위(횡령, 배임 등)를 차단하기 위한 기능을 수행하며 **사후적인 감독**에 중점을 두고 있다.

내부감사기능을 수행하는 감사실은 경영진과는 독립적인 제3자적 입장에서 감사 시스템의 구축과 업무운영결과에 대한 평가 등을 통해 경영진의 직무를 견제·감시하는 역할을 수행하나, 준법감시인은 임직원에 대한 준법이행 여부 점검을 통하여 경영진의 준법경영에 관한 직무를 지원하는 역할을 수행하는 데 그 차이가 있다. 이런 맥락에서 준법감시인의 직무의 적정성도 감사실의 감사대상이 되고 있으며 통상 준법감시인은 2선 감독을 담당하고 감사실은 최종적인 3선의 통제를 담당하는 부서로 이야기하곤 한다.

특히 준법감시인은 교육 및 연수, 모니터링 등을 통하여 **사전적**으로 법규위반을 예방하는 데 역점을 두고 업무를 수행하는 점도 **사후적**인 점검을 담당하는 감사실과 중요한 차이라고 할 수 있겠다.

**감사위원회와 준법감시인**

감사실에 못지않게 준법감시인과 기능상 혼선을 일으키는 조직은 감사위원회로서, 외국의 경우 통상 감사위원회는 회계에 관한 감사를 주된 업무로 하고 있지만 우리나라의 경우 경영진에 대한 업무감독까지 폭넓게 담당하고 있다.

하지만 준법감시인은 회계감사는 물론 경영진에 대한 감독과도 직접적인 관련이 없으며, 경영진을 감시하기 위한 기관이 아니라 경영진의 준법경영을 보좌하는 기관이라는 점에서 뚜렷한 차이가 있다고 할 수 있다.

우리나라의 금융관계법에서는 도입 초기부터 준법감시인의 감사위원회에 대한 보고의무를 부과하고 있어 준법감시인이 감사위원회의 보좌기관으로 오인되는 경우도 있었으나, 이는 감사결과에 대한 최종책임이 감사위원회에 있음을 밝히고 있는 것에 불과한 것이다. 2016년에 도입한 '금융회사의 지배구조개선에 관한 법령'에서는 준법감시인의 감사위원회 보고를 더 이상 강제하지 않고 있다.

### 감사(감사위원회)와 준법감시인의 비교

| 구분 | 감사(감사위원회) | 준법감시인 |
|---|---|---|
| 주요 역할 | · 내부통제시스템의 적정성과 경영성과의 평가 및 개선방안 제시 | · 임직원의 내부통제기준 준수여부 점검 및 위반사항 발견 시 조사하여 이사회 또는 감사(감사위원회)에 보고 |
| 활동주체 | · 감사(감사위원회) 및 그 보조기구 | · 준법감시인 및 그 보조기구 |
| 주요 업무 | · 재무감사, 업무감사, 준법감사, 경영감사, IT 감사<br>· 전반적인 내부통제시스템에 대한 평가 및 개선방안 제시<br>· 내부감사부서장과 감사의 직무수행상 필요한 직원의 임면에 대한 동의<br>· 외부감사인의 선임에 대한 승인<br>· 외부감사인의 감사활동에 대한 평가<br>· 감사결과 지적사항에 대한 조치<br>· 준법감시인의 보고사항에 대한 조치<br>· 기타 관련법령, 정관에서 정한 사항과 이사회가 위임한 사항의 처리 | · '내부통제기준' 준수 여부(법규준수 여부에 중점) 점검 및 조사<br>· 내부통제기준 준수매뉴얼 작성·배포<br>· 주요업무에 대한 법규준수 측면에서의 사전검토<br>· 법규준수 관련 직원 교육<br>· 윤리강령의 제정 및 운용 등 |
| 상호관계 | · 준법감시인 및 그 보조기구와 그 준법감시업무에 대한 감사 실시 | · 내부통제기준 위반사실 발견 시 감사위원회에 보고 가능 |

**법무실과 준법감시인**

준법감시기능과 법무실의 기능은 개념상으로는 구별되지만 실제로는 밀접한 관련이 있는바, 특히 소규모 조직에서는 법무실장이 준법감시인을 겸임하는 경우가 많다. 한편으로는, 준법감시인의 업무수행상 준법감시 관련 부서에 대한 법률지원 또는 자문업무가 필요할 경우 법무실을 준법감시인의 보조조직으로 활용할 수도 있다.

그러나 법무실은 법적으로 모호한 부문에 대하여 영업전략 측면에서 법률자문 업무를 담당하는 데 비해, 준법감시인은 법률적 리스크를 포함한 전반적인 위규 여부를 점검·조사하는 기능을 수행하는 데에 큰 차이가 있다고 할 수 있다.

**리스크관리 부서와 준법감시인**

일반적으로 내부통제기준에는 '자산의 운용 또는 업무 영위과정에서 발생하는 위험관리에 대한 사항'이 포함되어 있어, 이 부문에 대한 통제기준의 준수여부를 준법감시인이 점검하는 것이 합리적이라고 할 수 있겠다. 그러나, 현실적으로는 리스크관리를 전담하는 리스크관리 부서가 설치되어 있음에 따라 이들 부서로 하여금 리스크 관련 통제업무를 수행하도록 하되, 준법감시인은 자산운용 측면에서의 리스크관리체계 운용전반에 관한 사항을 정기 또는 수시로 점검토록 하고 있는 것이 현실이다.

특히 준법감시인이 실제 자산운용과 관련된 위험관리 업무에 직접적으로 참여하는 것은 바람직하지 않다. 예를 들어 여신심사에 적극적으로 참여하여 의결하였는데 나중에 부실여신으로 판명 나 감독당국으로부터 조치 등을 요구받을 경우 준법감시인의 직무를 올바르게 수행하는 데 있어 이해상충의 문제가 발생할 가능성이 크기 때문이다.

우리나라의 경우 금융영역별 특성 및 규모를 감안, 필요한 경우 리스크관리 부서를 준법감시인이 겸임할 수 있도록 허용하고 있다.

### 내부통제 관련 업무 소관부서에 대한 해외사례

| | 상시감시 | 영업점 검사 | 영업점 자점검사 | 소관부서 line | |
|---|---|---|---|---|---|
| | | | | 검사부서 | 준법감시부서 |
| 제이피모건 | 검사부서 & 준법감시부서* | 검사부서 | 검사부서 | 감사 | 경영진 |
| BOA | Operation Risk Management** | Operation Risk Management & 검사부서 | Operation Risk Management & 준법감시부서 | 감사 | 경영진 |
| 뉴욕 | 검사부서 | 검사부서 | 준법감시부서 | 감사 | 경영진 |
| 와코비아 | 검사부서 & 준법감시부서 | 검사부서 & 준법감시부서 | 검사부서 & 준법감시부서 | 감사 | 경영진 |
| 미국계 | 검3, 준2, 기타1 | 검4, 준1, 기타1 | 검2, 준3, 기타1 | 감사4 | 경영진4 |
| 유바프(프) | 준법감시부서 | 검사부서 | 준법감시부서 | 감사 | 경영진 |
| 소시에테제네랄(프) | 검사부서 | 검사부서 | 검사부서 | 감사 | 경영진 |
| 스탠다드차타드(영) | 검사부서 & 준법감시부서 | 검사부서 & 준법감시부서 | 준법감시부서 | 감사 | 경영진 |
| 홍콩상하이(영) | 검사부서 | 검사부서 | 검사부서 | 감사 | 경영진 |
| 바클레이즈(영) | 준법감시부서 | 검사부서 | 준법감시부서 | 감사 | 경영진 |
| 에이비엔암로 (스웨덴) | 준법감시부서 | 검사부서 | 준법감시부서 | 감사 | 경영진 |
| 아이엔지(네) | 준법감시부서 | 검사부서 | 검사부서 & 준법감시부서 | 감사 | 경영진 |
| 유럽계 | 검3, 준5 | 검7, 준1 | 검3, 준5 | 감사7 | 경영진7 |
| 미즈호(일) | 검사부서 & 준법감시부서 | 검사부서 | 검사부서 | 감사 | 경영진 |
| 미쓰이스미토모(일) | 준법감시부서 | 검사부서 | 검사부서 | 감사 | 경영진 |
| UFJ(일) | 검사부서 | 검사부서 | 시스템사무기획실 | 감사 | 경영진 |
| 일본계 | 검2, 준2 | 검3 | 검2, 기타1 | 감사3 | 경영진3 |

\* 법규준수 관련 상시감시는 준법감시부서, 이외는 검사부서가 관장
\*\* 검사부서 및 준법감시부서와는 별개의 부서로서 영업부서의 내부통제점검업무 수행

| | | | | | |
|---|---|---|---|---|---|
| DBS(싱) | 준법감시부서 | 검사부서<br>& 준법감시부서 | 검사부서<br>& 준법감시부서 | 감사 | 경영진 |
| OCBC(싱) | 준법감시부서 | 검사부서 | 준법감시부서 | 감사 | 경영진 |
| 중국공상 | 검사부서<br>& 준법감시부서 | 검사부서<br>& 준법감시부서 | 검사부서 | 감사 | 경영진 |
| 중국건설[*] | 검사부서 | 검사부서 | 검사부서 | 감사 | 경영진 |
| 멜라트(이란) | 검사부서 | 검사부서 | 검사부서 | 감사 | 경영진 |
| 노바스코셔(캐) | 준법감시부서 | 검사부서 | 준법감시부서 | 감사 | 경영진 |
| 기타계 | 검3, 준4 | 검6, 준2 | 검4, 준3 | 감사9 | 경영진9 |
| 외은지점계 | 검11, 준13, 기타1 | 검20, 준4, 기타1 | 검11, 준11, 기타2 | 감사20 | 경영진20 |

[*] 준법감시부서가 최근 신설되어 대부분의 내부통제 관련 업무를 검사부서가 수행
자료: 2006년 2월 금융감독원 '준법감시인 제도운영 개선방안'

## 5. 우리나라 준법감시인제도의 개요

준법감시인은 준법감시제도의 핵심적 구성요소로서 국내 금융회사[*]의 준법감시인제도에 관하여 간략히 정리하면 다음과 같다.

---

[*] 가. '은행법'에 따른 인가를 받아 설립된 은행
나. '자본시장과 금융투자업에 관한 법률'에 따른 금융투자업자 및 종합금융회사
다. '보험업법'에 따른 보험회사
라. '상호저축은행법'에 따른 상호저축은행
마. '여신전문금융업법'에 따른 여신전문금융회사
바. '금융지주회사법'에 따른 금융지주회사
사. 그 밖의 법률에 따라 금융업무를 하는 회사로서 대통령령으로 정하는 회사로서 한국산업은행, 중소기업은행, 농협은행 및 수협은행

## 준법감시인의 역할

'금융회사의 지배구조에 관한 법률(이하 '지배구조법')' 제25조에서는 준법감시인을 '내부통제기준의 준수 여부를 점검하고 내부통제기준을 위반하는 경우 이를 조사하는 등 내부통제 관련 업무를 총괄하는 사람'으로 정의하고 있다. 즉 준법감시인은 내부통제체제 전반에 대하여 감시·관리할 책임을 지니고 있다. 아울러, 임직원의 직무수행과 관련한 기본적인 절차와 기준 등을 정하고 동 기준의 준수 여부를 점검한 후 위반 사례를 발견할 경우 이를 조사하여 이사회 등 경영진에게 보고하며 준법감시인이 필요하다고 판단하는 경우 조사 결과를 감사위원회 또는 감사에게 보고할 수 있다.

한편, 준법감시인의 임무는 단순히 법규위반을 적발하는 데 그치는 것이 아니라 각 부서가 관련 법규 및 기준을 준수토록 도와주는 것도 포함되며 이와 관련하여 준법감시인은 최고경영자 및 이사회에 대하여 준법감시프로그램의 실시상황을 정기적으로 보고하여야 한다.

## 준법감시인 선임 및 자격

준법감시인은 금융회사의 실무에 대한 지식과 경험을 갖추고 해당 법률상의 자격기준에 합당한 자로서 대표이사의 추천으로 이사회에서 선임하도록 하고 있다. 준법감시인의 구체적인 자격요건은 '지배구조법' 제26조에서 아래와 같이 정하고 있다.

| 국내 금융회사의 준법감시인 자격요건(제26조) |
| --- |
| 1) '금융위원회의 설치 등에 관한 법률' 제38조에 따른 검사 대상 기관(이에 상당하는 외국금융회사를 포함한다)에서 10년 이상 근무한 사람
2) 금융 관련 분야의 석사학위 이상의 학위소지자로서 연구기관 또는 대학에서 연구원 또는 조교수 이상의 직에 5년 이상 종사한 사람
3) 변호사 또는 공인회계사의 자격을 가진 자로서 당해 자격과 관련된 업무에 5년 이상 종사한 사람
4) 기획재정부·금융위원회·증권선물위원회·감사원·금융감독원·한국은행·예금보험공사 등에서 7년 이상 근무한 경력이 있는 사람으로서 당해 기관에서 퇴임 또는 퇴직한 후 5년이 경과한 사람
5) 결격사유(미성년자, 금치산자, 벌금 이상 형 선고 후 5년을 경과하지 아니한 자 등)에 해당되지 않는 사람
6) 최근 5년간 금융관계법령을 위반하여 금융위원회 또는 금융감독원장, 그밖에 대통령령으로 정하는 기관으로부터 문책요구 또는 감봉 요구 이상에 해당하는 조치를 받은 사실이 없을 것(담당자, 감독자, 행위자, 지시자와 상관없이 조치를 받은 사실이 없을 것) |

## 준법감시인의 임기와 독립성

금융회사는 준법감시업무를 원활히 수행할 수 있도록 적정 임기를 보장하여야 하는데 지배구조법 제25조에서는 준법감시인의 임기를 2년 이상으로 하도록 하고 있다. 준법감시인은 이사회의 의결을 거쳐 임면하고, 해임할 경우에는 이사 총수의 3분의 2 이상의 찬성으로 의결하여야 한다. 한편 직위는 임원급(사내이사 또는 업무집행책임자 중에서 임명)으로 하되 해당 금융회사의 자산 및 인원 규모, 리스크 수준 등을 고려하여 결정하도록 하고 있다. 만약 금융회사가 준법감시인을 임원이 아닌 직원* 중에서 선임하는 경우 '기간제 및 단시간근로자 보호 등에 관한 법률'에 따른 기간제근로자 또는 단시간근로자를 준법감시인으로 선임하여서는 아니 되도록 하고 있다. 금융회사는 준법감시인을 임면하였을 때에는 대통령령으로 정하는 바에 따라 그 사실을 금융위원회에 보고하여야 한다.

---

* 자산규모, 영위하는 금융업무 등을 고려하여 대통령령으로 정하는 금융회사 또는 외국금융회사의 국내지점은 사내이사 또는 업무집행책임자가 아닌 직원 중에서 준법감시인을 선임할 수 있다.

금융회사는 준법감시인에 대하여 회사의 재무적 경영성과와 연동하지 아니하는 별도의 보수지급 및 평가 기준을 마련하여 운영하도록 하고 있다. 또한 준법감시인이 자신의 직무를 공정하게 집행할 수 있도록 업무상 독립성이 보장되어야 하며, 금융회사는 그 직무수행과 관련된 사유로 부당한 인사상의 불이익을 주어서는 아니 된다.
　또한 금융회사 및 그 임직원은 준법감시인이 그 직무를 수행할 때 필요한 자료나 정보의 제출을 요구하는 경우 이에 성실히 응하여야 한다.

　준법감시인은 선량한 관리자의 주의로 그 직무를 수행하여야 하고 내부통제를 총괄하여야 하므로 다른 부서의 부서장 등의 직무를 겸임하지 않는 것이 바람직하다. 이에 따라 지배구조법 제29조에서는 준법감시인이 선량한 관리자의 주의로 그 직무를 수행하여야 하며, 이에 따라 특정 업무[*]에 대한 겸직을 금지하고 있다.

　한편, 준법감시인은 내부통제와 관련하여 이를 수행하는 전문성을 갖춘 인력과 지원조직(내부통제를 전담하는 조직)을 갖추어야 하며 내부통제기준의 운영과 관련하여 최고경영자를 위원장으로 하는 내부통제위원회[**]를 두어야 한다.

---

[*]　1. 자산운용에 관한 업무
　　2. 해당 금융회사의 본질적 업무(해당 금융회사가 인가를 받거나 등록을 한 업무와 직접적으로 관련된 필수업무로서 대통령령으로 정하는 업무를 말한다) 및 그 부수업무
　　3. 해당 금융회사의 겸영(兼營)업무
　　4. 금융지주회사의 경우에는 자회사 등의 업무
　　5. 그밖에 이해가 상충할 우려가 있거나 내부통제 및 위험관리 업무에 전념하기 어려운 경우로서 대통령령으로 정하는 업무

[**]　2024년 개정된 지배구조법에서는 이사회 내에 내부통제위원회를 두도록 강제함에 따라 기존 최고경영자를 위원장으로 한 위원회를 내부통제협의회 등으로 명칭을 변경하여 운용하고 있기도 하다.

## 준법감시인의 권한 및 의무

우리나라 금융회사 준법감시인의 구체적인 권한 및 의무를 살펴보면 다음과 같다.

- 금융회사의 모든 업무에 접근하여 자료 및 정보에 대한 열람과 제출을 요구할 수 있는 권한
- 내부통제기준 위반자에 대한 조사
- 내부통제기준 준수 여부 등에 대한 정기 또는 수시 점검
- 내부통제기준 준수 관련 문제점이나 미비사항에 대해 경영진 또는 유관 부서에 시정 건의(임직원의 위법행위로 인한 금융사고 등의 사전 예방에도 역점)
- 중대한 위법·부당행위의 발견 등 필요시 이사회, 대표이사 및 감사위원회에 관련 임직원에 대한 제재에 관한 의견 표명
- 이사회, 감사위원회 회의 등 각종 회의에 참석하여 발언하고 의견을 표명하며 중요사항을 직접 보고
- 준법감시업무의 전문성 제고를 위한 연수프로그램의 이수
- 기타 이사회가 필요하다고 인정하는 사항 등

## 6. 준법감시인의 구체적 직무

### | 내부통제기준 준수 여부 점검 및 조사

준법감시인은 내부통제기준의 준수상황에 대한 점검 및 모니터링을 실시하며, 위법 또는 부당행위 발견 시 특정 사안에 대하여 직접 조사하거나 필요한 경우 감사조직 등과 공동조사를 실시할 수도 있다.

또한 준법감시인은 임·직원의 위법 부당행위를 발견한 경우 이사회, 대표이사 및 감사(감사위원회)에 보고(중대 위반의 경우 등 필요시 제재의견 첨부)한다.

---

**내부통제기준의 주요 내용(지배구조법 시행령 제19조)**

1. 업무의 분장 및 조직구조
2. 임직원이 업무를 수행할 때 준수하여야 하는 절차
3. 내부통제와 관련하여 이사회, 임원 및 준법감시인이 수행하여야 하는 역할
4. 내부통제와 관련하여 이를 수행하는 전문성을 갖춘 인력과 지원조직
5. 경영의사결정에 필요한 정보가 효율적으로 전달될 수 있는 체제의 구축
6. 임직원의 내부통제기준 준수 여부를 확인하는 절차·방법과 내부통제기준을 위반한 임직원의 처리
7. 임직원의 금융관계법령 위반행위 등을 방지하기 위한 절차나 기준(임직원의 금융투자상품 거래내용의 보고 등 불공정행위를 방지하기 위한 절차나 기준을 포함)
8. 내부통제기준의 제정 또는 변경 절차
9. 준법감시인의 임면절차
10. 이해상충을 관리하는 방법 및 절차 등
11. 상품 또는 서비스에 대한 광고의 제작 및 내용과 관련한 준수사항
12. 법 제11조제1항에 따른 임직원 겸직이 제11조제4항제4호 각 목의 요건을 충족하는지에 대한 평가·관리
13. 그밖에 내부통제기준에서 정하여야 할 세부적인 사항으로서 금융위원회가 정하여 고시하는 사항

### 참고*

**내부통제기준의 설정·운영 기준(☞ 금융회사지배구조 감독규정 별표2)**

1. 금융회사는 내부통제에 관한 이사회, 경영진 및 준법감시인 등의 역할을 명확히 구분하여야 하고, 내부통제업무를 위임할 경우에는 위임받은 자와 그 권한을 위임한 자를 명확히 하여야 하며, 위임한 자는 위임받은 자의 업무를 정기적으로 관리·감독하여야 한다.
2. 금융회사는 준법감시업무가 효과적으로 수행될 수 있도록 충분한 경험과 능력을 갖춘 자를 준법감시인으로 선임하여야 하며, 준법감시인이 자신의 책무를 공정하게 집행할 수 있도록 업무상 독립성을 보장하여야 한다.
3. 금융회사는 준법감시업무가 효과적으로 수행될 수 있도록 충분한 경험과 능력을 갖춘 적절한 수의 인력을 준법감시조직에 배치하고 업무수행에 필요한 물적자원을 배분하여야 한다.
4. 준법감시인은 직무수행에 필요한 경우 장부 등 금융회사(금융지주회사인 경우에는 금융지주회사 및 그 자회사 등을 말한다)의 각종 기록에 접근하거나 각종 회의에 직접 참석할 수 있는 권한이 있어야 하며, 대표이사와 감사 또는 감사위원회에 아무런 제한 없이 보고할 수 있어야 한다.
5. 내부통제기준 및 관련 절차는 문서화되어야 하며 법규 등이 개정될 경우 즉각적으로 수정되거나 재검토되어야 한다.
6. 내부통제기준은 금융회사(금융지주회사인 경우에는 금융지주회사 및 그 자회사 등을 말한다)의 가능한 모든 업무활동을 포괄할 수 있어야 하며, 업무절차 및 전산시스템은 적절한 단계로 구분하여 집행되도록 설계되어야 한다.
7. 내부통제기준에서의 준수대상 법률은 원칙적으로 '상법', 법, 영, 금융관계법령 및 금융소비자·투자자 보호와 직접 관련이 있는 법률에 한한다.
8. 금융회사는 금지사항 및 의무사항을 정한 법규의 취지를 임직원이 이해하는 데 필요한 교육과정을 수립하고 정기적·비정기적으로 필요한 교육을 실시하여야 한다.
9. 금융회사는 영업과정에서 발생하는 각종 법규 관련 의문사항에 대하여 임직원이 상시에 적절한 지원 및 자문을 받을 수 있는 절차를 마련하여야 한다.
10. 금융회사는 중대한 법규위반사항을 사전에 방지하고 내부통제 관련 제도의 운영상 나타난 취약점을 조기에 식별하기 위해 법규준수 여부 등을 주기적으로 점검하여야 한다.
11. 금융회사는 법규준수 여부에 대한 점검결과 임직원의 위법 행위를 발견한 경우에는 해당 임직원에 대한 제재, 내부통제의 취약부분 개선 등을 통하여 법규위반사항이 재발하지 않도록 신속하고 효과적인 조치를 취하여야 한다.
12. 금융회사는 고객과의 이해상충, 투자자의 고충사항 및 직원과의 분쟁을 신속하게 처리하기 위하여 적절한 절차를 마련하여야 한다.
13. 금융투자업자는 일반 투자자를 대상으로 장외파생상품을 신규 취급하는 경우 해당 상품 구조의 적정성에 대한 심사 절차를 마련하여야 한다.
14. 금융투자업자가 집합투자업을 겸영하는 경우에는 발생 가능한 이해상충방지를 위해 적정한 수준의 정보교류 차단 장치 등을 마련하여야 한다.
15. 금융지주회사는 금융지주회사 및 그 자회사 등 전체의 준법감시업무가 효과적이고 체계적으로 수행될 수 있도록 자회사 등의 준법감시인이 금융지주회사의 준법감시인에게 정기적으로 보고하게 하는 등 금융지주회사와 자회사 등 사이에 준법감시업무 관련 지휘·보고체계를 갖추어야 한다.
16. 금융지주회사는 그 금융지주회사 또는 그 자회사등의 임직원이 다른 자회사 등의 임직원을 겸직하거나 그 금융지주회사와 자회사등간 혹은 그 자회사 등 상호 간 업무위탁을 하는 경우 해당 임직원 겸직 또는 업무위탁의 적정성에 대한 평가·관리 절차를 마련하여야 한다.

---

\* 금융투자협회가 발간한 《금융투자회사의 Compliance Manual(공통/증권·선물)》, p23~24에서 발췌.

### 내부통제기준에 포함해야 하는 사항(☞ 금융회사지배구조 감독규정 별표3)

가. 집합투자재산이나 신탁재산에 속하는 주식에 대한 의결권 행사와 관련된 법규 및 내부지침의 준수 여부에 관한 사항
나. 집합투자재산이나 신탁재산에 속하는 자산의 매매를 위탁하는 투자중개업자의 선정기준에 관한 사항
다. 지점, 그 밖의 영업소의 설치 및 각 지점별 영업관리자의 지정 등 그 통제에 관한 사항
라. 각 지점별 파생상품(파생결합증권 및 법 제93조에서 정한 집합투자기구의 집합투자증권을 포함한다.) 영업관리자의 지정 등 파생상품 투자자 보호에 필요한 절차나 기준에 관한 사항
마. 투자중개업자의 투자자계좌의 관리·감독에 관한 사항
바. 매매주문의 처리절차·방법이나 기준에 관한 사항
사. 투자자 예탁재산의 보관·관리방법에 관한 사항
아. 언론기관 등에 대한 업무 관련 정보의 제공 절차나 기준에 관한 사항
자. 투자자 신용정보의 관리·보호에 관한 사항
차. '특정 금융거래정보의 보고 및 이용 등에 관한 법률'제2조제4호의 자금세탁행위의 효율적 방지체제 구축·운영에 관한 사항
카. 투자자가 제기한 각종 고충·불만사항 및 투자자와 금융투자업자 사이에 발생한 분쟁의 처리기준 및 절차에 관한 사항
타. 기업의 자금조달을 위한 대표주관회사 업무 영위시 업무의 공정한 영위 및 이해상충방지 등에 관한 사항. 이 경우 대표주관회사의 담당직원의 적격기준, 기업실사 수행의 최소기간 및 법률·회계전문가 등 참여의무자, 일반적인 조사·검증절차 등에 관한 내용이 포함되어야 한다.
파. 매도 주문 수탁에 관한 사항
하. 신탁사업의 시공사 및 용역업체의 선정에 관한 사항
거. 집합투자업과 다른 금융투자업을 겸영하는 경우 이해상충 방지를 위한 사항

# 내부통제기준 준수 매뉴얼 작성 및 배포

준법감시인은 내부통제기준 준수를 위한 매뉴얼을 마련하여 임·직원들이 이를 세부지침서로 활용토록 하고 있다. 이때 매뉴얼 작성을 위해 필요한 경우 준법감시 대상부서(일반현업부서)에 협조를 요청할 수 있다.

## 내부통제기준 준수 매뉴얼의 주요내용(예시)

| | 내 용 |
|---|---|
| 목 적 | · 내부통제기준 준수 목적, 경영이념과의 관계, 내부통제기준 준수 관련 용어의 정의 및 범위 등을 명시 |
| 조 직 | · 준법감시인, 준법감시조직, 준법감시담당자 및 준법감시대상부서(일반부서)의 역할과 책임을 명시<br>· 이사회 및 감사위원회(감사) 등과의 관계를 명시 |
| 취 급 | · 매뉴얼의 비치 배부 및 활용 방법을 명시<br>· 매뉴얼의 수정 시기 및 방법을 명시(일반적으로 1년에 최소 1회 이상 필요) |
| 법 령 | · 준수하여야 할 법령, 규정, 지시, 내규(금융 관련 법률 관련 내규 중 관련 조문만 해당)의 내용 및 그 해설 등을 명시 |
| 행 위 | · 법규준수의 대상을 법령 등으로 제한하지 않고 윤리 및 도덕적인 부분까지 포함하는 경우 이들 행위를 명시<br>· 관련 규정(행동규범, 접대방침, 내부자거래규정 등) 존재 시 그 내용을 명시 |
| 준법감시<br>프로그램<br>(별도 작성 가능) | · 준법감시프로그램의 내용을 명시<br>· 준법감시업무를 수행하기 위한 일정 및 계획을 명시 |
| 위반행위<br>발견 시 대응 | · 문제 발생 시 보고·연락·상담 라인을 명시 |

# 준법감시프로그램 수립 및 시행

준법감시인은 준법감시업무를 수행하는 방법 등을 기술한 준법감시프로그램을 마련·시행하는데, 동 프로그램은 내부통제기준 준수 여부 점검 및 위반사항의 조사 방법과 그 일정, 보고서 작성 및 보고체계 등을 포괄한다.

### 준법감시프로그램의 주요내용(예시)

| | 내 용 |
|---|---|
| 점검 및 조사 | ·내부통제기준 준수 여부에 대한 점검 및 조사와 관련하여 누가, 무엇을 어떻게 점검하고 조사할 것인지를 명시 |
| 현장프로그램 | ·부서별로 이행하여야 할 내부통제기준 준수 관련 실천 항목을 명시<br>·부문별 자기점검 및 준법감시인(또는 준법감시조직)에 대한 정기보고 일정을 명시(보고 주기 등에 관하여는 업무내용에 따라 판단) |
| 보고체계 | ·내부통제기준 준수 여부 점검을 통하여 파악된 위반사항 및 문제점 등을 준법감시인(또는 준법감시조직)에 보고하는 절차를 명시 |
| 일 정 | ·준법감시업무를 수행하기 위한 일정을 명시 |
| 보고서 | ·보고서 작성 목적 및 내용을 명시<br>·보고서 회람인을 명시 |
| 연수프로그램 | ·임직원에 대한 법규준수 관련 연수(준수하여야 할 법령 및 규정, 기타 사항 등에 관하여 정기연수 등)의 내용과 구체적인 시기의 결정<br>·연수 수강자의 범위 등을 결정 |

## | 감사조직과의 협조·지원

준법감시인은 감사(위원회)와 상호 협의 하고 조정함으로써 내부통제기준 준수 점검계획과 감사위원회의 감사계획이 상호 간의 관심사항을 유기적으로 반영할 수 있도록 협조체제를 유지하여야 한다.

## | 내부통제기준 준수 점검결과의 기록 유지 및 보고

준법감시인은 내부통제기준 준수 점검결과 및 위반사항에 대한 조사내용을 통상 이사회 및 감사위원회에 보고한다.

부문별·부서별 준법감시담당자는 각자의 모니터링 결과에 대한 기록을 유지하고, 필요시 준법감시인 또는 준법감시조직에 보고
준법감시조직은 부문별·부서별 준법감시담당자의 보고내용과 자체적으로 실행한 모니터링에 대한 기록을 유지하며, 필요시 이를 준법감시인에게 보고

## | 임직원 교육 및 윤리강령의 제·개정

준법감시인은 법규준수 등과 관련하여 정기 또는 수시로 임직원에 대한 교육을 실시할 수 있으며, 교육내용에는 내부통제기준 준수 매뉴얼 내용, 유의하여야 할 법령·규정·지시·내규, 법규개정 내용 등을 포함하여야 한다.

준법감시인은 임직원 윤리강령을 제·개정하고 세부 실천방안을 마련하여 전 직원을 대상으로 연수를 실시하거나 준수 여부를 점검할 수 있다. 다만, 금융회사의 특성에 따라 윤리강령 제·개정 및 운영은 준법감시부서가 아닌 여타부서에서 담당하고 준법감시인은 준수 여부 점검만을 수행할 수도 있다.

# 컴플라이언스 3.0

개정증보판 1쇄 발행 2025. 8. 13.

**지은이** 이원준
**펴낸이** 김병호
**펴낸곳** 주식회사 바른북스

**편집진행** 김재영
**디자인** 김효나
**마케팅** 송송이 박수진 박하연

**등록** 2019년 4월 3일 제2019-000040호
**주소** 서울시 성동구 연무장5길 9-16, 301호 (성수동2가, 블루스톤타워)
**대표전화** 070-7857-9719 | **경영지원** 02-3409-9719 | **팩스** 070-7610-9820

• 바른북스는 여러분의 다양한 아이디어와 원고 투고를 설레는 마음으로 기다리고 있습니다.

**이메일** barunbooks21@naver.com | **원고투고** barunbooks21@naver.com
**홈페이지** www.barunbooks.com | **공식 블로그** blog.naver.com/barunbooks7
**공식 포스트** post.naver.com/barunbooks7 | **페이스북** facebook.com/barunbooks7

ⓒ 이원준, 2025
**ISBN** 979-11-7263-532-9 03320

• 파본이나 잘못된 책은 구입하신 곳에서 교환해드립니다.
• 이 책은 저작권법에 따라 보호를 받는 저작물이므로 무단전재 및 복제를 금지하며,
이 책 내용의 전부 및 일부를 이용하려면 반드시 저작권자와 도서출판 바른북스의 서면동의를 받아야 합니다.